Engel *und* Heilige

tosa

Andreas Ehrlich

Engel und Heilige

Inhalt

Denkt man heute an Heilige, kommen einem vielleicht Menschen wie der Dalai Lama in den Sinn, das geistige Oberhaupt der Tibeter, oder Nelson Mandela, der erfolgreich gegen soziale Unterdrückung und Rassismus kämpfte, oder vielleicht auch Dietrich Bonhoeffer, der seinen Widerstand gegen die Nationalsozialisten mit dem Leben bezahlte. Doch sind das tatsächlich Heilige im kirchlichen Sinn? Und was macht einen Heiligen eigentlich aus?

Wirft man einen Blick in das Neue Testament, werden darin alle Mitglieder der christlichen Gemeinde als Heilige bezeichnet (Kolosserbrief 1, 2). Doch schon bald ging die katholische Kirche dazu über, diese Ehrung auf Menschen zu beschränken, die bestimmte Kriterien erfüllen, zum Beispiel ein hohes Maß an Tugendhaftigkeit, Spiritualität oder Glaubensstärke. Sie sollen Vorbilder für die Gläubigen sein und sich durch ein Leben, Wirken oder Sterben in der Tradition Jesu Christi auszeichnen. Die Verehrung von Heiligen findet sich aber auch in zahlreichen anderen Religionen, zum Beispiel im Hinduismus, Buddhismus und im Islam, die an dieser Stelle aber nicht weiter thematisiert werden soll.

Die Heiligenverehrung im Wandel der Zeit

In der frühchristlichen Kirche waren Heilige vor allem Märtyrer, die wegen ihres Bekenntnisses zum christlichen Glauben meist auf grausame Weise umgebracht wurden und so mit ihrem Blut Zeugnis für Christus ablegten. Ihren Höhepunkt erreichte die Christenverfolgung im 3. Jahrhundert unter dem römischen Kaiser Diokletian. Die Verehrung des Heiligen drückte man aus, indem man mit Gleichgesinnten über dem Grab des Märtyrers den Gottesdienst feierte sowie Berichte über seinen mutigen Tod und die von ihm vollbrachten Wunder teilte.

Nach der Konstantinischen Wende im Jahr 313 gewann das Christentum zunehmend an Einfluss und wurde schließlich sogar zur Staatsreligion erhoben. Entsprechend endeten die Hinrichtungen von Christen aus religiösen Gründen. Nun galt als heilig, wer ein besonders gottgefälliges, „reines" Leben führte. Das konnten Einsiedler, Missionare, Prediger, Denker, Jungfrauen oder Menschen sein, die für Arme

Hier in der malerisch gelegenen spanischen Kapelle Santa Cueva de Covadonga nimmt die Verehrung der Mutter Gottes – genau wie in der gesamten katholischen Kirche – eine besondere Stellung ein.

In nahezu allen Kirchen finden sich Heiligendarstellungen, wobei die verehrten Heiligen – von den herausragenden Kirchengestalten abgesehen – je nach Land, Region und Ort variieren. Auch die meisten Berufsstände haben einen eigenen Schutzpatron.

und Schwache eintraten. Erwähnenswert ist, dass sich unter ihnen auffallend viele Bischöfe und Ordensleute befinden, was letztlich aber nicht weiter verwunderlich ist, da diese ihr Leben von Haus aus Gott geweiht und gelobt hatten, sich bestimmten Regeln bezüglich ihres Lebenswandels (Frömmigkeit, Keuschheit, Armut …) zu unterwerfen, die das moralische Ideal der Kirche widerspiegelten.

Ihren Höhepunkt erlebte die Heiligenverehrung im Mittelalter, wo Heilige nahezu allgegenwärtig waren. So gab es für jede Lebenslage den richtigen „Ansprechpartner", an den man seine Sorgen richtete und um dessen Beistand man bat, egal ob es sich dabei um eine Krankheit, ein Unwetter, das Wiederauffinden eines verlorenen Gegenstandes, Kraft in Momenten der Versuchung, eine gute Ernte oder das Sterben ging – wobei den sogenannten Nothelfern, bei denen es sich fast ausschließlich um frühchristliche Märtyrer handelt, besondere

Verehrung zuteil wurde. Aber auch jeder Ort und jeder Berufsstand hatte seinen eigenen Schutzpatron. Man bat die Heiligen im Gebet oder im Gottesdienst um Fürsprache, pilgerte zu ihren Gräbern und feierte ihren Gedenktag.

Eine wichtige Rolle spielten dabei Reliquien, vor allem Körperteile von Heiligen, aber auch Objekte, die der Betreffende zu Lebzeiten berührt, benutzt oder getragen hatte. Sie galten als wunderkräftig und die Gläubigen hofften beim Anblick oder gar beim Berühren dieser meist in kostbaren Schreinen oder anderen Behältnissen – sogenannte Reliquiare – aufbewahrten Objekte auf übernatürlichen Schutz und Hilfe. Entsprechend groß war der Zustrom zu Orten, an denen sie zu finden waren. Viele Kathedralen des Mittelalters wie der Kölner Dom (und andere Kirchen) verdanken dieser Tatsache ihre Entstehung. Zudem machte sie Reliquien begehrt und kostbar, was natürlich auch Betrüger auf den Plan rief. Und so

So wie der in diesem Reliquiar aufbewahrte Schuh des Franz von Assisi, spielten und spielen Reliquien eine wichtige Rolle bei der Heiligenverehrung.

wechselten im Laufe der Zeit zahllose Fälschungen für Unsummen den Besitzer, darunter auch vollkommen bizarre Dinge wie die Muttermilch Mariens oder die Windeln Jesu. Die Tatsache, dass sich der Besitz von Reliquien in Ablassjahre umrechnen ließ, befeuerte die Sammelleidenschaft zusätzlich. Besonders bekannte Reliquien sind beispielsweise die Kreuzreliquien, Partikel der Dornenkrone, die Heilige Lanze, der Heilige Rock, der Pauluskopf oder das Haupt Johannes des Täufers.

Auch heute noch spielt die Heiligenverehrung eine wesentliche Rolle in der katholischen Kirche, doch hat ihre Bedeutung deutlich abgenommen. Das gilt vor allem für das alltägliche Leben der Gläubigen. Kaum jemand weiß heute noch, wer der Schutzpatron der Bierbrauer ist oder welcher Heilige bei Kopfschmerzen Linderung verspricht. Auch der Namenstag tritt gegenüber dem Geburtstag mehr und mehr in den Hintergrund und viele Bräuche werden begangen, ohne dass man ihren tieferen Sinn kennt. Umso spannender ist es vielleicht für den einen oder anderen, sich mit den in diesem Buch vorgestellten Heiligen zu beschäftigen und mehr über deren Leben und Wirken sowie über die Legenden, die

sie umranken, zu erfahren. Selbstverständlich stellen diese nur eine Auswahl der – aus subjektiver Sicht – bekanntesten beziehungsweise beliebtesten Heiligen dar, zumal an manchen Tagen auch mehrerer Heiliger gedacht, hier aber immer nur einer dargestellt wird. Mehr Informationen dazu finden Sie im Generalkalender, der sämtliche Fest- und Gedenktage enthält, die für die katholische Kirche weltweit von Bedeutung sind, sowie in seiner deutschen Erweiterung, dem Regionalkalender für das deutsche Sprachgebiet. Dieser enthält zusätzlich Gedenktage von Heiligen, die von regionaler Bedeutung sind. Darüber hinaus lohnt sich natürlich auch ein Blick in den Evangelischen Namenskalender, der neben dem katholischen Heiligenkalender auch Tage zum Gedenken an wichtige Personen der reformierten Kirchen enthält. Möchten Sie mehr über die Lebensumstände eines Heiligen oder Seligen erfahren, der in dem vorliegenden Buch nicht genannt wird, ist die umfassendste Quelle das *Martyrologium Romanum*, dessen neueste, 844 Seiten umfassende Auflage 2004 erschien, allerdings in lateinischer Sprache …

Auch soll an dieser Stelle nicht unerwähnt bleiben, dass es bezüglich der Heiligenverehrung durchaus Unterschiede zwischen den Konfessionen gibt. Zwar bekennt sich die evangelische Kirche grundsätzlich zu einem ehrenvollen Andenken an das Wirken außergewöhnlicher Menschen, doch die – vor allem in der Vergangenheit oftmals mit Aberglauben verbundenen – Heiligenkulte lehnt sie ab. Im Augsburger Bekenntnis von 1530 heißt es dazu: „Vom Heiligendienst wird von den Unseren so gelehrt, dass man der Heiligen gedenken soll, damit wir unseren Glauben stärken, wenn wir sehen, wie ihnen Gnade widerfahren und auch wie ihnen durch den Glauben geholfen worden ist; außerdem soll man sich an ihren guten Werken ein Beispiel nehmen, ein jeder in seinem Beruf …Aus der Heiligen Schrift kann man aber nicht beweisen, dass man die Heiligen anrufen oder Hilfe bei ihnen suchen soll. *Denn es ist nur ein einziger Versöhner und Mittler gesetzt zwischen Gott und den Menschen, Jesus Christus'* (1. Timotheusbrief 2, 5)."

Selig- und Heiligsprechung

In den ersten Jahrhunderten des Christentums gab es keinerlei formelle Heiligsprechung. Die Gläubigen entschieden durch entsprechende Verehrung selbst – ob nun schon zu Lebzeiten oder erst nach dem Tod des Betreffenden –, wer für sie ein Heiliger war. Doch im Laufe der Zeit stieß diese Praxis bei der Kirche zunehmend auf Widerstand, wofür es mehrere Gründe gab. So befürchtete man durch die ständig steigende Zahl an Heiligen eine gewisse Entwertung dieses besonderen Status und vor allem der Gestalt Christi. Auch entsprachen nicht alle der Verehrten den Maßstäben, welche die Kirche in Bezug auf Frömmigkeit und Lebensführung an ein solches Vorbild stellte. Denn eines darf in diesem Zusammenhang nicht vergessen werden: Ein Heiliger war durchaus auch ein Wirtschaftsfaktor, denn er zog Pilger an und brachte damit Geld an die Stätte der Verehrung.

Deshalb bedurfte eine Heiligsprechung ab dem 6. Jahrhundert der Genehmigung durch den Ortsbischof, die dieser oder ein von ihm beauftragter Abt durch den Akt der Erhebung oder Übertragung der sterblichen Überreste des Heiligen erteilte. Im Jahr 794 wurde auf der Synode von Frankfurt sogar beschlossen, neue Heiligsprechungen ganz zu verbieten, was deren Zahl letztlich aber auch nur wenig eindämmen konnte. Vom 10. Jahrhundert an zogen die Päpste immer mehr das Recht der Heiligsprechung an sich. Da viele Bischöfe aber auch weiterhin kanonisierten, ergab sich die Unterscheidung zwischen „selig" und „heilig": Die bischöfliche Seligsprechung galt nur regional, während die durch den Papst vorgenommene „echte" Heiligsprechung für die gesamte Kirche gültig war und die Betreffenden in das *Martyrologium Romanum* eingetragen wurden (▶ Seite 8). 1634 forderte Papst Urban VIII. schließlich das alleinige Recht, die Titel „Heiliger" und „Seliger" zu verleihen, und legte entsprechende formelle Regelungen hierfür fest, die – im Grundsatz – bis heute Gültigkeit haben.

Und bevor Sie nun in das Leben der Heiligen eintauchen, noch ein Wort in eigener Sache: Häufig fanden sich in den von mir genutzten Quellen unterschiedliche, voneinander

abweichende Zahlen und Fakten sowie häufig auch variierende Überlieferungen und Legenden. Ich habe mich dann an diesen Stellen für die vermeintliche Mehrheitsmeinung beziehungsweise bekannteste Version entschieden oder bewusst eine eher vage Formulierung verwendet.

Die Rolle der Engel

In der Volksfrömmigkeit findet sich oftmals die Vorstellung, dass die Seelen der Gläubigen in den Himmel kommen und dort zu Engeln werden. Doch das entspricht nicht der biblischen Darstellung, denn dort finden sich zahlreiche Hinweise darauf, dass die Engel schon vor der Entstehung der Welt existierten. Es handelt sich dabei um mit Verstand und Willen begabte Geistwesen, die von Gott geschaffen wurden und ihm auf verschiedene Weise dienen.

Gemäß ihrem Namen – das Wort „Engel" leitet sich von dem griechischen „angelos" ab, das wörtlich „Bote" oder „Abgesandter" bedeutet – übermitteln sie das Wort Gottes. In dieser Funktion tauchen sie an vielen Stellen in der Bibel auf: Sie kündigen Abraham die Geburt seines Sohnes sowie den Untergang von Sodom und Gomorra an, erscheinen Moses in einem brennenden Dornbusch, berufen Gideon zur

Als „Hofstaat" Gottes ehren die Engel Gott und beten ihn an.

Befreiung Israels, kündigen die Geburt von Johannes dem Täufer an, verheißen Maria die Geburt Jesu, erscheinen Josef im Traum, um ihn von der Treue Marias zu überzeugen, verkünden

Das Aussehen der Engel wird unterschiedlich beschrieben. Die weit verbreitete Vorstellung von einem Wesen mit Flügeln findet sich in Jesaja 6, 2.

die Weihnachtsbotschaft sowie die Auferstehung Jesu und künden dessen Wiederkunft an.

Des Weiteren leiten und ermutigen sie die Menschen, dem Willen Gottes zu folgen. So schicken sie die entflohene Magd Haga zu deren Herrin zurück, erscheinen Jakob auf der Flucht vor Esau im Schlaf (Jakobsleiter), sprechen Josua Mut für die Einnahme des verheißenen Landes zu und erklären den Propheten den Sinn bestimmter Prophetien und Bilder.

Ebenfalls eine wichtige Aufgabe der Engel ist die Vollstreckung des Gerichts Gottes. In dieser Funktion werden sie auch erstmals in der Bibel erwähnt, als Gott die Cherubim am Eingang zum Garten Eden postierte, um den Sündern Adam und Eva die Rückkehr ins Paradies zu verwehren. Weitere Beispiele sind die Plagen, die sie über Ägypten brachten, als der Pharao den Abzug des Volkes Israel verhindern wollte, und der Todesengel gegen König Herodes. Aber auch beim Jüngsten Gericht, bei dem Jesus wiederkehren und als Richter die Gerechten von den Sündern trennen wird, werden Engel seine Begleiter und Helfer sein.

Und natürlich gehört es auch zu den Aufgaben der Engel, die Kinder Gottes, also uns Menschen, zu behüten und zu schützen. Bekannte Beispiele aus der Bibel dafür sind die Warnung vor dem geplanten Kindermord Herodes', Israels Durchzug durchs Schilfmeer, der von einem Engel angeführt wurde, die Stärkung

Jesu im Garten Gethsemane, die Ermutigung Paulus' in Seenot sowie die Befreiung von Petrus aus dem Gefängnis.

Gerade dieser letzte Punkt sorgt für eine hohe Popularität von Engeln, die in den letzten Jahren wieder stark zugenommen hat. Doch gerade in Bezug auf den Engelkult trifft die Bibel eine deutliche Aussage: Es ist allein der Herr anzubeten, alles Heil geht nur von ihm aus. Dahinter steckt – ähnlich wie bei der Heiligenverehrung – die Sorge, Jesus Christus könnte von den für die Menschen greifbareren himmlischen Dienern in den Hintergrund gedrängt werden.

Keine konkreten Aussagen hingegen findet man zu Aussehen und Geschlecht der Engel. Auch auf das Ausmalen der Himmelswelt, in der sie leben, wird weitestgehend verzichtet. Allerdings wurde versucht, eine Hierarchie abzuleiten, wobei die katholische Tradition auf eine Systematik aus dem späten Mittelalter zurückgreift. Danach unterscheidet man neun Hierarchien, sogenannte *Chöre*, die – in Anlehnung an die Dreifaltigkeit – drei Triaden zugeordnet werden. Damit ergibt sich folgendes Bild (▶ siehe unten), wobei die Seraphim den höchsten Rang einnehmen und die Engel am Ende stehen.

Und obwohl es unzählige Engel gibt, werden in der Bibel nur zwei namentlich genannt, nämlich die Erzengel Michael und Gabriel, zu denen Sie mehr auf ▶ Seite 184 finden.

Die gefallenen Engel

Ebenfalls Erwähnung finden die gefallenen Engel, die aufgrund ihrer Verfehlungen aus dem Himmel vertrieben wurden. Die beiden bekanntesten sind Satanel und Luzifer. Ersterer, der in der ursprünglichen Hierarchie an oberster Stelle stand, konnte den Gedanken nicht ertragen, dem Gottessohn, einem Menschen, gegenüber demütig zu sein. Denn in seinen Augen waren Menschen minderwertige, den Engeln in jeder Beziehung unterlegene Kreaturen. Und so rief er zum Aufstand gegen Gott auf. Doch dieser wurde niedergeschlagen und die Abtrünnigen auf ewig in die Hölle verbannt. Auch durfte Satanel den Titel „el" („göttliches Wesen") nicht mehr tragen und wurde zu Satan.

Ein ähnliches Schicksal erlitt Luzifer („Lichtbringer"), der danach strebte, gottgleich zu werden beziehungsweise sich über Gott zu erheben. Auch er wurde von Gott verstoßen und in die Hölle verbannt. Heute werden – aufgrund der Vermischung der beiden Geschichten im Laufe der Jahrhunderte – beide Namen als Synonym für den Teufel, das personifizierte Böse verwendet. Doch waren sie nicht die einzigen Engel, die ungehorsam gegenüber Gott waren. So wird beispielsweise von den Grigori berichtet, die einst den zehnten Chor bildeten. Sie wurden aus dem Himmel verstoßen, weil sie sich in die Menschentöchter verliebten, ihnen himmlische Geheimnisse verrieten und mit ihnen Kinder zeugten.

1. Triade
(dem Vater zugeordnet)

- ⊕ *Seraphim*: reinigende und lichtspendende Kräfte
- ⊕ *Cherubim*: Verbreiter des Wissens und der Erkenntnis, Wächter des Garten Edens
- ⊕ *Throne*: die Träger des Throns Gottes, Verkörperung des Erhabenen

2. Triade
(dem Sohn zugeordnet)

- ⊕ *Herrschaften*: Beherrscher der unter ihnen stehenden Engelklassen
- ⊕ *Mächte*: Verkörperung und Vollzieher des Willens Gottes
- ⊕ *Gewalten*: Verkörperung der unzerstörbaren Harmonie

3. Triade
(dem Heiligen Geist zugeordnet)

- ⊕ *Fürstentümer*: Verkörperung des himmlischen Führungscharakters, welche die irdischen Regenten leiten
- ⊕ *Erzengel*: Verkünder der göttlichen Offenbarung
- ⊕ *Engel* (Schutzengel): Himmelsboten, stehen dem Menschen am nächsten

Januar

Der erste Monat des Jahres ist nach dem römischen Gott Janus, dem Gott des Anfangs und des Endes sowie der Türen und Tore, benannt. Eine sehr passende Analogie, markiert der Januar doch den Übergang vom alten ins neue Jahr. Man sieht förmlich den zweigesichtigen Janus vor sich, dessen eines Gesicht in das vergangene und das andere in das neue Jahr blickt. Alte deutsche Namen für den Januar sind *Hartung*, *Eis-* oder *Schneemonat*. Zu den christlichen Feiertagen dieses Monats gehört der 6. Januar *(Epiphanias / Dreikönigsfest)*, an dem das Erscheinen Gottes in Jesus Christus gefeiert wird.

1	2	3	4	5	6	7
Die Heilige Jungfrau Maria	Basilius der Große	Genovefa	Elisabeth Anna Bayley Seton	Johannes Nepomuk Neumann	Makarius der Schotte	Raimund von Peñafort

8	9	10	11	12	13	14
Gudula von Brüssel	Petrus von Sebaste	Gregor X.	Paulinus von Aquileja	Antonius Maria Pucci	Hilarius von Poitiers	Felix von Nola

15	16	17	18	19	20	21
Maurus von Subiaco	Honoratus von Arles	Antonius der Große	Margareta von Ungarn	Agritius von Trier	Sebastian	Agnes von Rom

22	23	24	25	26	27	28
Vinzenz von Saragossa	Ildefons von Toledo	Franz von Sales	Heinrich Seuse	Timotheus und Titus	Angela Merici	Thomas von Aquin

29	30	31				
Valerius von Trier	Balthild	Johannes (Don) Bosco	Der 1. Januar ist nicht nur in allen deutschsprachigen Ländern ein gesetzlicher Feiertag, sondern auch Weltfriedenstag.			

Die Heilige Jungfrau Maria

Fast alle großen Künstler haben der Gottesmutter zumindest ein Bild gewidmet. Meistens wird sie zusammen mit dem Jesuskind dargestellt.

Status Jungfrau, Mutter Gottes, Himmelskönigin

Geboren im 1. Jahrhundert v. Chr.

Gestorben ca. 50 n. Chr.

Attribute Engel, Jesuskind, Taube, Krone, Zepter, Mantel, Kreuz

Patronat Patronin der Christenheit, von Bayern, des Erzbistums Köln, der Bistümer Aachen und Speyer, der Stadt Lausanne; Patronin der Köche, der Lebkuchenbäcker, der Gastwirte und Essigbrauer, der Böttcher, Tuchscherer und Tapezierer, der Weber, Seidenweber und Kürschner, der Töpfer und der Schiffer; Helferin in allen Nöten und Anliegen

Die Evangelien des Neuen Testaments berichten, dass Maria als Tochter des Joachim und der Anna in Jerusalem (andere Quellen sprechen von Nazareth) geboren wurde. Diese verlobten sie im Alter von 12 Jahren mit dem Zimmermann Josef. Eines Tages erschien ihr der Erzengel Gabriel und verkündete ihr, dass sie durch die Kraft Gottes dessen Sohn empfangen und gebären würde (unbefleckte Empfängnis). Dieser kam in einem Stall in Bethlehem zur Welt, wohin Maria und Josef für einen Census (eine Art Volkszählung) reisen mussten. Später floh die Familie nach Ägypten, um der Verfolgung durch König Herodes zu entkommen, und kehrte erst nach dessen Tod nach Nazareth zurück. Sie begleitet Jesus sein ganzes Leben hindurch bis zur Kreuzigung und Auferstehung. In der Apostelgeschichte wird sie zudem als eine der Frauen erwähnt, die zusammen mit den Jüngern Christi an Pfingsten den Heiligen Geist empfangen haben. Nach ihrem Tod wurde sie sogleich mit Leib und Seele in den Himmel aufgenommen.

Im Christentum gilt die Heilige Jungfrau Maria als wichtigste Fürsprecherin der Menschen bei Gott und wird in der ganzen Welt verehrt. Ihr sind zahlreiche Gedenktage gewidmet, die bedeutende Ereignisse aus ihrem Leben widerspiegeln, zum Beispiel der 25. März (Verkündigung des Herrn), der 15. August (Mariä Himmelfahrt), der 22. August (Maria Königin), der 8. September (Mariä Geburt) und der 15. September (Gedächtnis der Schmerzen Mariens). Weitere Ausdrucksformen der Marienverehrung sind Marienwallfahrten (an Orte von Marienerscheinungen, beispielsweise Lourdes oder Fátima), Marienandachten, Litaneien und das Rosenkranzgebet. Allerdings nimmt diese in den verschiedenen Konfessionen eine höchst unterschiedliche Stellung ein. In den lutherischen Kirchen spielt sie beispielsweise kaum eine Rolle.

Die Heilige Jungfrau Maria ist zudem – neben der Christusdarstellung – die beliebteste Figur in der christlichen Kunst. Am häufigsten ist dabei die Darstellung als thronende Madonna mit Kind. Weitere Bezeichnungen: Unsere liebe Frau, Allerseligste, Notre-Dame (franz.), Madonna (ital.).

Basilius der Große

Status Erzbischof, Kirchenlehrer, einer der vier griechischen Kirchenväter

Geboren um 330

Gestorben 1. Januar 379

Attribute Bücher, Kirchenmodell, Taube, Totenkopf

Patronat Patron des Basilianerordens sowie des morgenländischen Mönchtums

Basilius zählt zu den größten Gestalten der Kirchengeschichte überhaupt. Er wurde um das Jahr 330 in Cäsarea (heutige Türkei) geboren. Er stammte aus einer streng christlichen Familie, was sich nicht zuletzt daran zeigt, dass sowohl seine Eltern als auch drei seiner neun Geschwister unter den Heiligen zu finden sind. Während seiner Studienjahre in Cäsarea, Konstantinopel und Athen erwarb er nicht nur eine umfangreiche Bildung, sondern schloss auch Freundschaft mit Gregor von Nazianz dem Jüngeren. Nach Cäsarea zurückgekehrt, ließ Basilius sich im Jahr 356 taufen und besuchte anschließend rund zwei Jahre lang mit seinem Freund Gregor von Nazianz verschiedene Klöster in Syrien, Palästina, Ägypten und Mesopotamien, um das Leben der Mönche zu studieren. Danach soll er sein gesamtes Vermögen verschenkt und sich in eine einsame Gegend am Schwarzen Meer zurückgezogen haben. Dort arbeitete er mit Gregor und anderen Gleichgesinnten die Regeln für die Basilianermönche aus. Dieses Sittengesetz bildet auch heute noch die Grundlage für die Klosterstatuten der griechisch-orthodoxen Kirche.

Im Jahr 364 kehrte Basilius abermals nach Cäsarea zurück, wo er von Erzbischof Eusebius zum Priester geweiht wurde und diesem später auch nachfolgte. Basilius starb am 1. Januar 379 nach längerer Krankheit im Alter von etwa 50 Jahren. Er gilt als einer der begnadetsten

Basilius war ein erbitterter Gegner des Arianismus, deren Anhänger vom römischen Kaiser Valens (hier zusammen mit Basilius im Bild) unterstützt wurden.

Theologen – seine Schriften, darunter 365 Briefe, zählen zu den bedeutendsten Kirchendokumenten – und unerbittlicher Kämpfer für den Frieden innerhalb der Kirche. In dieser Funktion sah er eine seiner wichtigsten Aufgaben in der Bekämpfung des Arianismus, der die Wesensgleichheit mit Gott ablehnte und somit im Widerspruch mit der Trinitätslehre stand.

Weitere Gedenktage des Basilius sind der 30. Januar und der 14. Juni.

Genovefa

Status Nonne
Geboren um 422
Gestorben 3. Januar 502
Attribute Hirtenstab und -tasche, Schaf, Hirschkuh, Kerze, Engel und Teufel, Schlüssel von Paris (seltener)
Patronat Patronin von Paris, der Frauen, Hirten, Winzer und Hutmacher; Helferin bei Krieg, Dürre, Unglück, Augenleiden, Pest und Fieber

Genovefa wurde um 422 in Nanterre (Frankreich) geboren. Nach dem frühen Tod ihrer Eltern ging sie nach Paris, wo sie in ein Nonnenkloster eintrat und sich völlig dem Gebet und der Wohltätigkeit verschrieb. Als die französische Hauptstadt 451 durch den Hunnenkönig Attila und seine Horden bedroht wurde, versammelte sie die Frauen und betete mit ihnen für die Rettung der Stadt. Und tatsächlich verschonte Attila Paris und zog Richtung Südwesten, wo er auf den Katalaunischen Feldern von einem römisch-westgotischen Heer besiegt wurde. Während einer späteren Belagerung durch die Franken unter Chlodwig beschaffte sie – je nach Quelle durch Beten oder eigenes Zutun – Nahrung für die hungernde Bevölkerung.

Der Legende nach soll sie zudem zwei Drachen vertrieben und einen Kelch durch ihr Gebet immer wieder aufgefüllt haben. Weiterhin wird erzählt, dass der Teufel einmal ihre Kerze ausgeblasen hat, woraufhin ein Engel erschien, der sie wieder anzündete. Seitdem entflammte jede Kerze, sobald Genovefa sie nur in die Hand nahm.

Auf ihre Anregung hin begann man mit dem Bau einer Kirche zu Ehren des Erzbischofs und Märtyrers Dionysius, den sie sehr verehrte (Dom St-Denis, in dem die französischen Könige bestattet wurden). Sie selbst wurde nach ihrem Tod am 3. Januar 502 in der späteren Kirche Sainte-Geneviève begraben, die König Chlodwig – zu dessen Bekehrung zum Christentum sie beigetragen haben soll – zu ihren Ehren errichten ließ. Später wurde das mehrfach umgebaute und umbenannte Gotteshaus in das Panthéon umgewandelt, in dem viele bedeutende Persönlichkeiten bestattet sind. Die Reliquien wurden während der Französischen Revolution zerstört. Genovefa gehörte vor allem im Mittelalter zu den beliebtesten und bekanntesten französischen Heiligen. Ein Glassarg, der noch Teile des Original-Sarkophags von Genovefa enthält, steht heute in der Kirche Saint-Etienne-du-Mont.

Elisabeth Anna Bayley Seton

Status Ordensgründerin
Geboren 28. August 1774
Gestorben 4. Januar 1821

Elisabeth Anna Bayley wurde in New York als Tochter eines Arztes geboren. Im Alter von 19 heiratete sie einen Kaufmann namens Seton, dem sie in den folgenden Jahren fünf Kinder gebar. Doch schon früh wurde Elisabeth, die sich stark für arme Witwen und deren Kinder engagierte, selbst Witwe. Daraufhin trat sie 1805 zum katholischen Glauben über und gründete in Baltimore eine Mädchenschule, da es ihre feste Überzeugung war, dass alle Kinder – sowohl Jungen als auch Mädchen – ein Recht auf freie Bildung hätten.

Im März 1809 gründete Elisabeth Anna Bayley Seton die Schwesternschaft „Sisters of

Elisabeth Anna Bayley Seton zeichnete sich besonders durch ihre große Hilfsbereitschaft gegenüber Bedürftigen aus.

Charity", der sie fast ein Jahrzehnt als Generaloberin vorstand. Ihr besonderes Augenmerk galt dabei der Hilfe gegenüber Armen und Notleidenden. Sie starb bereits im Alter von 47 Jahren an Tuberkulose. Ihre Seligsprechung erfolgte 1963 durch Papst Johannes XXIII., die Heiligsprechung 1975 durch Papst Paul VI. Damit war Elisabeth Anna Bayley Seton die erste Heilige, die aus den USA stammte.

5. Januar

Johannes Nepomuk Neumann

Status Bischof
Geboren 28. März 1811
Gestorben 5. Januar 1860

Ebenfalls zu den „jüngeren" Heiligen gehört Johannes Nepomuk Neumann. Er wurde 1811 als Sohn deutsch-tschechischer Eltern im Böhmerwald geboren. Nach seinem Studium in Budweis und Prag wanderte Neumann in die USA aus, um dort missionarisch tätig zu werden. Bereits nach drei Wochen erhielt er vom New Yorker Bischof die Priesterweihe, die man ihm zu Hause aufgrund eines Priesterüberschusses versagt hatte. 1840 trat er dem Redemptoristen-Orden bei.

Mit nur 41 Jahren wurde Neumann 1852 als Anerkennung für sein Engagement und pastorales Wirken zum Bischof von Philadelphia ernannt. Während seiner Amtszeit kümmerte er sich unermüdlich um seine Diözese und gründete in den folgenden acht Jahren über 100 Kirchen sowie 80 Schulen, bis er 1860 völlig erschöpft auf einer Straße in Philadelphia tot zusammenbrach. Seine sterblichen Überreste ruhen in einem gläsernen Reliquiar unter dem Altar der Kirche St. Peter the Apostle in Philadelphia. Seine Heiligsprechung erfolgte 1977 durch Papst Paul VI., nachdem sich seine Diözese fast 100 Jahre dafür eingesetzt hatte.

Makarius der Schotte

 6. Januar

Status Abt
Geboren vor 1100
Gestorben 6. Januar 1153
Patronat Patron der Stadt Würzburg;
    Helfer bei Kopfleiden und Fieber

Der in Schottland oder Irland geborene Makarius (latinisiert aus McCarthy) war Benediktiner und Prior im Schottenkloster St. Jakob in Regensburg. 1139 wurde er der erste Abt des vom Würzburger Bischof Embricho neu gegründeten Jakobsklosters in Würzburg, wo seine Hauptaufgabe in der geistlichen sowie leiblichen

Versorgung der Pilger bestand (das Kloster war aus einer Herberge für irische Pilger hervorgegangen, die Wallfahrten zur Verehrung des heiligen Kilian unternahmen). Daneben unterhielten die Mönche aber auch eine sehr produktive Schreibwerkstatt. 14 Jahre später, 1153, starb Makarius – ebenfalls in Würzburg – und wurde auf Betreiben des Fürstbischofs Julius Echter von Mespelbrunn 1615 heiliggesprochen.

Makarius genoss vor allem im Fränkischen große Verehrung. Doch durch die Zerstörung der Marienkapelle am Markt, wo seine Gebeine seit 1818 aufbewahrt wurden,

Trotz ihrer beachtlichen Größe gilt der gotische Kirchenbau, in dem sich die Reliquien von Makarius heute befinden, kirchenrechtlich als Kapelle.

und dem damit verbundenen Verschwinden der Reliquien ebbte die Verehrung seit 1945 deutlich ab. 1975 wurde der zerschmolzene Schrein mit den Reliquien wieder aufgefunden und der Großteil davon befindet sich heute in der Marienkapelle. Der Rest wird im Bischofshaus aufbewahrt.

Auch die auf Betreiben der Deutsch-irischen Gesellschaft 1990 in Irland als ökumenische Gebetsgemeinschaft wieder gegründete Makarius-Bruderschaft (sie bestand schon einmal in Deutschland von 1730 bis zum Zweiten Weltkrieg) besteht mittlerweile nur noch rechtlich. Mitglieder hat sie keine mehr.

7. Januar ✚ ## Raimund von Peñafort

Status Priester, Rechtsgelehrter
Geboren um 1175
Gestorben 1275
Attribute Kruzifix, Mantel (Cappa), Pilgerstab
Patronat Patron der Kirchenrechtsgelehrten, Rechts- und Staatsanwälte sowie der Bibliothekare für medizinische Fachliteratur

Raimund beziehungsweise Ramón von Peñafort stammte aus einer katalonischen Adelsfamilie und wurde 1175 in Barcelona (das damals zum Königreich Aragón gehörte) geboren. Er studierte zunächst in seiner Heimatstadt und danach in Bologna, wo er die Doktorwürde in kanonischem und bürgerlichem Recht erlangte und Professor für Kirchenrecht war. 1220 kehrte er nach Spanien zurück und trat in den Dominikanerorden ein, um zu predigen und zu lehren. 1230 wurde

er von Papst Gregor IX. als Berater nach Rom berufen, wo er zahlreiche Schriften verfasste und herausgab. Dazu gehört auch die „Summa de casibus ponenitentialibus", eine vierbändige bußtheologische Abhandlung, die großen Einfluss auf das Beicht- und Bußwesen der katholischen Kirche hatte und bis 1917 gültig blieb.

1236 kehrte er nach Katalonien zurück, wo er 1238 dritter Ordensgeneral der Dominikaner wurde sowie Rechtsberater und Beichtvater König Jakobs I. von Aragón. Mit Raimundus Lullus arbeitete er an der Bekehrung von Muslimen und Juden und inspirierte Thomas von Aquin zu dessen Werk „Summa contra gentiles".

Raimund von Peñafort starb 1275 im hohen Alter von 100 Jahren in Barcelona. Er gilt als herausragender Kirchenmann und wurde im Jahr 1601 von Papst Clemens VIII. heiliggesprochen.

8. Januar ✚ ## Gudula von Brüssel

Status Nonne, Büßerin
Geboren Geburtsdatum nicht bekannt
Gestorben vermutlich 8. Januar 712
Attribute Kerze oder Laterne
Patronat Patronin der Stadt Brüssel

Gudula wurde als Tochter des Grafen Witgar und seiner Frau Amalberga von Maubeuge in der Nähe von Brüssel geboren. Ihre Erziehung übernahm ihre Patin Gertrud, die Äbtissin des Klosters Nivelle (ebenso wie die Mutter und ihre Geschwister Reineldis und Emebert eine Heilige). Nach dem Tod des Vaters trat sie mit ihrer Schwester und ihrer Mutter in das Benediktinerkloster Maubeuge ein. Nachdem sie bald darauf das Gelübde der Jungfräulichkeit abgelegt hatte, richtete sie sich im Dorf Moorsel eine Zelle ein, wo sie bis zu ihrem Tod ein strenges Büßerleben führte.

Ihr ist zusammen mit dem Erzengel Michael die Hauptkirche der Stadt Brüssel, die Kathedrale St. Michael und St. Gudula, geweiht, wohin ihre Gebeine 1047 übertragen wurden (in die damalige Michaelskirche). Gudula von Brüssel wird häufig mit einer Laterne dargestellt, da erzählt wird, dass der Teufel ihr eine solche auf dem Weg zur Kirche ausgeblasen habe, damit sie sich verirre. Doch auf ihr Gebet hin wurde die Laterne von einem Engel wieder entzündet (*Laternenwunder*).

Statue der heiligen Gudula in der Kathedrale St. Michael und St. Gudula in Brüssel

Petrus von Sebaste

Status Bischof
Geboren vor 349
Gestorben 392

Petrus von Sebaste war der jüngste Bruder von Basilius dem Großen (▶ Seite 15 f.) und Gregor von Nyssa. Nach dem Tod der Eltern wurde er von seiner fast 20 Jahre älteren Schwester Makrina (▶ Seite 13 f.) aufgezogen.

Im Jahr 370 empfing er von seinem Bruder Basilius die Priesterweihe. Danach trat er in das von Basilius gegründete Kloster Neocaesarea am Schwarzen Meer ein. Circa ein Jahrzehnt später (379 oder 381) wurde er zum Bischof von Sebaste ernannt. Seine Amtszeit, während der er sich wie seine Brüder Basilius und Gregor im Kampf gegen den Arianismus (▶ Seite 16) engagierte, dauerte rund ein Jahrzehnt.

Gregor X.

Status Papst
Geboren 1210
Gestorben 10. Januar 1276

Gregor X. wurde 1210 als Tedaldo Visconto in der oberitalienischen Stadt Picazenza geboren. Über die Zeit vor seiner Ernennung zum Papst ist kaum etwas bekannt. 1271 wurde er zum Nachfolger von Papst Clemens IV. gewählt. Nach dessen Tod 1269 war der päpstliche Stuhl über zwei Jahre verwaist, da die Kardinäle keine Einigung bezüglich eines gemeinsamen Kandidaten erzielen konnten. Erst der von dem Franziskanergeneral Johannes Bonaventra ins Spiel gebrachte Visconto, damals Archidiakon in Lüttich, wurde von der Mehrheit als Kompromisskandidat akzeptiert. Tedaldo Visconto befand sich zu der Zeit als Kreuzfahrer im Heiligen Land, weshalb er erst 1272 in Rom zum Papst gekrönt wurde.

Seine Hauptanliegen während seines Pontifikats waren die Wiedervereinigung mit der Ostkirche und weitere Kreuzzüge. Seine Pläne scheiterten jedoch – in beiderlei Hinsicht – nicht zuletzt aufgrund seines frühen Todes. Er starb am 10. Januar 1276 im italienischen Arezzo.

Paulinus von Aquileja

Status Patriarch
Geboren vor 750
Gestorben 11. Januar 802

Der vor 750 in dem zwischen Venedig und Triest gelegenen Aquileja geborene Paulinus galt als einer der berühmtesten Grammatiker seiner Zeit. Und so holte ihn Kaiser Karl der Große 776 an seinen Hof nach Aachen, wo Paulinus an der Palastschule unterrichtete. In dieser Zeit entwickelte sich eine enge Freundschaft zu Alkuin, dem berühmten Gelehrten und wichtigsten Ratgeber des Kaisers.

Im Jahr 787 ernannte Karl der Große Paulinus zum Patriarchen von Aquileja. In dieser Funktion widmete sich Paulinus insbesondere dem Kampf gegen den Adoptianismus (dessen Anhänger behaupteten, Christus sei ein zum Gott erhobener und mit göttlichen Kräften ausgestatteter Mensch) und der Christianisierung der Avaren, einem den Hunnen verwandten Volk.

Paulinus starb am 11. Januar 802 in seiner Geburtsstadt Aquileja.

Antonius Maria Pucci

Status Ordensprovinzial
Geboren 16. April 1819
Gestorben 12. Januar 1892

Mit 18 Jahren schloss sich der Bauernsohn Eustachius Pucci dem Servitenorden an, wo er den Ordensnamen Antonius Maria erhielt. Nach seiner Weihe zum Priester 1843 betreute er ab 1847 bis an sein Lebensende die Gemeinde Viarèggio als Seelsorger.

Hier kümmerte er sich – insbesondere während zweier Epidemien – um die Armen, Alten und Kranken. Er gründete das erste Heim für kranke Kinder in Italien und förderte durch die Einrichtung von Kinder- und Jugendgruppen sowie Männer- und Frauenrunden das christliche Leben. Zudem gründete er in seiner Pfarrei eine Gemeinschaft von Servitinnen, die er trotz der ordensfeindlichen Gesetze der nachnapoleonischen Ära erfolgreich leitete. In den Jahren 1883 bis 1890 war er darüber hinaus als Provinzial der Serviten tätig.

Antonius Pucci starb im Winter 1892 an einer schweren Erkältung, die er sich zuzog, als er bei klirrender Kälte unterwegs war und seinen Mantel einem Bettler überließ. Sein Leichnam ruht in einem gläsernen Sarg in der Kirche S. Andrea in Viarèggio. Die Seligsprechung erfolgte 1950 durch Papst Pius XII., der Antonius Pucci „ein Vorbild für alle Pfarrer" nannte. Am 9. Dezember 1962 wurde Antonius Pucci heiliggesprochen.

Hilarius von Poitiers

Status Bischof, Kirchenlehrer
Geboren um 315
Gestorben 13. Januar 367
Attribute Buch, Schlangen, Drachen
Patronat Patron von Poitiers, La Rochelle und Luçon

Der in Pictavium, dem heutigen Poitiers, geborene Hilarius stammte aus einer wohlhabenden heidnischen Familie. Ursprünglich arbeitete er als Verwaltungsbeamter, bis er sich zusammen mit seiner Familie 345 taufen und kurz darauf zum Priester weihen ließ. Nur wenige Jahre später, 350, wurde er von den Einwohnern zum Bischof von Poitiers gewählt.

Hilarius gilt als der bedeutendste Dogmatiker seiner Zeit. Er verfasste zahlreiche wegweisende Werke, die das christliche Denken bis ins Mittelalter hinein und auch noch einige Reformatoren des 16. Jahrhunderts beeinflusst haben. Dabei war eines seiner wichtigsten Anliegen der Kampf gegen den Arianismus, der vor allem bei den germanischen Völkern und in Gallien vorherrschte. Diese Lehre besagt, dass Jesus ein

Auf diesem Fresco von Simone Martini verabschiedet sich Martin von Tours (▸ Seite 214) vom heiligen Hilarius von Poitiers.

eigenständiges Wesen sei, das geschaffen wurde. Sie steht damit im Widerspruch zur Lehre der Trinität Vater, Sohn und Heiliger Geist, die „ewig vereint nebeneinander existieren".

Bei seinem Bemühen, den Arianismus zu widerlegen, sah sich Hilarius einflussreichen Gegnern gegenüber, zu denen insbesondere Bischof Saturninus von Arles zählte. Sie erreichten, dass Hilarius 356 von Kaiser Konstantinus nach Phrygien in Kleinasien verbannt wurde. Dort schrieb er sein zwölfbändiges Werk „De Trinitate", die erste Gesamtdarstellung über die Dreieinigkeit.

Im Jahr 360 wurde er nach Poitiers zurückgeschickt, wo er begeistert empfangen wurde. Auf der Synode in Paris 361 konnte er schließlich auch die Entmachtung seiner arianischen Gegner in Gallien erreichen und den Arianismus in Oberitalien eindämmen. Hilarius, der zudem ein bedeutender Dichter von Kirchenhymnen war, starb im Jahr 367 in seiner Heimatstadt, wo sich auch sein Grab befindet. 1851 wurde er von Papst Pius IX. zum Kirchenlehrer erhoben.

Felix von Nola

Status Priester, Märtyrer
Geboren Geburtsdatum unbekannt
Gestorben um 260
Patronat Patron gegen Meineid sowie für das Wiederfinden verlorener Tiere und Dinge

Felix wurde als Sohn des syrischen Einwanderers Hermias im italienischen Nola geboren. Schon früh erhielt er die Priesterweihe und wurde zum Vertrauten des Bischofs Maximus. Während der Christenverfolgung unter Kaiser Decius gelang ihm wiederholt auf wundersame Weise die Flucht. wobei es heißt, dass ihn einmal ein Spinnennetz vor seinen Verfolgern schützte, das den Eingang der Höhle verbarg, in der Felix sich vor seinen Häschern versteckte. Möglicherweise wurde er später selbst Bischof von Nola.

Felix starb um 260 in seinem Geburtsort, wo er auch begraben wurde. Sein Märtyrertum geht auf die Verfolgung und Misshandlung unter Kaiser Decius zurück. Im 5. Jahrhundert ließ Bischof Paulinus von Nola

Felix von Nola – hier eine Darstellung in einer französischen Buchmalerei – wurde besonders im Altertum verehrt.

eine ihm geweihte Basilika errichten, die Ziel zahlreicher Wallfahrer und zum Ort diverser Heilungen, Tierwunder und Exorzismen wurde.

Dieses Gemälde zeigt Maurus bei der Rettung seines Klosterbruders Placidus.

15. Januar

Maurus von Subiaco

Status Abt
Geboren um 500
Gestorben um 580
Patronat Patron der Kranken; Helfer gegen
  Heiserkeit, Schnupfen, Kopfschmerzen,
  Gicht, Rheuma und Lähmungen

Maurus wurde bereits früh von seinem Vater, dem römischen Senator Equitius, in die Obhut Benedikts von Nursia (▶ Seite 132) gegeben, der sich seiner Erziehung annahm. Der Überlieferung zufolge wurde Maurus dessen Nachfolger im Kloster Subiaco, als Benedikt 529 auf dem Montecassino gemeinsam mit einigen Mönchen das erste Benediktinerkloster gründete.

Über sein weiteres Wirken ist nur wenig bekannt. Es wird berichtet, dass er seinen Klosterbruder Placidus vor dem Ertrinken gerettet habe und dazu über Wasser gegangen sei. Auch soll er außergewöhnliche Heilkräfte gehabt haben, was sich im sogenannten Maurus-Segen widerspiegelt, der auf ihn zurückgeht. Des Weiteren werden sein absoluter Gehorsam gegenüber seinem Lehrer und seine tiefe Demut gerühmt.

Eine andere Quelle erzählt, Benedikt habe Maurus nach Gallien geschickt, wo dieser das Kloster Glanfeuil (heute: St-Maur-sur-Loire) gegründet habe. Dort soll er an der Pest gestorben und begraben worden sein.

16. Januar

Honoratus von Arles

Status Bischof
Geboren im 4. Jahrhundert
Gestorben um 429
Patronat Patron von Lérins und Arles; Patron
  für und gegen Regen sowie gegen Unglück

Man geht davon aus, dass Honoratus als Sohn einer Trierer Konsulfamilie geboren wurde und sich schon in jungen Jahren taufen ließ. Nachdem sein von ihm zum christlichen Glauben bekehrter Bruder Venantius auf einer gemeinsamen Studien- beziehungsweise Pilgerreise starb, ließ Honoratus sich als Eremit im Estérel-Gebirge nahe der französischen Stadt Cannes nieder.

Um 410 gründete er auf der kleineren der Lérins-Inseln, die damals wüst und unbewohnt waren, eine Abtei, die sich unter seiner Führung schnell zu einem bedeutenden geistlichen und kulturellen Zentrum entwickelte. Nach der Ermordung von Bischof Patroclus wurde Honoratus – gegen seine Willen – zum Bischof von Arles ernannt.

Rund drei Jahre später starb Honoratus. Seine Gebeine befinden sich seit 1788 in der Kirche Notre Dame in Grasse. Die Insel trägt heute zu seinem Gedenken den Namen Saint-Honorat, in der Abtei Lérins leben noch rund 30 Mönche.

Antonius der Große

Status Einsiedler, Mönchsvater
Geboren um 250
Gestorben um 356
Attribute Antoniuskreuz, Schwein, Bettler-
glocke (Antoniusglocke)
Patronat Patron der Ritter, Weber, Zuckerbä-
cker, Korbmacher, Glöckner, Schweinehirten
und Totengräber; Patron der Haustiere (ins-
besondere der Schweine); Nothelfer bei Pest,
Lepra, Syphilis, Viehseuchen und bei Feuer

Die Reliquien von Antonius dem Großen werden seit 1491 in der Pfarrkirche St-Julien im französischen Arles aufbewahrt.

Der als Begründer des Mönchtums geltende Antonius wurde als Sohn wohlhabender christlicher Eltern in Mittelägypten geboren. Nach deren Tod verschenkte er im Alter von 20 Jahren sein Erbe an die Bedürftigen und entschied sich für ein Leben in Askese als Einsiedler.

Antonius betätigte sich als Lehrer, Ratgeber und Heiler und mit der Zeit sammelten sich mehr und mehr Gleichgesinnte um ihn. 306 gründete er schließlich die bis dahin unbekannte Form der Einsiedlergemeinde, die als Vorform des Mönchtums angesehen wird. Er soll es auch gewesen sein, der die „Angelica", das Mönchsgewand, eingeführt hat.

Trotz seines asketischen, von Entbehrungen geprägten Lebensstils war Antonius ein hoch politscher Mensch. Er stand während der Christenverfolgung unter Kaiser Maximus Daia seinen Glaubensbrüdern in Alexandria bei und unterhielt nach dem Abebben der Verfolgung einen regen Briefwechsel mit Kaiser Konstantin

dem Großen sowie dessen Sohn Constantius II. Antonius starb schließlich hochbetagt im Alter von 105 Jahren und erhielt schon bald nach seinem Tod den Beinamen „der Große".

Die Verehrung des heiligen Antonius begann bereits im 5. Jahrhundert und erreichte ihren Höhepunkt in der Zeit vom 14. bis 18. Jahrhundert, wobei er im Osten vor allem als Lehrer und Mönchsvater geschätzt wurde, im Westen eher als Wunderheiler und Schutzpatron gegen Seuchen. Zu seiner Verehrung im Westen trug auch das wohltätige Wirken des Antoniterordens sowie des Antonius-Ritter-Ordens bei, durch den Antonius zum Patron des Ritterstandes wurde. Ersterer wurde Ende des 11. Jahrhunderts aus Dankbarkeit von einem französischen Edelmann gegründet, dessen Sohn durch die Reliquien des Antonius von einer Seuche geheilt worden sein soll, während der Antonius-Ritter-Orden auf den bayerischen Herzog Albrecht zurückgeht.

Margareta von Ungarn

Status Nonne
Geboren 1242
Gestorben 18. Januar 1270
Attribute Krone, Buch, Lilie

Aus Dankbarkeit für die Befreiung Ungarns von den Tataren weihten König Béla IV. und seine Frau Maria Laskaris ihre Tochter Margareta Gott. Bereits im Alter von drei Jahren kam

Wie hier wird die heilige Margareta von Ungarn oftmals mit Lilien abgebildet.

sie daher in das Dominikanerinnenkloster nach Veszprém, bis sie 1252 in das von ihrem Vater in Budapest gegründete Dominikanerinnenkloster auf der Haseninsel (der später nach ihr benannten Margareteninsel) übersiedelte. Dort legte sie 1254 ihr Gelübde ab. Margareta war bekannt für ihre Bescheidenheit und Freundlichkeit. Ihr Wirken als Nonne war geprägt von Buße und

dem Pflegen von Kranken. Sie lebte in Armut und Keuschheit, weshalb sie – trotz päpstlichem Dispens – eine politische Ehe ablehnte.

Bereits kurz nach ihrem Tod wurde Margareta von den Ungarn wie eine Heilige verehrt und auch schnell seliggesprochen (im Jahr 1276). Die Heiligsprechung erfolgte jedoch erst 1934. Ihre Gebeine gelten als verschollen.

19. Januar — Agritius von Trier

Status Bischof
Geboren um 260
Gestorben um 332
Attribute Buch, Kreuz, Kirchenmodell
Patronat Patron von Trier

Sowohl hinsichtlich des Geburtsortes als auch der Jugend und des frühen Wirkens des Agritius besteht Unklarheit. Möglicherweise war er Patriarch von Antiochia (heutige Türkei), bevor er auf Bitten von Kaiserin Helena – so die Überlieferung – von Papst Silvester I. als Bischof nach Trier berufen wurde.

Und ihm hat die Stadt an der Mosel viel zu verdanken: Unter seiner Ägide genossen die Schulen der Diözese einen hervorragenden Ruf, er begann mit dem Bau des Doms und gründete vermutlich das Kloster St. Maximin. Doch vor allem soll er die Reliquien des Apostels Matthias sowie den Heiligen Rock Christi nach Trier gebracht haben. Diese Reliquie, die Fragmente der Tunika Jesu Christi enthalten soll, ist noch heute erhalten und wird nur selten gezeigt. (Andere Quellen besagen, Kaiserin Helena habe den Rock auf ihrer Pilgerfahrt nach

Ihrem Bischof Agritius verdankt die Stadt Trier der Überlieferung zufolge den Heiligen Rock Christi und die Matthias-Reliquien.

Jerusalem gefunden und der Trierer Kirche zum Geschenk gemacht.)

Agritius starb um 332 in Trier und wurde vermutlich in St. Maximin beigesetzt. Der dort 1936 gefundene Agritiussarkophag kann ihm jedoch nicht eindeutig zugeordnet werden.

20. Januar — Sebastian

Status Märtyrer
Geboren im 3. Jahrhundert
Gestorben 20. Januar 288
Attribute ein einzelner oder mehrere Pfeile
Patronat Patron der Eisenhändler, Zinngießer, Töpfer, Gerber, Soldaten, Kriegsinvaliden, Sterbenden; Patron der Brunnen und gegen Viehkrankheiten; Pestheiliger

Nahezu alles, was über das Leben Sebastians bekannt ist, stammt aus unvollständigen Überlieferungen. Der Legende nach war er Hauptmann der kaiserlichen Leibgarde am Hof Diokletians und hatte sich inmitten der letzten und brutalsten Welle der römischen Christenverfolgung offen zum Christentum bekannt, andere aktiv bekehrt und einigen seiner Glaubensbrüder geholfen. Als Diokletian davon erfuhr, ließ er Sebastian an einen Pfahl binden und von numidischen Bogenschützen erschießen. Als eine junge Witwe namens Irene Sebastian vom Pfahl abnahm, um ihn zu beerdigen, bemerkte sie, dass er noch lebte, und pflegte ihn wieder gesund.

Daraufhin kehrte Sebastian zu Diokletian zurück und bekannte sich erneut zu seinem Glauben, woraufhin dieser ihn von seinen Soldaten zu Tode prügeln und in die Cloaca maxima, den zentralen Abwasserkanal des alten Rom, werfen ließ. Die Christin Lucina Anicia barg seinen Leichnam und bestattete ihn an der Via Appia, wo im 4. Jahrhundert die Apostelkirche errichtet wurde, die im 9. Jahrhundert in San Sebastiano fuori le mura umbenannt wurde.

Sebastian gehört zu den meistverehrten Heiligen. Ihm ist das Sebastiansfest gewidmet, das bis heute in zahlreichen Gemeinden gefeiert wird. Zum Schutz gegen die Pest, die „anfliegende Krankheit", trug man früher sogenannte Sebastianspfeile aus Zinn oder Silber. Auch in der bildenden Kunst war die Darstellung des gefesselten und mit Pfeilen durchbohrten Sebastian ein beliebtes Motiv.

Diese Darstellung von Hans Holbein dem Älteren zeigt das Martyrium des Sebastian, einem der meistverehrten Heiligen.

Da ihr Name an das lateinische Wort für Lamm erinnert („Agnus"), wird Agnes meist mit einem solchen abgebildet.

Agnes von Rom

Status Märtyrerin
Geboren im 3. Jahrhundert
Gestorben vermutlich 304
Attribute Buch, Lamm
Patronat Patronin der Jungfrauen, der Gärtner und Kinder; Patronin für Keuschheit

Wie auch bei Sebastian ist das Leben der Agnes größtenteils legendär und eine der ältesten Heiligenerzählungen überhaupt. Gemäß der Überlieferung war Agnes die Tochter reicher christlicher Eltern und von so außergewöhnlicher Schönheit, dass sie bereits in jungen Jahren mehrere Heiratsanträge erhielt. Doch Agnes lehnte sämtliche Avancen mit dem Hinweis ab, sie sei schon vergeben. Auch der Sohn des Stadtpräfekten Sempronius warb vergeblich um sie. Und als dieser wissen wollte, mit wem sie verlobt sei, gab sie zur Antwort: Jesus Christus.

Daraufhin ließ der erboste Stadtpräfekt sie verhaften und in ein Freudenhaus bringen, wo sein Sohn wartete, um Agnes zu schänden. Doch als man sie entkleidete, bedeckten ihre langen Haare auf wundersame Weise ihre Blöße, und als der abgewiesene Bräutigam sie berührte, fiel er tot um. Weiter heißt es, dass Agnes den Toten durch ihr Gebet wieder zum Leben erweckte, worauf sie der Zauberei angeklagt und zum Tode auf dem Scheiterhaufen

verurteilt wurde. Allerdings konnte das Urteil nicht vollstreckt werden, da die Flammen Agnes verschonten, sodass der Henker ihr schließlich sein Schwert durch die Kehle stieß.

Begraben wurde Agnes auf einem Friedhof an der Via Nomentana. Über ihrem Grab entstand schnell die Kirche S. Agnese fuori le mura, die von einer Tochter Kaiser Konstantins des Großen gestiftet wurde. Zudem ist ihr die Kirche S. Agnese al Circo Agonale geweiht.

22. Januar — Vinzenz von Saragossa

Status Erzmärtyrer Spaniens
Geboren im 3. Jahrhundert
Gestorben 22. Januar 304
Attribute Bratrost, Mühlstein, Raben
Patronat Patron von Saragossa; Patron der Winzer, Seeleute, Töpfer, Ziegelmacher, Dachdecker, Holzfäller und Holzarbeiter

Vinzenz von Saragossa gehört ebenfalls zu den Märtyrern, um deren Leben sich mehr Mythen ranken, als Tatsachen bekannt sind. In seinem Fall wird Folgendes erzählt: Vinzenz, der Archidiakon des Bischofs Valerius von Saragossa, wurde während der diokletianischen Christenverfolgung zusammen mit diesem gefangen genommen und in Valencia eingekerkert. Während man den Bischof in die Verbannung schickte, wurde Vinzenz grausam zu Tode gefoltert, unter anderem auf einem Bratrost. Gemäß der Sage wurde sein Leichnam bis zur Beerdigung von Raben bewacht.

Vinzenz von Saragossa wurde vor allem im späten Mittelalter gern zum Zunftpatron erwählt.

Obwohl Vinzenz' Name in den ältesten Martyrologien zu finden ist, setzte seine große Verehrung erst im späten Mittelalter ein. Sie erstreckte sich neben Spanien auch auf Süddeutschland, Frankreich und Österreich, wo sich der heilige Vinzenz insbesondere bei Weinbauern und Holzknechten hoher Beliebtheit erfreute und heute noch verehrt wird. Vor allem in Österreich finden nach wie vor zahlreiche Vinzenzimärkte und -feste statt.

23. Januar — Ildefons von Toledo

Status Erzbischof
Geboren um 606
Gestorben 23. Januar 667
Patronat Patron von Toledo

Der aus einer vornehmen gotischen Familie stammende Ildefons gilt als Schüler des Erzbischofs und späteren Kirchenlehrers Isidor von

Ildefons von Toledo war ein großer Marienverehrer und ein leidenschaftlicher Verteidiger ihrer Jungfräulichkeit.

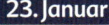

Sevilla. Er wirkte erst als Mönch, dann als Abt des Klosters S. Cosma y Damián in der Nähe von Toledo, bevor er 657 zum Metropoliten von Toledo gewählt wurde.

Ildefons, der am 23. Januar 667 starb, gehört vor allem dank seiner beeindruckenden Schriften zu den herausragenden Kirchenmännern seiner Zeit. Besondere Erwähnung gilt dabei seinem „Büchlein über die bleibende Jungfräulichkeit der Gesegneten Jungfrau Maria", mit dem er die Marienverehrung in Spanien erheblich beförderte.

Franz von Sales

 24. Januar

Status Bischof, Kirchenlehrer, Ordensgründer
Geboren 21. August 1567
Gestorben 28. Dezember 1622
Patronat Patron des Kantons und der Stadt Genf, von Annecy Chambéry und des Bistums Lausanne-Genf-Fribourg; Patron der katholischen Presse, der Schriftsteller, Verleger, Journalisten und Gehörlosen; Patron der Salesianerinnen und der Salesianer Don Bosco

Franz von Sales wurde 1567 auf dem Familienschloss in den Savoyen als erstes von zehn Kindern geboren. Er besuchte die Jesuitenschule von Clermont und studierte anschließend in Paris und Padua Jura, um – wie von seinem Vater gewünscht – eine Diplomatenlaufbahn einzuschlagen. Doch nach langem innerem Kampf hatte Franz beschlossen, nach dem Abschluss seines Studiums stattdessen der Kirche zu dienen, und so ließ er sich 1593 zum Priester weihen. Seine erste Aufgabe bestand in der Rekatholisierung der Calvinisten in Chablais am Südufer des Genfer Sees. Diese löste er dank seiner Geduld, seiner Glaubwürdigkeit, seiner Herzlichkeit und der Fähigkeit, stets die richtigen Worte zu finden, schließlich erfolgreich und wurde im Jahr 1602 zum Bischof von Genf ernannt. In den folgenden Jahren kümmerte er sich mit großer Hingabe seiner Diözese (er besuchte als erster Genfer Bischof alle 311 in seiner Diözese gelegenen Pfarrkirchen) und gründete mit seiner Vertrauten Johanna Franziska von Chantal 1610 den Orden der Salesianerinnen.

Franz von Sales gilt als begnadeter Prediger und vorbildlicher Seelsorger, dessen Werke wie die „Anleitung zum frommen Leben" bis heute gelesen werden. Ein weiteres wichtiges Anliegen war ihm der Religionsunterricht der Kinder und die Erwachsenenbildung. Er starb im Dezember 1622 auf der Reise nach Lyon an einem Schlaganfall. Seine Heiligsprechung erfolgte im Jahr 1655. 1877 wurde er von Papst Pius IX. zum Kirchenlehrer erklärt.

Heinrich Seuse

 25. Januar

Status Mystiker, Seelsorger und Theologe
Geboren vermutlich 21. März 1295
Gestorben 25. Januar 1366
Attribute Kranz von Rosen, IHS-Zeichen

Der im März 1295 oder 1297 geborene Heinrich stammt aus dem Thurgauer Rittergeschlecht von Berg, nannte sich aber aus Verbundenheit zu seiner ihn religiös prägenden Mutter, einer geborenen von Seusen, zeitlebens Heinrich Seuse. Im Alter von 13 Jahren trat er in Konstanz in das Dominikanerkloster ein. Nachdem er sein Gelübde abgelegt hatte, durchlief

Der selige Heinrich Seuse widmete sich in seinen Werken vor allem der Mystik und Askese.

er die ordensübliche Ausbildung und studierte Theologie. Anschließend wurde er zum Weiterstudium nach Köln geschickt, wo er Schüler von Meister Eckhart wurde, dessen Gedanken ihn nachhaltig beeinflusst haben.

Im Jahr 1327 kehrte Heinrich Seuse nach Konstanz zurück und wirkte dort zunächst als Lektor, später als Prior, bis er das Kloster 1338 aufgrund seiner Parteinahme im Investiturstreit verlassen musste. In den folgenden Jahren kümmerte er sich als Wanderprediger um die seelsorgerische Betreuung von oberdeutschen Klostergemeinschaften. 1348 wurde er schließlich nach Ulm versetzt, wo er sich bis zu seinem Tod 1366 der Zusammenstellung seiner Briefe und Predigten widmete. Das von ihm verfasste „Büchlein der Wahrheit" sowie das ebenfalls von ihm stammende „Büchlein der ewigen Weisheit" gehören bis heute zu den Standardwerken deutscher Mystik. Seine Memoiren, die von ihm überarbeiteten Notizen seiner Schülerin Elisabeth Stagel, gelten als die erste Selbstbiografie in deutscher Sprache.

---

26. Januar

Timotheus und Titus

Status Apostelschüler, Bischöfe
Geboren im 1. Jahrhundert
Gestorben im 1. Jahrhundert
Attribute Keule, Steine (Timotheus); erleuchtetes Antlitz, einstürzende Tempel (Titus)

Sowohl Timotheus als auch Titus waren Schüler des Apostels Paulus und gehörten zu den ersten Bischöfen der Christenheit. Allerdings ist über ihr Leben ansonsten nur wenig bekannt. Timotheus stammte aus einer griechisch-jüdischen Familie aus Lystra (heutige Türkei) und wurde von Paulus auf dessen zweiter Missionsreise getauft. Danach begleitete er den Apostel viele Jahre lang und gilt als dessen engster Vertrauter. Schließlich übertrug Paulus ihm das Amt des Bischofs von Ephesus. Es heißt, dort fand er den Märtyrertod.

Titus war Grieche und wurde ebenfalls als Heide geboren. Er reiste mit Paulus zum Apostelkonzil nach Jerusalem und vermittelte im Streit zwischen Paulus und den Korinthern.

Während einer späteren Reise ließ der Apostel Titus auf Kreta zurück, wo dieser der erste Bischof von Gortyna wurde. Der Legende nach brachte er dort einen heidnischen Tempel mit der bloßen Kraft seiner Worte zum Einsturz. Er starb im Alter von 94 Jahren.

Den beiden Schülern des Apostels Paulus wird am gleichen Tag, dem 26. Januar, gedacht.

---

27. Januar

Angela Merici

Status Ordensgründerin
Geboren 1. März 1474
Gestorben 27. Januar 1540
Attribute Kreuz, Rosenkranz, Buch

Angela wurde am 1. März 1474 im italienischen Desenzano geboren. Nach dem frühen Tod ihrer Eltern und ihrer Schwester trat sie in den Dritten Orden der Franziskaner ein. Da sie schnell erkannt hatte, wie wenig Bildung Kinder aus ärmlichen Familien zu dieser Zeit erhielten, widmete sie sich vorrangig der Kindererziehung. Der Überlieferung zufolge unternahm sie 1524 eine Wallfahrt nach Palästina, auf der sie nahezu völlig erblindete, ihr Augenlicht aber bei ihrer Rückkehr nach Italien wiedergewann.

Die sterblichen Überreste der Angela Merici befinden sich in der gleichnamigen Kirche in Brescia.

Thomas von Aquin

Status Ordensmann, Kirchenlehrer
Geboren um 1225
Gestorben 7. März 1274
Attribute Sonne, Stern, Taube, Edelstein, Monstranz
Patronat Patron der Dominikaner, der katholischen Wissenschaft

Die Reliquien des großen Theologen und Denkers Thomas von Aquin werden in mehreren europäischen Städten aufbewahrt.

Im Jahr 1535 gründete Angela Merici zusammen mit 28 weiblichen Gleichgesinnten die Compagnia di Sant' Orsola, die Gesellschaft der heiligen Ursula, die Papst Paul III. am 25. November 1535 bestätigte. 1537 wurde Angela, die auch die Ordensregeln verfasst hatte, zur ersten Oberin gewählt.

Angela Merici starb am 27. Januar 1540. Nach ihrem Tod wandelte sich die ursprünglich offene, nicht in klösterlicher Gemeinschaft lebende Gemeinschaft der Ursulinen in eine Klostergemeinschaft um, die sich bis heute der Erziehung und dem Unterricht von Jugendlichen widmet.

und der katholischen (Hoch-)Schulen; Patron der Theologen, Philosophen, Studenten, Buchhändler und Bleistifthersteller; Helfer gegen Unwetter und Sturm

Thomas von Aquin wurde als vierter Sohn des Adeligen Landulph von Aquino auf dessen Schloss Roccasecca nördlich von Neapel geboren. Der Tradition folgend, sollte Thomas als jüngster Sohn der Familie einmal ein geistliches Amt übernehmen, weshalb er mit fünf Jahren als Oblate in das benachbarte Benediktinerkloster auf dem Montecassino geschickt wurde, dem sein Onkel als Abt vorstand.

Mit 14 Jahren begann er in Neapel seine Studien, wo er auch den Dominikanerorden kennenlernte, dem er – gegen den Willen seiner Eltern – 1244 beitrat. Dieser schickte ihn, um für eine räumliche Trennung von seiner Familie zu sorgen, zum Studium nach Bologna. Der Unmut seiner Eltern über seine Entscheidung war jedoch so groß, dass sie Thomas von seinen Brüdern überfallen und gefangen halten ließen. Da er trotz allem nicht bereit war, aus dem Dominikanerorden auszutreten, gab seine Familie schließlich nach. Thomas setzte daraufhin seine Studien in Paris und Köln fort. 1252 hielt er als Baccalaureus in Paris seine ersten Vorlesungen, wo er 1256 zum Magister und 1257 schließlich zum Professor der Theologie ernannt wurde.

Im Jahr 1259 kehrte Thomas von Aquin nach Italien zurück. In den folgenden Jahren wirkte er als Hauptprediger des Dominikanerordens sowie in anderen wichtigen Ämtern, zum Beispiel als Lector curiae unter Papst Urban IV. und Papst Klemens IV. 1274 erkrankte er auf dem Weg zum Konzil von Lyon und starb in der Zisterzienserabtei Fossanova (circa 100 Kilometer südöstlich von Rom). Nach seinem Tod – zu Lebzeiten hatte er kirchliche Würden stets abgelehnt – wurde er zum Bischof von Umbrien ernannt und seine Gebeine nach Toulouse überführt, wobei Reliquien auch in anderen europäischen Städten zu finden sind.

Die ihm verliehenen Ehrentitel „Doctor angelicus" (engelgleicher Lehrer), „Doctor sanctus" (heiliger Lehrer), „Doctor communis"

(Lehrer der Gemeinschaft) und „Doctor humanitatis" (Lehrer der Menschlichkeit) zeugen von seiner enormen Bedeutung als Dogmatiker und Philosoph. Er vereinigte die Lehren des Augustinus mit denen des Aristoteles und gilt somit als einer der Hauptvertreter der Scholastik. Zu seinen Werken, die noch heute zu den wichtigsten theologischen Schriften überhaupt zählen, gehören neben den zahlreichen Kommentaren vor allem die „Summa theologica" (die leider unvollendet blieb) und die „Summa contra gentiles".

Die Heiligsprechung erfolgte 1323 durch Papst Johannes XII., 1567 wurde er von Papst Pius V. zum Kirchenlehrer erhoben.

29. Januar

Valerius von Trier

Status Bischof
Geboren um 320
Gestorben im 4./5. Jahrhundert
Attribute Buch und Bischofsstab

Valerius von Trier war nach Eucharius der zweite Bischof von Trier. Der mittelalterlichen Legende nach soll er – genau wie sein Vorgänger – von Petrus selbst ausgesandt worden sein. Zu Ehren der beiden Gründerbischöfe errichtete Cyrill, der um 446 Bischof von Trier wurde, ihnen ein Grab mit Inschrift. Die

Der Überlieferung zufolge war Valerius der zweite Bischof von Trier.

beiden Steinsarkophage sind heute in der Basilika St. Martin zu sehen, in deren Krypta auch die Gebeine des Apostels Matthias ihre Ruhestätte gefunden haben.

30. Januar

Nach einem Aufstand wurde Balthild vom Hof verbannt und musste sich ins Kloster zurückziehen.

Balthild

Status Königin, Nonne
Geboren um 630
Gestorben 30. Januar 680 oder 681
Attribute Kirchenmodell, Krone

Balthild, auch Balthilda oder Balthildis genannt, wurde als kleines Mädchen von den Wikingern aus ihrer Heimat England verschleppt und als Sklavin an Erchinoald verkauft, den Hausmeier des fränkischen Merowingerkönigs Chlodwig II. Dieser wurde aufgrund ihrer Schönheit und Klugheit auf sie aufmerksam, verliebte sich in sie und machte sie zu seiner Königin. Als Chlodwig II. 657 starb, übernahm

sie für ihren zu dieser Zeit noch unmündigen Sohn Chlodwig III. die Regentschaft.

Balthild sorgte während ihrer weitgehend friedlich verlaufenden Herrschaft für Arme und Kranke. Sie erließ Gesetze gegen den bis dahin akzeptierten Sklavenhandel, dem sie selbst einst zum Opfer fiel, und stiftete das Kloster Chelles sowie die Abtei Corbie. Auch führte

sie in weiteren Abteien die Mönchsregeln von Luxeuil ein.

Nach einem Adelsaufstand um das Jahr 675 wurde Balthild in die Verbannung geschickt. Ihre letzten Lebensjahre verbrachte sie als einfache Nonne in dem von ihr gegründeten Kloster Chelles (Frankreich), wo sie schließlich auch starb.

Johannes (Don) Bosco

Status Priester, Ordensgründer
Geboren 16. August 1815
Gestorben 31. Januar 1888
Patronat Patron der Jugend, der Jugendseelsorger und der katholischen Verlage

Giovanni Melchiore Bosco, später bekannt als Don Bosco, wurde am 16. August 1815 in Becchi (in der Nähe von Turin, Italien) geboren. Da sein Vater, ein Bauer, starb, als Johannes zwei Jahre alt war, wuchsen dieser und seine zwei Brüder in ärmlichen Verhältnissen auf. Um sich das Geld für sein Studium zu verdienen, ging er bei einem Schneider in die Lehre und arbeitete als Stallbursche. 1841 wurde er schließlich zum Priester geweiht.

Danach widmete er sich der Erziehung von armen und verwahrlosten Jugendlichen in Turin. 1859 organisierte Johannes die Gesellschaft des heiligen Franz von Sales, die 1874 von Papst Pius IX. offiziell anerkannt wurde. 1872 gründete er mit Maria Mazzarello die Genossenschaft der Mariahilfschwestern. Ziel beider Gemeinschaften war die Fürsorge für benachteiligte Jugendliche. 1876 gründete Johannes schließlich eine Gemeinschaft von Laien, die ebenfalls an der Verwirklichung seiner Ideale mitarbeiteten – die Vereinigung der Salesianischen Mitarbeiter, die heute den Namen Salesianische Mitarbeiter Don Boscos (SMDB) trägt.

Bis zum Tod von Don Bosco 1888 hatten die Salesianer 250 Häuser in Europa und Lateinamerika eröffnet, in denen 130 000 Jugendliche ein Zuhause fanden und 18 000 Lehrlinge ausgebildet wurden. Auch gingen in dieser Zeit 6000 Priester aus ihnen hervor.

Heute sind die Salesianer Don Boscos einer der größten Männerorden in der römisch-katholischen Kirche. Sie widmen sich weltweit der Erziehung und Betreuung von Jugendlichen.

Der unvergessene Pädagoge selbst wird als fröhlicher, witziger und immer wohlwollender Mensch beschrieben, dessen Grundsatz lautete, Jugendliche mit Vernunft, Liebe und Religion zu erziehen. Gewalt verabscheute er. Darüber hinaus war Don Bosco ein begnadeter Schriftsteller, dem bis an sein Lebensende zahlreiche göttliche Gnadenbeweise zuteil wurden. Seine Heiligsprechung erfolgte am 1. April 1934 durch Papst Pius XI.

Der begnadete Pädagoge Johannes (Don) Bosco gilt als Ideal des modernen Priesters.

Februar

Der zweite Monat des Jahres ist nach dem römischen Sühne- und Reinigungsfest *Februar* benannt. Die Bezeichnung *Narrenmond* geht auf frühe Vorfrühlings- und Fruchtbarkeitsrituale zurück, mit denen die Dämonen des Winters vertrieben werden sollten. Im Rahmen der Christianisierung wurden diese Feierlichkeiten als Fasching oder Fastnacht auf wenige Tage vor dem Aschermittwoch beschränkt – dem Beginn der 40-tägigen Fastenzeit –, der häufig in den Februar fällt. Ein weiterer christlicher Feiertag ist der 2. Februar, *Mariä Lichtmess*, der mit Kerzenweihen und Lichterprozessionen gefeiert wird.

1	2	3	4	5	6	7
Brigitta von Kildare	Alfred Delp	Blasius von Sebaste	Rabanus Maurus	Agatha von Catania	Paul Miki und Gefährten	Richard von Wessex
8	**9**	**10**	**11**	**12**	**13**	**14**
Hieronymus Ämiliani	Apollonia	Scholastika von Nursia	Benedikt von Aniane	Ludanus	Jordan von Sachsen	Valentin von Terni
15	**16**	**17**	**18**	**19**	**20**	**21**
Siegfried von Schweden	Juliana von Nikomedien	7 Stifter des Servitenordens	Fra Angelico	Barbatus von Benevent	Jordan Mai	Petrus Damiani
22	**23**	**24**	**25**	**26**	**27**	**28**
Margareta von Cortona	Polykarp von Smyrna	Matthias	Walburga	Edigna von Puch	Francesco Possenti	Oswald von York und Worcester

29	
wie 28	Der Welttag der Kranken wurde 1993 von Papst Johannes Paul II. eingeführt und wird jährlich am 11. Februar begangen.

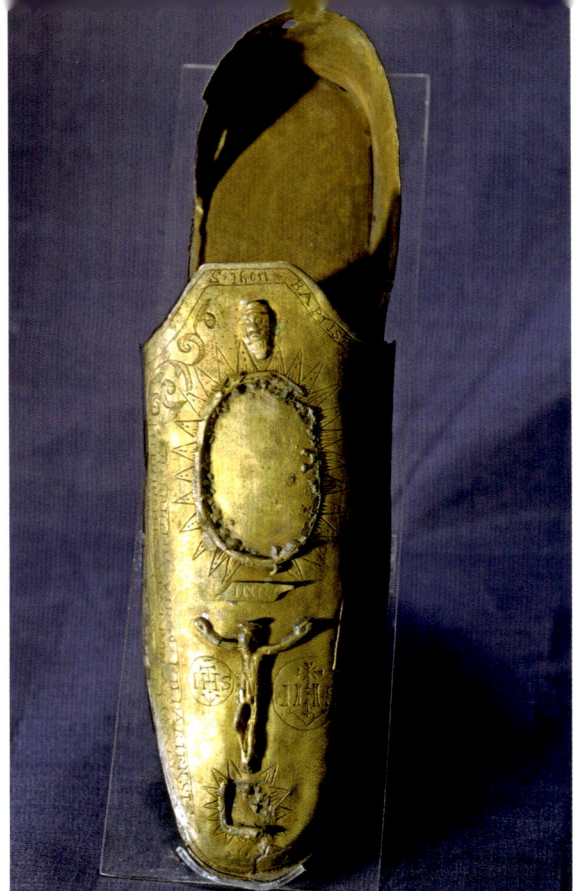

Diese Kopie des Reliquiars für den Schuh der heiligen Brigitta ist im irischen Nationalmuseum in Dublin zu sehen.

Brigitta von Kildare

Status Jungfrau, Äbtissin
Geboren um 453
Gestorben 1. Februar 525
Attribute Äbtissinnenstab, Kuh, Flammen
über dem Kopf
Patronat Schutzheilige Irlands, Patronin von
Essen, der Wöchnerinnen und der Kinder,
der Kühe und des Viehs; Patronin gegen
Unglück und Verfolgung

Der Legende zufolge wurde Brigitta, auch Brigida oder Brigid, im Jahr 453 in Irland geboren. Als ihre Eltern gelten der heidnische König Dubhthach und eine christliche Leibeigene. Die junge Brigitta zeichnete sich durch große Schönheit und Gottesfurcht aus. Es heißt, sie habe ihre Familie durch ihre Weigerung zu heiraten und ihre Freigiebigkeit gegenüber Armen und Kranken so verärgert, dass man es ihr gestattete, bereits mit 14 Jahren Nonne zu werden.

So errichtete sie in Kildare unter einer Eiche zunächst eine Zelle und gründete dort bald darauf ein Nonnenkloster, dem sie als Äbtissin vorstand, sowie später ein Männerkloster. Dieses Doppelkloster von Kildare entwickelte sich zu einem der berühmtesten Klöster Irlands, blieb aber nicht die einzige Klostergründung Brigittas. Zudem soll sie den Brigidenorden gestiftet haben.

Bis zu ihrem Tod 525 wurden ihr immer wieder Wunder zugeschrieben. So handelte es sich der Erzählung nach bei dem Land für das Doppelkloster um ein Geschenk des Königs von Leinster. Er hatte Brigitta so viel Land versprochen, wie sie mit ihrem Mantel bedecken konnte. Als sie diesen auf der Erde ausgebreitet hatte, wuchs er auf wundersame Weise an. Zudem wird von zahlreichen Tierheilungen berichtet, weshalb Brigitta auch als Viehpatronin gilt. Diese Verbundenheit mit der Natur spiegelt sich nicht zuletzt im Brigids-Kreuz wider, das noch heute in Schulen und Kindergärten anlässlich des Gedenktages am 1. Februar geflochten wird.

Obwohl die frühen Berichte über das Leben der Brigitta legendenhaft sind und es viele Anklänge zur keltischen Muttergottheit Brigid gibt, gilt sie als historische Persönlichkeit.

Alfred Delp

Status Priester, Märtyrer
Geboren 15. September 1907
Gestorben 2. Februar 1945

Der in Mannheim geborene Delp trat 1926 unmittelbar nach seinem Abitur in den Jesuitenorden ein. Nach seinem Theologie- und Philosophiestudium war er als Erzieher und Lehrer am Kolleg St. Blasien im Schwarzwald tätig. 1937 wurde er zum Priester geweiht und wirkte zunächst als Arbeiterseelsorger und Mitarbeiter der von den Jesuiten herausgegebenen Zeitschrift „Stimmen der Zeit", dann als Seelsorger in der Pfarrei Heilig Blut im Münchner Stadtteil Bogenhausen.

Delp setzte sich früh mit dem Nationalsozialismus auseinander, dessen Ideologie er als Perversion christlicher und deutscher Werte

Alfred Delp, der 1944 von den Nazis ermordet wurde, vor dem Volksgerichtshof in Berlin

James Graf von Moltke an, was ihm nach dem gescheiterten Hitler-Attentat vom 20. Juli 1944 zum Verhängnis werden sollte. Obwohl er daran nicht beteiligt war, wurde er am 28. Juli 1944 nach der Frühmesse von der Gestapo verhaftet. Trotz schwerer Misshandlungen während seiner Haft schlug er das Angebot der Freilassung gegen Ordensaustritt aus, woraufhin er wegen Hoch- und Landesverrats schließlich zum Tod durch den Strang verurteilt wurde.

Delp wurde am 2. Februar 1945 in Berlin-Plötzensee hingerichtet und seine Asche auf den Berliner Rieselfeldern verstreut. An seinen Märtyrertod erinnern zahlreiche Ehrungen, unter anderem sind in Deutschland diverse Schulen nach ihm benannt.

betrachtete. Entsprechend verhalf er ab 1941 Juden zur Flucht aus Deutschland und schloss sich 1942 dem Kreisauer Kreis um Helmuth

Blasius von Sebaste

Status Bischof, Märtyrer, Nothelfer
Geboren im 3. Jahrhundert
Gestorben um 316
Attribute Kamm, Kerzen, Buch, Wolf und Schwein
Patronat Patron von Dubrovnik, Maratea und weiteren italienischen Orten; Patron der Hals-Nasen-Ohrenärzte, Blasmusikanten, Wollhändler, Schneider, Gipser, Weber, Gerber, Bäcker, Maurer, Hut- und Schuhmacher; Helfer bei Halsleiden, Husten, Blasenkrankheiten, Blutungen, Geschwüren, Koliken, Zahnschmerzen und gegen die Pest; Wetterhei.iger

Die Lebens- und Leidensgeschichte des Bischofs von Sebaste (heute Türkei) ist größtenteils legendär. So heißt es, Blasius, der ursprünglich Arzt gewesen sein soll, habe sich zum Schutz vor der damaligen Christenverfolgung in einer Höhle versteckt, die von wilden Tieren bewacht wurde. Eines Tages jedoch, so heißt es weiter, offenbarte Christus ihm, dass die Stunde seines Martyriums nun gekommen sei.

Seine Verfolger entdeckten sein Versteck und brachten Blasius vor den Statthalter Agricola. Dieser ließ ihn in den Kerker werfen und foltern, da er seinem Glauben nicht abschwören wollte. Da auch die Haft und die

Misshandlungen daran nichts änderten, wurde der standhafte Blasius im Jahr 316 schließlich zum Tode verurteilt – ihm wurde mit eisernen Kämmen die Haut zerfetzt und anschließend der Kopf abgeschlagen.

Um den heiligen Blasius hat sich ein ausgeprägtes Brauchtum entwickelt. Dabei geht die Verehrung als Schutzheiliger bei Halsleiden auf eine Begegnung mit einem Jungen während seiner Haft zurück. Dieser hatte eine Fischgräte verschluckt und wurde von Blasius durch ein Gebet vor dem Erstickungstod gerettet. Aber auch als Wetterheiliger spielte er eine große Rolle, was in zahlreichen Bauernregeln Ausdruck fand. So hieß es beispielsweise bezogen auf den Blasiustag: *„Blasius ohne Regen, folgt ein guter Erntesegen."*

Der heilige Blasius als Holzskulptur aus dem 17. Jahrhundert

Rabanus Maurus, hier dargestellt in einem Fenster-
bild im Sankt-Petri-Dom in Fritzlar, wird auch häufig
als „Lehrer Germaniens" bezeichnet.

Rabanus Maurus

Status Gelehrter, Abt, Erzbischof
Geboren um 780
Gestorben 4. Februar 856
Attribute Bischofsornat, Schriftband, Kreuz,
Kirchenmodell

Rabanus kam um 780 als Sohn adeliger Eltern
in Mainz zur Welt und besuchte als Kind die
bereits damals schon bekannte Schule des Benediktinerklosters Fulda. Nach seiner Ausbildung machte er sich als Gelehrter am Hof Karls
des Großen einen Namen, wo er später von Alkuin, dem wichtigsten Ratgeber des Kaisers
und Leiter der Kaiserlichen Hofschule zu Aachen, unterrichtet wurde. Von ihm erhielt Rabanus auch den Namen Maurus, denn so hatte einst auch der Ordensgründer Benedikt von
Nursia (▶ Seite 132 f.) seinen Lieblingsschüler
genannt. Als Alkuin zum Abt von Saint-Martin
de Tours ernannt wurde, folgte Rabanus ihm,
um dort seine Studien fortzusetzen.

Im Jahr 801 kehrte Rabanus dann nach
Fulda zurück, erhielt dort die Diakonatswei-
he und übernahm die Leitung der Klosterschule, die unter seiner Führung ihre Blütezeit erlebte und sich zu einer der besten Schulen
Deutschlands entwickelte. 814 erhielt Rabanus die Priesterweihe und wurde 822 Abt des
Klosters Fulda, dem er 20 Jahre lang vorstand
und in dieser Zeit ein umfangreiches Bau- und

Bildungsprogramm auf den Weg brachte. Aufgrund politischer Verwicklungen dankte er 842
ab und zog sich für fünf Jahre als Gelehrter auf
den Petersberg zurück. 847 wurde Rabanus
schließlich zum Erzbischof von Mainz ernannt.
Als solcher starb er am 4. Februar 856. Seine sterblichen Überreste wurde im Stift St. Al-
ban vor Mainz beigesetzt, von wo aus sie jedoch
mehrfach in andere deutsche Städte überführt
wurden. Sein heutiges Grab ist nicht bekannt.

Rabanus Maurus gilt als einer der wichtigsten und einflussreichsten Gelehrten und
Lehrer seiner Zeit. Er kommentierte in seinen
zahlreichen Schriften nahezu die gesamte Bibel
sowie das komplette Wissen seiner Epoche. Zu
seinen berühmtesten Werken gehört der Figu-
rengedichtzyklus „De laudibus sanctae crucis".

Agatha von Catania

Status Märtyrerin
Geboren um 225
Gestorben um 250
Attribute Fackel beziehungsweise
Kerze, auf einer Platte ihre Brüste
tragend
Patronat Patronin von Catania und Malta;
Patronin der Ammen, Weber, Hirtinnen,
Bergarbeiter, Goldschmiede, Glocken-
gießer und Hungerleidenden; Helferin
bei Krankheiten der Brüste, Fieber und
Entzündungen; Helferin gegen Unwetter,
Erdbeben, Feuer und Unglück

Der Legende nach wurde Agatha als Tochter
adeliger Eltern in der italienischen Stadt Catania auf Sizilien geboren. Sie wuchs zu einer außergewöhnlichen Schönheit heran, wies
aber alle heiratswilligen Männer mit dem Hinweis ab, dass sie Christin sei. Unter den Ver-
schmähten befand sich auch der damalige
Statthalter von Catania, Quintianus. Auf Rache sinnend nutzte er den kaiserlichen Erlass
zur Christenverfolgung und ließ Agatha verhaften. Sie wurde für 30 Tage einer Kupple-
rin übergeben, um sie zur Unzucht zu verfüh-
ren. Als Agatha sich dadurch in ihrem Glauben

nicht erschüttern ließ, veranlasste Quintianus, dass sie verhört und gefoltert wurde. Ihre Peiniger schnitten ihr die Brüste ab und brannten sie mit einer Fackel. Es heißt, Petrus sei ihr darauf im Kerker erschienen und habe ihre Wunden geheilt. Doch am nächsten Tag wurde sie über spitze Scherben und glühende Kohlen gewälzt, bis ein Erdbeben die Stadt erschütterte und Quintianus sie zurück ins Gefängnis schaffen ließ, wo sie ihren schweren Verletzungen erlag.

Agatha gehörte schnell zu den meistverehrten Heiligen und bis zum 6. Jahrhundert hatte sich der Kult um ihre Person weit über Sizilien hinaus ausgebreitet. Insbesondere als Schutzpatronin gegen Feuer genoss sie hohes Ansehen, was auf einen Ausbruch des Vulkans Ätna zurückgeht, der einst Catania zu zerstören drohte. Der Überlieferung zufolge trugen die verzweifelten Einwohner dem Lavastrom den Schleier der Märtyrerin entgegen, woraufhin

Die Reliquien der heiligen Agatha werden im Dom von Catania aufbewahrt. Weitere mutmaßliche Reliquien befinden sich im Dom von Verona.

er zum Stillstand kam. Ebenfalls bekannt sind die Agathenbrote, die – am 5. Februar oder am Vorabend geweiht – gegen Krankheit helfen sollen. Sie wurden auch an das Vieh verfüttert und Krumen zum Schutz gegen Feuer in die Ecken der Häuser und Höfe gestreut.

Paul Miki und Gefährten

Status Missionar, Märtyrer
Geboren um 1565
Gestorben 5. Februar 1597

Paul Miki war der Sohn eines ranghohen japanischen Militärs, der 1582 dem Jesuitenorden beitrat. Er erwies sich als außergewöhnlich begabter Prediger und wurde zu einem der wichtigsten Missionare in Japan.

Aus Angst vor einer Kolonialisierung und Unterwanderung Japans durch den Westen verbot der damalige japanische Herrscher Toyotomi Hideyoshi 1587 das Christentum und befahl die Verfolgung der Missionare. Im Dezember 1596 wurde Miki zusammen mit 25 weiteren Ordensmännern und Laienbrüdern in Osaka festgenommen und zum Tod durch Kreuzigung verurteilt. Nach einem monatelangen Marsch wurden die Verurteilten am 5. Februar auf einem Hügel über der Stadt Nagasaki hingerichtet. Ihre Heiligsprechung erfolgte 1862 durch Papst Pius IX.

Richard von Wessex

Status König, Pilger
Geboren im 7. Jahrhundert
Gestorben um 720

Zusammen mit seinen beiden Söhnen Willibald (▶ Seite 131) und Wunibald (▶ Seite 239) brach der angelsächsische König Richard von Wessex im Jahr 720 zu einer Pilgerfahrt nach Rom auf.

Auf ihrer Reise machten sie der Legende nach in einem Gasthaus Rast, in dem sie einen todkranken Mann vorfanden. Richard begab sich zu ihm, wechselte einige Worte mit ihm und der Kranke war geheilt.

Aber auch Richard selbst erkrankte auf dem Weg nach Rom schwer und starb im toskanischen Lucca. Dort wurde er in der Kirche S. Frediano beigesetzt, Teile seiner Gebeine wurden 1154 nach Eichstätt überführt.

Hieronymus Ämiliani

Status Ordensgründer
Geboren 1486
Gestorben 8. Februar 1537
Attribute Bücher und Totenkopf
Patronat Patron von Venedig und Treviso; Patron der Waisen sowie der Gründer von Schulen und Waisenhäusern

Hieronymus stammte aus einer vornehmen venezianischen Familie. Er erhielt eine hervorragende Ausbildung und trat anschließend in den Militärdienst ein, wo er es bis zum General brachte. Als er 1508 in Gefangenschaft geriet, aus der er auf wundersame Weise freikam, betrachtete er dies als göttliches Zeichen.

Er trat aus dem Militär aus, ließ sich 1518 zum Priester weihen und widmete sich den Rest seines Lebens den Bedürftigen, vor allem den Waisen und Pestkranken. Er errichtete in zahlreichen Städten Norditaliens Kranken- und

Hier eine Darstellung des heiligen Hieronymus Ämiliani mit dem heiligen Jakobus und der Gottesmutter mit Jesuskind

Waisenhäuser und gründete 1532 in Somasca den gleichnamigen Orden der Somasker.

Hier starb er 1537 auch, nachdem er sich nach einem neuerlichen Ausbruch der Pest bei der Pflege der Opfer angesteckt hatte.

Apollonia

Status Jungfrau, Märtyrerin
Geboren im 2. Jahrhundert
Gestorben um 249
Attribute Zange mit Zahn
Patronat Patronin der Zahnärzte, Helferin gegen Zahnschmerzen

Über das Leben von Apollonia ist kaum etwas bekannt, da ihr Leidensweg erst im hohen Alter

Da die Heiden Apollonia alle Zähne herausrissen, gilt sie als Schutzheilige der Zahnärzte.

begann. Um das Jahr 249 wurde sie zusammen mit anderen Christen in Alexandria von einem antichristlichen Mob verschleppt und gefoltert. Berichten zufolge riss man ihr sämtliche Zähne aus und zertrümmerte ihre Kiefer. Als man ihr mit dem Scheiterhaufen drohte, falls sie nicht ihrem Glauben abschwören sollte, stürzte sie sich laut betend selbst in die Flammen. Die Frage, ob diese Tat als Martyrium oder als Selbstmord und damit als Todsünde zu werten sei, wurde im 5. Jahrhundert durch Augustinus entschieden. Er schloss sich der Stimme der Gläubigen an, die in Apollonia eine Heilige sahen.

Scholastika von Nursia

Status Nonne
Geboren um 480
Gestorben um 542
Attribute Taube, Regelbuch
Patronat Patronin der Nonnen, für Regen,
    gegen Blitzschlag und Sturm

Scholastika und ihr Zwillingsbruder Benedikt (▶ Seite 132 f.) wurden im italienischen Nursia (heute Norcia) um das Jahr 480 geboren. Schon als Kind weihte sie sich Gott und trat in das Kloster in Subiaco ein, später dann in ein Kloster unweit von Montecassino.

Einmal im Jahr traf sie sich zu geistlichen Gesprächen mit ihrem Bruder. Im Jahr 542 bat sie Benedikt, seinen Besuch noch einige Tage zu verlängern, was dieser jedoch ablehnte, da dies gegen seine Mönchsregel verstoßen hätte. In ihrer Verzweiflung bat Scholastika Gott um Hilfe, der ein Unwetter schickte, das Benedikt die Heimreise unmöglich machte. So blieb Benedikt die Nacht und auch die folgenden drei Tage bei seiner Schwester, die am dritten Tag

Dieses Ölgemälde aus dem Jahr 1730 zeigt den unerwarteten Tod der heiligen Scholastika.

unerwartet starb. Es heißt, Benedikt habe gesehen, wie ihre Seele als weiße Taube gen Himmel flog. Ihre letzte Ruhestätte fand Scholastika in einem Grab in Montecassino, in dem auch Benedikt nach seinem Tod bestattet wurde.

Scholastika wird als gottesliebende Frau mit der Gabe des wunderwirkenden Gebets und Lehrerin beschrieben. Allerdings bezweifeln einige Historiker ihre tatsächliche Existenz.

Benedikt von Aniane

Status Abt
Geboren um 750
Gestorben 11. Februar 821

Benedikt, der eigentlich Witzia hieß, war der Sohn des westgotischen Grafen Aigulf von Maguelone. Als Ritter leistete er unter dem Frankenkönig Pippin dem Kleinen, an dessen Hof er auch seine Erziehung genossen hatte, und Karl dem Großen Militärdienst. Nach dem Tod seines Bruders, der vor seinen Augen

Benedikt von Aniane wird auch als „erster großer Mönchsvater aus germanischem Stamm" bezeichnet.

ertrank (andere Quellen berichten, er konnte ihn im letzten Moment retten), beschloss Benedikt, Mönch zu werden, und trat 773 in das Kloster St-Seine in der Nähe von Dijon ein.

Einige Jahre später kehrte er nach Südfrankreich zurück und gründete auf dem elterlichen Besitz das Kloster Aniane, das sich bald schon zu einem der größten Klöster Frankreichs entwickelte. Gemeinsam mit Ludwig dem Frommen erneuerte und vereinheitlichte Benedikt die fränkischen Klöster nach der Ordensregel des Benedikt von Nursia (▶ Seite 132 f.), die auf späteren Synoden sogar zur allein verbindlichen Mönchsregel in Frankreich erklärt wurde.

Benedikt starb am 11. Februar 821 im Kloster Inden – der späteren Reichsabtei Kornelimünster –, das er 816/817 mit Unterstützung Ludwigs gegründet hatte und dessen Abt er war.

12. Februar

Ludanus

Status Pilger
Geboren im 12. Jahrhundert
Gestorben 12. Februar 1202

Der Überlieferung zufolge war Ludanus der Sohn des schottischen Herzogs Hiltebolds. Nach dessen Tod nutzte er sein Erbe, um ein großes Spital für Kranke und Gebrechliche jeder Art zu errichten. Zu Ehren Gottes begab sich Ludanus zudem auf Pilgerreise ins Gelobte Land. Auf der Rückreise kam er jedoch bei Hipsheim im Elsass ums Leben, wo er in der Pfarrkirche zum heiligen Georg begraben wurde. Sein Grab gilt als Ort vieler Wunder und wird bis heute von Pilgern besucht. Die ursprüngliche Kirche und die Reliquien wurden im Dreißigjährigen Krieg von den Schweden zerstört.

13. Februar

Jordan von Sachsen

Status Ordensgeneral
Geboren um 1200
Gestorben 13. Februar 1237
Attribute Buch, Kirchenmodell, Palme, Kelch oder Stab

Der im nordrhein-westfälischen Borgberge geborene Jordan trat nach seinem Theologiestudium an der Universität Paris 1220 in den Dominikanerorden ein. Dort erwarb er sich dank seiner Bildung, seiner rhetorischen Fähigkeiten und seiner Ausstrahlung schnell hohes Ansehen und wurde bereits 1221 zum Ordensprovinzial für die Lombardei berufen. 1222 wurde er dann der zweite Ordensgeneral und Nachfolger des Ordensgründers Dominikus.

Jordan von Sachsen gilt als der eigentliche Organisator des Dominikanerordens. Während seiner Amtszeit erhielt der Orden zwei Professorenstühle an der Universität Paris und konnte zahlreiche bekannte Professoren sowie andere Persönlichkeiten für sich gewinnen, darunter Albertus Magnus. Jordan schuf so die

Der zweite Ordensgeneral der Dominikaner, Jordan von Sachsen, auf einem Fresko von Fra Angelico (▶ Seite 42 f.)

Grundlagen für die intellektuelle Qualität des Ordens, insbesondere indem er dafür sorgte, dass alle Mönche eine fundierte Ausbildung erhielten. Unter seiner Führung stieg auch die Zahl der Mitglieder und der Niederlassungen des jungen Ordens deutlich an.

Am 13. Februar 1237 zerschellte sein Schiff bei der Rückkehr aus dem Heiligen Land an einem Felsen vor der Küste Syriens, wobei Jordan ums Leben kam.

Valentin von Terni

Status Märtyrer
Geboren im 3. Jahrhundert
Gestorben um 268
Attribute Schwert, verkrüppelter Knabe
Patronat Patron der Jugend, Reisenden und Imker; Patron für eine gute Verlobung und Heirat; Helfer bei Ohnmacht, Epilepsie und gegen die Pest

Der Valentinstag, der in vielen Ländern als der Tag der Liebenden gilt, geht sehr wahrscheinlich auf den Märtyrer Valentin von Terni zurück. Er war der Legende zufolge Bischof von Interamna (dem heutigen Terni) und wurde eines Tages nach Rom gerufen, um dem verkrüppelten Sohn des Rhetors Kraton zu helfen. Valentin folgte dem Ruf und heilte den Knaben, wodurch er weitere Anhänger für den christlichen Glauben gewann. Dies führte schließlich zu seiner Anklage und Enthauptung, da er seinen Glauben vor Gericht nicht verleugnete.

Valentin von Rom wird ebenfalls häufig mit dem Valentinstag in Verbindung gebracht.

Valentin von Terni – mit seinem Gedenktag sind zahlreiche Bräuche rund um Liebe und Freundschaft verbunden.

Dieser traute verbotenerweise Soldaten, die zu jener Zeit auf kaiserlichen Befehl unverheiratet bleiben mussten. Die von ihm geschlossenen Ehen galten zudem als besonders glücklich. Auch er wurde aufgrund seines Glaubens um das Jahr 268 enthauptet. Möglicherweise handelt es sich bei ihm und Valentin von Terni um ein und dieselbe Person.

Siegfried von Schweden

Status Missionar, Bischof
Geboren im 10. Jahrhundert
Gestorben 15. Februar 1045
Attribute hölzerner Kessel mit drei Köpfen beziehungsweise Knaben
Patronat Patron von Schweden

Der in England geborene Siegfried war Mönch in Glastonbury und wurde 995 als Glaubensbote nach Norwegen und Schweden geschickt. Dort

gründete er trotz Widerstand in der Bevölkerung gegen seine Missionsarbeit zahlreiche Kirchen sowie das erste schwedische Bistum, Skara.

Der Überlieferung zufolge taufte er auch den ersten christlichen König, Olof Skötkonung. Weiter heißt es, dass seine Neffen Unaman, Sunaman und Vinaman, die zusammen mit ihm nach Schweden gereist waren, getötet wurden, während er zur Taufe in Husaby weilte. Nach seiner Rückkehr fand er ihre abgeschlagenen Köpfe in einem hölzernen Kessel auf einem See treibend.

Juliana von Nikomedien

Status Märtyrerin
Geboren um 285
Gestorben um 304
Attribute der Teufel zu ihren Füßen
Patronat Patronin bei Entbindung und gegen Krankheit

Juliana wurde in Nikomedien (heute Türkei) geboren. Schon als kleines Mädchen fühlte sie sich zum Christentum hingezogen, wurde aber von ihrem Vater, der Heide war, dem ebenfalls heidnischen Sohn des Stadtpräfekten Eulogius von Nikomedia versprochen. Als sie sich weigerte, diesen zu heiraten, wurde sie vom Vater und vom Bräutigam als Christin angezeigt. Es folgten Haft und Folter.

Der Legende zufolge erschien ihr im Kerker der Teufel, der versuchte, sie zu überreden, sich den Wünschen ihres Vaters zu beugen. Doch Juliana blieb standhaft und fesselte

den Teufel mit ihren Ketten, die von ihr abfielen. Als man sie am nächsten Tag aus dem Kerker holte, schleifte sie den Teufel hinter sich her und warf ihn in die Latrine. Juliana selbst wurde schließlich mit flüssigem Blei übergossen und enthauptet. Ihre Verehrung verbreitete sich ab dem 7. Jahrhundert in ganz Europa.

17. Februar — Die sieben Stifter des Servitenordens

Status Ordensgründer
Geboren im frühen 13. Jahrhundert
Gestorben im 13./14. Jahrhundert

Abgestoßen vom zunehmenden Sittenverfall gründeten sieben vornehme Bürger von Florenz – Bonfilius Monaldi, Bonajunkta Manetti, Maettus dell' Antella, Amideus Amidei, Hugo Lippi-Ugoccioni, Sosteneus di Sostegno und Alexis Falconieri – die Bruderschaft der „Diener Mariens". Sie verzichteten auf ihre Güter, bezogen ein ärmliches Gebäude am Stadtrand

und widmeten sich den Bedürftigen sowie der Buße und dem Gebet. Später nahmen sie die Augustinerregel an und gaben sich eine eigene Ordenstracht.

Der Orden der Serviten wurde zunächst anerkannt, dann fast zerschlagen und schließlich 1304 von Papst Benedikt XI. offiziell bestätigt. Heute werden die Diener Mariens den Bettelorden zugerechnet und sind in fast ganz Europa sowie in Südafrika, Amerika und Australien tätig. Die Heiligsprechung der Gründer erfolgte gemeinsam im Jahr 1888.

1233 gründeten sieben Florentiner Kaufleute den Orden der Serviten, dessen zentrale Aspekte die enge Gemeinschaft, der Dienst an Mitmenschen und die Hinwendung zu Maria sind.

18. Februar — Fra Angelico (Giovanni da Fiesole)

Status Mönch, Künstler
Geboren zwischen 1386 und 1400
Gestorben 18. Februar 1455
Patronat Patron der christlichen Künstler

Fra Angelico, wie er später ehrfürchtig genannt wurde, wurde als Guido de Pietro in Vicchio

di Mugello bei Florenz geboren. Als er um das Jahr 1420 in das Dominikanerkloster San Domenico in Fiesole eintrat – das er von 1450 bis 1453 als Prior leitete –, nahm er den Ordensnamen Giovanni an. Hier richtete er sich seine Werkstatt ein und schuf das Polyptychon für den Hochaltar. Weitere wichtige Werke sind die mehr als 40 Fresken, welche die Klosterzellen, den Kapitelsaal und den Kreuzgang im

Ein von Fra Angelico gestalteter Reliquienschrein aus dem Jahr 1434

Konvent San Marco in Florenz schmücken, sowie die Ausmalung der Kapelle von Papst Nikolaus V.

Fra Angelico gilt als einer der bedeutendsten Maler und Kirchenkünstler des 15. Jahrhunderts. Sein Grab befindet sich in der Kirche Santa Maria sopra Minerva in Rom.

Barbatus von Benevent

19. Februar

Status Bischof
Geboren um 612
Gestorben 19. Februar 682
Patronat Patron von Benevent (Italien)

Barbatus wurde um das Jahr 663 zum fünften Bischof von Benevent berufen. Er soll entscheidenden Anteil an der Bekehrung der Langobarden und ihres Herzogs Romuald haben. Zudem erreichte er die Eingliederung des Michael-Heiligtums Monte Sant'Angelo auf dem Gargano in sein Bistum.

Jordan Mai

20. Februar

Status Mönch
Geboren 1. September 1866
Gestorben 20. Februar 1922

Heinrich Theodor Mai, so sein Geburtsname, kam am 1. September 1866 in Buer (einem heutigen Stadtteil von Gelsenkirchen) auf die Welt. Er wuchs in einem religiös geprägten Elternhaus zusammen mit fünf Geschwistern auf. Nach seiner Schulzeit absolvierte er eine Lehre zum Gerber und Sattler im elterlichen Betrieb, in dem er nach der Lehrzeit auch arbeitete.

Nachdem bereits zwei seiner Schwestern vor ihm einem Frauenorden beigetreten waren, trat auch Jordan 1895 dem Franziskanerorden bei und legte 1904 die ewige Profess ab. Er sah es als seine besondere Aufgabe, stellvertretend für Sünder Sühne zu leisten. Als am 20. Januar 1922 in der Kirche seines Klosters in Dortmund das Tabernakel gestohlen wurde, bot Jordan Gott sein Leben an und sagte seinen Tod innerhalb eines Monats voraus – was auch genauso eintrat.

Jordan Mai wurde zunächst auf dem Ostfriedhof Dortmund beerdigt. 1950 wurden seine Gebeine dann in die Dortmunder Franziskanerkirche übertragen. An diesem Ereignis nahmen seinerzeit 100 000 Menschen teil, was eindrucksvoll die Beliebtheit des Franziskanermönches dokumentierte. Und noch heute versammeln sich an seinem Todestag zahlreiche Menschen in der Franziskanerkirche, um seiner zu gedenken.

Für sein tugendhaftes Leben wurde Jordan Mai 1991 der Titel eines Ehrwürdigen Dieners Gottes verliehen.

Petrus Damiani

Der große Theologe Petrus Damiani spielte zu Lebzeiten eine bedeutende kirchenpolitische Rolle.

Status Kardinalbischof, Kirchenlehrer
Geboren um 1006
Gestorben 22./23. Februar 1072
Attribute Buch, Mitra, schwebender
    Kardinalshut
Patronat Patron gegen Kopfschmerzen

Petrus wurde um das Jahr 1006 in Ravenna geboren. Er stammte aus einer armen, kinderreichen Familie. Den Beinamen Damiani nahm er aus Dankbarkeit gegenüber seinem Bruder Damianus an, der – zu einigem Wohlstand gekommen – ihm das Studium ermöglichte.

1043 wurde Petrus Prior im Kloster Fonte Avellana bei Gubbio. Er war ein leidenschaftlicher Verfechter der asketischen Lebensweise und führte in Fonte Avellana und den angeschlossenen Klöstern erstmals Geißelübungen ein. Genauso leidenschaftlich wie in seinen Klöstern kämpfte Petrus gegen den Sittenverfall im Klerus. In zahlreichen theologischen Schriften, Briefen (unter anderem an Kaiser Heinrich III. und Papst Leo IX.) und Predigten wandte er sich insbesondere gegen die Missachtung des Zölibats und die Simonie, also den Kauf und Verkauf von Kirchenämtern.

1057 wurde Petrus von Papst Stephan IX. gegen seinen Willen zum Kardinal und Bischof von Ostia ernannt. Doch auch in dieser Funktion setzte er seine Kritik und Reformbemühungen unbeirrt fort. Mehrmals bot er seinen Rücktritt an, doch erst 1063 durfte er nach Fonte Avellana zurückkehren, um seinen Lebensabend in Stille und Kontemplation zu verbringen.

Petrus Damiani, der als einer der herausragenden Reformer der frühmittelalterlichen Kirche gilt, starb am 22. oder 23. Februar 1072 auf der Rückreise von seiner Heimatstadt Ravenna nach Ostia. Er wurde nie offiziell heiliggesprochen, jedoch erhob Papst Leo XII. ihn 1828 zum Kirchenlehrer, was einer Heiligsprechung gleichkommt.

Margareta von Cortona

Status Büßerin, Mystikerin
Geboren um 1247
Gestorben 22. Februar 1297
Attribute Hund
Patronat Patronin von Cortona; Patronin der
    Büßerinnen

Margareta kam 1247 als Tochter einer Bauernfamilie im italienischen Laviano zur Welt. Schon früh verlor sie ihre Mutter, und da sie mit ihrer Stiefmutter nicht gut auskam, verließ sie im Alter von 16 Jahren den elterlichen Hof. Die folgenden zehn Jahre verbrachte sie in Montepulciano als Geliebte eines Edelmannes, dem sie auch einen unehelichen Sohn gebar. Als sie den

Vater ihres Kindes eines Tages ermordet auffand, beschloss sie, ein neues Leben anzufangen.

Von ihrer Familie verstoßen, ging Margareta nach Cortona und suchte um Aufnahme im dortigen Dritten Orden der Franziskaner nach. Doch stand man ihrem Ansinnen aufgrund ihrer Jugend und ihres bisherigen Lebenswandels eher ablehnend gegenüber. Erst nachdem Margareta ihre Bußfertigkeit durch Kasteiungen jeder Art unter Beweis gestellt hatte – sie hungerte, schlief auf dem Fußboden und geißelte sich selbst –, wurde sie als franziskanische Terziarin aufgenommen.

Fortan führte Margareta ein strenges Büßerleben und leistete wohltätige Arbeit, unter anderem gründete sie in Cortona ein Armenhospital. Nachdem ihr Sohn erwachsen war, zog sie sich immer mehr zurück, nicht zuletzt aufgrund der zunehmenden Verehrung der Menschen, die ihre Bußübungen als Ausdruck ihrer Heiligkeit betrachteten.

Ihre letzten Jahre verbrachte Margareta in einer kargen Zelle bei der zerstörten Kirche S. Basilio, wo sie diverse mystische Visionen erlebte. Ihr Leichnahm ruht in dem für sie errichteten Santuario di Santa Margherita in Cortona – einer bis heute viel besuchten Pilgerstätte.

Polykarp von Smyrna

23. Februar

Status Bischof, Märtyrer
Geboren um 70
Gestorben 23. Februar 155
Attribute Flammen, Dolch, Buch
Patronat Patron gegen Ohrenleiden

Polykarp gilt als Schüler des Apostels Johannes und wurde von diesem um das Jahr 100 zum Bischof von Smyrna (das heutige Izmir in der Türkei) ernannt. Er zählt zu den Apostolischen Vätern, den wichtigsten Verfassern von christlichen Texten aus dem späten ersten und der ersten Hälfte des zweiten Jahrhunderts.

 Die Beschreibung seines Martyriums ist der älteste Bericht über das Schicksal eines Märtyrers und damit ein wertvolles Zeugnis der Heiligenverehrung. Darin heißt es, dass der hochbetagte Polykarp nach seiner Rückkehr von einem Treffen mit Papst Anitekos in Rom vor einer Menge aufgebrachter Heiden seinen

Der Überlieferung zufolge soll Polykarp zum Zeitpunkt seines Todes bereits 86 Jahre alt gewesen sein.

Glauben verteidigte und daraufhin verhaftet und zum Feuertod verurteilt wurde. Da die Flammen ihm jedoch nichts anhaben konnten, wurde er schließlich mit einem Dolch erstochen. Reliquien des Polykarp werden in der Kirche S. Ambrogio della Massima in Rom aufbewahrt.

Matthias

24. Februar

Status Apostel
Geboren im 1. Jahrhundert
Gestorben um 63
Attribute Buch und Rolle, Schwert, Beil, Hellebarde, Steine
Patronat Patron des Bistums Trier, von Goslar, Hannover und Hildesheim; Patron der Bauhandwerker, Metzger, Zuckerbäcker, Schneider und Schweinehirten; Helfer gegen eheliche Unfruchtbarkeit, wird angerufen zum Schulbeginn von Jungen

Über das frühe Leben des Apostels Matthias ist kaum etwas bekannt. Unsichere Quellen berichten, dass er aus einer wohlhabenden

„Die Marter des Apostels Matthias", dargestellt vom niederländischen Maler Jan de Beer

Familie in Bethlehem stammt und zu den 70 frühen Jüngern Jesu gehörte, die im Lukasevangelium erwähnt werden. Nach der Himmelfahrt Christi wurde er durch das Los zum Nachfolger von Judas Iskariot bestimmt, da Jesus die Zahl der Apostel auf zwölf festgelegt hatte.

Auch über das Ableben des Apostels existieren nur Legenden. Danach wurde Matthias aufgrund seiner Bekehrungen und Heilungen gesteinigt und anschließend mit dem Beil enthauptet. Es existieren aber auch Überlieferungen, denen zufolge Matthias in Frieden gestorben ist. Seine Gebeine sollen in Rom bestattet und zu Beginn des 4. Jahrhunderts von Bischof Agritius (teilweise) nach Trier überführt worden sein, als Geschenk der Kaiserin Helena. Damit ist das Grab des Matthias in Trier das einzige Apostelgrab nördlich der Alpen. Entsprechend hat sich ein reges Brauchtum entwickelt, zu dem unter anderem die Matthias-Wallfahrten gehören.

25. Februar ✚ Walburga

Status Äbtissin
Geboren um 710
Gestorben 25. Februar 779
Attribute Ölfläschchen, drei Kornähren
Patronat Patronin der Diözese Eichstätt; Patronin der Wöchnerinnen, Bauern und Haustiere; Patronin für das Gedeihen der Feldfrüchte, gegen Husten, Hundebiss, Tollwut und Augenleiden

Walburga wurde um das Jahr 710 in Wessex als Tochter von König Richard von Wessex (▶ Seite 38) und seiner Frau Wunna geboren. Früh verwaist wurde sie im Kloster Wimborne erzogen und folgte 750 auf Wunsch ihres Onkels Bonifatius – dem wichtigsten englischen Missionar jener Zeit – ihren Brüdern Willibald (▶ Seite 131) und Wunibald (▶ Seite 239) nach Deutschland. Dort wurde sie zunächst Nonne im Kloster Tauberbischofsheim, bevor sie nach dem Tod von Wunibald die Leitung des Doppelklosters in Heidenheim – einem wichtigen Missionsstützpunkt – übernahm.

Walburga, die viel zur Christianisierung des zu dieser Zeit noch teilweise heidnischen Deutschlands beigetragen hat, starb am

Walburga ist Namenspatronin zahlloser Kirchen und Kapellen in ganz Europa und teilweise auch in Amerika.

25. Februar 779 und wurde im Kloster Heidenheim bestattet. Im Jahr 870 wurden ihre Gebeine dann nach Eichstätt überführt.

Walburga gehört zu den meistverehrten Heiligen Europas und aus ihrer Zeit als Äbtissin werden zahlreiche Wunder berichtet, beispielsweise von Hunden, die auf wundersame Weise von ihr abließen, von einem Kind, das sie mit drei Ähren vor dem Hungertod rettete sowie von diversen Heilungen. Auch die Tropfen, die bis heute aus ihrer Grabplatte rinnen, gelten als heilkräftig und werden als „Walburgis-Öl" in kleine Fläschchen abgefüllt.

26. Februar ✚ Edigna von Puch

Status Einsiedlerin
Geboren im 11. Jahrhundert
Gestorben 26. Februar 1109
Attribute Ochsenkarren, Linde
Patronat Patronin gegen Diebstahl und Viehseuchen

Der Legende nach war Edigna eine Tocher Heinrichs I. von Frankreich, die, um einer Ehe zu entgehen, auf einem Ochsenkarren nach Bayern flüchtete. Als sie den Ort Puch bei Fürstenfeldbruck erreichte, sollen die Ochsen vor dem Karren plötzlich stehen geblieben sein und eine Glocke begann zu läuten. Edigna sah darin ein göttliches Zeichen und ließ sich in einer hohlen Linde bei einer kleinen Kirche nieder.

Dort lebte sie 35 Jahre als Einsiedlerin und Büßerin. Sie lehrte die Bewohner Lesen und Schreiben, brachte ihnen den Glauben nahe und half bei Sorgen mit dem Vieh. Sie starb schließlich Anfang 1109. Die Verehrung, die ihr die Bevölkerung bereits zu Lebzeiten entgegengebracht hat, ist auch heute noch lebendig. So führen die Einwohner Puchs seit 1959 alle zehn Jahre das Edigna-Spiel auf. Die Linde, die ihr als Wohnstätte gedient haben soll, ist ebenfalls noch erhalten. Ihr Alter wird auf bis zu 1200 Jahre geschätzt.

Nach dem Tod von Edigna soll aus der nach ihr benannten Linde heilkräftiges Öl geflossen sein.

Gabriel von der Schmerzhaften Gottesmutter (Francesco Possenti)

 27. Februar

Status Mönch
Geboren 1. März 1838
Gestorben 27. Februar 1862

Gabriel von der Schmerzhaften Gottesmutter wurde 1838 als Francesco Possenti im italienischen Assisi geboren. Als Sohn einer angesehenen Familie führte der eitle Francesco zunächst ein sehr lockeres und leichtfertiges Leben. Das änderte sich jedoch schlagartig, als er 1856 bei der Betrachtung eines Marienbildes

ein mystisches Erlebnis hatte. Noch im selben Jahr trat er in den Passionistenorden ein, wo er er Theologie und Philosophie studierte.

Seine Lebensführung, Frömmigkeit und Bußbereitschaft galten dabei von Beginn an als mustergültig. Auch seine schwere Krankheit (Tuberkulose), an der er schließlich 1862 starb, ertrug der glühende Verehrer der Gottesmutter Maria mit großer Demut. Ihm werden zwei Wunder zugeschrieben. Seine Heiligsprechung erfolgte 1920 durch Papst Benedikt XV.

Oswald von York und Worcester

28. Februar

Status Bischof
Geboren im 10. Jahrhundert
Gestorben 29. Februar 992

Der aus einem dänischen Adelsgeschlecht entstammende Oswald wurde von seinem Onkel, dem Erzbischof Odo von Canterbury, zur Ausbildung nach Frankreich in die berühmte Benediktinerabtei Fleury (heute Saint-Benoît-sur-Loire) geschickt. Nach seiner Rückkehr nach England wurde er 960 Bischof von Worcester und 972 zusätzlich Erzbischof von York.

In dieser Funktion arbeitete Oswald unermüdlich an der Wiederbelebung und dem

Ausbau des Mönchtums in England. Er gründete mehrere Klöster, darunter die Abteien Westbury und Ramsey, in denen er – genauso wie in vielen bestehenden Klöstern – die strengen Regeln von Fleury einführte. Zudem reformierte er die Verwaltung der bischöflichen und klösterlichen Güter. Über seinen Amtspflichten vergaß er jedoch nie die Armen und Notleidenden, weshalb er in der Bevölkerung hochverehrt wurde und sich nach seinem Tod im Jahr 992 ein intensiver Kult um seine Person entwickelte. Oswalds Gedenken wird eigentlich am 29. Februar begangen, in Nicht-Schaltjahren wird es aber auf den 28. vorgezogen.

März

Der März, der dritte Monat des gregorianischen Kalenders, ist nach dem römischen Kriegsgott Mars benannt, alte deutsche Namen sind *Lenzing* oder *Lenzmond*. Diese geben auch einen Hinweis auf die im März stattfindende Tagundnachtgleiche, die den astronomischen Frühlingsbeginn markiert: Meist am 20. März steht die Sonne senkrecht über dem Erdäquator und geht damit genau im Osten auf und im Westen unter. Ein in vielen christlichen Konfessionen gefeiertes Fest ist die *Verkündigung des Herrn*, auch *Mariä Verkündigung*, am 25. März. In der orthodoxen Kirche zählt dieser Tag sogar zu den Hauptfesten.

1	2	3	4	5	6	7
Ignatius (Peter) Lötschert	Agnes von Böhmen	Liberat Weiß	Kasimir von Polen	Johann Joseph vom Kreuz	Fridolin von Säckingen	Perpetua und Felicitas
8	**9**	**10**	**11**	**12**	**13**	**14**
Johannes von Gott	Franziska Romana	Johannes Ogilvie	Heinrich Hahn	Fina	Leander von Sevilla	Mathilde (Mechthild)
15	**16**	**17**	**18**	**19**	**20**	**21**
Klemens Maria Hofbauer	Heribert von Köln	Patrick von Irland	Cyrill von Jerusalem	Josef von Nazaret	Cuthbert (Gisbert) von Lindisfarne	Richeza (Rixa)
22	**23**	**24**	**25**	**26**	**27**	**28**
Clemens Graf von Galen	Toribio de Mogrovejo (von Lima)	Katharina von Schweden	Dismas der Schächer	Liudger von Münster	Joseph Peter Coudrin	Ingbert Naab
29	**30**	**31**				
Berthold von Kalabrien	Johannes Klimakos	Guido von Pomposa	*Der Weltgebetstag ist eine globale Basisbewegung christlicher Frauen. Er wird jedes Jahr am ersten Freitag im März gefeiert.*			

Ignatius (Peter) Lötschert

Status Ordensgründer
Geboren 4. August 1820
Gestorben 1. März 1886

Nach seiner Lehre zum Kaufmann verspürte der 1820 in Höhr (Rheinland-Pfalz) geborene Peter Lötschert den Wunsch, sich zusammen mit Gleichgesinnten karitativen Aufgaben zu widmen, insbesondere der Krankenpflege. Nach ersten Erfahrungen in einem Privathaus für Krankenpflege in Hillscheid und einer fachlichen Unterweisung im Alexianerorden in Aachen legten Lötschert und fünf weitere Brüder 1858 die Profess ab.

Die erste Niederlassung gründete die Gemeinschaft in Hadamar, weitere in Frankfurt, Wiesbaden und Montabaur, wobei Letztere schließlich zum Mutterhaus erwuchs und den Namen des Pflegeordens prägte – die Barmherzigen Brüder von Montabaur. In den folgenden Jahren kamen zahlreiche weitere Gründungen in Deutschland und den Niederlanden hinzu, ab 1924 auch in den USA und in Kanada. Die endgültige Anerkennung als Ordensgemeinschaft erhielten die Barmherzigen Brüder von Montabaur 1921 von Papst Benedikt XV.

Ignatius Lötschert starb am 1. März 1886 in Montabaur und ruht dort in der Friedhofskapelle auf dem Bürgerfriedhof.

Agnes von Böhmen

Status Nonne, Äbtissin
Geboren um 1205
Gestorben 2. März 1282
Attribute Krone

Agnes war die Tochter des böhmischen Königs Ottokar I. und Konstanze von Ungarn. Bereits als kleines Mädchen wurde sie zum ersten Mal verlobt, doch die dynastischen Pläne mit dem schlesischen Fürstenhaus scheiterten – wie auch die folgenden Verlobungen. Nach dem Herrschaftsantritt ihres Bruders Wenzel I. konnte sie aber schließlich ihre eigenen Vorstellungen von einem religiösen Leben nach dem Vorbild von Klara von Assisi durchsetzen, mit der sie in einem intensiven Briefwechsel stand.

Im Jahr 1232 gründete sie neben einem Franziskanerkloster mit angeschlossenem Armenspital ein Klarissinnenkloster, in das sie 1234 selbst eintrat und zu dessen Äbtissin sie ein Jahr später ernannt wurde. Sie kümmerte sich um Arme und Kranke und förderte auch weiterhin Klöster sowie die Errichtung von Kirchen. Doch Agnes' Streben nach Armut gemäß den ursprünglichen Lehren des Franziskus lief, genau wie die zeitgenössische Armutsbewegung generell, den Vorstellungen des damaligen Papstes Gregor IX. zuwider, sodass sie vermutlich 1238 von ihrem Amt als Äbtissin zurücktrat

Demut und frei gewählte Armut kennzeichneten das Leben der heiligen Agnes von Böhmen.

und danach als „ältere Schwester" im Kloster weiterlebte.

Ihr Leben voller Entsagung, ihre Aufopferung für Arme und Kranke sowie diverse ihr zugeschriebene Wundertaten sorgten dafür, dass sie schon bald nach ihrem Tod am 2. März 1282 als Heilige verehrt wurde. Auf ihre Heiligsprechung mussten ihre Anhänger jedoch aufgrund politischer Wirrungen lange warten. Sie erfolgte erst 1989 durch Papst Johannes Paul II.

Liberat Weiß

Status Missionar, Märtyrer
Geboren 4. Januar 1675
Gestorben 3. März 1716

Der in Konnersreuth geborene Johannes Laurentius Weiß trat nach dem Besuch der Klosterschule mit 18 Jahren in den Franziskanerorden ein und nahm den Ordensnamen Liberat an. Fünf Jahre später, 1698, wurde er zum Priester geweiht und wirkte zunächst als Seelsorger, bevor er sich als Missionar 1704 auf den Weg nach Äthiopien machte. Doch erst im zweiten Anlauf erreichte er in Begleitung von Pater Michele

Pio Fasoli und Pater Samuele Mazorato 1712 schließlich das Ziel seiner Missionsreise.

Es gelang Liberat, das Vertrauen des Herrschers zu gewinnen, doch der Versuch, die äthiopische Kirche mit Rom zu vereinigen, stieß auf heftigen Widerstand und gipfelte in einer Revolte und der Abdankung des Kaisers. Dessen Nachfolger stellte die Franziskaner vor Gericht, von dem sie zum Tod durch Steinigung verurteilt wurden. Das Angebot einer Begnadigung für den Fall, dass sie sich beschneiden lassen und an einer äthiopischen Eucharistiefeier teilnehmen, schlugen die Verurteilten aus. Entsprechend wurden sie am 3. März 1716 hingerichtet.

Kasimir von Polen

Status Königssohn
Geboren 5. Oktober 1458
Gestorben 4. März 1484
Attribute Krone und Zepter, Lilie
Patronat Patron von Polen und Litauen;
Patron der Jugend und des Malteser-
Ritterordens

Kasimir war der zweite Sohn des polnischen Königs Kasimir IV. und seiner Frau Elisabeth von Österreich, der Tochter des böhmischen und ungarischen Königs Albrecht II. Im Alter von 13 Jahren wurde er vom aufständischen ungarischen Adel zum Gegenkönig gewählt und von seinem Vater an der Spitze eines Heeres nach Ungarn geschickt. Kasimir weigerte sich jedoch, gegen christliche Glaubensbrüder zu kämpfen, und kehrte unverrichteter Dinge nach Polen zurück. Wieder zu Hause, entzog er sich allen königlichen Pflichten sowie der arrangierten Hochzeit mit der Tochter von Kaiser Friedrich III.

Diese Skulptur des heiligen Kasimir befindet sich auf der Kathedrale im litauischen Wilna.

Stattdessen widmete er sich völlig seinen geistlichen Neigungen und verbrachte sein Leben in Bescheidenheit, Gebet und Keuschheit.

Kasimir von Polen, der als „Bruder und Beschützer der Armen" beim Volk hohe Achtung und Beliebtheit genoss, starb 1484 auf einer Reise nach Litauen an einer plötzlich auftretenden Schwindsucht. Seine Gebeine befinden sich heute in der Kirche St. Peter und Paul in Wilna.

Johann Joseph vom Kreuz

Status Mönch, Mystiker
Geboren 15. August 1654
Gestorben 5. März 1734
Patronat Patron von Ischia
und der Navigatorer

Carlo Gaetani Calosirto stammte aus einer vornehmen italienischen Familie. Mit 16 Jahren trat er in den Franziskanerorden ein und nahm den Ordensnamen Johann Joseph vom Kreuz an. Seine Frömmigkeit und Bescheidenheit wurden sehr geschätzt, sodass er im Laufe seines Lebens mehrere verantwortungsvolle Ämter im Orden bekleidete, unter anderem das des Vorstehers im Kloster Santa Lucia al Monte in Neapel und des Provinzials der Reformklöster in Italien.

Daneben war Johann Joseph ein liebevoller Seelsorger, der sich unermüdlich und aufopferungsvoll um die Menschen kümmerte. Ihm werden zahlreiche Wundertaten nachgesagt, zum Beispiel Heilungen, Weissagungen und Levitationen. Er starb am 5. März 1734 und wurde in seinem Konvent in Neapel bestattet. Seine Heiligsprechung erfolgte 1789.

6. März

Fridolin von Säckingen

Status Abt, Glaubensbote
Geboren im 5. Jahrhundert
Gestorben um 538
Attribute Abtsstab, Skelett
Patronat Patron von Säckingen, Näfels und des Kantons Glarus; Patron der Schneider und des Viehs; wird angerufen bei Gefahr durch Feuer oder Wasser; Helfer bei Kinderkrankheiten, Arm- und Beinleiden

Fridolin soll ein irischer Wandermönch gewesen sein, der Ende des 5. Jahrhunderts als Glaubensbote nach Poitiers kam, um dort das Grab des von ihm verehrten Bischofs Hillarius zu besuchen. Allerdings fand er nur noch die Ruine der Hillariuskirche vor, woraufhin er ein neues Gotteshaus errichtete und die Gebeine des Hillarius dort bestattete. Daraufhin ernannte der amtierende Bischof von Poitiers Fridolin zum Abt des zugehörigen Klosters.

Der Legende nach erschien Hillarius ihm eines Tages im Traum und trug ihm auf, auf einer bestimmten Rheininsel ein Kloster zu errichten. Entsprechend zog Fridolin Richtung Osten nach Deutschland. Auf seinem Weg verbreitete er das Wort Christi und gründete zahlreiche Kirchen, die er Hillarius weihte. Schließlich fand er östlich von Basel die ihm im Traum verheißene Insel und gründete das Doppelkloster Säckingen. Von hier aus trieb er als Abt des Männerklosters die Missionierung des heutigen Baden-Württembergs voran, weshalb er auch oftmals als Apostel des badischen Oberlandes bezeichnet wird.

Fridolin von Säckingen starb um das Jahr 538. Sein Wirken ist bis heute unvergessen, was die vielen Wallfahrer beweisen, die zum Fridolinsmünster pilgern, wo seine Gebeine aufbewahrt werden. Ein Höhepunkt ist die Festprozession durch Säckingen, die alljährlich am Sonntag nach dem Fridolinstag stattfindet.

Häufig wird Fridolin mit einem Skelett dargestellt, da er der Legende zufolge den Bauern Urso von den Toten auferweckte.

7. März

Perpetua und Felicitas

Status Märtyrerinnen
Geboren im 2. Jahrhundert
Gestorben 7. März 202 oder 203
Attribute wilde Kuh, Kind

Perpetua, die aus einem vornehmen Haus stammte, und ihre Sklavin Felicitas waren zwei Taufbewerberinnen, die um das Jahr 200 in ihrem Heimatort Karthago (Tunesien) auf den Empfang der Taufe vorbereitet und in der Heiligen Schrift unterwiesen wurden. Da dies zu Zeiten des Kaisers Septimus Severus bei Todesstrafe verboten war, wurden sie zusammen mit weiteren Christen verhaftet. Auf dem Weg in den

Perpetua und Felicitas sind nach Petrus und Paulus die ältesten Märtyrer, deren Todeszeit bekannt ist.

Kerker – wo sie die Taufe empfingen – hatte Perpetua ihren wenige Monate alten Sohn auf dem Arm, die hochschwangere Felicitas brachte ihre Tochter während der Haft zur Welt. Alle Angeklagten wurden zum Tode verurteilt.

Am 7. März 202 wurden Perpetua und Felicitas sowie ihre Mitgefangenen in der Arena von Karthago wilden Rindern vorgeworfen und die Überlebenden anschließend erdolcht. Die Berichte über das Leiden der beiden Märtyrerinnen, die zu großen Teilen aus den Aufzeichnungen Perpetuas während der Haft bestehen, gehören zu den ältesten und damit kostbarsten christlichen Schriften in lateinischer Sprache.

Johannes von Gott

Status Ordensgründer
Geboren 8. März 1495
Gestorben 8. März 1550
Attribute Körbe, Sack oder Töpfe, das Jesuskind mit Granatapfel
Patronat Patron von Granada; Patron der Kranken, Krankenhäuser und Krankenpfleger; Patron der Papiermüller, Buchdrucker und Buchhändler

Der am 8. März im portugiesischen Montemor o Novo geborene Johannes hatte eine bewegte und abenteuerliche Kindheit und Jugend. Nachdem er als kleines Kind von zu Hause fortgelaufen war, fand er bei einem Hirten Unterschlupf. Als junger Mann schloss er sich einer Söldnertruppe an und kämpfte im spanisch-französischen Krieg und anschließend gegen die Türken vor Wien.

Eine entscheidende Wendung nahm sein Leben im Jahr 1538, als Johannes den berühmten Bußprediger Johannes von Ávila traf. Dessen Worte über Nächstenliebe, Demut und Bescheidenheit versetzten ihn derart in Ekstase, dass er als Geisteskranker ins Spital von Granada eingeliefert wurde. Dort besuchte ihn der spanische Missionar und regte ihn dazu an, seine Begeisterung in karitative Bahnen zu lenken. Quasi über Nacht änderte Johannes sein Leben und verschrieb sich fortan der Pflege von Kranken. 1540 gründete er in Granada ein Hospital, aus dem

sich mit der Zeit der Orden der Barmherzigen Brüder entwickelte, der 1586 bestätigt wurde.

Johannes von Gott starb an seinem 55. Geburtstag in Granada. Seine Heiligsprechung erfolgte 1691 durch Papst Alexander VIII. Die von ihm gegründeten Barmherzigen Brüder – die meist Laien sind – gelten als bedeutendster Männerorden für Krankenpflege und sind heute weltweit verbreitet. Sie sind zudem für die Gesundheit des Papstes verantwortlich.

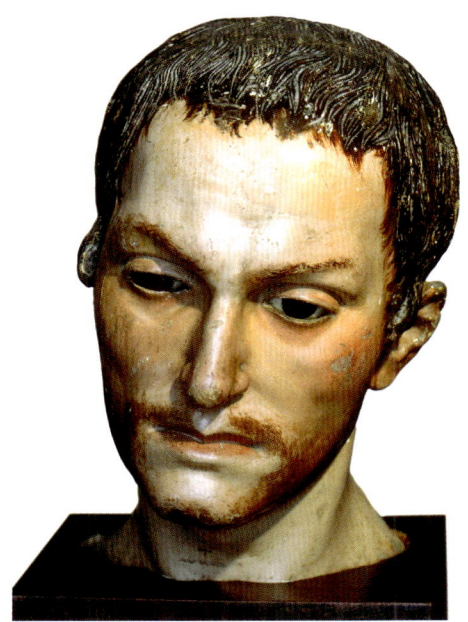

Johannes von Gott gilt als Vorreiter in der methodischen Krankenpflege und der Betreuung von Geisteskranken.

Franziska Romana

Status Ordensgründerin, Mystikerin
Geboren 1384
Gestorben 9. März 1440
Attribute Brotkorb, Brennholzbündel
Patronat Patronin von Rom; Patronin der
    Frauen und Autofahrer (seit 1925)

Franziska stammte aus einer reichen römischen Adelsfamilie und wollte bereits früh Nonne werden. Ihre Eltern jedoch verheirateten sie 1396 mit Lorenzo de Ponziani, dem Befehlshaber der päpstlichen Truppen von Rom, dem sie zeitlebens eine treue Ehefrau war und ihm sechs Kinder gebar.

Trotzdem galt Franziskas Sehnsucht dem Klosterleben. Sie verbrachte den Tag mit Beten, der Pflege von Kranken (einen Teil des Palastes, in dem sie mit ihrem Mann lebte, hatte sie zu einem Krankenhaus umgewandelt, in dem sie sich um Pestkranke kümmerte) und ihren hausfraulichen Pflichten. 1425 gründete sie die Gemeinschaft der Oblatinnen des Olivetanerklosters der heiligen neuen Maria, die sich ebenfalls karitativen Tätigkeiten widmeten und deren Oberin sie nach dem Tod ihres Mannes 1436 wurde. Der Orden nach der Regel des heiligen Benedikt wurde 1433 von Papst Eugen IV. bestätigt.

Franziska Romana starb am 9. März 1440 in Rom. Aufgrund ihrer karitativen Tätigkeit und ihres Geschicks im Umgang mit Kranken galt sie bereits zu Lebzeiten als Wundertäterin, zumal sie über ausgeprägte mystische Gaben verfügt haben soll. Ihre Heiligsprechung erfolgte 1608 durch Papst Pius V.

Johannes Ogilvie

Status Ordensmann, Märtyrer
Geboren um 1580
Gestorben 10. März 1615

John Ogilvie war der erste Märtyrer des Jesuitenordens in Schottland.

Johannes (John) wurde als Sohn eines Calvinisten geboren und genoss eine hervorragende Ausbildung, unter anderem in Regensburg. Als 17-Jähriger konvertierte er zum Katholizismus und besuchte das Päpstliche Seminar in Olmütz. 1599 trat er dann in den Jesuitenorden ein und wirkte hauptsächlich in Wien und Graz, bis er 1610 in Paris die Priesterweihe erhielt.

Ein Jahr später reiste Johannes heimlich zurück in seine Heimat Schottland, wo er als Privatlehrer arbeitete, aber auch inhaftierte Glaubensbrüder besuchte und für katholische Familien in privatem Rahmen Messen feierte. 1614 wurde er verraten und verhaftet. Trotz grausamer Folter schwor er weder seinem Glauben ab noch gab er die Namen anderer in Schottland lebender Katholiken preis, woraufhin er wegen Hochverrats zum Tode verurteilt und am 10. März 1615 in Glasgow öffentlich gehängt wurde.

Über seine Martern während der Gefangenschaft berichtete Ogilvie eindrucksvoll in seinem – später von Augenzeugen vervollständigten – Werk „Relatio incarcerationis", das er aus dem Gefängnis schmuggeln konnte. Seine Heiligsprechung erfolgte 1976 durch Papst Paul VI.

Heinrich Hahn

Status Gründer
Geboren 29. August 1800
Gestorben 11. März 1882

Der in Aachen geborene Arzt und spätere preußische Landtagsabgeordnete Heinrich Hahn engagierte sich zeitlebens intensiv für soziale und karitative Zwecke. Zudem war er der Hauptbegründer und Organisator des Franziskus-Xaverius-Vereins, des deutschen Zweigs des 1822 in Lyon errichteten katholischen Xaveriusvereins, der die Glaubensverbreitung unterstützte. 1842 erhielt er die offizielle Anerkennung für seine Vereinigung, die sich von Aachen aus schnell über ganz Deutschland ausbreitete. Aus ihr entstand „missio", das päpstliche Missionswerk in Deutschland.

Heinrich Hahn starb am 11. März 1882 in Aachen, wo er auf dem Ostfriedhof bestattet wurde. Sowohl „missio" als auch das Bistum Aachen bemühen sich seit geraumer Zeit um seine Seligsprechung.

Fina

Status Jungfrau
Geboren 1238
Gestorben 12. März 1253
Patronat Patronin von San Gimignano

Fina kam in ärmlichsten Verhältnissen im italienischen San Gimignano zur Welt. Trotzdem teilte sie das Wenige, was sie hatte, mit denen, die noch weniger hatten, und führte in ihrem Elternhaus ein klösterliches Leben. Aufgrund ihrer schwachen Konstitution war sie häufig krank, doch sie ertrug alle Leiden klaglos und sanftmütig.

Bereits mit 15 Jahren starb Fina, die bereits zu Lebzeiten den Ruf einer Heiligen hatte und auch heute noch hochverehrt wird. Ihre letzte Ruhestätte fand sie im Dom von San Gimignano, in dem ihr eine eigene Kapelle geweiht ist. Fina wird auch die Heilige mit den Levkojen genannt, da diese Blumen der Legende nach an ihrem Todestag auf den Stadttürmen und ihrem Sarg erblühten.

Die Verehrung der heiligen Fina beschränkt sich nahezu ausschließlich auf deren italienischen Heimatort San Gimignano, in dem auch dieses Deckenfresko zu bewundern ist.

Leander von Sevilla

Status Erzbischof
Geboren um 540
Gestorben 13. März 600
Attribute Buch und Schreibfeder, häufig auch mit seinen Geschwistern dargestellt
Patronat Patron von Sevilla; Helfer bei Rheumatismus

Leander kam um das Jahr 540 im damals byzantinischen Cartagena (Südspanien) zur Welt. Als die Familie vor den herannahenden Westgoten fliehen musste, siedelte sie nach Sevilla über, wo Leander sich nach dem Tod des Vaters um seine drei Geschwister – Isidor von Sevilla, Fulgentius von Astigi und Florentina von

Astigi – kümmerte und schließlich in den Benediktinerorden eintrat.

Als Mönch übte er nachhaltig Einfluss auf den heidnischen Prinzen Hermenegild aus, und als dieser zum katholischen Glauben übertrat, wurde Leander von dessen Vater verbannt. Daraufhin wandte er sich dem Hof von Konstantinopel zu (wo er den späteren Papst Gregor I. kennenlernte), bis er um das Jahr 583 wieder nach Sevilla zurückkehren konnte, wo er wenig später zum Erzbischof geweiht wurde.

Während seiner Amtszeit machte sich Leander besonders um die Bekehrung der Westgoten und die Verteidigung der wahren Glaubenslehre verdient. Für seinen Kampf gegen den Arianismus (▶ Seite 16) erhielt er 599 von Papst Gregor I. als Ehrenzeichen das Pallium. Aber auch mit seinen Schriften, darunter eine vollständige Nonnenregel, machte er sich einen Namen.

Leander von Sevilla machte sich vor allem als Missionar und Kirchenschriftsteller einen Namen.

Leander von Sevilla gilt als einflussreichster Kirchenmann Spaniens seiner Zeit. Er starb am 13. März 600 in Sevilla. Sein Nachfolger wurde sein Bruder Isidor von Sevilla, der ebenfalls heiliggesprochen wurde (▶ Seite 72).

14. März

Mathilde (Mechthild)

Status Königin, Wohltäterin
Geboren um 895
Gestorben 14. März 968
Attribute Kirchenmodell, Almosen verteilend

Mathilde war die Tochter des sächsischen Grafen Dietrich und wurde mit Herzog Heinrich von Sachsen, dem späteren König Heinrich I., vermählt. Mit ihm hatte sie fünf Kinder, den späteren Kaiser Otto I., den späteren Herzog Heinrich von Bayern, Bruno, den späteren Erzbischof von Köln, sowie die Töchter Gerberga und Hadwig, die nach Frankreich verheiratet wurden.

Nach dem Tod ihres Mannes widmete sie sich den Armen und Leidenden und nutzte ihr Wittum zur Einrichtung von geistlichen Stiftungen und Klöstern. So gründete sie in Quedlinburg am Grab des verstorbenen Königs das Kloster St. Servatius, dem sie die ersten 20 Jahre persönlich vorstand. Aber auch zahlreiche andere Konvente gehen auf Mathilde zurück. Sie starb am 14. März in dem von ihr gegründeten Kloster in Quedlinburg und wurde dort in der Krypta neben ihrem Mann zur letzten Ruhe gebettet. Mit einer Gedenktafel fand sie Aufnahme in die Walhalla bei Regensburg.

15. März

Klemens Maria Hofbauer

Status Priester
Geboren 26. Dezember 1751
Gestorben 15. März 1820
Patronat Patron der Stadt Wien;
    Schutzheiliger der Gesellenvereine

Klemens Maria Hofbauer, dessen Taufname Johannes war, wurde 1751 als Sohn eines Tschechen und einer Deutschen in Taßwitz (Tschechei) geboren. Nach einer Bäckerlehre konnte er dank der Unterstützung einiger Gönner in Wien ein Theologiestudium beginnen, das er 1784 in Rom beendete, wo er im selben Jahr in den kurz zuvor gegründeten Redemtoristenorden eintrat.

Im Jahr 1785 erhielt er die Priesterweihe und wurde nach Warschau gesandt, wo er als Seelsorger tätig war und zusammen mit seinen Ordensbrüdern neben einer Armenschule und einer höheren Mädchenschule auch ein Waisenhaus gründete. Zudem gründete er mit dem Kloster Berg Tabor in Jestetten die erste deutsche Niederlassung seines Ordens. Hier wurde er 1805 auch von einer Delegation aus Triberg gebeten, die Seelsorge der dortigen Wallfahrtskirche zu übernehmen. Aufgrund innerkirchlicher Widerstände musste er Triberg aber bereits nach drei Monaten wieder verlassen. Anfang 1807 kehrte er schließlich nach Warschau zurück, von wo die Redemptoristen aber 1808 auf Befehl Napoleons vertrieben wurden.

So kam Hofbauer wieder nach Wien, wo er sich als Seelsorger großer Beliebtheit erfreute und den Beinamen „Apostel von Wien" erhielt. Darüber hinaus pflegte er soziale Kontakte zu Studenten, Gelehrten und Künstlern, darunter Clemens von Brentano, Joseph von Eichendorff und Friedrich von Schlegel. Aber als Gegner der Aufklärung hatte Hofbauer nicht nur

Bis 1945 war Klemens Maria Hofbauer auch Schutzpatron Südmährens.

Anhänger. Er wurde von der Staatspolizei überwacht und entging nur dank des Wohlwollens des Kaisers der Ausweisung.

Hofbauer verstarb am 15. März 1820 und wurde auf dem Romantikerfriedhof in Maria Enzersdorf bestattet. Heute befinden sich seine Reliquien in der Wiener Kirche Maria am Gestade.

Heribert von Köln

Status Erzbischof
Geboren um 970
Gestorben 16. März 1021
Patronat Patron von Deutz

In Köln feiert man den Gedenktag Heriberts am 30. August, da an diesem Tag seine Gebeine erhoben wurden.

Der in Worms geborene Heribert war vermutlich ein Sohn des Grafen Hugo von Worms. Nach seiner Ausbildung an der Domschule in Worms und in der Abtei Gorze bei Metz wurde er Domprobst in Worms. Im Jahr 994 wurde er von Kaiser Otto III. zum Kanzler von Italien ernannt, 995 erhielt er seine Priesterweihe. Drei Jahre später wurde er nach dem Tod des bisherigen Amtsinhabers von Otto III., der den Rat und die Freundschaft Heriberts sehr schätzte, zum Kanzler von Deutschland erhoben. Die beiden Kanzlerämter behielt Heribert, auch als er 999 zum Erzbischof von Köln gewählt wurde.

Als Kaiser Otto III. während einer Reise 1002 auf der Burg Parterno bei Rom starb, nahm Heribert die Reichsinsignien an sich und brachte sie zusammen mit dem Leichnam des Kaisers allen Widrigkeiten und Gefahren zum Trotz sicher nach Aachen. Nach dessen Beisetzung und der Wahl seines Nachfolgers, bei welcher der von ihm favorisierte Kandidat sich nicht gegen Heinrich II. durchsetzen konnte, legte er die Kanzlerämter nieder. Anschließend kehrte Heribert nach Köln zurück und gründete 1003, wie mit Otto III. vereinbart, die Abtei Deutz. Das Verhältnis zu Heinrich II. blieb zeitlebens kühl und angespannt. Erst in den letzten Jahren vor Heriberts Tod soll es sich etwas gebessert haben.

Heribert von Köln, der als außergewöhnlich frommer und großzügiger Mensch beschrieben wird, starb am 16. März 1021 in Köln und wurde in der Abtei Deutz bestattet.

Patrick von Irland

17. März

Status Bischof, Missionar
Geboren um 389
Gestorben um 461
Attribute Schlangen, Kleeblatt
Patronat Patron von Irland; Patron der Bergleute, Schmiede, Böttcher, Friseure und des Viehs; wird angerufen gegen Ungeziefer, Viehkrankheiten und das Böse sowie für die armen Seelen

Über die Herkunft Patricks sind keine verlässlichen Quellen vorhanden. Es heißt, er kam um das Jahr 389 als Sohn eines Ratsherrn oder Beamten, der auch Diakon war, in England zur Welt. Der Legende zufolge wurde er im Alter von 16 Jahren von Plünderern nach Irland verschleppt, wo er zur Arbeit als Hirte gezwungen wurde. In dieser Zeit fand er Trost im Christentum und lernte trotz der Knechtschaft das raue Land lieben. Nach sechs Jahren offenbarte ihm ein Traum, dass er bald einen Weg nach Hause finden werde. Daraufhin wagte er die Flucht und kehrte innerlich geläutert nach England zurück.

In den folgenden Jahren verbrachte er einige Jahre als Mönch in Frankreich, wo er zum Priester geweiht wurde – immer mit dem Ziel vor Augen, eines Tages als Missionar nach Irland zurückzukehren. Um 432 wurde er von Papst Coelestin I. schließlich als Bischof nach Irland gesandt, wo er unermüdlich an der Bekehrung der Heiden arbeitete. Dabei stieß er vor allem bei den lokalen Fürsten und den Druiden auf Widerstand, von dem er sich aber nicht entmutigen ließ. Eigenen Angaben zufolge bekehrte Patrick bis zu seinem Tod Tausende Iren zum christlichen Glauben und errichtete zahlreiche Klöster, Kirchen und Schulen im ganzen Land. Er starb um das Jahr 461.

Patrick, dem die Christianisierung Irlands gelang, gilt als einer der wichtigsten Glaubensboten der katholischen Kirche.

Patrick ist heute der wohl bekannteste und meistverehrte Heilige Irlands, der aufgrund der irischen Missionare und Auswanderer aber auch in den USA, Kanada, Australien, Neuseeland, Südafrika und vielen anderen irischen Emigranten-Gemeinschaften verehrt wird. Um seine Person ranken sich zahlreiche Legenden, von denen zwei immer wieder erzählt werden: Zum einen soll Patrick den irischen Heiden das Prinzip der Dreifaltigkeit anhand eines dreiblättrigen Kleeblatts erklärt haben, das in der Folge zum Wahrzeichen Irlands wurde. Zum anderen heißt es, er habe unter tatkräftigem Einsatz seines Bischofsstabs sämtliche Giftschlangen von der Insel vertrieben – was jedoch eher symbolisch für die Austreibung des heidnischen Glaubens steht, da es die entsprechenden Schlangen in Irland niemals gegeben hat.

Cyrill von Jerusalem

Status Bischof, Kirchenlehrer
Geboren um 313
Gestorben 18. März 386

Über die Herkunft und Jugend Cyrills ist nur bekannt, dass er um das Jahr 313 als Sohn christlicher Eltern in Jerusalem auf die Welt kam. Da er als Priester und Prediger hohes Ansehen genoss, wurde er 350 als Bischof von Jerusalem eingesetzt. Während seiner Amtszeit

war der rechtgläubige Cyrill in harte Auseinandersetzungen um den Arianismus (▶ Seite 16) verwickelt und wurde deshalb der Ketzerei und der Unterschlagung von Kirchengütern beschuldigt, um ihn in Misskredit zu bringen. Entsprechend verbrachte er fast die Hälfte seines Episkopats im Exil.

Er starb am 18. März 386 in Jerusalem und wurde 1882 von Papst Leo XIII. zum Kirchenlehrer ernannt. Besonders wertvoll sind seine 24 Katechesen, die Aufschluss über die frühchristliche Interpretation der Taufe und Eucharistie geben.

Josef von Nazaret

Status Ziehvater Jesu, Bräutigam der Gottesmutter Maria
Geboren im 1. Jahrhundert v. Chr.
Gestorben im 1. Jahrhundert n. Chr.
Attribute Zimmermannsgerät, blühender Stab, Jesuskind auf dem Arm
Patronat Patron der katholischen Kirche, von Mexiko, Peru, den Philippinen, Kanada, Böhmen, Bayern, Österreich, Tirol, der Steiermark, Kärnten und Vorarlberg; Patron der Ehepaare und Familien, der Kinder, Jugendlichen und Waisen, der Jungfräulichkeit; Patron der Arbeiter, Handwerker, Zimmerleute, Holzhauer, Schreiner, Wagner, Ingenieure, Totengräber, Erzieher, Reisenden, Verbannten und Sterbenden; Helfer bei Augenleiden, Versuchungen, Verzweiflung und Wohnungsnot

Josef, der aus dem Geschlecht Davids stammte, lebte als Zimmermann in Nazaret und war mit Maria verheiratet. Als diese noch vor der Hochzeit schwanger wurde, zweifelte er an ihrer Treue und wollte sich von ihr trennen. Da erschien ihm aber im Traum ein Engel, der ihm offenbarte, dass Maria das Kind durch den Heiligen Geist empfangen hatte. Daraufhin blieb Josef bei ihr, heiratete sie und lebte fortan in jungfräulicher Ehe (sogenannte *Josefsehe*) mit ihr.

Wenige Monate später reisten Josef und Maria aufgrund einer Volkszählung nach Betlehem, wo Maria in einem Stall Jesus gebar. Auf Anraten eines Engels floh Josef mit seiner Frau

und dem Neugeborenen nach Ägypten, um dem von Herodes angeordneten Kindermord zu entgehen. Erst nach dessen Tod kehrte die Familie nach Nazaret zurück, wo Josef Jesus großzog und das Zimmermannshandwerk lehrte. Das letzte Erscheinen Josefs in den Evangelien ist die Osterwallfahrt mit dem zwölfjährigen Jesus nach Jerusalem. Ob er kurz darauf starb oder nur nicht mehr erwähnt wurde, ist unklar.

Josef gehört bis heute zu den meistverehrten Gestalten der Kirche und wurde 1870 von Papst Pius IX. zum Patron der gesamten katholischen Kirche ernannt.

Die Verehrung Josefs von Nazaret – hier dargestellt auf einem mittelalterlichen Andachtsbild – setzte im Orient deutlich früher ein als bei uns im Abendland.

Vor seiner Ernennung zum Bischof war Cuthbert Prior des Klosters Lindisfarne, das auf der gleichnamigen Insel vor der Nordost-Küste Englands lag – heute sind dort nur noch dessen Ruinen zu finden.

20. März

Cuthbert (Gisbert) von Lindisfarne

Status Mönch, Bischof
Geboren um 620
Gestorben 20. März 687
Attribute Fischotter oder Schwan, Feuersäule
Patronat Patron der Hirten und Seeleute

Cuthbert wurde um das Jahr 620 herum vermutlich in der Nähe von Dunbar geboren. Er war zunächst Schafhirte, bis er eines Tages in einer Vision sah, wie die Seele des heiligen Aidan zum Himmel hinaufgetragen wurde. Tief bewegt entschloss er sich daraufhin, 651 in das Benediktinerkloster von Melrose einzutreten, dessen Prior er 662 wurde. 664 wurde er als Prior ins Kloster Lindisfarne berufen, wo er gemäß den Beschlüssen der Synode von Whitby mit viel Geduld den römischen Ritus einführte.

Im Jahr 676 zog Cuthbert sich für sechs Jahre in die Einsamkeit der Farne-Inseln zurück. Nachdem er seine Einsiedelei wieder verlassen hatte, wurde er 685 gegen seinen Willen zum Bischof von Lindisfarne geweiht. Doch bereits zwei Jahre später zog er sich erneut auf die Farne-Inseln zurück, wo er kurze Zeit später starb.

Cuthbert gehört zu den bedeutendsten Persönlichkeiten der katholischen Kirche in England und wird dort „Wundertäter von Britannien" genannt, da er zu Lebzeiten zahlreiche Wunder vollbracht haben soll. Weitere Wunder werden seinem Grab zugeschrieben, das 875 von den Dänen zerstört wurde. Heute befinden sich seine Überreste in der neu gebauten Kathedrale von Durham.

Richeza (Rixa)

Status Königin, Wohltäterin
Geboren um 1000
Gestorben 21. März 1063

Richeza war die Tochter des Pfalzgrafen Erenfrid von Lothringen und Mathilde, der dritten Tochter Kaiser Ottos II. Da dieser keine eigenen Kinder hatte, wurde sie schon früh dem polnischen Prinzen Mieszko versprochen, um Polen durch verwandtschaftliche Beziehungen enger an das Kaiserreich zu binden. Die Hochzeit fand Pfingsten 1013 in Merseburg statt.

Als Königin förderte Richeza das Christentum in Polen, unter anderem durch die Gründung des Klosters Kraków. Nach dem frühen Tod ihres Mannes im Jahr 1031 wurde sie jedoch von der heidnischen Opposition vertrieben und floh mit ihrem Sohn Kasimir zurück nach Deutschland zu ihrer Familie.

Dort galten ihre Bemühungen der Rückkehr Kasimirs auf den polnischen Thron (was diesem 1039 auch gelang) sowie mildtätigen und frommen Werken. Neben zahlreichen Schenkungen ist ihre wichtigste Stiftung wohl der Bau der Abteikirche in Brauweiler, einem Kloster, das Richezas Vater gestiftet hatte.

Am 21. März 1063 starb Richeza auf ihrem Besitz in Saalfeld und wurde in der Kölner Kirche St. Maria ad Gradus beigesetzt. Heute befindet sich ihr Grab in der Johanniskapelle im Kölner Dom.

Dieses Bildnis der Richeza befindet sich in der Johanniskapelle des Kölner Doms.

Clemens Graf von Galen

Status Kardinal
Geboren 16. März 1878
Gestorben 22. März 1946

Clemens August wurde 1878 als elftes von 13 Kindern des Grafen Ferdinand von Galen und seiner Frau Elisabeth auf der Burg Dinklage in Niedersachsen geboren. Nach der Schule studierte er Philosophie, Geschichte und Literatur,

Papst Pius XI. bezeichnete den großgewachsenen Clemens Graf von Galen einst als „einen Giganten an Körpergröße, aber nicht nur darin".

wobei bereits 1898 nach einer Privataudienz bei Papst Leo XIII. der Entschluss in ihm reifte, Priester zu werden. Entsprechend trat er ein Jahr später in das Jesuiten-Konvikt Canisianum ein, wo er Philosophie und Theologie studierte. 1903 wechselte er dann nach Münster, wo er 1904 auch die Priesterweihe empfing.

Danach war er zunächst Domvikar beziehungsweise Kaplan in Münster und anschließend Seelsorger und Pfarrer in Berlin. 1929 rief man ihn schließlich nach Münster zurück, wo er ebenfalls als Pfarrer wirkte. Nach 27 Jahren in der Seelsorge wurde er 1933 schließlich zum Bischof von Münster geweiht und entwickelte sich während seiner Amtszeit zu einem erbitterten Gegner des Nationalsozialismus, weshalb er auch „Löwe von Münster" genannt wurde.

In seinen Schriften und Predigten wandte er sich öffentlich gegen die Kirchen- und Rassenpolitik des NS-Regimes. In drei seiner Predigten aus dem Jahr 1941, die als Nachschriften Verbreitung in ganz Deutschland fanden, prangerte er den Klostersturm und die Euthanasiemaßnahmen der Nationalsozialisten an. Genauso mutig verurteilte er nach Kriegsende aber auch die Willkür und die Übergriffe der Besatzungsmächte.

Am 21. Februar 1946 wurde Clemens von Papst Pius XII. in Rom zum Kardinal erhoben. Allerdings starb er nur wenig später, am 22. März 1946, an einem Blinddarmdurchbruch. Seine Seligsprechung erfolgte 2005 durch Papst Benedikt XVI., der auch persönlich an der Seligsprechungsfeier im Petersdom teilnahm.

23. März — Toribio de Mogrovejo (von Lima)

In der Kathedrale von Lima, mit deren Bau Toribio von Lima 1604 begonnen hatte, ruhen nun seine Gebeine.

Status Erzbischof
Geboren 1538
Gestorben 23. März 1606
Patronat Patron von Lima und Peru

Der 1538 in Spanien geborene Toribio Alfonso de Mogrovejo stammte aus einer vornehmen christlichen Familie. Nach dem Studium der Rechte wurde er von König Philipp II. zum Inquisitor in Grenada und 1578 zum Erzbischof von Lima ernannt. Allerdings trat Toribio sein Amt erst 1580 an, nachdem er die Priesterweihe empfangen hatte.

Während seiner fast 26-jährigen Amtszeit in Peru verstand er sich vor allem als Missionar und Beschützer der Indios. Es heißt, er habe 800 000 Menschen gefirmt. Darüber hinaus ließ er zahlreiche Kirchen, Klöster, Schulen und soziale Einrichtungen für Kranke und Bedürftige errichten. Er gilt als der Organisator der peruanischen Kirche und einer der bedeutendsten Kirchenführer der Neuen Welt. Vor allem in Peru genießt er auch heute noch große Verehrung.

Toribio von Lima starb am 23. März 1606 während einer Reise in ein abgelegenes Indianerdorf. Seine Gebeine befinden sich in der Kathedrale von Lima, mit deren Bau er 1604 begonnen hatte.

Katharina von Schweden

Status Äbtissin
Geboren 1331
Gestorben 24. März 1381
Patronat Patronin gegen Früh- und Fehlge-
burten sowie Überschwemmungen

Katharina war die Tochter der heiligen Brigitta
von Schweden (▶ Seite 140) und ihrem Mann
Ulf Gudmarsson. Bereits im Alter von 14 Jahren wurde sie von ihren Eltern mit dem deutschen Adeligen Eggart von Kyren vermählt, wobei das Brautpaar gelobte, eine Josefsehe zu
führen (▶ Seite 59).

Im Jahr 1349 unternahm sie gemeinsam
mit ihrer Mutter eine Pilgerfahrt nach Rom, wo
diese für ihren neu gegründeten Orden Unterstützer finden wollte. Dort erreichte Katharina

die Nachricht vom Tod ihres Mannes, woraufhin sie sich für ein Leben als Nonne entschied
und mit ihrer Mutter über 20 Jahre in dersel-
ben Gemeinschaft lebte.

Als ihre Mutter 1372 kurz nach der Rückkehr von einer Pilgerfahrt ins Heilige Land
starb, überführte sie die Reliquien ihrer Mutter 1374 in das von Brigitta gegründete Kloster
Vadesta. Ein Jahr später wurde Katharina Äbtissin des Klosters und verhalf ihm zu neuer Blüte. Zudem betrieb sie in Rom im Auftrag des
schwedischen Königs die Heiligsprechung ihrer Mutter und setzte sich für die Anerkennung
des Ordens der Brigittinnen ein.

Katharina starb am 24. März 1381 und
wurde wie ihre Mutter im Kloster Vadesta beigesetzt. Die Heiligsprechung erfolgte 1489.

Dismas der Schächer

Status Bekehrter
Geboren unbekannt
Gestorben im 1. Jahrhundert
Patronat Patron von Gallipoli; Patron der
Fuhrleute und der zum Tode Verurteilten
sowie für einen guten Tod

Dismas soll der reuige der beiden Schächer gewesen sein, die gemeinsam mit Jesus gekreuzigt

Dismas ist der reuige Sünder, welcher der Überlieferung zufolge zur Rechten von Jesus gekreuzigt wurde. Sein Kreuz soll nach Zypern gelangt
sein, wo er auch besonders verehrt wird.

wurden. Während der Zweite Jesus verspotte-
te, bat Dismas diesen um Beistand und bereu-
te seine Taten, wofür ihm das Paradies versprochen wurde.

Dismas wurde vor allem im Franziskanerorden sehr verehrt. Auch in Zypern und der italienischen Stadt Bologna ist die Verehrung groß.

Der Schrein des heiligen Liudgers – hier zu sehen vor dem historischen Rathaus von Münster im Rahmen einer Prozession durch die Innenstadt

26. März

Liudger von Münster

Status Bischof, Glaubensbote
Geboren um 742
Gestorben 26. März 809
Attribute Wildgänse
Patronat Patron der Stadt Helmstedt,
zweiter Patron des Bistums Essen

Liudger war der Sohn einer vornehmen friesischen Familie. Er besuchte die Klosterschule von Utrecht und studierte von 767 bis 772 bei Alkuin (▶ Seite 99 f.) in York. Danach kehrte er bis zum Abschluss seiner Studien 775 wieder nach Utrecht zurück. Im Jahr 776 führte ihn ein erster Missionsauftrag nach Friesland. Ein Jahr später erhielt er die Priesterweihe in Köln und widmete sich danach mit großem Eifer der weiteren Missionierung der Friesen.

793 betraute Karl der Große Liudger mit der Mission in Westsachsen. Dort errichtete er zahlreiche Kirchen und begann mit dem Bau des Doms von Münster, von dem sich auch der Stadtname ableitet. Denn mit dem aus dem Lateinischen stammenden Lehnwort „Münster" (*monasterium*) wurden oft Dome bezeichnet und schließlich wurde es auch als Ortsname für Siedlungen verwendet, die um ein Domstift herum entstanden. Im Jahr 805 wurde Liudger dann zum ersten Bischof von Münster geweiht. Er rief 40 Pfarreien in seinem Bistum ins Leben, half bei der Gründung des Nonnenklosters Nottuln und gründete selbst die beiden Benediktinerabteien Helmstedt und Werden. Er starb am 26. März 809 auf einer Visitationsreise und wurde im Kloster Werden beigesetzt. 1984 wurde sein Schrein nach Münster überführt.

27. März

Joseph Peter Coudrin

Status Priester, Ordensgründer
Geboren 1. März 1768
Gestorben 27. März 1837

Joseph Peter Coudrin war ein französischer Priester, der sich in den Wirren der Französischen

Revolution weihen ließ und in den Jahren danach unter Lebensgefahr Seelsorge betrieb. Im Jahr 1800 gründete er mit anderen Gläubigen in Poitiers die Genossenschaft von den heiligsten Herzen Jesu und Mariä und der Anbetung des allerheiligsten Altarsakraments. Nach der

Verlegung ihres Sitzes nach Paris nannten sie sich entsprechend der dortigen Adresse (Rue de Picpus) „Picpuskongregation", wobei die Brüder sich der Verkündigung und der Lehre widmeten und die Schwestern der Erziehung junger Mädchen.

Nach dem Tod von Joseph Peter Coudrin 1837 breitete sich der Orden in alle Welt aus, insbesondere auch nach Ozeanien, das einen Tätigkeitsschwerpunkt für die Picpusmissionare darstellte.

Ingbert Naab

Status Mönch
Geboren 5. November 1885
Gestorben 28. März 1935

Der in Dahn geborene, aus einem tiefgläubigen Elternhaus stammende Karl Naab trat 1906 in den Kapuzinerorden ein und gab sich den Namen Ingbert. Im gleichen Jahr begann er in Eichstätt ein Theologiestudium, wo er 1910 auch zum Priester geweiht wurde. Danach betätigte sich Ingbert zunächst im Kloster St. Ingbert und wirkte dann ab 1916 für seinen Orden in diversen deutschen Städten in zahlreichen Ämtern und Funktionen.

Wirklich bekannt wurde er jedoch als scharfer Kritiker der NS-Ideologie, der bereits früh vor der Rassenlehre und den Prinzipien des Nationalsozialismus warnte. Sein Schreiben an Hitler mit der Überschrift „Herr Hitler, wer hat Sie denn gewählt?", das er anlässlich der Reichspräsidentenwahl 1932 verfasst hatte, wurde deutschlandweit in über 1000 Zeitungen abgedruckt. Ab 1933 gab er mit Dr. Fritz Gerlich sowie der Unterstützung von Erich Fürst von Waldburg-Zeil die kritische Wochenschrift „Der gerade Weg" heraus. Wenige Monate später wurden die Büroräume gestürmt und Fritz Gerlich, der später in Dachau erschossen wurde, verhaftet.

Ingbert entging der Verhaftung und flüchtete im Juni 1933 unter dem Namen Peregrinus

Der katholische Priester Ingbert Naab gehörte zu den frühen Widerstandskämpfern gegen die Nationalsozialisten.

(„Pilger") in die Schweiz, in die Tschechoslowakei, nach Italien und schließlich ins Elsass, wo er am 28. März 1935 starb. Davor legte er der deutschen Bischofskonferenz aber noch seine bekannte Denkschrift „Der Kampf Hitlers gegen die katholische Kirche" vor.

Seine Gebeine wurden 1953 nach Eichstätt übertragen und dort auf dem Friedhof des Kapuzinerklosters beigesetzt.

Berthold von Kalabrien

Status Einsiedler, Ordensgründer
Geboren um 1100
Gestorben um 1195

Der im französischen Solignac geborene Berthold ließ sich nach einer Vision um das Jahr 1155 mit einer kleinen Zahl Gefährten auf dem Berg Karmel nieder, wo sie zusammen mit anderen Einsiedlern ein Leben im Sinne des Propheten Elias führen wollten.

Berthold gilt als Mitbegründer des Karmeliterordens, dessen Bestätigung durch den Papst er aber nicht mehr erlebte. Auch die Ordensregeln nahm die Gemeinschaft erst nach seinem Tod an.

Nach dem Tod Bertholds nahm die entstandene Gemeinschaft 1209 die von Patriarch Albert von Jerusalem ausgearbeitete verpflichtende Regel an, die 1226 von Papst Honorius III. bestätigt wurde. Aufgrund der Verfolgung durch die Sarazenen kehrten viele der Brüder Unserer Lieben Frau vom Berge Karmel jedoch wieder in ihre Heimat zurück, wodurch der Karmeliterorden im Abendland große Verbreitung erfuhr.

30. März

Das Hauptwerk von Johannes Klimakos, „Treppe zum Paradies", wurde nach der Himmelsleiter aus Jakobs Traum (Genesis 28, 10–19) benannt.

Johannes Klimakos

Status Abt, Einsiedler
Geboren um 570
Gestorben um 650

Über die Herkunft und das Leben des Johannes von Klimakos ist nur wenig bekannt. Nach einer christlichen Erziehung trat der vermutlich in Palästina geborene Johannes im Alter von 16 Jahren als Mönch in das Katharinenkloster am Berg Sinai ein. Da ihm diese Lebensweise immer noch zu weltlich war, zog er sich in eine der Höhlen zurück, wo er 40 Jahre als Einsiedler lebte.

Um das Jahr 638 wurde Johannes zum Vorsteher des Klosters gewählt, gab dieses Amt aber nach vier Jahren wieder ab, um sich in Ruhe und Abgeschiedenheit auf seinen Tod vorzubereiten. Er starb an einem 30. März um das Jahr 650.

Johannes fertigte im Laufe seines Lebens zahlreiche asketische Schriften an, darunter das Werk „Klimax tou Paradeíso" („Treppe zum Paradies"), von dem sich sein Beiname ableitet.

Guido von Pomposa, der auch Wido genannt wird, erhielt später aufgrund seiner Bemühungen den Beinamen „Reformabt".

Guido von Pomposa

Status Abt
Geboren um 970
Gestorben 31. März 1046

Guido kam um das Jahr 970 in der Nähe von Ravenna zur Welt. Da ihn sein Vater zu einer Heirat bewegen wollte, floh er nach Rom, um dort Kleriker zu werden. Danach schloss er sich, zurück in Ravenna, dem Einsiedler Martinus an, der ihn in das Benediktinerkloster Pomposa schickte. Dort übernahm er nach dem Tod seines Vorgängers das Amt des Abtes und machte Pomposa nach zahlreichen Reformen zu einem der bedeutendsten Klöster in Norditalien. Die Zahl der Mönche wuchs so schnell, dass bald ein zweites Kloster errichtet werden musste.

Im Jahr 1046 rief Kaiser Heinrich III. Guido, der das Ende seines Lebens nahen fühlte, zu sich nach Piacenza. Dieser folgte dem Ruf nur widerwillig und erkrankte kurz vor dem Ziel seiner Reise. Er starb am 31. März 1046. Heinrich III. überführte seine Gebeine nach Speyer. Heute befinden sich Teile seiner Reliquien im Speyrer Dom, im dortigen Kloster St. Magdalena und auch wieder in Pomposa selbst.

April

Der April ist vor allem für sein wechselhaftes Wetter und den Brauch bekannt, seinen Mitmenschen am ersten Tag des Monats einen Streich zu spielen beziehungsweise sie mit einer Lügengeschichte „in den April zu schicken". Sein Name leitet sich vom lateinischen *aperire* („öffnen") ab, was sich auf die sich öffnenden Knospen im Frühling beziehen dürfte. Ein alter deutscher Name ist *Ostermond*, was darauf verweist, dass Ostern, an dem die Christen die Auferstehung Jesu Christi feiern, meist in den April fällt – genauso wie *Pessach*, eines der wichtigsten Feste im Judentum, das an den Auszug aus Ägypten erinnert.

1	2	3	4	5	6	7
Hugo von Grenoble	Franz von Paola	Richard von Chichester	Isidor von Sevilla	Creszentia Höß	Michael Rua	Jean Baptiste de La Salle
8	**9**	**10**	**11**	**12**	**13**	**14**
Julia Billiart	Dietrich Bonhoeffer	Magdalena von Canossa	Stanislaus von Krakau	Julius I.	Hermenegild	Petrus Gonzales
15	**16**	**17**	**18**	**19**	**20**	**21**
Cäsar von Bus	Bernadette Soubirous	Katharina Tekakwitha	Maria von der Menschwerdung	Leo IX.	Hildegund von Schönau	Anselm von Canterbury
22	**23**	**24**	**25**	**26**	**27**	**28**
Wolfhelm	Georg	Fidelis von Sigmaringen	Markus der Evangelist	Peter vom heiligen Joseph Betancur	Zita	Peter (Pierre) Chanel
29	**30**					
Katharina von Siena	Pius V.	Zwar ist die Nacht auf den 1. Mai nach der heiligen Walburga benannt (Walpurgisnacht), hat sonst aber nichts mit ihr zu tun.				

Hugo von Grenoble

Status Bischof
Geboren 1053
Gestorben 1. April 1132
Patronat Patron von Grenoble; Helfer gegen Kopfschmerzen

Auf diesem Gemälde ist zu sehen, wie das aufgetragene Fleisch – eine verbotene Speise – unter der Berührung von Hugo zerfällt.

Hugo entstammte einer französischen Adelsfamilie. Bevor er 1080 zum Bischof von Grenoble geweiht wurde, war er Kanonikus der Kathedrale von Valece. Seine Amtszeit dauerte 52 Jahre, womit Hugo zu den am längsten amtierenden Bischöfen überhaupt gehört, doch hatte er in dieser Zeit mit zahlreichen Schwierigkeiten zu kämpfen. Dazu gehörten unter anderem Besitzstreitigkeiten mit den Herren von Albon und die Frage der Eigenständigkeit seines Bistums Grenoble.

Der Legende nach durch einen Traum veranlasst, hatte Hugo maßgeblichen Anteil an der Gründung des Kartäuserordens. Auch wenn er ihm nie selbst angehörte, war er es, der Bruno (▶ Seite 191) das Land schenkte, auf dem dieser die Große Kartause – die Keimzelle des Kartäuserordens – errichtete. Und auch in der Folgezeit unterstützte Hugo den Orden stets großzügig.

Bemerkenswert ist, dass Hugo bereits zwei Jahre nach seinem Tod von Papst Innozenz II. heiliggesprochen wurde. Seine Reliquien, die lange Zeit in der Kathedrale von Grenoble verehrt wurden, existieren heute nicht mehr. Sie wurden im 16. Jahrhundert von den Hugenotten öffentlich verbrannt.

Franz von Paola

Status Ordensgründer
Geboren um 1436
Gestorben 2. April 1507
Patronat Patron der Einsiedler und der italienischen Seeleute; Helfer gegen eheliche Unfruchtbarkeit und die Pest

Der Überlieferung zufolge befürchteten die Eltern von Franz, sie könnten keine Kinder bekommen. Da beteten sie zu Franziskus von Assisi und als sich kurz darauf die Schwangerschaft einstellte, versprachen sie, das Kind nach dem Heiligen zu benennen. Und auch als Franz als Baby erkrankte und zu erblinden drohte, baten die Eltern den heiligen Franziskus um Fürsprache und gelobten für den Fall der Heilung, dass Franz ein Jahr in einem Franziskanerkloster verbringen würde. So kam es, dass dieser sich mit

Die Mantelfahrt des heiligen Franz von Paola, dargestellt auf einem Gemälde von Luca Giordano

13 Jahren als Oblate dem Franziskanerkloster in San Marco Argentano anschloss.

Schon damals fiel Franz durch seine Frömmigkeit, seine asketische Neigung und kleine Wundertaten auf. Mit 15 verließ er das Kloster und zog sich in die Einsamkeit Kalabriens zurück, um ein Leben als Einsiedler zu führen. Angezogen von seiner Frömmigkeit und Ausstrahlung sammelte sich eine Gruppe Männer um ihn, die ebenso wie er leben wollten.

1454 errichtete die Gemeinschaft ihr erstes Kloster samt zugehöriger Kirche, was als der Beginn des Ordens der mindesten Brüder, auch Paulaner genannt, angesehen wird. Bald schon folgten weitere Gründungen, sodass sich die Bewegung rasch in ganz Süditalien verbreitete. Die Regel, die Franz dem Orden zugrunde legte, war eine verschärfte Franziskanerregel. Neben Gehorsam, Armut und Keuschheit verlangte sie von den Mönchen strenges Fasten sowie den Verzicht auf Fleisch und andere tierische Nahrungsmittel. Ebenso waren strenge Kasteiungen vorgesehen. Die Bestätigung der Ordensregel erfolgte 1474 durch Papst Sixtus IV. Die endgültige Bestätigung des Ordens erfolgte 1503 durch Papst Alexander VI., der ihm die Bezeichnung „Minimi" gab, und noch einmal 1560 durch Papst Pius IV.

In der Zeit, in der Franz als Ratgeber von König Ludwig XI. in Frankreich lebte, ermöglichte dieser ihm den Bau von zwei weiteren Klöstern in Plessis-lès-Tours und Amboise, von wo aus sich der Orden auch in Deutschland und Spanien verbreitete. Die größte Ausdehnung erlebten die Paulaner mit 450 Klöstern im 16. Jahrhundert.

Franz von Paola starb am 2. April 1507 (einem Karfreitag) in Plessis-lès-Tours. Ihm werden zahlreiche Heilungen, Totenerweckungen, Prophezeiungen und andere Wunder zugeschrieben. So heißt es beispielsweise, dass sich einst ein Fährmann weigerte, ihn über die Straße von Messina nach Sizilien zu bringen. Da breitete Franz seinen Mantel auf dem Wasser aus, stellte sich darauf und durchquerte so die Meerenge. Seine Heiligsprechung erfolgte am 1. Mai 1519 durch Papst Leo X.

Richard von Chichester 3. April

Status Bischof
Geboren um 1198
Gestorben 3. April 1253
Patronat Patron der Fuhrleute

Richard wurde um das Jahr 1198 als Sohn eines englischen Gutsbesitzers geboren. Er studierte Rechtswissenschaften und Kirchenrecht in Oxford, Paris, Bologna und Orléans. Um das Jahr 1235 wurde er zunächst Kanzler der Universität Oxford, dann berief ihn sein früherer Lehrer, Erzbischof Edmund von Canterbury, zu seinem Kanzler. In dieser Funktion unterstützte Richard den Erzbischof gegen König

Richard von Chichester – hier seine Statue am Dom von Chichester – gehörte zu den eifrigsten Kreuzzugspredigern Englands.

Heinrich III. und folgte ihm auch ins Exil nach Frankreich, wo er nach Edmunds Tod Theologie studierte und zum Priester geweiht wurde.

1244 wurde Franz zum Bischof von Chichester gewählt, doch König Heinrich III. wollte ihn nicht anerkennen und hinderte ihn daran, sein Amt anzutreten. Erst die Bestätigung durch Papst Innozenz IV. und die Androhung der Exkommunikation veranlassten Heinrich zum Einlenken. In den folgenden Jahren seiner Amtszeit wirkte Richard als unermüdlicher Prediger und kümmerte sich fürsorglich um die Bedürftigen seiner Diözese. Auch die Moral und Zucht der Kleriker waren ihm wichtig. Zudem warb er in seinen letzten Lebensjahren leidenschaftlich – und erfolgreich – für den Kreuzzug.

Richard von Chichester starb am 3. April 1253 und wurde in der Kathedrale von Chichester beigesetzt. Sein Grab war – bis zu dessen Zerstörung im Jahr 1538 – ein beliebter Wallfahrtsort.

4. April   Isidor von Sevilla

Status Erzbischof, Kirchenlehrer
Geboren um 560
Gestorben 4. April 636
Attribute Buch und/oder Feder
Patronat Patron des Internets (vorgeschlagen)

Isidor wurde um das Jahr 560 als jüngstes von vier Kindern einer vornehmen spanischen Familie in Cartagena geboren. Nach dem frühen Tod der Eltern übernahm sein Bruder Leander (▶ Seite 55 f.) seine Erziehung und weihte ihn auch zum Priester. In der Folge entwickelte Isidor sich zum leidenschaftlichen Prediger. Als sein Bruder Leander im Jahr 600 starb, wurde er – gegen seinen Willen – zu dessen Nachfolger als Erzbischof von Sevilla gewählt. Während seiner Amtszeit lag ihm besonders die wissenschaftliche und asketische Ausbildung am Herzen. Entsprechend richtete er zahlreiche Schulen und Bibliotheken ein. Zudem bemühte er sich um die Einheit und Bewahrung der Kirche in Spanien und berief mehrere Synoden und Konzile ein, die er auch leitete. Zwei von ihnen, die Synoden von Sevilla 619 und von Toledo 633, gingen in die Kirchengeschichte ein.

Auch sein schriftstellerisches Werk ist als außergewöhnlich zu bezeichnen, weshalb er häufig als der letzte abendländische Kirchenvater und manchmal sogar als Lehrmeister Spaniens bezeichnet wird. Dabei befasste er sich mit einer Vielzahl sehr unterschiedlicher Wissensgebiete und hinterließ eine große Anzahl von Büchern. Sein theologisches Hauptwerk „Sententiarum Libri Tres" gilt als erstes Handbuch christlicher Lehre und Ethik in der römischen Kirche. Sein bekanntestes Werk dürfte aber die 20 Bände umfassende „Etymologiae" sein, in dem Isidor versucht hat, das gesamte weltliche und religiöse Wissen der Spätantike zu vereinen.

Isidor von Sevilla starb am 4. April 636 und wurde in der Kathedrale von Sevilla beigesetzt. Im Jahr 1063 wurden seine Gebeine in die Isidorkirche im nordspanischen Leon überführt. Er genießt in Spanien nach wie vor höchste Verehrung und ist Nationalheiliger des Landes.

Isidor von Sevilla gilt als eine der herausragendsten Kirchengestalten des christlichen Spanien der Frühzeit.

Creszentia Höß

Status Oberin, Mystikerin
Geboren 20. Oktober 1682
Gestorben 5. April 1744
Attribute Gebetbuch, Kreuz, Sieb, Taube

Anna, so ihr Taufname, wurde 1682 in Kaufbeuren im Allgäu geboren. Da ihre Familie arm war und die notwendige Mitgift nicht aufbringen konnte, wurde ihr die ersehnte Aufnahme in das örtliche Kloster der Franziskanerinnen zunächst verwehrt. Dank der Fürsprache und Vermittlung des Bürgermeisters der Stadt wurde sie aber schließlich doch aufgenommen. Allerdings war die Oberin nach wie vor der Meinung, dass Creszentia nichts im Kloster zu suchen hatte, und tat – genau wie einige ihrer Mitschwestern – alles, um sie zum Austritt zu bewegen. So entwickelten sich Creszentias erste Jahre im Kloster zu einem Martyrium, das sie jedoch geduldig und klaglos ertrug – genau wie die Zahn- und Kopfschmerzen, unter denen sie zeitlebens litt.

Als das unwürdige Verhalten der Oberin bekannt wurde, verlor sie ihr Amt, während Creszentia zur Novizenmeisterin und im Jahr 1741 sogar zur Oberin des Klosters ernannt wurde. Wie beliebt sie war und wie sehr ihr Rat geschätzt wurde, zeigte sich bei ihrer Beisetzung, zu der

Creszentia Höß wurde auch als Ratgeberin sehr geschätzt. Sie stand in Briefkontakt mit zahlreichen bedeutenden Persönlichkeiten ihrer Zeit.

sich eine große Menschenmenge aus nah und fern einfand. Und auch danach pilgerten bis zu 70 000 Menschen pro Jahr nach Kaufbeuren, um an ihrem Grab zu beten, was die Stadt lange Zeit zu einem religiösen Zentrum Schwabens machte. Ihre Heiligsprechung erfolgte im Jahr 2001 durch Papst Johannes Paul II. Und auch heute noch wird Creszentia, die als starke, lebenskluge und fröhliche Frau beschrieben wird, verehrt.

Michael Rua

Status Ordensoberer
Geboren 9. Juni 1837
Gestorben 6. April 1910

Der in Turin geborene Michael trat im Alter von zehn Jahren in das Oratorium von Don Bosco in Turin ein. Wenige Jahre später besuchte er dort das Kolleg und studierte ab 1860 Philosophie und Theologie. Bereits mit 18 Jahren war er ein wichtiger Mitarbeiter Don Boscos, der ihn nach Kräften bei seinem Engagement für die Jugendlichen unterstützte. Im Jahr 1859 trat Michael in den Orden der Salesianer Don Bosco ein und empfing ein Jahr später die Priesterweihe.

Ab 1863 war er mit verschiedenen wichtigen Ordensämtern betraut. So war er beispielsweise Präfekt der Kongregation und von 1869 bis 1875 für die geistliche Ausbildung des Ordensnachwuchses verantwortlich, ehe er nach dem Tod von Don Bosco 1888 Generaloberer der Gemeinschaft wurde. Unter seiner Leitung stieg die Zahl der Salesianer von unter 800 auf über 4000, die Zahl der Niederlassungen wuchs von 65 auf weit über 300, unter anderem in Afrika sowie wie im Nahen und Fernen Osten. Michael Rua starb am 6. April 1910 in Turin und wurde dort in der Basilika S. Maria Ausiliatrice beigesetzt. Seine Seligsprechung erfolgte im Jahr 1972.

Jean Baptiste de La Salle

Status Priester, Erzieher, Ordensgründer
Geboren 30. April 1651
Gestorben 7. April 1719
Patronat Patron des christlichen Unterrichts,
der Lehrer und Erzieher

Jean Baptiste de La Salle stammte aus einer in Reims beheimateten Adelsfamilie und sollte eigentlich wie der Vater Jurist werden. Doch Jean Baptiste entschied sich für eine geistliche Laufbahn und wurde bereits mit 16 Jahren Domherr in seiner Heimatstadt. Ab 1670 studierte er Theologie in Paris und erhielt 1678 die Priesterweihe. Zwei Jahre später erwarb er den Doktortitel in Theologie.

Nach seiner Priesterweihe wirkte er wieder als Domherr in Reims, wo er 1679 eine kostenlose Schule für Knaben gründete. 1683 gab er sein Amt als Domherr auf, verteilte sein Erbe an Bedürftige und gründete die Kongregation der Brüder der christlichen Schule (Schulbrüder), die sich rasch verbreitete. So entstanden zahlreiche weitere Freischulen, aber auch Sonntagsschulen für Arbeiter, Erziehungsanstalten für verwahrloste Jugendliche, Realschulen und Lehrerseminare. Zudem führte Jean Baptiste neue Lehrmethoden ein. So setzte er beispielsweise durch, dass die Kinder nicht mehr einzeln, sondern in Klassen unterrichtet

Jean Baptiste de La Salle war auch ein begnadeter Pädagoge, der das gesamte französische Unterrichtswesen veränderte.

werden, und führte statt Latein die Muttersprache Französisch als Unterrichtssprache ein.

Jean Baptiste de La Salle starb im Alter von 67 Jahren in Rouen. Die von ihm gegründeten Schulbrüder zählen heute zu den größten Orden überhaupt.

(Maria Rosa) Julia Billiart

Status Ordensgründerin
Geboren 12. Juli 1751
Gestorben 8. April 1816

Schon als Jugendliche unterstützte Julia den Pfarrer ihres Heimatorts Cuvilly, indem sie den Kindern Geschichten aus der Bibel erzählte und sie im Katechismus unterrichtete. Ein Anschlag auf ihren Vater, den sie mitansehen musste, führte jedoch dazu, dass sie gelähmt wurde und somit ans Bett gefesselt war.

Die Ordensgründerin Julia Billiart war eine Wegbereiterin auf dem Gebiet der Erziehung junger Mädchen im 19. Jahrhundert.

Während der französischen Revolution beschuldigte man sie, sie habe verfolgten Priestern Unterschlupf gewährt, und wollte sie deshalb auf dem Scheiterhaufen verbrennen. Buchstäblich im letzten Moment gelang ihr mithilfe von Freunden die Flucht, die sie in einem Strohballen versteckt aus dem Dorf schmuggelten. Zuflucht fand Julia schließlich in Amiens, wo sie mit Gefährtinnen 1803 die Kongregation der Schwestern Unserer Lieben Frau gründete, die sich die Erziehung und den Unterricht von Mädchen zur Aufgabe machte. Kurz darauf

gesundete Julia auf wundersame Weise, sodass sie sich noch intensiver der schnell wachsenden Gemeinschaft widmen konnte.

Doch ihre Ideen stießen nicht nur auf Zustimmung und so wurden die Schwestern Unserer Lieben Frau 1809 aus Frankreich vertrieben, woraufhin sie im belgischen Namur ein neues Mutterhaus gründeten. Kurz bevor Julia am 8. April 1816 starb, durfte sie aber noch die Wiederzulassung des Ordens in Frankreich miterleben. Sie wurde in Namur beigesetzt und 1969 durch Papst Paul VI. heiliggesprochen.

Dietrich Bonhoeffer

Status Theologe, Märtyrer
Geboren 4. Februar 1906
Gestorben 9. April 1945

Dietrich Bonhoeffer wurde als sechstes von acht Kindern einer deutschen Arztfamilie in Breslau geboren. 1923 begann er mit dem Studium der Theologie, das er 1927 mit seiner Promotion abschloss. Das zweite theologische Examen und die Habilitation folgten drei Jahre später.

Von August 1931 bis Sommer 1933 war er als Privatdozent für evangelische Theologie an der Berliner Universität tätig. Danach widmete er sich ganz der Seelsorge, zunächst in seiner Berliner Gemeinde, dann in der deutschen Gemeinde in London. 1935 kam er auf Bitten der Bekennenden Kirche zurück, um deren Predigerseminar in Finkenwalde zu leiten. Und während all dieser Zeit bezog er öffentlich Stellung gegen die Nationalsozialisten. Er wandte sich nachdrücklich gegen die Judenverfolgung, den Arierparagraphen und die Gleichschaltung der Deutschen Evangelischen Kirche.

Ab 1938 arbeitete Bonhoeffer mit dem Widerstandskreis um Wilhelm Franz Canaris zusammen, 1940 erhielt er erst Rede-, 1941 dann auch Schreibverbot. 1943 wurde er schließlich verhaftet und ins Wehrmachtsgefängnis Berlin-Tegel gebracht (seine Aufzeichnungen und Briefe aus dieser Zeit wurden später unter dem Titel „Widerstand und Ergebung" veröffentlicht). Nachdem seine Kontakte zum

Widerstand 1944 entdeckt wurden, verlegte man ihn in das Hochsicherheitsgefängnis der Gestapo, von da aus ins KZ Buchenwald und schließlich ins KZ Flossenbürg. Hier wurde er am 9. April 1945 auf persönlichen Befehl Hitlers hingerichtet.

Den Widerstand gegen die Nationalsozialisten bezahlte Bonhoeffer – hier eine Aufnahme aus dem Jahr 1939 – mit dem Leben.

Magdalena von Canossa

Status Ordensgründerin
Geboren 1. März 1774
Gestorben 10. April 1835

Die in Verona geborene Magdalena war die Tochter von Markgraf Ottavio von Canossa und der Gräfin Teresa Szluha. Sie verlor früh ihre Eltern (der Vater starb 1779 bei einem Unfall, die Mutter verließ die Familie 1781 nach ihrer erneuten Heirat). Nach einer kurzen Zeit in zwei Karmeliterklöstern fand sie im Jahr 1800 ihre Bestimmung: Sie begann, sich um die verwahrlosten Kinder ihrer Heimatstadt zu kümmern, gab ihnen Unterkunft, Essen und kümmerte sich um ihre Ausbildung.

1808 erwarb sie im Stadtteil San Zeno ein Haus, aus dem sie ein Kinderhaus machte. Dort fanden Waisen ein Zuhause und wurden gemeinsam mit anderen Kindern unterrichtet. Dieses Haus war auch der Ursprung der Kongregation der Töchter der Liebe – auch Canossianerinnen genannt –, die Magdalena noch im selben Jahr gründete und die von Papst Leo XII. 1828 bestätigt wurde.

Weitere Einrichtungen folgten, wobei Magdalena von Kaiser Franz I. von Österreich unterstützt wurde, der ihr einige alte Klöster zur Verfügung stellte. Heute ist der Orden weltweit vertreten, unter anderem in China, England, Indien, Indonesien, Afrika und Südamerika.

Stanislaus von Krakau

Status Bischof, Märtyrer
Geboren um 1030
Gestorben 11. April 1079
Attribute Schwert, auferweckter Toter
Patronat Patron von Polen und des Erzbistums Krakau

Stanislaus entstammte dem polnischen Ritteradel und wurde um 1030 in der Nähe von Krakau geboren. Seine Ausbildung erhielt er in Gniezo und Paris. Nach seiner Rückkehr wurde er zum Priester geweiht und 1063 Kanonikus in Krakau. Im Jahr 1072 wurde er schließlich zum Bischof von Krakau ernannt.

Nachdem Herzog Boleslaw 1076 zum König von Polen gekrönt wurde, kam es zwischen ihm und Stanislaus zu einer Reihe von Auseinandersetzungen, in denen es unter anderem um den Einfluss der Krakauer Kirche ging, den Boleslaw zu beschneiden versuchte. Bei einer dieser Streitigkeiten, die den Kauf eines Grundstücks zum Gegenstand hatte, soll Stanislaus den ehemaligen Grundbesitzer von den Toten auferweckt haben, damit dieser vor Gericht aussagen konnte. Auch hat Stanislaus den König mehrfach wegen dessen Grausamkeit und ehelicher Untreue ermahnt und ihn schließlich exkommuniziert. Das führte dazu, dass

Stanislaus erweckt einen ehemaligen Grundbesitzer von den Toten, damit dieser als Zeuge aussagen kann.

Boleslaw nun Stanislaus wegen Verrats anklagte und ihn zum Tode verurteilte. Es heißt, er habe das Urteil eigenhändig ausgeführt und Stanislaus während der Messe am Altar mit dem Schwert erschlagen, da seine Ritter die Vollstreckung verweigerten. Diese Untat brachte jedoch das Volk gegen Boleslaw auf, sodass dieser fliehen musste und in seinem Exil in Ungarn später auch starb.

Die Verehrung für Stanislaus hingegen, der als unermüdlicher und selbstloser Seelsorger galt und den zahlreiche Legenden umgeben, setzte innerhalb kürzester Zeit ein. Und noch heute zählt er zu den meistverehrten Heiligen in Polen. Seine Heiligsprechung erfolgte 1253 durch Papst Innozenz IV.

Julius I.

Status Papst
Geboren im 3. Jahrhundert
Gestorben 12. April 352
Patronat Patron der Latrinenreiniger

Julius I. galt als gütiger, aber auch mutiger Papst.

Julius I. wurde im Jahr 337 zum Bischof von Rom gewählt. Seine Amtszeit, die bis zu seinem Tod 352 dauerte, war vor allem durch den Kampf gegen den Arianismus (▶ Seite 16) geprägt, der die zu diesem Zeitpunkt noch junge Kirche zu zerreißen drohte. Dabei unterstützte er den von Häretikern verfolgten Athanasius (▶ Seite 90) und gewährte ihm Asyl. Zudem setzte er sich nachdrücklich für die Stärkung der Macht Roms ein. Julius I. gilt darüber hinaus als Erbauer der Kirche Zu den zwölf Aposteln in Rom.

Hermenegild (Ermengild)

Status Königssohn, Märtyrer
Geboren im 6. Jahrhundert
Gestorben 13. April 585
Attribute Beil

Hermenegild war der Sohn des Westgotenkönigs und Arianers (▶ Seite 16) Leovigild. Als er 579 mit der katholischen Ingundis, der Tochter Sigberts I. von Austrasien, verheiratet wurde, verlangte seine Stiefmutter Goesintha, Ingundis solle ebenfalls zum Arianismus übertreten. Doch diese hielt unbeirrt an ihrem Glauben fest.

Um den Konflikt zwischen ihr und ihrer Schwiegermutter zu entschärfen, sandte Leovigild Hermenegild nach Sevilla, wo er als Mitkönig über den südlichen Teil des Westgotenreiches herrschen sollte. Dort fand Ingundis Unterstützung bei Bischof Leander von Sevilla und beiden gelang es schließlich, Hermenegild zum katholischen Glauben zu bekehren. In aller Öffentlichkeit schwor er dem Arianismus ab. Und da auch Drohungen seines Vaters, ihm Titel, Land und sogar die Frau zu nehmen, nichts an seiner Entscheidung änderten, ließ ihn der verärgerte Leovigild 584 in Sevilla gefangen nehmen. Als selbst die Kerkerhaft Hermenegild nicht von seinem neuen Glauben abbringen konnte, ließ Leovigild seinen Sohn schließlich ein Jahr später enthaupten. Hermenegilds Grab befindet sich in Sevilla.

Die Gravur zeigt die Enthauptung des heiligen Hermenegild – typisch dabei dessen fürstliche Kleidung.

Petrus Gonzáles (Elmo)

Status Mönch
Geboren vor 1190
Gestorben 14. April 1246
Attribute Schiff, Anker, Fackel, Buch
Patronat Patron der spanischen und
portugiesischen Seefahrer

Der in Astorga geborene Petrus stammte aus einer spanischen Adelsfamilie und führte in seiner Jugend ein – wie damals in Adelskreisen üblich – prunkvolles und ausschweifendes Leben, das er in vollen Zügen genoss. Und auch als er dank seiner Beziehungen zum Dekan der Kathedrale von Astorga ernannt wurde, ritt er auf einem prächtig geschmückten Pferd durch die Straßen seiner Heimatstadt, um den Beifall des Volkes entgegenzunehmen. Doch plötzlich

scheute das Pferd und warf Petrus ab, sodass dieser in den Dreck fiel. Statt Beifall erntete Petrus nun Spott und Häme.

Beschämt begann Petrus daraufhin sein Leben zu überdenken. Er zog sich für einige Monate in die Einsamkeit zurück und trat schließlich dem Dominikanerorden bei, wo er als Priester wirkte und Beichtvater des Königs Ferdinand III. von Kastilien wurde. Nach mehreren Jahren an dessen Hof verbrachte er den Rest seines Lebens damit, der armen Landbevölkerung das Wort Gottes zu verkünden, die sonst kaum eine Kirche aufsuchen konnte. Besonders kümmerte er sich dabei um die Seeleute, predigte auf ihren Schiffen und nahm ihnen dort auch die Beichte ab. Am 14. April um das Jahr 1246 starb Petrus auf einer seiner Missionsreisen und wurde in Tuy, seinem Sterbeort, beigesetzt.

Cäsar von Bus

Status Priester, Gründer
Geboren 3. Februar 1544
Gestorben 15. April 1607

Cäsar wurde 1544 bei Avignon geboren und führte zunächst ein weltliches Leben, ehe er eine überraschende Bekehrung erlebte und in ein nahe gelegenes Kloster ging. Dort widmete er sich aufopferungsvoll der Pflege von Kranken. 1582 empfing er die Priesterweihe und wurde

bald darauf zum Kanoniker an der Hauptkirche in Avignon ernannt.

Im Jahr 1592 gründete Cäsar die Kongregation der Priester der christlichen Lehre, auch bekannt als Doktrinarier, die 1597 bestätigt wurde. Bis zu seinem Tod im Jahr 1607 widmete er sich dann ausschließlich der Ordensarbeit.

Seine Seligsprechung erfolgte 1975 durch Papst Paul VI.

Bernadette Soubirous (Marie Bernard)

Status Seherin, Nonne
Geboren 17. Februar 1844
Gestorben 16. April 1879

Die 1844 in Lourdes geborene Bernadette war das älteste von sechs Kindern eines verarmten Müllers. Sie wuchs zusammen mit ihren Geschwistern in größter Armut auf und blieb daher ohne Schulbildung. Auch ihr Asthmaleiden, das sie ein Leben lang plagte, ist vermutlich auf die ärmlichen Verhältnisse während ihrer Kindheit zurückzuführen.

Kurz vor ihrem 14. Geburtstag, am 11. Februar 1858, hatte Bernadette beim Holzsammeln im Wald eine schicksalhafte Erscheinung. In der wenige Meter von ihrem Elternhaus entfernten Grotte Massabielle sah sie in einer goldschimmernden Wolke eine weiß gekleidete weibliche Gestalt von großer Schönheit, die sich in einer der folgenden 17 Begegnungen als Gottesmutter Maria zu erkennen gab. In der zweiten Erscheinung, zwei Wochen später, forderte die „Dame", wie Bernadette sie ehrfurchtsvoll nannte, Bernadette auf, aus der Quelle zu trinken und sich darin zu waschen. Da diese aber keine Quelle sah, kratzte Bernadette etwas Erde in der Grotte weg und plötzlich entsprang aus dieser Stelle Wasser, das, so wurde Bernadette offenbart, wundersame Heilkräfte besitze – was sich schon bald durch das erste von bisher 66 von der katholischen Kirche anerkannten Heilungswunder bestätigen sollte. Und bis heute zieht der inzwischen berühmteste Marienwallfahrtsort der Welt jedes Jahr Hunderttausende Pilger an, die auf die Wunderkräfte der Quelle hoffen. Bislang wurden über 7000 medizinisch auffällige Heilungen dokumentiert, von denen die Medizin 2000 als unerklärlich einstuft.

Doch für Bernadette brachten die Visionen auch viel Leid mit sich, da man zunächst an ihrer Glaubwürdigkeit zweifelte. Sie wurde als hysterisch und verrückt bezeichnet sowie als Angeberin. Sie musste zahllose quälende Befragungen über sich ergehen lassen und sah sich mehreren Verleumdungskampagnen gegenüber, in die sich sogar die Presse und der berühmte Schriftsteller Emile Zola eingeschaltet hatten.

Dieses Porträt von Bernadette Soubirous aus dem 19. Jahrhundert hängt im Museum von Lourdes.

Um der Neugier und den Belästigungen zu entgehen, schloss sich Bernadette 1866 den Barmherzigen Schwestern in Nevers an und nahm den Namen Marie Bernard an. Im Alter von 35 Jahren starb sie hier völlig entkräftet an Knochentuberkulose. Ihr bis heute unverwester Leichnam ruht in der Kirche des Klosters Saint-Gilard in einem Glasschrein, der ebenfalls zahlreiche Pilger aus aller Welt anzieht.

Katharina Tekakwitha

17. April

Status Büßerin
Geboren 1656
Gestorben 17. April 1680

Katharina Tekakwitha wurde als erste Indianerin seliggesprochen.

Katharina (eigentlich Kateri) wurde 1656 als Tochter einer Indianerfamilie in Ossernenon im Bundesstaat New York geboren. Ihre Eltern verstarben bereits früh, sodass sie von Verwandten großgezogen wurde. Da sie sich bereits als junges Mädchen entschlossen hatte, ein Leben für Gott zu führen, lehnte sie mehrfach eine Heirat ab und gelobte ewige Jungfräulichkeit.

Im Alter von 20 Jahren ließ sich Katharina von einem Jesuitenpater taufen und schloss sich kurz darauf einer Missionsstation der Jesuiten bei Montreal an. Dort verbrachte sie ihr restliches Leben in Buße und Gebet. Nach ihrem Tod wird von zahlreichen Wundern und Heilungen berichtet, auch Gebetserhörungen sind bezeugt. Ihre Gebeine, die im Mohawak-Reservat in Caughnawaga aufbewahrt werden, sind nach wie vor Ziel zahlreicher Pilger, die Katharina als „Lilie der Mohawks" verehren. Sie wurde 1980 durch Papst Johannes Paul II. als erste Indianerin seliggesprochen.

Maria von der Menschwerdung (Barbe Acarie)

Status Nonne
Geboren 1. Februar 1566
Gestorben 18. April 1618

Barbe Avrillot, so ihr Geburtsname, war die Tochter einer wohlhabenden Pariser Familie. Ihre Ausbildung erhielt sie im Kloster, wo sich bereits ihre Frömmigkeit und ihr Wunsch zeigten, einem religiösen Orden beizutreten. Doch im Alter von 16 Jahren wurde sie mit dem Adeligen Pierre Acarie verheiratet, mit dem sie 32 Jahre eine glückliche Ehe führte und ihm sechs Kinder gebar. Sie galt als Vorbild einer christlich lebenden Mutter und Ehefrau, engagierte sich für die Umsetzung religiöser Reformen und unterstützte Ordensneugründungen, insbesondere die Einführung der Unbeschuhten Karmelitinnen in Frankreich. Zudem werden ihr zahlreiche mystische Erlebnisse, vor allem im Gebet, nachgesagt.

Als ihr Mann 1614 starb, trat sie selbst in den Karmel von Pontoise ein und nahm den

Barbe Acarie führte die Unbeschuhten Karmelitinnen in Frankreich ein und trat später auch selbst dem Orden bei.

Ordensnamen Maria von der Menschwerdung an. Sie starb am 18. April 1618, ihre Seligsprechung erfolgte im Jahr 1791.

Leo IX.

Leo IX. ging als bedeutendster deutscher Papst des Mittelalters in die Geschichte ein.

Status Papst
Geboren 21. Juni 1002
Gestorben 19. April 1054
Attribute Kirchenmodell, Aussätzige
Patronat Patron der Musiker und Organisten

Bruno, so sein Taufname, war der Sohn des elsässischen Grafen Hugo von Egisheim und der Gräfin Hedwig von Dagsburg und kam 1002 in Egisheim, dem heutigen Eguisheim, zur Welt. Seine Erziehung erhielt er unter der Obhut von Bischof Berthold in Toul, wo er auch zum Priester geweiht und Kanoniker am dortigen Dom wurde. Danach wurde er in die Kanzlei Kaiser Konrads II., einem Verwandten von Bruno, berufen und 1026 als gerade einmal 24-Jähriger zum Bischof von Toul ernannt.

Als Papst Damasus II. im Jahr 1048 nach nur kurzer Amtszeit starb, wurde Bruno dank kirchlicher und kaiserlicher Unterstützung zum Papst geweiht und nahm dem Namen Leo IX. an.

Während seiner Amtszeit trat er vor allem als Reformer im Sinne der Regel von Cluny auf. Er bekämpfte entschlossen Simonie, Priesterehe und Laieninvestitur. Auch begründete er das Kardinalskollegium in seiner bis heute praktizierten Form und es gelang ihm, den Einfluss des römischen Klerus und damit des reformfeindlich eingestellten römischen Adels zu mindern. Die Neuorganisation der päpstlichen Verwaltung geht ebenfalls auf ihn zurück. Darüber hinaus hielt er eine Vielzahl von Synoden und Versammlungen ab.

Ein „Markenzeichen" Leos Pontifikats waren zahlreiche Visitationsreisen durch ganz Europa, mit denen er den Einfluss Roms auf entferntere Gemeinden stärken und dem Volk nahe sein wollte (der Überlieferung zufolge ließ er auf einer dieser Reisen einen Aussätzigen in sein eigenes Bett legen). Zudem weihte er während dieser Reisen zahlreiche Kirchen – unter anderem in Augsburg und Regensburg – und begründete neue Klöster beziehungsweise ließ sie wieder errichten.

Im Jahr 1053 zog er mit einem Heer gegen die normannischen Invasoren in Süditalien. Allerdings wurden seine Truppen vernichtend geschlagen und er gefangen genommen. Kurz nach seiner Freilassung 1054 starb Leo in Rom – in demselben Jahr, in dem die dogmatischen Streitigkeiten zwischen Ost- und Westkirche eskalierten und es zum Morgenländischen Schisma kam.

Hildegund von Schönau

Status Mönch
Geboren um 1170
Gestorben 20. April 1188

Im Alter von 12 Jahren begab sich die um 1170 bei Köln geborene Hildegund gemeinsam mit ihrem Vater auf Wallfahrt ins Heilige Land. Als ihr Vater auf der Hinreise schwer erkrankte und seinen Tod nahen fühlte, riet er ihr, sich bis zu ihrer Rückkehr in die Heimat als Mann auszugeben und entsprechende Kleidung zu tragen, damit ihr nichts passiere. Dem letzten Wunsch ihres Vaters gemäß nannte sie sich fortan Josef (nach dem Patron der Familie und Kinder) und gelangte sowohl sicher nach Jerusalem als auch Jahre später wieder zurück. In der Heimat trat sie 1187 als Bruder Josef in das Zisterzienserkloster Schönau ein. Ihr wahres Geschlecht entdeckte man erst nach ihrem Tod ein Jahr später.

Anselm von Canterbury

Status Erzbischof, Kirchenlehrer
Geboren um 1033
Gestorben 21. April 1109
Attribute Buch, Feder und/oder Schiff

Anselm wurde um das Jahr 1033 im italienischen Aosta als Sohn einer Adelsfamilie geboren. Da es nach dem Tod seiner Mutter vermehrt zu Spannungen mit dem Vater kam, zog er im Alter von 23 Jahren zu Verwandten nach Burgund. Angezogen durch den Ruf des Theologen Lanfranc trat Anselm 1060 in das Benediktinerkloster Le Bec in der Normandie ein, an dem Lanfranc lehrte. Bereits drei Jahre später wurde er dessen Nachfolger als Prior und 1078 als Abt.

Seine letzte Ruhe fand der große Scholastiker und Pädagoge Anselm von Canterbury in der Kathedrale von Canterbury.

Als Lanfranc, inzwischen Erzbischof von Canterbury, im Jahr 1089 starb, sollte er erneut dessen Nachfolge antreten, wurde aber aufgrund des Widerstands des englischen Königs Wilhelm II. erst 1093 zum neuen Erzbischof berufen. Und auch in den folgenden Jahren seiner Amtszeit blieb das Verhältnis zum König angespannt, da er sich nachdrücklich für die Unabhängigkeit der katholischen Kirche vom Königtum einsetzte. 1097 waren die Fronten schließlich so verhärtet, dass Anselm gezwungen war, ins Exil zu gehen, aus dem er erst nach dem Tod Wilhelms im Jahr 1100 wieder zurückkehren konnte. Doch auch mit dessen Nachfolger, Heinrich I., kam es schnell zu neuerlichen Kontroversen, die wiederum in einer Verbannung gipfelten. Als Anselm Heinrich mit Exkommunikation drohte, schlossen beide Seiten einen Kompromiss, woraufhin Anselm 1107 nach England zurückkehrte, wo er am 21. April 1109 starb. Seine Heiligsprechung erfolgte im Jahr 1494, im Jahr 1720 wurde er von Papst Clemens XI. zum Kirchenlehrer erhoben.

Anselm von Canterbury gilt neben Augustinus und Thomas von Aquin als einer der bedeutendsten Kirchenschriftsteller und ein großer Pädagoge. Zu seinen berühmtesten Schriften gehören unter anderem das „Monologion", das „Proslogion" und „De Veritate". Er wird zudem vielfach als der Begründer der Scholastik angesehen.

Wolfhelm

Status Abt
Geboren um 1020
Gestorben 22. April 1091

Wolfhelm wurde um das Jahr 1020 als Sohn einer niederrheinischen Adelsfamilie in Köln geboren, wo er an der Domschule erzogen und ausgebildet wurde. Im Alter von 16 Jahren trat er in Trier als Benediktinermönch in das Kloster St. Maximin ein. Ab dem Jahr 1051 wirkte er als stellvertretender Abt im Kloster Gladbach (dem heutigen Mönchengladbach) und wurde 1065 schließlich Abt in Brauweiler. Dort starb er am 22. April 1091 und wurde in der Klosterkirche beigesetzt.

Wolfhelm werden nicht nur zahlreiche Wunder zugeschrieben, sondern er machte sich auch als Verfasser zahlreicher theologischer Schriften und Unterstützer von Kirchenneubauten einen Namen.

Georg

Status Märtyrer
Geboren im 3. Jahrhundert
Gestorben um 305
Attribute Lanze, Drache, Georgskreuz
Patronat Patron von England, Genua, Barcelona, des Bistums Limburg sowie von 13 Ritterorden; Patron der Bauern, Bergleute, Schmiede, Böttcher, Sattler, Artisten, Wanderer, Pfadfinder, Soldaten und Gefangenen; Patron der Spitäler und Siechenhäuser sowie der Pferde und des Viehs; Patron gegen Kriegsgefahren, Versuchungen, Fieber und Pest sowie für gutes Wetter; einer der Nothelfer

Um diesen überaus beliebten Heiligen ranken sich zahllose Legenden und kaum eine Heiligendarstellung ist so bekannt wie seine – hoch zu Ross, einen Drachen bekämpfend. Nur sehr wenig ist hingegen über die historische Person und deren Wirken bekannt. Man geht davon aus, dass Georg im 3. Jahrhundert in der heutigen Türkei oder im heutigen Palästina geboren wurde, wo er auch gestorben sein soll.

Die ältere der beiden Hauptlegenden beschreibt Georg als Märtyrer, der während der Christenverfolgung unter Kaiser Diokletian und Maximinus für seinen Glauben einen schrecklichen Tod starb. Dabei, so heißt es, überlebte er dank der Stärkung durch Christus zahlreiche

Der heilige Georg – meist als Ritter mit Schwert oder Lanze im Kampf gegen den Drachen dargestellt – ist ein sehr beliebtes Motiv in der Kunst.

Foltermethoden und wurde schließlich von einem Pferd durch die Stadt geschleift und enthauptet. Hinzu kommen – je nach Überlieferung – weitere Elemente. So soll er vor seinem Glaubensbekenntnis all sein Hab und Gut an die Armen verschenkt haben und kurz vor seiner Enthauptung durch ein Gebet einen heidnischen Tempel samt Götzenbildern und Priestern zerstört haben.

Die sehr viel berühmtere Legende spielt in Nordafrika, wo eine Stadt von einem Drachen mit giftigem Atem tyrannisiert wurde. Die Bewohner musste ihm jeden Tag zwei Schafe opfern, und als es keine Tiere mehr gab, opferten sie ihm – bestimmt durch das Los – ihre Söhne und Töchter. Als die Reihe an der Königstochter war, erschien Georg und griff das Untier mit seiner Lanze an. Es gelang ihm, den Drachen kampfunfähig zu machen, und er brachte ihn zusammen mit der geretteten Prinzessin in die Stadt. Dort verkündete er, die Bestie zu töten,

sofern alle Bewohner sich taufen ließen – womit diese sich einverstanden erklärten.

Ursprünglich war Georg ein Heiliger der östlichen Christenheit, doch durch die Kreuzzüge verbreitete sich seine Geschichte auch schnell in Europa, da er genau dem damaligen ritterlichen Ideal entsprach. So war er der persönliche Schutzherr von Richard Löwenherz und wurde später, 1222, Patron von ganz England. Auch sein Zeichen, das Georgskreuz, spielt hier eine besondere Rolle. Seit dem 13. Jahrhundert ist das rote Kreuz auf weißem Grund die englische Nationalfahne (die auch Eingang in den Union Jack gefunden hat) und die Flagge der Royal Navy. Am Hochfest des heiligen Georg sowie an anderen bedeutenden kirchlichen Feiertagen wird sie bis heute auf englischen Kirchen gehisst. Zusammen mit einem roten Schwert bildet das Georgskreuz auch die Flagge der City of London.

Fidelis von Sigmaringen

Status Ordenspriester, Märtyrer
Geboren 1578
Gestorben 24. April 1622
Attribute Schwert und Streitkolben
Patronat Patron des Erzbistums Freiburg und des Bistums Feldkirch, von Hohenzollern sowie von Vorarlberg; Patron der Juristen, in Gerichtsangelegenheiten und für die Glaubensverbreitung

Die Reliquien des heiligen Fidelis von Sigmaringen befinden sich in Chur (Dom), in Feldkirch (Kapuzinerkirche) und in Stuttgart (Fideliskirche).

Markus Rey, so der Geburtsname, wurde als Sohn des Bürgermeisters 1578 in Sigmaringen geboren. Da er der begabteste unter den fünf Geschwistern war, durfte er nach seiner Schulzeit in Freiburg Philosophie und Rechtswissenschaften studieren, wo er bis 1611 in beiden Studiengängen einen Doktortitel erwarb. In dieser Zeit unternahm er zudem ausgedehnte Studienreisen und betätigte sich als Erzieher adeliger Söhne.

Nach seinem Studium trat Markus im Elsass eine Stelle als Gerichtsrat an. Hier erwarb er sich aufgrund seiner Hilfsbereitschaft und unentgeltlichen Rechtsunterstützung für Arme schnell den Beinamen „Advokat der Armen". Doch bereits ein Jahr später endete seine juristische Karriere wieder. Aus Enttäuschung über das Gerichtswesen trat er 1612 unter dem Namen Fidelis in den Kapuzinerorden ein und empfing die Priesterweihe. In der Folge wirkte er als hingebungsvoller Seelsorger und leidenschaftlicher Prediger im Elsass, in der Schweiz und in Vorarlberg.

Im Jahr 1622 wurde er ausgesandt, um die Anhänger der Lehre von Ullrich Zwingli (Zwinglianer) im Kanton Graubünden wieder zum Katholizismus zurückzuführen. Während seiner Palmsonntagspredigt in Seewis kam es jedoch zu Tumulten, bei denen Fidelis erschlagen wurde. Damit wurde er zum ersten Märtyrer des Kapuzinerordens.

Markus der Evangelist

Status Evangelist, Märtyrer
Geboren im 1. Jahrhundert
Gestorben um 67
Attribute Löwe
Patronat Patron von Venedig und der Insel Reichenau; Patron der Bauarbeiter, Maurer, Glaser, Glasmaler, Schreiner, Korbmacher, Schreiber und Notare; Patron gegen Unwetter, Blitz und Hagel, gegen den plötzlichen Tod sowie für eine gute Ernte

Über das Leben des Evangelisten Markus gibt es verschiedene Überlieferungen, wobei die katholische Kirche davon ausgeht, dass es sich bei dem Verfasser des Markusevangeliums um

jenen Johannes Markus handelt, dessen Mutter das Haus gehörte, in dem sich die frühen Christen trafen (Apostelgeschichte 12, 12) und wo das letzte Abendmahl stattfand.

Nach dem Tod Jesu begleitete Markus Paulus und Barnabas (seinen Cousin) auf ihrer ersten Missionsreise im Jahr 44 nach Kleinasien, trennte sich aber unterwegs von ihnen, um nach Jerusalem zurückzukehren. Als sich Paulus daraufhin weigerte, Markus mit auf weitere Reisen zu nehmen, zog dieser mit Barnabas nach Zypern, um dort das Wort Gottes zu verkünden. Später versöhnten sich Paulus und Markus wieder, als sie in Rom aufeinandertrafen, wo Markus auf der Grundlage von Petrus' Predigten sein Evangelium verfasste.

Danach ging Markus verschiedenen Berichten zufolge nach Ägypten und gründete in Alexandria die koptische Kirche, deren erster Bischof er wurde. Um das Jahr 67 überfielen ihn dort christenfeindliche Einwohner am Altar und brachten ihn um. Der Legende nach hinderte jedoch ein Unwetter die Mörder daran, seinen Leichnam zu verbrennen, sodass er von seinen Glaubensbrüdern bestattet und seine sterblichen Überreste 828 unter abenteuerlichen Umständen nach Venedig überführt werden konnten, als arabische Armeen Ägypten eroberten. Diese Überführung ist – neben dem Leben und dem Tod des Markus – auch auf den Mosaiken an der Fassade des neuen Markusdoms zu sehen. Ein Teil der venezianischen Reliquien wurde von Papst Paul VI. 1968 als Zeichen

Der Evangelist Markus auf einer russischen Ikonenmalerei aus dem 19. Jahrhundert

der Ökumene an Patriach Cyrill VI. von Alexandria zurückgegeben, die seitdem in der Markuskathedrale in Kairo aufbewahrt werden.

Peter vom heiligen Joseph Betancur

26. April

Status Ordensgründer
Geboren 21. März 1626
Gestorben 26. April 1667

Der 1626 als Sohn armer Bauern auf Teneriffa geborene Peter arbeitete in seiner Jugend als Ziegenhirte, bis er 1649 nach Guatemala auswanderte. Dort besuchte er das Jesuitenkolleg, um Priester zu werden, brach die Ausbildung aber vorzeitig ab, da er sich überfordert fühlte. Daraufhin schloss er sich 1655 dem Dritten Orden der Franziskaner an und kümmerte sich hingebungsvoll um Arme, Kranken, Gefangene und Sklaven.

Mit Spenden und der Unterstützung von Kirche und Verwaltung konnte er schließlich das Spital „Unsere Frau von Bethlehem" errichten, dem ein Heim für Obdachlose, eine Armenschule, eine Herberge für Priester und ein Oratorium folgten. Auch schlossen sich Peter immer mehr Männer und Frauen an, aus denen sich die Gemeinschaft der Bethlehemiten entwickelte, die 1672 die päpstliche Bestätigung erhielt, jedoch 1820 von den spanischen Cortez wieder aufgehoben wurde. Trotzdem erfreut sich der 1667 verstorbene Peter auch heute noch großer Verehrung und wurde 2002 von Papst Johannes Paul II. bei seinem Besuch in Guatemala heiliggesprochen.

Zita

27. April

Status Magd
Geboren 1218
Gestorben 27. April 1272
Attribute Schlüsselbund, drei Brotlaibe
Patronat Patronin der Dienstboten,
　　　　　Hausangestellten und Haushälterinnen

Im Alter von 12 Jahren kam die im italienischen Bozzano als Tochter einer armen Landarbeiterfamilie geborene Zita als Magd in das Haus der

reichen Wollhändlerfamilie Fatinelli nach Lucca. Dort wurde sie vom ersten Tag an von dem jähzornigen Familienoberhaupt und dessen herrschsüchtiger Frau sowie deren Kindern und den anderen Dienstboten gehänselt und unterdrückt. Trotzdem blieb sie stets freundlich und liebenswürdig, nie kam ein Wort der Klage über ihre Lippen. So gelang es ihr im Laufe der Zeit, die Familie für sich einzunehmen und das gesamte Haus zu verändern.

Auch den Bedürftigen gegenüber zeigte Zita stets Hilfsbereitschaft. So verteilte sie – ohne das Wissen ihrer Herrschaft – Essen an die Armen. Der Legende zufolge lieh sie eines Tages einem frierenden Bettler für die Dauer des Gottesdienstes den Pelzmantel ihrer Herrin. Als dieser den Mantel dann später zurückbrachte, soll er sich als Christus zu erkennen gegeben haben. Auch wird von zahlreichen Wundern berichtet, die sich an ihrem Sarg ereignet und Zita über die Grenzen Italiens hinaus bekannt gemacht haben.

Peter (Pierre) Chanel

28. April

Status Missionar, Märtyrer
Geboren 12. Juni 1803
Gestorben 28. April 1841

Peter wurde 1803 im französischen Cuet (heute Montrevel-en-Bresse) geboren. Nach seinem Theologiestudium wurde er 1827 zum Priester geweiht und trat 1831 in die Gemeinschaft der Maristen ein, wo er als Lehrer wirkte.

Einige Jahre später, 1836, wurde Peter als Missionar in die Südsee geschickt. Allerdings wurden seine Missionsversuche auf den Inseln Tahiti und Tonga von evangelischen Predigern verhindert, sodass er schließlich auf der Insel Futuna in Westozeanien landete. Dort gelang es ihm nach und nach, das Vertrauen der Einwohner zu gewinnen, sodass der Häuptling Niuliki zunehmend eine Bedrohung seiner Autorität in ihm sah. Als sich dann auch noch Niulikis Sohn von Peter taufen lassen wollte, ließ der Häuptling

Der Missionar Peter Chanel wurde auf der Fidschi-Insel Futuna ermordet. Er war der erste Märtyrer Ozeaniens.

den Missionar ermorden. Peter war somit der erste Märtyrer Ozeaniens. Aber er hatte sein Leben nicht vergeblich geopfert, denn schon wenige Jahre nach seinem Tod ließ sich nahezu die gesamte Bevölkerung taufen und ist auch heute noch zu 98 Prozent katholisch. Die Heiligsprechung Peter Chanels erfolgte 1954 durch Papst Pius XII.

Katharina von Siena

29. April

Status Nonne, Mystikerin, Kirchenlehrerin
Geboren 1347
Gestorben 29. April 1380
Attribute Gewand der Dominikanerinnen, Herz, Stigmata, Rosenkranz, Totenkopf
Patronat Patronin von Italien und Rom; Mitpatronin von Europa; Patronin der Dominikaner-Terziarinnen, der Krankenschwestern, der Wäscherinnen und der Sterbenden; Patronin gegen Kopfschmerzen und die Pest

Katharina wurde angeblich als 24. von 25 Kindern der wohlhabenden Färberfamilie Benincasa in Siena geboren. Bereits im Alter von 6 Jahren hatte sie ihre erste Vision von Christus, ein Jahr später legte sie das Gelübde der Jungfräulichkeit ab. Entsprechend widersetzte sie sich den Wünschen ihrer Eltern, die sie im Alter von 12 Jahren verheiraten wollten, was zu einem Zerwürfnis mit der Mutter führte, das erst drei Jahre später endete, als der Vater über Katharinas Kopf eine weiße Taube schweben sah. Nach einer Pockenerkrankung, die ihr Gesicht entstellte, zog sich Katharina völlig in die häusliche Abgeschiedenheit zurück, wo sie fastete, betete und Bußübungen durchführte.

1363 wurde sie schließlich in den Dritten Orden der Dominikaner aufgenommen, wo sie weiterhin in Askese und äußerst zurückgezogen lebte. Erst nach einer weiteren Vision, einer mystischen Vermählung mit Christus, verließ sie ihre

Zelle und kümmerte sich aufopferungsvoll um Arme, Kranke, Sterbende und Gefangene. Mit der Zeit äußerte sie sich auch öffentlich zu kirchlichen, gesellschaftlichen und politischen Fragen, was sie zu einer gefragten Ratgeberin wichtiger Persönlichkeiten werden ließ. 1376 reiste sie beispielsweise nach Avignon, um Papst Gregor XI. davon zu überzeugen, nach Rom zurückzukehren, was er im selben Jahr noch tat. Als 1378 das Abendländische Schisma ausbrach, stellte Katharina sich auf die Seite Papst Urbans VI., zog auf dessen Wunsch nach Rom und kämpfte für seine Anerkennung und die Einheit der Kirche.

Im Jahr 1380 starb sie schließlich völlig ausgezehrt im Alter von 33 Jahren. Die Tatsache, dass sie die Wundmale Christi empfangen hatte, hielt sie bis zu ihrem Tod verborgen. Die meisten ihrer Reliquien ruhen in der Dominikanerkirche S. Maria sopra Minerva in Rom, während ihr Kopf, eingefasst in einem Reliquiar, und ihr Daumen in die Basilika San Domenica in ihrer Heimatstadt Siena übertragen

Katharina von Siena hielt die Wundmale, die sie empfangen hatte, bis zu ihrem Tod verborgen.

wurden. Ihre Heiligsprechung erfolgte 1461 durch Papst Pius II. 1970 wurde Katharina von Papst Paul VI. zur ersten Kirchenlehrerin erhoben, was ihre besondere Rolle in der Kirchengeschichte belegt, von der über 380 erhaltene Briefe und ihr Hauptwerk „Buch über die göttliche Vorsehung" ein beredtes Zeugnis ablegen. Bis heute ist sie eine der meistverehrten Heiligen Italiens.

Pius V.

30. April

Status Papst
Geboren 17. Januar 1504
Gestorben 1. Mai 1572
Attribute Rosenkranz

Pius kam am 17. Januar 1504 als Michele Ghislieri im norditalienischen Bosco zur Welt. Im Alter von 14 Jahren trat er in den Dominikanerorden ein und erhielt 1528 die Priesterweihe.

In der Folge hatte er zahlreiche hohe Kirchenämter inne, bis er schließlich 1566 zum Papst gewählt wurde.

Von Beginn seines Pontifikats an widmete er sich der Umsetzung der 1545 auf dem Konzil von Trient beschlossenen Reformen und sorgte so für eine innere Erneuerung der Kirche. Er gründete und erneuerte Ämter der Kongregation, reformierte das Kardinalskollegium, bekämpfte die Simonie und Vetternwirtschaft und forderte Sitte und Moral im Klerus, wozu auch die Einhaltung des Zölibats gehörte. Vergehen gegen die von ihm festgelegten beziehungsweise überarbeiteten kirchlichen Grundsätze wie Ehebruch oder Ketzerei ahndete er mit großer Härte durch die Inquisition. Deutlich gemischter fällt seine Bilanz in Bezug auf seine Außenpolitik aus. Zwar erneuerte er die Heilige Allianz mit Spanien und Venedig gegen die Türken, aber die Exkommunikation von Elisabeth I. von England hatte fatale Folgen für die auf der Insel lebenden Christen. Seine Heiligsprechung erfolgte 1712 durch Papst Clemens XI.

Papst Pius V. gilt als bedeutendster Reformpapst der Neuzeit.

Mai

Ob die Benennung des fünften Monats auf die römische Göttin Maia zurückgeht, ist umstritten. Ganz sicher ist der Mai jedoch ein Monat, in dem viele Feiertage und Feste begangen werden. So ist der 1. Mai der internationale Feiertag der Arbeiterbewegung. Das *Beltane*-Fest, das ebenfalls am 1. Mai gefeiert wird, markiert im irischen Kalender den Sommeranfang. In der katholischen Kirche ist der gesamte Monat der Verehrung der Gottesmutter Maria gewidmet. Allen anderen Müttern wird in zahlreichen westlichen Ländern am zweiten Sonntag im Mai – dem Muttertag – gedacht. Ein weiteres wichtiges christliches Fest, *Pfingsten*, fällt meist ebenfalls in den Mai.

1	2	3	4	5	6	7
Peregrinus (Pellegrino) Laziosi	Athanasius von Alexandria (der Große)	Philippus und Jakobus der Jüngere	Florian und die heiligen Märtyrer von Lorch	Godehard (Gotthard) von Hildesheim	Friedrich III. (der Weise)	Gisela von Ungarn
8	**9**	**10**	**11**	**12**	**13**	**14**
Klara Fey	Nikolaus Ludwig von Zinzendorf	Gordianus und Epimachus	Mamertus von Vienne	Pankratius	Servatius von Tongern	Bonifatius von Tarsus
15	**16**	**17**	**18**	**19**	**20**	**21**
Sophia von Rom	Johannes (von) Nepomuk	Paschalis Baylon	Johannes I.	Alkuin	Bernhardin von Siena	Konstantin I. (der Große)
22	**23**	**24**	**25**	**26**	**27**	**28**
Rita von Cascia	Girolamo (Hieronymus) Savonarola	Esther	Beda der Ehrwürdige	Filippo (Philipp) Neri	Augustinus von Canterbury	Germanus von Paris
29	**30**	**31**				
Hieronymus von Prag	Jeanne d'Arc	Mechthild(is) von Dießen				

Am 6. Mai feiert die römisch-katholische Kirche den Weltgebetstag für geistliche Berufungen (Welttag der geistlichen Berufe).

Peregrinus (Pellegrino) Laziosi

Status Mönch
Geboren um 1265
Gestorben 1. Mai 1345
Attribute Beinwunde, Kruzifix
Patronat Patron der Gebärenden, Wöchnerinnen und Lohnkutscher; Patron gegen Rheuma, Gicht, Krebs und Pest sowie Beinleiden

Peregrinus wuchs als Sohn wohlhabender Eltern im italienischen Forli auf. Er soll sich 1283 am Aufstand gegen das Regime des Kirchenstaates beteiligt haben und in diesem Zusammenhang den Mitbegründer des Servitenordens, Philippus Benitus (▶ Seite 161), geohrfeigt haben. Als Peregrinus dafür um Verzeihung bat und ihm diese gewährt wurde, begann er sein Leben zu ändern. Er trat in den Servitenorden ein und wirkte schließlich als hingebungsvoller und bußfertiger Seelsorger in seiner Heimatstadt.

Im Alter von 60 Jahren erkrankte er an einem schweren Beinleiden, sodass ihm das Bein abgenommen werden sollte. In der Nacht vor der Operation wurde er aber auf wundersame Weise geheilt, was seine Verehrung weiter förderte. Peregrinus starb schließlich im Alter von 80 Jahren. Seine Heiligsprechung erfolgte 1726 durch Papst Benedikt XII.

Athanasius von Alexandria (der Große)

Status Bischof, Kirchenvater
Geboren um 295
Gestorben 2. Mai 373
Patronat Patron gegen Kopfschmerzen

Athanasius wurde um das Jahr 295 in Alexandria geboren und wuchs in einer christlichen Familie auf. Nach seiner Ausbildung wurde er 318 Diakon von Patriarch Alexander, dem er 328 nachfolgte.

Geprägt vom Konzil von Nizäa, dem er als Diakon beiwohnte, kämpfte er während seiner Amtszeit entschieden gegen den Arianismus (▶ Seite 16). Diese unbeugsame Haltung brachte ihm viele einflussreiche Feinde ein, die dafür sorgten, dass er insgesamt 17 Jahre in der Verbannung verbrachte. Doch auch im Exil übte Athanasius sein Amt weiter aus und setzte seinen Kampf fort. Er starb am 2. Mai 373 in Alexandria, acht Jahre bevor der Arianismus endgültig zur Irrlehre erklärt wurde.

Athanasius zählt zusammen mit Basilius dem Großen, Gregor von Nazianz und Johannes Chrysostomos zu den vier Kirchenvätern der Ostkirche und gilt als eine der bedeutendsten Persönlichkeiten des christlichen Altertums. Er verfasste eine Vielzahl von theologischen Schriften, die eine große Inspiration für nachfolgende Generationen wurden. Zu seinen wichtigsten Werken gehören unter anderem seine „Reden gegen die Arianer".

Wie auch hier wird Athanasius meist mit langem Bart und im bischöflichen Gewand dargestellt.

Philippus und Jakobus der Jüngere

Status Apostel, Märtyrer
Geboren im 1. Jahrhundert
Gestorben im 1. Jahrhundert
Attribute Kreuz oder Kreuzstab (Philippus),
　　Buch oder Schriftrolle, später auch Keule
　　oder Walkerstange (Jakobus)
Patronat Patrone von Dieppe sowie der Hut-
　　macher, Krämer, Walker, Gerber, Kondi-
　　toren und Zuckerbäcker (beide); Patron
　　von Friesland (Jakobus); Patron von Lu-
　　xemburg, Speyer, Sorrent, Brabant und
　　Philippeville (Philippus)

Beide, sowohl Philippus als auch Jakobus der Jüngere, waren Apostel, die Jesus selbst berufen hatte. Allerdings ist nur vergleichsweise wenig über ihr Leben und Wirken bekannt.

Philippus war Fischer am See Genezareth, als er auf Jesus traf und dieser ihn zu seinem Apostel machte. Er war bei der Speisung der 5000 dabei und nahm auch am letzten Abendmahl teil. Nachdem er an Pfingsten den Heiligen Geist empfangen hatte, ging er der Legende zufolge nach Kleinasien, um dort das Evangelium zu verbreiten. Dort soll er schließlich den Märtyrertod gestorben sein, über dessen nähere Umstände nichts überliefert ist. Seine Reliquien liegen in der Basilika der Heiligsten zwölf Apostel in Rom sowie im Kloster Andechs, in Köln und Paris.

Noch weniger greifbar ist das Leben des Apostels Jakobus des Jüngeren, der Sohn einer Schwester von Maria (Mutter Jesu). Häufig wird er mit Jakobus dem Kleinen und Jakobus

Das Grab von Philippus (hier im Bild) und Jakobus, um die sich im Laufe der Zeit verschiedenes Brauchtum entwickelt hat, befindet sich in der Apostelkirche in Rom.

dem Herrenbruder gleichgesetzt, was jedoch umstritten ist.

Ungesicherten Quellen zufolge blieb Jakobus nach Pfingsten in der christlichen Gemeinde Jerusalems, wo er – der Aufwiegelung beschuldigt – ebenfalls den Märtyrertod fand. Angeblich erschlug man ihn mit einer Keule oder einer Tuchwalkerstange.

Florian und die heiligen Märtyrer von Lorch

Status Märtyrer
Geboren im 3. Jahrhundert
Gestorben 4. Mai 304
Attribute als römischer Soldat, ein Haus lö-
　　schend, Lanze, Wassereimer, Mühlstein
Patronat Patron von Oberösterreich, Bolog-
　　na und Krakau sowie des Stifts St. Florian;
　　Patron der Böttcher, Schmiede, Hafner,
　　Seifensieder, Bierbrauer, Kaminkehrer

und Feuerwehren (Floriansjünger); Patron gegen Feuer- und Wassergefahr, gegen Sturm, bei Unfruchtbarkeit der Felder und Dürre sowie bei Brandwunden

Der Überlieferung zufolge kam Florian in der zweiten Hälfte des 3. Jahrhunderts in der Nähe von Wien zur Welt und genoss eine christliche Erziehung. Nach seinem Dienst als Offizier

Der Mühlstein, mit dem der heilige Florian (hier eine Statue in Salzburg) ertränkt worden sein soll, wird in der Stiftskirche St. Florian bei Linz aufbewahrt.

Glaubensgenossen zu befreien, doch sein Plan scheiterte. So geriet er selbst in Haft und wurde dem Statthalter vorgeführt. Als er sich weigerte, seinem Glauben abzuschwören, wurde er aufs Grausamste gequält und schließlich mit einem Mühlstein um den Hals in die Enns gestoßen. Laut der Legende wurde der leblose Körper auf einen Felsen gespült, wo ein Adler seine Schwingen über ihn breitete, um zu verhindern, dass sein Leichnam geschändet wird. In der darauffolgenden Nacht erschien Florian der Witwe Valeria, die ihn gemäß seiner Aufforderung auf ihrem Landgut bestattete – wo auf wundersame Weise der Floriansbrunnen entstand und heute das berühmte, von den Passauer Bischöfen im 8. Jahrhundert errichtete Augustiner-Chorherrenstift St. Florian steht. Die 40 Bekenner, denen er zur Flucht verhelfen wollte, starben im Kerker.

Florian ist der erste Märtyrer Österreichs und wurde schnell zu einer der populärsten frühchristlichen Figuren in Mitteleuropa, insbesondere in Österreich, Bayern, Südtirol und Böhmen sowie seit dem 11. Jahrhundert in Polen und seit dem 15. Jahrhundert in Ungarn. Seine Darstellung als Soldat mit einem Wassereimer, der ein brennendes Gebäude löscht, ist fast ebenso bekannt wie die des Drachentöters Georg (▶ Seite 82 f.). Zudem sind ihm unzählige Kirchen geweiht, die seinen Namen tragen.

im römischen Heer wurde er Amtsvorsteher des kaiserlichen Statthalters im Lauriacum, dem heutigen Lorch in Oberösterreich.

Während der Christenverfolgungen unter Kaiser Diokletian zu Beginn des 4. Jahrhunderts wurden auch in Lorch 40 Gläubige verhaftet, gemartert und eingesperrt. Florian versuchte, seine

Godehard (Gotthard) von Hildesheim

Status Bischof
Geboren 960
Gestorben 5. Mai 1038
Attribute Kirchenmodell
Patronat Patron des Bistums Hildesheim; Patron der Maurer, gegen eine schwere Geburt, Kinderkrankheiten, Gicht und Rheumatismus sowie gegen Blitz und Hagel

Godehard entstammte einer armen Bauernfamilie aus dem niederbayerischen Reichersdorf. Da seine Begabung aber frühzeitig von den Mönchen des benachbarten Klosters Niederaltaich (sein Vater bestellte dort die Felder) erkannt wurde, kam er in den Genuss einer hervorragenden Ausbildung.

Im Jahr 990 schloss Godehard sich dann dem Benediktinerorden in Niederaltaich an und empfing 993 die Priesterweihe. Nur drei Jahre später wurde er zum Abt ernannt. Er übernahm die Regel von Cluny und führte das Kloster zu hoher Blüte, was auch anderen Klöstern nicht verborgen blieb. So reformierte er in den folgenden Jahren noch einige andere Klöster, unter anderem St. Emmeran und Tegernsee.

1022 wurde Godehard auf Vorschlag von Kaiser Heinrich II. zum Bischof von Hildesheim ernannt. Während seiner Amtszeit setzte er die Aufbauarbeit seines Vorgängers fort. So entstanden in der Diözese rund 30 neue Kirchen, zahlreiche Schulen und auch der Dom wurde erweitert. Daneben nahm sich der beim

Volk überaus beliebte Godehard viel Zeit für die Menschen. Er predigte, nahm regelmäßig Beichten ab, machte Armenbesuche, kümmerte sich um Kranke und empfing Bittsteller.

Godehard starb friedlich am 5. Mai 1038 und seine Verehrung breitete sich schnell in ganz Europa aus, wobei vor allem seine schlichte Lebensweise sowie sein liebenswürdiges und heiteres Wesen gerühmt wurden. Die Schweizer verehrten ihn angeblich so sehr, dass sie den St.-Gotthard-Pass nach ihm benannten. Zudem werden seinen Reliquien zahlreiche Wunder zugeschrieben. Seine Heiligsprechung erfolgte 1131 durch Papst Innozenz II.

Friedrich III. (der Weise)

Status Kurfürst von Sachsen
Geboren 17. Januar 1463
Gestorben 5. Mai 1525

Friedrich wurde 1463 als ältester Sohn des Kurfürsten Ernst von Sachsen und dessen Frau Elisabeth auf Schloss Hartenfels zu Torgau geboren. Ab 1486 regierte er zunächst gemeinsam mit seinem jüngeren Bruder Johann dem Beständigen die weit verstreuten Herrschaftsgebiete. Nach seiner Reise ins Heilige Land, auf der er in Jerusalem zum Ritter des Ritterordens vom Heiligen Grab geschlagen wurde, gründete er 1502 die Universität Wittenberg, die sich in den kommenden Jahren zum geistigen Zentrum der Reformation entwickelte. Nach dem Tod Kaiser Maximilians I. 1519 verzichtete er auf die Kandidatur als Kaiser und unterstützte stattdessen Karl I. von Spanien, den späteren Kaiser Karl V. Friedrich starb am 5. Mai 1525 auf Schloss Lochau.

Friedrich war ein Mann mit einer friedlichen Gesinnung und einem starken Gefühl für Recht und Moral. Sein Beiname „der Weise" zielt auf zwei Aspekte ab: zum einen auf sein kluges politisches Vorgehen, sei es in Bezug auf den Umgang mit dem Reformer Martin Luther,

6. Mai

Mit seiner Politik zugunsten der Reformation trug Friedrich III. erheblich zu deren Ausbreitung bei.

den er – obwohl er sich nicht offen zur Reformation bekannte – förderte und schützte, oder bei der Kaisernachfolge Maximilians. Zum anderen auf seine Förderung von Wissenschaft und Kunst. Er selbst sprach mehrere Sprachen und unterhielt Beziehungen zu den bedeutendsten Künstlern und Denkern seiner Zeit. Zudem war er ein leidenschaftlicher Sammler von Reliquien, der im Laufe seines Lebens 19 000 Stücke zusammentrug.

Gisela von Ungarn

7. Mai

Status Königin, Äbtssin
Geboren um 985
Gestorben 7. Mai um 1060

Gisela wurde als älteste Tochter des bayerischen Herzogs Heinrich II. und Gisela von Burgund um das Jahr 985 auf Schloss Abbach bei Regensburg geboren. Ihre Erziehung erhielt sie in einem Regensburger Kloster, unter anderem vom heiligen Wolfgang von Regensburg. Bereits mit 10 Jahren wurde sie mit König Stephan I. von Ungarn verheiratet. Während dieser Ehe setzte sie sich stark für die Verbreitung des katholischen Glaubens in Ungarn ein. Sie ließ

Diese Skulpturen von Gisela und ihrem Mann, König Stephan I. von Ungarn, stehen auf der Balustrade der Aussichtsplattform in Veszprém.

Kirchen und Klöster errichten und unterstützte diese großzügig. So gilt sie unter anderem als Stifterin der Domkirche in Veszprém.

Nach dem Tod ihres Mannes im Jahr 1038 wurde sie von den Mitgliedern der heidnischen Nationalpartei verfolgt und gefangen gehalten, bis sie 1042 von König Heinrich III. befreit wurde, der sie zurück nach Bayern brachte. Hier trat sie in das Benediktinerinnenkloster Niedernburg in Passau ein, dessen Äbtissin sie 1057 wurde. Hier starb Gisela von Ungarn schließlich auch am 7. Mai um das Jahr 1060.

8. Mai ✠ Klara Fey

Status Ordensgründerin
Geboren 11. April 1815
Gestorben 8. Mai 1894

Klara Fey wurde 1815 als Tochter des wohlhabenden Tuchfabrikanten Louis Fey und seiner Frau Katharina in Aachen geboren. Ihre Ausbildung erhielt sie an der städtischen Weiblichen Erziehungsanstalt St. Leonhardt, wo sie von der Konvertitin und geistlichen Dichterin Luise Hensel unterrichtet wurde, die ihr karitatives Engagement weckte. Und auch nach der Schulzeit wandte sich Klara – unterstützt durch ihre gläubige Familie – sozialen Aufgaben zu, wobei ihr das Schicksal von Waisen- und Armenkindern besonders am Herzen lag.

So eröffnete Klara 1837 zusammen mit einigen Gefährtinnen eine Schule für verwahrloste Mädchen. 1844 schlossen sich die Frauen zum Orden der Schwestern vom armen Kinde Jesu zusammen, der sich die Unterstützung und Erziehung bedürftiger Kinder und Jugendlicher zur Aufgabe machte und von Klara als Generaloberin geleitet wurde. Es folgten schnell weitere Armenschulen, aber auch Waisenhäuser, Kinderhorte, Heimstätten für Beamtinnen und Ausbildungsstätten für schulentlassene Mädchen. Bis 1878 wuchs die Gemeinschaft auf 600 Schwestern in 27 Niederlassungen über ganz Preußen verteilt. Dann jedoch musste Klara im Rahmen des Kulturkampfes sämtliche Niederlassungen auflösen und das Mutterhaus in das niederländische Simpelveld verlegen. Dort blieb sie auch, als im Jahr 1887 Teile der Schwesternschaft nach Preußen zurückkehrten und fünf der Ordenshäuser wieder eröffneten.

Am 8. Mai 1894 starb Klara Fey im neuen Mutterhaus der Schwestern vom armen Kinde Jesu in Simpelveld und wurde auch dort begraben. Heute umfasst der Orden rund 2000 Mitglieder.

9. Mai ✠ Nikolaus Ludwig von Zinzendorf

Status Gründer und Bischof der Herrnhuter Brüdergemeinde
Geboren 26. Mai 1700
Gestorben 9. Mai 1760

Reichsgraf Nikolaus Ludwig von Zinzendorf wurde am 26. Mai 1700 als Sohn von Georg Ludwig Reichsgraf von Zinzendorf und seiner Frau Charlotte Justine von Gersdorff geboren.

Nach dem frühen Tod des Vaters wuchs er bei seiner Großmutter auf. Er besuchte das Pädagogium der Franckeschen Stiftungen in Halle und studierte von 1716 bis 1719 Rechtswissenschaften an der Universität Wittenberg. 1721 wurde er Hof- und Justizrat in Dresden.

Ein Jahr später heiratete Nikolaus Erdmuthe Dorothea Gräfin Reuß-Ebersdorf und erwarb von seiner Großmutter das Gut Bertheldorf, wo er Glaubensflüchtlinge aus Mähren und später auch Lutheraner aus Sachsen aufnahm. Diese gründeten die Siedlung „Herrenshut" (Unter

Nikolaus von Zinzendorf verfasste auch zahlreiche Lieder, unter anderem das bekannte „Jesu, geh voran" (EG 251).

der Hut des Herrn), aus der durch einen Bußakt am 13. August 1727 die kirchlich eigenständige Herrnhuter Brüdergemeinde hervorging. In diesem Zusammenhang entstanden auch die bekannten Herrnhuter Losungen.

Im Jahr 1731 lernte Nikolaus im Rahmen der Feierlichkeiten zu Ehren des neuen Königs einen Diener kennen, der ihm von dem Schicksal seiner Familie auf der Karibikinsel St. Thomas berichtete, wo seine Verwandten ihr Dasein als Sklaven fristeten. Tief bewegt verschrieb sich die Herrnhuter Gemeinde daraufhin der weltweiten Mission und sandte 1732 die ersten Missionare nach St. Thomas. Im gleichen Jahr wurde Nikolaus zum ersten Mal aus Sachsen ausgewiesen (die endgültige Ausweisung erfolgte 1738), da er dem König von Böhmen Untertanen entfremden würde. Er nutzte die Zeit in der Verbannung und wurde 1734 als lutherischer Theologe ordiniert. 1736 gründete er in der Wetterau die Gemeinden Marienborn und Herrnhag. 1737 wurde er von dem reformierten Hofprediger Daniel Ernst Jablonski zum Bischof der Herrnhuter Brüdergemeinde geweiht.

In den folgenden Jahren betätigte sich Nikolaus als Prediger und Missionar im Baltikum, in Westindien und in Nordamerika. 1747 wurde die Verbannung aus Sachsen schließlich aufgehoben, doch er blieb nur kurz in Herrnhut, von wo aus er nach England ging. Erst 1755 kehrte er wirklich zurück und starb am 9. Mai 1760. Bei seinem Tod waren die Mitglieder der Brüdergemeinde an 28 Orten weltweit missionarisch tätig.

Gordianus und Epimachus

Status Märtyrer
Geboren unbekannt
Gestorben unbekannt
Patronat Patrone von Kempten

Gesicherte Angaben über das Leben dieser beiden Märtyrer sind nicht vorhanden, jedoch heißt es, dass sie unter Kaiser Decius (Epimachus) beziehungsweise Kaiser Julian Apostata (Gordianus) den Märtyrertod fanden. Ihre sterblichen Überreste wurden in den

Katakomben der damaligen Via Labicana beigesetzt. Der Überlieferung zufolge wurde der Großteil der Reliquien um 770 auf Geheiß von Königin Hildegard, der Frau von Karl dem Großen, ins Benediktinerkloster nach Kempten gebracht. Allerdings ist auch dies nicht gesichert.

Mamertus von Vienne

Status Bischof
Geboren um 400
Gestorben um 475
Patronat Patron der Ammen
(in Frankreich)

Mamertus wurde um das Jahr 400 als Sohn einer wohlhabenden gallorömischen Familie in Vienne (Frankreich) geboren und 461 zum Bischof der Diözese Vienne gewählt. Sein Bruder war der Theologe und Kirchenschriftsteller Claudianus Mamertus.

Der Überlieferung zufolge führte er im Jahr 470 die Drei Bittgänge vor Christi Himmelfahrt ein, um einer Feuersbrunst Einhalt zu gebieten, die seine Heimatstadt zu verwüsten drohte. Auch die Einrichtung von bereits bestehenden Litaneien und allgemeinen Bittprozessionen zur Erflehung göttlichen Segens oder Beistands sollen auf ihn zurückgehen, genau wie diverse Wunder und Heilungen.

Mamertus starb um das Jahr 475. Vor allem in Norddeutschland gilt er als der erste der Eisheiligen.

Pankratius

Status Märtyrer
Geboren um 290
Gestorben 12. Mai 304
Attribute Herzogshut, Schwert

Patronat Patron der Erstkommunikanten, Kinder (Frankreich); Patron der jungen Saat und Blüte; Patron gegen Kopfschmerzen, Krämpfe und Meineid

Pankratius wurde der Überlieferung zufolge als Sohn eines wohlhabenden Römers in Phrygien (heutige Türkei) geboren. Nach dem frühen Tod der Eltern zog er um das Jahr 303 mit seinem Onkel Dionys nach Rom. Dort unterstützte er die christliche Gemeinde, insbesondere die gefangen genommenen Gläubigen. Doch schon bald wurde er verraten und vor den Statthalter gebracht. Da er sich strikt weigerte, seinem Glauben abzuschwören, wurde Pankratius zum Tode verurteilt und öffentlich enthauptet. Eine Christin bestattete seinen Leichnam, der für die Hunde liegen gelassen worden war.

Über seinem Grab ließ Papst Symmachus im Jahr 500 eine Kirche zu Ehren von Pankratius errichten – den Vorgängerbau der heutigen Basilika S. Pancrazio fuori le mura. Besondere Verehrung erfuhr Pankratius in England, wo bereits 10 Jahre nach seinem Tod der erste Bau der Londoner St. Pancras Old Church errichtet wurde. Im deutschsprachigen Raum wird er bis heute als Eisheiliger verehrt.

Die Pankratius geweihte St. Pancras Old Church im Zentrum Londons gilt als eine der ältesten christlichen Verehrungsstätten Englands.

Servatius von Tongern

Status Bischof, Märtyrer
Geboren im 4. Jahrhundert
Gestorben 13. Mai 384
Attribute Holzschuh, Schlüssel, Drache, Adler
Patronat Patron von Maastricht, Goslar, Limburg an der Lahn, Quedlinburg und des Bistums Worms; Patron der Schlosser und Tischler; Patron gegen Fußleiden, Fieber, Frostschäden, das Lahmen bei Tieren, Mäuse- und Rattenplagen

Der Legende nach stammte Servatius wahrscheinlich aus Armenien, wo er Anfang des 4. Jahrhunderts das Licht der Welt erblickte. Etwa um 340 wurde er der erste bezeugte Bischof von Tongern (im heutigen Belgien). In der Folge wird er als Teilnehmer mehrerer Konzilien erwähnt, wonach er einer der Hauptgegner des Arianismus war (▶ Seite 16). Als er seinen Tod nahen fühlte, verlegte er den Bischofssitz nach Maastricht, da er dort begraben werden wollte. In anderen Quellen heißt es dagegen, er wurde von seinen Gegnern mit einem Holzschuh erschlagen.

Nach dem Einfall der Vandalen im Jahr 406, der Servatius von Petrus in einer Erscheinung vorhergesagt worden sein soll, breitete sich die Verehrung des Heiligen in ganz Westeuropa aus. Im Mittelalter war das Grab des Heiligen in der Servatius-Kirche in Maastricht einer der bedeutendsten Wallfahrtsstätten. Auch er gehört zu den Eisheiligen.

Servatius, der bei uns zu den Eisheiligen zählt, wird in Belgien als „Sint Servaas" gegen Frostschäden angerufen.

Diese Darstellung ist jedoch umstritten. Neueren Forschungen zufolge handelt es sich dabei um die Vermischung zweier historischer Persönlichkeiten, nämlich einem Servatius, der tatsächlich Bischof von Tongern war und den Bischofssitz kurz vor seinem Tod nach Maastricht verlegte, sowie einem weiteren Träger dieses Namens, der auf verschiedenen Synoden als entschiedener Gegner des Arianismus auftrat, jedoch rund 100 Jahre vor dem erstgenannten Servatius starb.

Bonifatius von Tarsus

Status Märtyrer
Geboren im 3. Jahrhundert
Gestorben um 306

Über diesen Heiligen, zu dem es kaum historische Quellen gibt, weiß die Legende Folgendes zu berichten: Der junge Bonifatius, der ursprünglich kein Christ war, wurde von einer reichen Römerin nach Tarsus (heutige Türkei) geschickt, um dort Reliquien christlicher Märtyrer aufzuspüren und nach Rom zu bringen. Dort angekommen musste er mitansehen, wie

Christen auf grausame Weise zu Tode gefoltert wurden, ohne dass sich diese in ihrem Glauben beirren ließen. Tief beeindruckt ließ er sich selbst taufen und bekannte sich öffentlich zu seinem neuen Glauben. Daraufhin wurde auch er hingerichtet. Angeblich wurde er in einen Kessel mit siedendem Pech getaucht. Weiter heißt es, dass seine Gebeine von seinen Begleitern zurück nach Rom gebracht und dort an der Via Latina beigesetzt wurden.

Heute wird Bonifatius als einer der Eisheiligen verehrt.

Die „kalte Sophie" ist in Süddeutschland die letzte der sogenannten Eisheiligen.

15. Mai ✛ Sophia von Rom

Status Märtyrerin
Geboren im 3. Jahrhundert
Gestorben 15. Mai 304
Attribute Buch, Palme, Trog, Schwert
Patronat Patronin gegen Spätfröste und für
     das Wachstum der Feldfrüchte

Sophia war eine junge Römerin, die während der Christenverfolgung unter Kaiser Diokletian um das Jahr 304 wegen ihres Glaubens den Märtyrertod erlitt – vermutlich durch Enthaupten. Um 804 übertrug Papst Sergius II. ihre Reliquien in die Kirche S. Martino ai Monti. Teile davon wurden von Bischof Remigius von Straßburg in das elsässische Kloster Eschau gebracht. In Süddeutschland wird sie als „kalte Sophie" ebenfalls als Eisheilige verehrt.

16. Mai ✛ Johannes (von) Nepomuk

Status Priester, Märtyrer
Geboren um 1350
Gestorben 20. März 1393
Attribute Palme, Buch, Kreuz, Sternenkranz
Patronat Patron von Böhmen, der Pries-
     ter und Beichtväter, der Schiffer, Flößer
     und Müller; Patron gegen Verleumdung,
     Wassergefahren und für Verschwiegen-
     heit; Brückenheiliger

Johannes wurde um das Jahr 1350 als Sohn eines Richters in Pomuk geboren. Nach seiner Schulausbildung studierte er Rechtswissenschaften an der Universität Prag und arbeitete anschließend als kaiserlicher Notar in der Kanzlei des Erzbistums Prag. 1380 empfing er die Priesterweihe und wirkte als Pfarrer an der Prager Galluskriche. Nach seiner Rückkehr aus Padua, wo Johannes kanonisches Recht studierte, hatte er verschiedene kirchliche Ämter inne, ehe er 1389 von Erzbischof Johann von Jenzenstein zu dessen Generalvikar ernannt wurde.

In dieser Funktion setzte sich Johannes energisch für die Rechte der Kirche ein und wurde immer wieder in die Konflikte zwischen König Wenzel IV. und Erzbischof Jenzenstein hineingezogen, was schließlich zu seiner Verhaftung führte. Nach grausamen Folterungen ließ Wenzel Johannes gefesselt durch die Straßen Prags zerren und von der Karlsbrücke in die Moldau stoßen, wo dieser ertrank. Nachdem sein Leichnam auf wundersame Weise geborgen werden konnte (einige Überlieferungen berichten, dass die Moldau austrocknete, während in anderen die Königin eine Erscheinung von fünf Sternen hatte, die den Aufenthaltsort der Leiche offenbarten), wurde er im Jahr 1400 in den Prager Veitsdom überführt. Als Brückenheiliger wurde er schließlich zu einem der bekanntesten Heiligen überhaupt.

Bis heute ist nicht völlig geklärt, warum König Wenzel Johannes hinrichten ließ. Doch die ständigen Auseinandersetzungen in Kirchenfragen sind als Grund wahrscheinlicher als

Dieses Bild zeigt den heiligen Johannes (von) Nepomuk und seinen Widersacher König Wenzel IV.

die bekannte Legende, die sich um den Tod Johannes' gebildet hat: Ihr zufolge wählte die Königin Johannes zu ihrem Beichtvater, woraufhin Wenzel versucht haben soll, Johannes zum Bruch des Beichtgeheimnisses zu zwingen, was dieser jedoch strikt ablehnte. Diese Weigerung brachte Wenzel derart in Rage, dass er Johannes schließlich ermorden ließ.

Paschalis Baylon

17. Mai

Status Laienbruder
Geboren 16. Mai 1540
Gestorben 17. Mai 1592
Patronat Patron der eucharistischen Vereinigungen und Sakramentsbruderschaften sowie der Köche und Hirten

Paschalis wurde am 16. Mai 1540 im spanischen Torrehermosa geboren. Da seine Eltern arm waren, musste er bereits im Kindesalter als Hirte bei einem Gutsherrn arbeiten. Er besuchte nie eine Schule, brachte sich jedoch mit großem Fleiß selbst ein wenig Lesen und Schreiben bei. Im Alter von 17 Jahren trat Paschalis, der schon früh eine große Spiritualität gezeigt hatte, in das Franziskanerkloster Montforte del Cid ein, wo er 1564 nach einer mehrjährigen Probezeit als Laienbruder aufgenommen wurde.

Während seiner Zeit als Ordensmann arbeitete Paschalis – meist als Pförtner und im Refektorium – in verschiedenen Klöstern und zeichnete sich durch große Demut, Opferbereitschaft, Nächstenliebe und eucharistische Frömmigkeit aus. Er starb am 17. Mai 1592 im Kloster Villarreal in der Nähe von Valencia. Es wird von zahlreichen Wundern an seinem Grab berichtet, 1936 wurden die Reliquien jedoch im spanischen Bürgerkrieg zerstört.

Johannes I.

18. Mai

Status Papst, Märtyrer
Geboren im 5. Jahrhundert
Gestorben 18. Mai 526

Über das Leben des ersten von bisher 23 Päpsten dieses Namens ist nur wenig bekannt. Im Jahr 523 wurde er während der Regierungszeit des Ostgotenkönigs Theoderich des Großen zum Papst gewählt. Im Rahmen des Machtkampfes zwischen dem oströmischen Reich und den Ostgoten, die Anhänger des Arianismus waren (▶ Seite 16), wurde Johannes von Theoderich gezwungen, sich bei Kaiser Justinian für die Aufhebung anti-arianischer Dekrete einzusetzen. Da er jedoch nichts dergleichen erreichen konnte, ließ ihn Theoderich nach seiner Rückkehr von Konstantinopel in Haft nehmen, während der er kurze Zeit später starb. Seine Gebeine wurden in der Basilika des Heiligen Petrus in Rom bestattet. Er wird als Märtyrer verehrt, allerdings handelt es sich bei den diesbezüglichen Überlieferungen um Legenden.

Alkuin

19. Mai

Status Abt, Gelehrter
Geboren um 735
Gestorben 19. Mai 804

Der einer englischen Adelsfamilie entstammende Alkuin wurde um das Jahr 735 in der Nähe von York geboren. Seine Ausbildung erhielt er an der damals höchst renommierten Domschule in York, deren Leiter er 767 wurde. Auf einer Reise nach Rom traf Alkuin 781 in Parma auf Karl den Großen, der den Gelehrten einlud, sich den Gelehrten an seinem Hof in Aachen anzuschließen. Alkuin akzeptierte die Einladung und prägte in den folgenden Jahren als Gelehrter und Ratgeber des Kaisers das geistige Leben seiner Zeit. Er leitete die kaiserliche

Hofschule, wo er neben der Herrscherfamilie auch Schüler wie Rabanus Maurus (▶ Seite 36) Angilibert oder Einhard unterrichtete. Im Jahr 796 kehrte Alkuin schließlich nach England zurück und wurde – obwohl er nie zum Priester geweiht wurde – Abt der Benediktinerabtei in Tours, deren Klosterschule er zu weltweitem Ruf führte. Dort starb er auch am 19. Mai 804.

Alkuin, der sich leidenschaftlich für die Bekämpfung von Irrlehren wie dem Adoptianismus und die Bekehrung von Heiden einsetzte, wird als der größte Gelehrte seiner Zeit angesehen. Er gilt als Begründer der Karolingischen Renaissance und verfasste zahlreiche theologische und didaktische Werke, Predigten, Bibelkommentare sowie Abhandlungen über Rhetorik, Dialektik und Astronomie. Weiterhin sind über 300 Gedichte und Briefe von ihm erhalten geblieben. Unter seiner Leitung entstand auch die Schrift, die als *Karolingische Minuskel*

Alkuin unterrichtet Karl den Großen – nach einer Illustration von Edouard Zier.

bekannt wurde und vom 9. bis zum 12. Jahrhundert die meistverwendete Buch- und Urkundenschrift in Westeuropa war.

20. Mai

Bernhardin von Siena

Das Grab von Bernhardin von Siena befindet sich in der Kirche S. Bernardino in L'Aquila.

Status Volksprediger
Geboren 8. September 1380
Gestorben 20. Mai 1444
Attribute Buch, Kreuz, Strahlensonne mit den Buchstaben IHS
Patronat Patron von Massa Marittima und der Wollweber; Patron gegen Heiserkeit, Brust- und Lungenkrankheiten sowie Blutungen

Bernhardin wurde am 8. September 1380 in der Nähe von Siena als Sohn adeliger Eltern geboren. Nach deren frühem Tod wuchs er bei Verwandten in Siena auf, wo er bereits mit 11 Jahren kanonisches Recht studierte. Als 1397 die Pest ausbrach, brach er sein Studium ab und widmete sich aufopferungsvoll der Pflege der Kranken und Sterbenden. Nachdem die Seuche abgeklungen war, trat er 1402 in den Franziskanerorden ein und empfing 1404 die Priesterweihe.

In den folgenden Jahren lebte Bernhardin abgeschieden mit einigen Brüdern im Kloster Colombaio und zog als Prediger durch Mittel- und Norditalien. 1413 wurde er Pförtner im Kloster von Fiesole, bevor er ab 1417 angesichts der damals herrschenden religiösen Gleichgültigkeit und Sittenlosigkeit wieder als Bußprediger von Stadt zu Stadt zog. 1436 wurde Bernhardin zunächst zum Generalvikar der franziskanischen Observanten und zwei Jahre später zum Generalvikar aller Franziskaner Italiens ernannt. Als solcher bemühte er sich, die strengste Auslegung der Franziskanerregel – deren Anhänger er zeitlebens war – im gesamten Orden zu etablieren. 1442 schließlich legte er die Ordensleitung nieder und widmete sich erneut der Predigt. Er starb am 20. Mai 1444 in L'Aquila und wurde bereits sechs Jahre später durch Papst Nikolaus V. heiliggesprochen.

Bernhardin werden zahlreiche Wunder und Heilungen zugeschrieben. Er erfreute sich bereits zu Lebzeiten großer Verehrung und gilt als einer der berühmtesten Prediger in Italien. Zudem gründete er Schulen in Perugia und Monteripido, um die Ausbildung Geistlicher zu fördern, und hinterließ ein umfangreiches Werk an theologischen Schriften. Noch heute finden sich in vielen Städten Italiens Zeugnisse seines Wirkens.

Konstantin I. (der Große)

Status Kaiser
Geboren um 285
Gestorben 22. Mai 337

Der um das Jahr 285 geborene Konstantin war der Sohn von Kaiser Konstantinus und dessen Konkubine Helena. Im Alter von sieben Jahren kam er als Geisel an den Hof des Christenhassers Diokletian in Nikomedia (heutige Türkei), um das Gleichgewicht zwischen den römischen Herrschern zu sichern. Im Jahr 305 gelang ihm die Flucht zu seinem Vater, der ein Jahr später in der Schlacht fiel. Konstantin ließ sich daraufhin von seinen Truppen zum Kaiser ausrufen und residierte als Mitherrscher des westlichen Reiches in Gallien. Bis 312 hatte er sich dort als Alleinherrscher durchgesetzt und zog im Kampf um die Herrschaft über das Gesamtreich gegen Rom.

Dort errang Konstantin an der Milvischen Brücke einen wichtigen Sieg, wobei er angab, vor dem Kampf ein Lichtkreuz mit dem Christusmonogramm am Himmel gesehen zu haben. Danach verfolgte er zunehmend eine christenfreundliche Politik und privilegierte das Christentum schließlich sogar. Die Mailänder Vereinbarung von 313 garantierte allen im Reich die Religionsfreiheit. Darüber hinaus machte

Der Charakter von Konstantin I. wird in der Forschung ebenso unterschiedlich bewertet wie seine Politik.

Konstantin großzügige Schenkungen, ließ zahlreiche Kirchen errichten und berief Christen in hohe politische Ämter. So gehen beispielsweise die Gründungen der früheren Peterskirche in Rom, der Grabeskirche in Jerusalem, der Geburtskirche in Bethlehem sowie der Urbau der Apostelkirche in Konstantinopel auf ihn zurück.

Um das Jahr 330 verlegte Konstantin den Regierungssitz des römischen Reiches in die nach ihm benannte Stadt Konstantinopel, wo er nach seinem Tod am 22. Mai 337 auch bestattet wurde. Noch auf dem Totenbett empfing er die Taufe durch Bischof Eusebius von Nikomedia.

Rita von Cascia

Status Nonne, Mystikerin
Geboren um 1380
Gestorben 22. Mai 1457
Attribute Kreuz, Stirnwunde, Rosen
Patronat Patronin be aussichtslosen Anliegen und Prüfungsschwierigkeiten sowie gegen Pocken

Rita wurde in einem kleinen Ort nahe dem italienischen Cascia geboren. Als Zwölfjährige wurde sie gegen ihren Willen mit dem gewalttätigen und verschwenderischen Paolo di Ferdinando verheiratet. Als dieser 1401 ermordet wurde, schworen die beiden Söhne Blutrache. Jedoch starben sie (eines natürlichen Todes), bevor sie diese in die Tat umsetzen konnten, nachdem Rita zu Gott gebetet hatte, er möge ihre Söhne zu sich nehmen, damit diese sich keiner Todsünde schuldig machten.

Daraufhin entschloss sich Rita, in das Augustinerkloster in Cascia einzutreten. Doch da sie keine Jungfrau mehr war, wurde sie mehrmals abgewiesen, ehe sie 1407 doch Aufnahme fand, nachdem ihr – so heißt es – in einer Vision Johannes der Täufer, Augustinus und Nikolaus von Tolentino erschienen waren und sie zur Klosterpforte geführt hatten. Im Laufe ihres Klosterlebens wurden ihr zahlreiche weitere Gnadenbeweise zuteil, die bis zur Stigmatisierung durch einen Dorn aus der Krone Jesu im Jahr 1432 reichten.

Rita starb am 22. Mai 1457 in ihrer Klosterzelle. Der Legende nach hatte sie kurz vor ihrem Ableben noch darum gebetet, ihr eine Rose aus dem Garten zu bringen. Und obwohl es tiefster Winter war, blühte dort tatsächlich ein Rosenstrauch. Auch nach ihrem Tod wird von zahlreichen Wundern an ihrem Grab berichtet. Ihre Heiligsprechung erfolgte 1900 durch Papst Leo XIII.

23. Mai ✛ Girolamo (Hieronymus) Savonarola

Status Ordensmann, Bußprediger, Märtyrer
Geboren 21. September 1452
Gestorben 23. Mai 1498

Girolamo kam im Jahr 1452 als Sohn des verarmten Geschäftsmannes Nicolò Savonarola in Ferrara zur Welt. Nach dem Abbruch seines Studiums trat er 1475 in das Dominikanerkloster S. Domenico in Bologna ein. Im Jahr 1479 wurde er Novizenmeister in der Niederlassung in Ferrara und 1482 als Lektor nach S. Marco in Florenz berufen.

Dabei machte Girolamo sich nicht nur einen Namen als Bibeltheologe, sondern sorgte auch als Bußprediger für Aufsehen. In seinen flammenden Predigten prangerte er den Sittenverfall und die Verderbtheit der päpstlichen Kirche sowie der Herrschenden an und forderte die politische Freiheit der Völker als göttliches Recht. Das führte 1487 zu seiner Abberufung aus Florenz, woraufhin er sein Predigtwerk in verschiedenen oberitalienischen Städten fortsetzte.

Aufgrund der Fürsprache von Lorenzo di Medici konnte Girolamo 1490 wieder nach Florenz zurückkehren, wo er weiterhin predigte und 1491 sogar zum Prior des Konvents S. Marco gewählt wurde. Als 1494 die Medici vertrieben wurden – woran er zu einem guten Teil beteiligt war –, setzte er eine Reform des öffentlichen und privaten Lebens durch, wobei seine Anhänger mehr und mehr ein Klima der Angst und der Einschüchterung in der Stadt schufen. So zogen Anfang Februar 1497 eine große Schar

Die evangelische Kirche in Deutschland gedenkt Savonarolas als Märtyrer.

Jugendlicher durch die Straßen von Florenz, die im Namen Christi alles beschlagnahmten, was als Symbol für die Verkommenheit angesehen werden konnte. Darunter fielen heidnische Schriften und pornografische Bilder ebenso wie Schmuck, teure Kleidung und Möbel, Gemälde sowie Musikinstrumente. All diese Gegenstände wurden dann auf der Piazza della Signora aufgetürmt und verbrannt.

Zuvor, im Jahr 1495, war Girolamo von Papst Alexander VI. mit einem Predigtverbot belegt worden, woran er sich jedoch nicht lange hielt. Diesem folgte 1497 die Exkommunikation, woraufhin die Popularität Girolamos stark sank. Kurz darauf wurde er von seinen Gegnern gefangen genommen, gefoltert und schließlich auf der Piazza della Signora – wo auch das sogenannte Feuer der Eitelkeiten stattgefunden hatte – zusammen mit zwei seiner Mitbrüder getötet.

Esther

Status Königin von Persien
Geboren im 5. Jahrhundert v. Chr.
Gestorben nicht bekannt

Gemäß der biblischen Erzählung des Buches Esther suchte der Perserkönig Ahasveros nach der Verbannung seiner Frau Waschti eine neue Gemahlin, woraufhin die jüdische Waise Esther seine Gunst gewann. Als diese erfuhr, dass der Großwesir Haman die Ermordung aller Juden im persischen Reich plante, rettete sie durch ihren mutigen Einsatz bei ihrem Mann (das unerlaubte Erscheinen vor dem König wurde mit der Todesstrafe geahndet) ihr Volk vor der Vernichtung. Es wurde ein zweites Dekret erlassen, das die Vernichtung aller Feinde der Juden durch die Juden selbst vorsah, womit diese sicher waren.

Die persische Königin Esther ist die Hauptfigur des gleichnamigen Buches im Alten Testament.

Beda der Ehrwürdige

Status Priester, Mönch, Kirchenlehrer
Geboren um 672
Gestorben 26. Mai 735

Beda wurde um das Jahr 672 im angelsächsischen Wearmouth geboren und im Alter von sieben Jahren dem Mönch Benedikt Biscop zur Erziehung anvertraut, womit eine geistliche Laufbahn fast schon vorgezeichnet war. Mit 19 Jahren wurde Beda dann zum Diakon und mit 30 Jahren zum Priester geweiht. Den Rest seines Lebens wirkte er als Lehrer in der Klosterschule Jarrow (Sunderland), wo er Grammatik, Poetik, Orthografie und Geschichtswissenschaft unterrichtete.

Beda der Ehrwürdige gilt als einer der bedeutendsten Gelehrten des Frühmittelalters. Er verfasste mehr als 40 Werke zu sämtlichen Wissensgebieten der damaligen Zeit. Besonders bekannt sind seine „Kirchengeschichte des englischen Volkes", das die Geschichte Englands von der römischen Eroberung bis 731 (dem Jahr der Fertigstellung des Werkes) darstellt, sowie seine Kommentare zur Heiligen Schrift. Als er am 26. Mai 735 starb, lauteten seine letzten Worte der Überlieferung zufolge: „Es ist vollbracht." Beigesetzt wurde er in der Kathedrale von Durham. Seine Heiligsprechung erfolgte 1899 durch Papst Leo XIII., der ihn auch zum Kirchenlehrer erhob.

Beda gilt als einer der größten Gelehrten seines Jahrhunderts, weshalb ihm die Nachwelt den Beinamen „der Ehrwürdige" verlieh.

Filippo (Philipp) Neri

Status Ordensgründer, Mystiker
Geboren 21. Juli 1515
Gestorben 26. Mai 1595
Attribute flammendes Herz, Rosenkranz
Patronat Patron von Rom und der Humoristen; Patron gegen Unfruchtbarkeit bei Frauen, Gliederkrankheiten und Erdbeben

Auch auf diesem Bild wird schnell klar, warum Filippo Neri auch der lachende Heilige genannt wurde.

Filippo wurde am 21. Juli 1515 als Kind des Juristen Francesco Neri und dessen Frau Lucrezia Soldi in Florenz geboren. Dort besuchte er auch die Dominikanerschule, ehe er bei seinem Onkel, einem Kaufmann in San Germano, in die Lehre ging, wo er bereits viel Zeit im Kloster Montecassino verbrachte.

Angesteckt vom Ideal des Einsiedlerlebens, ging er nach Rom, wo er als Hauslehrer arbeitete. Nebenbei studierte er Theologie und Philosophie und widmete sich den Bedürftigen. Er gab religiösen Unterricht auf der Straße und pflegte Kranke und Sterbende, weshalb er beim römischen Volk auch „Pippo buono" („der gute Philipp") hieß. 1548 gründete Filippo gemeinsam mit seinem Beichtvater die Bruderschaft der Allerheiligsten Dreifaltigkeit sowie kurz darauf ein Hospiz, um sich der schutz- und obdachlosen Pilger und Kranken annehmen zu können.

Nach seiner Weihe zum Priester im Jahr 1551 schloss er sich der Kirchengemeinde von S. Girolamo della Carità an. Hier traf er sich in seiner Kammer mit Gefährten zum Gebet, zu geistlichen Gesängen, zu Lesungen und zum Austausch untereinander. Diese Treffen erfreuten sich bald so großer Beliebtheit, dass ein zusätzlicher Raum eingerichtet werden musste, das Oratorium. Hier gründete Filippo 1564 auch seine Weltpriester-Vereinigung der Oratorianer, die 1575 von Papst Gregor XIII. zur Kongregation erhoben wurde. In dieser Zeit war er zudem Seelsorger der Kirche S. Giovanni di Fiorentini, wo er ein weiteres Oratorium einrichtete.

In der Folgezeit wurde Filippo ein begehrter Beichtvater und auch etliche Kardinäle und Päpste suchten seinen Rat, wobei er die ihm mehrfach angebotene Kardinalswürde immer ablehnte. 1575 begann er mit dem Bau der Kirche S. Maria, deren Fertigstellung er jedoch nicht mehr erlebte. Filippo, der aufgrund seiner durch nichts zu trübenden Fröhlichkeit und Liebenswürdigkeit auch den Beinamen „der lachende Heilige" trug, starb am 26. Mai 1595 in Rom, wo er unter Anteilnahme einer riesigen Menschenmenge beigesetzt wurde. Um Filippo ranken sich zahlreiche Anekdoten. Ihm werden diverse Wunder zugeschrieben und es heißt, ihm wurden mehrere mystische Gnadenbeweise zuteil. So wölbten sich beispielsweise während eines innigen Gebets in den Katakomben des Sebastian zwei seiner Rippen nach außen, ohne Schmerzen verursacht zu haben. Die Heiligsprechung Filippos erfolgte 1622 durch Papst Gregor XV.

Augustinus von Canterbury

Status Erzbischof, Missionar
Geboren Mitte des 6. Jahrhunderts
Gestorben 26. Mai 604

Der Mitte des 6. Jahrhunderts in Italien geborene Augustinus wurde schon früh Prior des Andreasklosters auf dem Monte Celio in Rom. Im Jahr 596 wurde er von Papst Gregor zusammen mit 40 Mönchen zur Mission nach England geschickt, doch erst im zweiten Anlauf landeten sie 597 schließlich auf der Isle of Thanet.

Dort traf Augustinus – während der Reise zum Bischof ernannt – auf Ethelbert, den König von Kent. Da dessen Frau Bertha, eine

Enkelin des französischen Königs Chlodwig, die Augustinus in der Folgezeit maßgeblich bei seiner Aufgabe unterstützte, ebenfalls Christin war, begegnete er den Missionaren grundsätzlich mit Wohlwollen. Er gestattete es ihnen, in Südengland zu predigen, und wies ihnen das heutige Canterbury als Sitz zu.

Die Missionsarbeit Augustinus' fiel auf fruchtbaren Boden, sogar König Ethelbert ließ sich schließlich zusammen mit vielen anderen Heiden taufen. Angetan von diesen Erfolgen, ernannte Papst Gregor Augustinus im Jahr 601 zum Erzbischof von Canterbury, wo Augustinus das Kloster St. Peter und St. Paul (die spätere Abtei St. Augustinus) gegründet hatte und eine

Augustinus von Canterbury gelang es schließlich, auch König Ethelbert zum Christentum zu bekehren.

Kathedrale errichten ließ, auf deren Resten heute die berühmte Christ Church steht. Dort starb Augustinus am 26. Mai 604.

Germanus von Paris

28. Mai

Auf diesem Sammelbildchen schenkt der heilige Germanus der heiligen Genoveva eine Medaille.

Status Bischof
Geboren um 496
Gestorben 28. Mai 576
Patronat Patron der Gefangenen und der Musik; Patron gegen Fieber und Feuergefahren

Der um das Jahr 496 in der Nähe der französischen Stadt Autun geborene Germanus lebte in seiner Jugend als Einsiedler, bevor er 530 zum Priester geweiht und 10 Jahre später zum Abt des Stiftes St-Symphorian in Autun ernannt wurde.

Um das Jahr 555 holte ihn König Childebert I. als Erzkaplan nach Paris und erhob ihn wenig später auch zum Bischof der Stadt.

Doch auch als hoher Kirchenmann vergaß Germanus seine asketischen Wurzeln nicht. Er lebte weiterhin bescheiden und verteilte seinen Besitz unter den Armen. Zudem war er stets um Frieden bemüht und ein beliebter Prediger. Bekannt ist Germanus auch für seinen Einsatz für Gefangene, aber noch mehr für die Gründung der Kirche St-Germain-des-Prés, in der er auch beigesetzt wurde. Die Legende berichtet dazu, Germanus hätte eines Tages das Datum 28. Mai an das Kopfende seines Bettes schreiben lassen – seinen späteren Todestag.

Hieronymus von Prag

29. Mai

Status Theologe, Märtyrer
Geboren um 1379
Gestorben 30. Mai 1416

Der aus Prag stammende Hieronymus war ein Anhänger der Lehren des englischen Theologen

John Wyclif, die jeglichen politischen Machtanspruch des Papstes bestritt. Er machte sie sich während seines Studiums in Oxford zu eigen und brachte bei seiner Rückkehr nach Prag Abschriften von dessen Werken mit. Nach seinem Studium lehrte er an den Universitäten

Hieronymus von Prag gehörte zu den Initiatoren der Prager Unruhen gegen Ablasshandel.

von Paris, Heidelberg und Köln, musste diese aber aufgrund seiner Ansichten jeweils wieder verlassen.

Im Jahr 1407 schloss Hieronymus sich dem Reformer Jan Hus an und kämpfte mit ihm gegen die Lasterhaftigkeit des Klerus sowie für eine Abkehr der Kirche von weltlichem Besitz und weltlicher Macht. Dafür wurde er schließlich exkommuniziert, woraufhin er nach Litauen an den Hof von Herzog Witowt floh. Als er jedoch hörte, dass sein Mitstreiter Jan Hus auf dem Konzil von Konstanz verhaftet worden war, machte er sich 1415 zu dessen Verteidigung auf den Weg nach Konstanz. Dort erfuhr er, dass er ebenfalls angeklagt werden sollte, und versuchte zu fliehen, wurde aber kurz darauf im bayerischen Hirschau verhaftet und nach Konstanz zurückgebracht. Auf der Folterbank und den sicheren Tod vor Augen schwor er den verbotenen Lehren Wyclifs und Hus' ab, während Hus selbst einen Widerruf ablehnte und zusammen mit seinen Schriften verbrannt wurde. Kurz darauf distanzierte sich Hieronymus öffentlich von seinem Geständnis und erlitt am 30. Mai 1416 ebenfalls den Feuertod.

✚ Jeanne d'Arc (Johanna von Orléans)

Status Märtyrerin
Geboren 6. Januar 1412
Gestorben 30. Mai 1431
Patronat Patronin von Frankreich, Rouen und Orléans; Patronin der Telegrafie und des Rundfunks

Jeanne wurde während des Hundertjährigen Kriegs als Bauerntochter in Domrémy geboren. Im Alter von 13 Jahren begann sie im nahen Wald himmlische Stimmen zu hören – später gab sie an, es wären die Stimmen des Erzengels Michael, Katharinas von Alexandrien und Margaretas von Antiochien gewesen –, die sie beauftragten, Frankreich vor seinen Feinden zu retten und den Dauphin zum Thron zu führen. In der Folge wiederholten sich die Erscheinungen, die Jeanne zunächst geheim hielt, bis sie Ende des Jahres 1428 ihr Elternhaus verließ und mithilfe eines Verwandten beim Stadtkommandanten der Festung Vaucouleurs um Audienz bat. Als sie diesen schließlich von ihrem göttlichen Auftrag überzeugen konnte, gab er ihr eine Eskorte, die sie zu Karl VII. nach Chinon begleiten sollte. Dort empfing der Dauphin sie und stellte ihr – nach eingehender Prüfung ihrer Glaubwürdigkeit – ein kleines Heer zur

Johanna von Orléans gehört vermutlich zu den bekanntesten Heldinnen der Weltgeschichte. Ihr Leben endete auf dem Scheiterhaufen.

Seite mit dem Auftrag, einen Proviantzug nach Orléans durchzubringen.

Dank ihrer Kühnheit gelangte Jeanne am 29. April 1429 in die eingeschlossene Stadt. Das gab den französischen Verteidigern neuen Mut. Mit Jeanne an der Spitze wagten sie am 7. Mai einen Ausfall und sie schafften es, den Belagerungsring um Orléans zu sprengen. Weitere Siege folgten, sodass bis Juni die Engländer so weit zurückgetrieben waren, dass Karl VII., wie von Jeanne prophezeit, am 17. Juli 1429 in die Kathedrale von Reims einziehen konnte, um zum König von Frankreich gekrönt zu werden.

Auf der Höhe ihres Erfolgs wendete sich jedoch das Blatt. In den folgenden Monaten verlor sie die Unterstützung des Königs und wurde am 23. Mai 1430 bei Compiègne von Johann von Luxemburg festgenommen und an die Engländer ausgeliefert. Diese stellten sie in Rouen vor Gericht, wo sie sich wegen 70 schwerer Vergehen und Sünden verantworten musste, darunter Zauberei, Blasphemie, falsche Weissagung, Hochmut und kirchenspalterisches Verhalten. Wie erwartet wurde sie schuldig gesprochen und schließlich am 30. Mai auf dem Scheiterhaufen verbrannt. 24 Jahre später strengte die Kurie einen Revisionsprozess an und hob das Urteil im Jahre 1456 auf. Ihre Heiligsprechung erfolgte am 16. Mai 1920 durch Papst Benedikt XV.

Mechthild(is) von Dießen

Status Äbtissin
Geboren um 1125

Gestorben 31. Mai 1160 in Dießen am Ammersee
Patronat Patronin gegen Gewitter

Mechthild(is) von Dießen genießt in der Region rund um den Ammersee auch heute noch große Verehrung.

Mechthildis wurde um das Jahr 1125 als Tochter des Grafen Berthold II. von Andechs geboren. Im Alter von fünf Jahren kam sie zur Erziehung in das Kloster St. Stephan in Dießen. Dort wurde sie 1140 Augustiner-Chorfrau und später Priorin.

Im Jahr 1153 übernahm sie – auf direkte Anweisung von Papst Anastasius IV. – die Leitung des Klosters Edelstetten bei Krumbach, das zu dieser Zeit tief greifender Reformen bedurfte. Da Mechthildis jedoch ihren Tod nahen fühlte, kehrte sie bereits sechs Jahre später wieder nach Dießen zurück, wo sie am 31. Mai 1160 starb. Ihre Gebeine ruhen heute in einem Glassarg in einer Seitenkapelle des Dießener Marienmünsters. Im Vorraum der Kirche befindet sich zudem der sogenannte Mechthildisstein, auf dem sich Mechthildis der Legende nach ausruhte. Das Berühren des Steins soll Kopfschmerzen lindern.

Juni

Der Name des sechsten Monats des Jahres leitet sich von der römischen Göttin Juno ab, der Göttin der Ehe und der Beschützerin Roms. Sein alter deutscher Name war *Brachet* oder auch *Brachmond*, da in diesem Monat die Zeit der Brache im Rahmen der im Mittelalter üblichen Dreifelderwirtschaft begann. Er enthält den längsten Tag mit der kürzesten Nacht (Sommersonnenwende, meist am 21. Juni) sowie mehrere wichtige Heiligengedenktage. Dazu zählen der Johannistag, an dem der Geburt Johannes' des Täufers gedacht wird (24. Juni), und das Hochfest Peter und Paul, das an den Tod der Apostel und Kirchenväter Simon Petrus und Paulus von Tarsus erinnert (29. Juni).

1	2	3	4	5	6	7
Justinus	Blandina	Clothilde (Chrodechild)	Franz von Carácciolo	Bonifatius	Norbert von Xanten	Ludwig Ihmels
8	**9**	**10**	**11**	**12**	**13**	**14**
Medardus von Noyon	Kolumban von Hy (von Iona)	Bardo von Mainz	Barnabas	Isaak le Febvre	Antonius von Padua	Gottschalk der Wende
15	**16**	**17**	**18**	**19**	**20**	**21**
Vitus (Veit)	Benno von Meißen	August Hermann Werner	Potentinus von Steinfeld	Gervasius und Protasius	Margarete Ebner	Aloisius von Gonzaga
22	**23**	**24**	**25**	**26**	**27**	**28**
Paulinus von Nola	Etheldreda (Edeltraud) von Ely	Johannes der Täufer	Dorothea von Montau	Josemaría Escrivá	Kyrill (Cyrillus) von Alexandria	Heimerad
29	**30**					
Petrus	Otto von Bamberg					

Der Siebenschläfertag am 27. Juni erinnert an die sieben Schläfer von Ephesus, die während einer der Christenverfolgungen Schutz in einer Höhle suchten und dort von Gott behütet mehrere Jahrhunderte schliefen.

Justinus

Status Philosoph, Märtyrer
Geboren im 2. Jahrhundert
Gestorben um 165
Patronat Patron der Philosophen

Justinus wurde in der ersten Hälfte des 2. Jahrhunderts als Sohn einer heidnisch-römischen Adelsfamilie in Flavia Neapolis (dem heutigen Nablus) geboren. Nach seiner Schulausbildung versuchte er, durch das Studium der Philosophie den einzigen und wahren Gott zu finden, was ihm jedoch nicht gelang. Der Überlieferung zufolge traf er eines Tages beim Spazierengehen einen alten Mann am Strand, dessen Zeugnis von der Christusbotschaft ihn schließlich überzeugte. Das veranlasste ihn dazu, die Lehren des Christentums zu studieren und sich selbst taufen zu lassen. In der Folge wurde er selbst als Prediger und Missionar in Kleinasien tätig und verkündete dort das Evangelium.

Am Ende seiner Missionarsreise gelangte er schließlich nach Rom, wo er eine philosophische Schule gründete und seine Hauptwerke verfasste, die beiden Apologien und die „Schutzschrift der christlichen Religion", in denen er das Christentum leidenschaftlich verteidigte. Auch prangerte er die Verfolgungen von Christen immer wieder öffentlich an und wurde

Justinus wurde vor allem in der Ostkirche verehrt, wo er auch zu den frühchristlichen Kirchenvätern zählt.

schließlich mit sechs seiner Schüler selbst verhaftet. Der Aufforderung, seinem Glauben abzuschwören und den römischen Göttern zu opfern, widersetzte er sich mit den Worten: „Kein vernünftiger Mensch beugt sich vor der Unwahrheit ... Wir sind Christen und können keinen Götzenbildern opfern." Daraufhin wurden er und seine Gefährten enthauptet.

In der Ostkirche zählt Justinus zu den frühchristlichen Kirchenvätern.

Blandina

Status Märtyrerin
Geboren im 2. Jahrhundert
Gestorben 177
Attribute Stier, Netz
Patronat Patronin von Lyon, der Jungfrauen,
    Dienstmägde und Dienstboten

Blandina war eine römische Sklavin in Lyon, die wie ihre Herrin zum Christentum konvertiert war. Im Jahr 177 wurde sie Opfer der Christenverfolgung unter Marc Aurel, blieb aber trotz grausamer Folter standhaft. Gemeinsam mit ihren Leidensgenossen warf man sie schließlich in einem Netz wilden Stieren vor und durchbohrte sie nach weiteren Misshandlungen mit einem Schwert.

Blandina wurde den wilden Tieren vorgeworfen, wobei die meisten Überlieferungen von Stieren berichten.

Clothilde (Chrodechild)

Status Königin
Geboren um 474
Gestorben 3. Juni 544
Attribute Kirchenmodell, Buch
Patronat Patronin der Frauen und der Notare; Patronin gegen Fieber, Kinderkrankheiten sowie für die Bekehrung eines Ehepartners

Clothilde wurde um das Jahr 474 als Tochter des Burgunderkönigs Chilperich II. und seiner Frau Caratene in Lyon geboren. Aufgrund von Streitigkeiten um den Thorn verlor sie früh ihre Eltern sowie zwei Brüder und kam zusammen mit ihrer Schwester an den Hof ihres Onkel Godegisel in Genf.

Im Jahr 493 heiratete sie den Frankenkönig Chlodwig I., machte es jedoch zur Bedingung, dass sie auch weiterhin ihren christlichen Glauben ausüben dürfe. Auch ihre Kinder wurden getauft, während Chlodwig selbst den Bekehrungsversuchen seiner Frau widerstand. Zusätzliche Nahrung erhielten seine Vorbehalte, als sein Erstgeborener kurz nach seiner Taufe starb und auch der zweite Sohn Chlodomir nach der Taufe schwer erkrankte. Erst nach dessen Genesung und nach dem Sieg einer bereits verloren geglaubten Schlacht gegen die

Von Seiten der Kirche wird Clothilde als Wegbereiterin für den katholischen Glauben in Europa betrachtet.

Alemannen, in der er in seiner Bedrängnis den christlichen Gott um Hilfe gebeten hatte, konvertierte auch Chlodwig. Zusammen mit 3000 seiner Franken ließ er sich an Weihnachten 498 in der Kathedrale von Reims taufen.

Nach dem Tod ihres Mannes im Jahr 511 bemühte sich Clothilde auch weiterhin um die Missionierung ihres Volkes. Sie reiste durch das Land, gründete Klöster und stiftete Kirchen. Sie starb schließlich am 3. Juni 544 in Tours. Ihre Gebeine wurden in der Kirche Saint-Pierre in Paris bestattet, wo sie während der Französischen Revolution vernichtet wurden.

Franz von Carácciolo

Status Priester, Ordensgründer
Geboren 13. Oktober 1563
Gestorben 4. Juni 1608
Patronat Patron von Neapel

Franz kam als Sohn einer Adelsfamilie im italienischen Villa Santa Maria zur Welt. Als er sich auf wundersame Weise von einer lebensbedrohlichen Hautkrankheit erholte, verschenkte er sein gesamtes Vermögen und empfing 1587 nach seinem Theologiestudium die Priesterweihe. Danach schloss er sich einer Gemeinschaft von Priestern an, die sich der Seelsorge von Galeerensträflingen und zum Tode Verurteilten verschrieben hatte. Um ihre Arbeit besser koordinieren

zu können, gründete er 1588 zusammen mit den Priestern Giovanni Agostino Adorno und Fabrici Carácciolo die Kongregation der Minderen Regularkleriker oder auch Caraccioliner. Noch im selben Jahr bestätigte Papst Sixtus V. die Gemeinschaft, ebenso wie Papst Paul V. im Jahr 1605.

Nach dem Tod von Giovanni Adorno folgte Franz diesem als Ordensgeneral nach und sorgte in dieser Funktion für die kontinuierliche Ausbreitung des Ordens, insbesondere nach Spanien und auf der Iberischen Halbinsel. Er starb am 4. Juni 1608 in Argenta und wurde in der Kirche S. Monteverginella in Neapel beigesetzt. Seine Heiligsprechung erfolgte 1807 durch Papst Pius VII.

Bonifatius

Status Erzbischof, Missionar, Märtyrer
Geboren um 672
Gestorben 5. Juni 754
Attribute Eiche, Axt, Fuchs, Rabe, Peitsche, Schwert
Patronat Patron der Diözese Fulda und von Thüringen; Patron der Bierbrauer und Schneider

Wynfreth, so der Taufname, wurde um das Jahr 672 als Sohn einer vornehmen angelsächsischen Familie geboren, vermutlich in Crediton in der Grafschaft Devonshire. Seine Erziehung erhielt er in den Klöstern Exeter und Nursling, wo er im Alter von 30 Jahren auch seine Priesterweihe erhielt. Danach wirkte er als Lehrer und widmete sich der Wissenschaft, bis er 716 zusammen mit einigen Gefährten seine erste Missionsreise nach Friesland unternahm.

Diese „Germanenbekehrung" des heiligen Bonifatius – auch „Apostel der Deutschen" genannt – stammt von dem bekannten deutschen Illustrator Johannes Gehrts.

Allerdings war diese nur von wenig Erfolg gekrönt, weshalb die Missionare schon Ende des Jahres wieder zurückkehrten.

Beauftragt von Papst Gregor II., von dem Wynfreth den Namen Bonifatius erhielt, machte sich dieser 718 erneut auf die Reise, dieses Mal, um die Germanen zum christlichen Glauben zu bekehren. Er begann seine Mission erneut bei den Friesen und wirkte ab 721 in Thüringen und Hessen (ab 722 in seinem neuen Amt als Missionsbischof). Dort gründete er zahlreiche Klöster und Kirchen. Besonders bekannt ist dabei eine Begebenheit in Geismar, wo Bonifatius eine uralte, dem Gott Donar (Thor) geweihte Eiche fällte, um die Macht des christlichen Glaubens zu demonstrieren. Der Überlieferung zufolge baute er aus dem Holz eine dem Petrus geweihte Kapelle, aus der später das Kloster Fritzlar hervorging.

Bei seinem Besuch in Rom im Jahr 723 wurde Bonifatius schließlich zum Erzbischof und zum päpstlichen Vikar von Germanien ernannt. Danach dehnte er seine Missionstätigkeit auch auf Bayern und Sachsen aus, während er gleichzeitig die deutsche Kirche neu organisierte und ordnete. 744 gründete er das von ihm so geliebte Kloster Fulda, im Jahr 747 wurde er zum Bischof von Mainz ernannt.

Am Ende seines Lebens machte er sich im Alter von 80 Jahren noch einmal zu einer Mission nach Friesland auf. Dort wurde er am Pfingstfest 754 bei Dokkum von Räubern überfallen und zusammen mit seinen Begleitern erschlagen. Die Gebeine des „Apostels der Deutschen" wurden – wie von ihm immer gewünscht – in Fulda beigesetzt. Sein Grab in der Krypta des Fuldaer Doms ist bis heute Wallfahrtsort vieler Gläubiger.

Norbert von Xanten

Status Erzbischof, Ordensgründer
Geboren um 1082
Gestorben 6. Juni 1134
Attribute Kelch mit Spinne, Monstranz, Palme, Kreuz mit zwei Querbalken
Patronat Patron von Böhmen, der Prämonstratenser und der Schwestern vom Dritten Orden des heiligen Norbert

Norbert stammte aus einer Adelsfamilie in Xanten. Er trat schon als Kind in das Stift St. Viktor in Xanten ein, wo ihn als Subdiakon im Dienst des Erzbischofs von Köln ein komfortables, sehr weltlich geprägtes Leben erwartete. Doch dann kam es der Überlieferung zufolge im Jahr 1115 zu einem folgenschweren Ereignis: Auf einem Ritt von Xanten nach Vreden schlug ein Blitz direkt neben seinem Pferd ein, sodass er zu Boden

Dieses Gemälde von Andreas Brugger zeigt den heiligen Norbert von Xanten vor dem Bischofspalast von Magdeburg.

gerissen wurde. Nachdem er dem Tod so nahe gekommen war, wandelte sich Norbert zum demütigen Büßer. Er verschenkte sein Vermögen an die Armen, ließ sich zum Priester weihen und zog als Bußprediger durch das Land.

Im Jahr 1118 ging Norbert nach St-Gilles in Südfrankreich, wo er von Papst Gelasius II.

die offizielle Erlaubnis zur Mission erhielt. Nach einer schweren Krankheit begab er sich zusammen mit seinem Freund Hugo von Cambrai-Fosses auf Geheiß von Papst Callistus II. nach Laon, um das Stift St. Martin zu reformieren. Doch die Kleriker dort zeigten sich reformunwillig, woraufhin sich die beiden Männer in dem abgelegenen Waldtal Prémontré niederließen und dort ein Kloster gründeten – die Keimzelle des Prämonstratenserordens, dessen Mitglieder nach den Regeln der Augustiner lebten und sich eremitischen Idealen verpflichteten. 1126 wurde die schnell wachsende und sich ausbreitende Gemeinschaft von Papst Honorius II. bestätigt.

Ebenfalls im Jahr 1126 wurde Norbert zum Erzbischof von Magdeburg berufen, woraufhin er die Leitung des Ordens an seinen Freund Hugo abgab. Er erneuerte die völlig heruntergekommene Diözese mit viel Geduld und gegen zahlreiche Widerstände von innen heraus. Dort starb er am 6. Juni 1134 auch, vermutlich an einer Malariaerkrankung, die er sich auf der Rückkehr von Rom zuzog, wohin er König Lothar II. im Jahr 1132/1133 begleitet hatte. Seine Heiligsprechung erfolgte 1621 durch Papst Gregor XV., 1982 wurde er von Papst Johannes Paul II. zum Schutzpatron des Magdeburger Landes erhoben.

Ludwig Ihmels

Status Bischof
Geboren 29. Juni 1858
Gestorben 7. Juni 1933

Der in Middels geborene Ludwig stammte aus einer bekannten Pastorenfamilie. Nach seinem Abitur studierte er evangelische Theologie und trat 1883 seine erste Pfarrstelle an, der zahlreiche weitere Stationen folgten. Von 1902 bis 1922 war er Inhaber des Lehrstuhls für Dogmatik an der Universität Leipzig, von wo aus er 1922 zum ersten Landesbischof von Sachsen berufen wurde. Als solcher leitete er 1923 den Lutherischen Weltkonvent in Eisenach, nahm an der Stockholmer Weltkirchenkonferenz von 1925 teil und gründete zusammen mit Martin Doerne das Predigerseminar

Lückendorf. Auch die Verabschiedung der Sächsischen Kirchenverfassung fiel in seine Amtszeit. Ludwig Ihmels starb am 7. Juni 1933 in Leipzig.

Diese Aufnahme von Bischof Ludwig Ihmels stammt aus dem Jahr 1909.

Medardus von Noyon

Status Bischof
Geboren um 470
Gestorben um 560
Attribute Herz in der linken Hand
Patronat Patron von Lüdenscheid,
der Bauern, Winzer, Bierbrauer und
Schirmemacher; Patron für gutes
Heuwetter, eine gute Feld- und Wein-
ernte sowie gegen Regen; Patron gegen
Zahnschmerzen, Fieber und Geistes-
krankheiten

Dieses Sammelbildchen stammt – wie die meisten Abbildungen des heiligen Medardus – aus Frankreich.

Medardus kam um das Jahr 470 als Sohn einer fränkischen Adelsfamilie im französischen Salen-cy zur Welt. Im Jahr 505 empfing er die Priester-weihe und wurde 546 zum Bischof von Vermand ernannt, dessen Sitz er nach Noyon verlegte. Der Überlieferung zufolge wurde er 532 auch Bischof von Tournai, von wo aus er Flandern missionierte.

Unter Medardus von Noyon erlebte die heruntergekommene Diözese eine neue Blüte. Auch war er für seine Mildtätigkeit und seine Gabe, Wunder zu wirken, bekannt. So wird er-zählt, dass er einst bei einem Sparziergang über die Felder von einem Gewitter überrascht wur-de. Da ging neben im ein Adler nieder, der ihn mit seinen Schwingen vor dem Regen beschütz-te. Medardus starb hochbetagt um das Jahr 560 und wurde im später nach ihm benannten Klos-ter Saint-Médard in Soissons beigesetzt, das der fränkische König Chlotar I. nach seinem Tod für ihn errichten ließ.

Während Kolumban von Hy im Mittelalter in ganz Eu-ropa verehrt wurde, begrenzt sich sein Kult heute auf Irland und Schottland.

Kolumban von Hy (von Iona)

Status Mönch, Klostergründer
Geboren um 521
Gestorben 9. Juni 597
Patronat Patron der irischen Dichter; Patron
gegen Feuer und Blitz sowie gegen Rat-
ten- und Mäuseplagen

Der um das Jahr 521 geborene Kolumban ent-stammte einer irischen Adelsfamilie. Er gründe-te zahlreicher Klöster und Kirchen, unter ande-rem Derry, Durrow und Kells, die sich allesamt zu Zentren des Wissens und der Kunst entwi-ckelten. Im Jahr 563 setzte er zusammen mit 12 Gefährten auf die Insel Hy vor der schottischen Küste über, wo er das berühmte Kloster Hy grün-dete, das in der Folge zum Ausgangspunkt der Missionierung Schottlands und Northumbrias sowie zu einem Ort der Kultur wurde. Dort starb Kolumban, der auch Dichter, Künstler und Sän-ger war, am 9. Juni 597. Er gilt als einer der drei Patrone und der zwölf Apostel Irlands.

Bardo von Mainz

Status Erzbischof
Geboren um 980
Gestorben 10. Juni 1051

Bardo wurde um das Jahr 980 als Sohn einer Adelsfamilie im hessischen Oppershofen geboren. Als Jüngling trat er in das Benediktinerkloster in Fulda ein, wo er seine geistliche Ausbildung erhielt. In der Folge bekleidete er zahlreiche wichtige Kirchenämter, war unter anderem Abt von Werden und Hersfeld. Im

Jahr 1031 wurde Bardo schließlich zum Erzbischof von Mainz ernannt, wo er nach seinem Tod am 10. Juni 1051 in dem unter ihm fertiggestellten Dom beigesetzt wurde.

Bardo von Mainz war ein außergewöhnlich frommer und mildtätiger Kirchenfürst, der sehr asketisch lebte. Auch als Prediger erlangte er Bekanntheit. Nach seinem Tod ereigneten sich zahlreiche Wunder an seinem Grab, das schnell zu einer beliebten Wallfahrtsstätte wurde.

Barnabas

Status Apostel, Märtyrer
Geboren um Christi Geburt
Gestorben um 61
Patronat Patron von Mailand und Zypern;
Patron der Weber, Küfer und Böttcher;
Patron bei Streit sowie gegen Hagel,
Steinschlag und Traurigkeit

Barnabas aus dem israelitischen Stamm Levi stammte aus Zypern, wo er als Sohn einer Gutsbesitzerfamilie geboren wurde. Er wird den 72 Jüngern Jesu zugerechnet.

In der Apostelgeschichte heißt es, er habe seinen gesamten Besitz verkauft und den Erlös den Jüngern übergeben. Weiter heißt es, dass er gemeinsam mit Paulus nach Antiochia reiste, wo sie zusammen mit Petrus in der dortigen Gemeinde aus Juden und Heiden missionarisch wirkten. Auch war Paulus Barnabas' Begleiter auf dessen Missionsreise durch Zypern und das südliche Kleinasien.

Barnabas' Aufnahme in den Kreis der Apostel erfolgte erst nach dem Tod von Jesus.

Danach kam es zum Konflikt mit Paulus, woraufhin Barnabas mit dem Apostel Markus nach Zypern zurückkehrte, um dort das Evangelium zu verkünden. Während dieser Missionstätigkeit wurde Barnabas um das Jahr 61 von Juden zu Tode gesteinigt. Er gilt als Nationalheiliger Zyperns.

Isaak le Febvre

Status Glaubenszeuge
Geboren um 1648
Gestorben 13. Juni 1702

Der um das Jahr 1648 im französischen Château-Chinon geborene Isaak le Febvre war Hugenotte. Er wirkte zunächst als Jurist in Paris

und trat anschließend in die Dienste der verwitweten Marquise von Saint-André-Montbrun ein. Als 1685 das Edikt von Nantes aufgehoben wurde und die Hugenotten damit als vogelfrei galten, versuchte Isaak zu fliehen, was ihm jedoch nicht gelang. Er wurde verhaftet und zu lebenslanger Galeerenstrafe verurteilt. Da er jedoch zu dieser Arbeit aufgrund seiner Konstitution nicht in der Lage war, wurde er stattdessen im Fort St-Jean in Marseille eingekerkert, wo er 15 Jahre in einem unterirdischen Gewölbe verbrachte und sein Werk über die Notwendigkeit des Leidens verfasste.

Als Isaaks Fall im Ausland bekannt wurde und sich mehrere Herrscher für seine Freilassung einsetzten, wurde er mit einer Kontaktsperre belegt, sodass er schließlich völlig vereinsamt starb. Aufgrund der schlechten Haftbedingungen wird er bisweilen als Märtyrer betrachtet.

13. Juni

Antonius von Padua

Status Mönch, Kirchenlehrer
Geboren um 1195
Gestorben 13. Juni 1231
Attribute Jesuskind, Fische, Esel, Flamme in der Hand, Hostie, Monstranz
Patronat Patron von Padua, Lissabon, Paderborn und Hildesheim; Patron der Frauen und Kinder, der Liebenden, Armen, Reisenden, Bäcker und Bergleute; Patron der Ehe, gegen Unfruchtbarkeit und für eine glückliche Entbindung; Patron gegen Fieber, Pest, Viehkrankheiten, Schiffbruch und Kriegsnöte; Helfer in allen Nöten

Fernandez, so der Taufname, wurde um das Jahr 1195 in Lissabon als Sohn einer reichen Adelsfamilie geboren. Nach seiner Ausbildung schloss er sich den Augustinern in Coimbra an und empfing die Priesterweihe. Erschüttert durch die Bestattung von fünf Franziskanermönchen, deren Leichen man nach ihrem grausamen Märtyrertod in Marokko nach Coimbra brachte, wurde Fernandez dazu veranlasst, 1220 dem Franziskanerorden beizutreten und – nun unter dem Namen Antonius – selbst als Missionar nach Marokko zu gehen.

Aus gesundheitlichen Gründen musste Antonius Marokko jedoch wieder verlassen und gelangte während der Rückreise durch einen Sturm nach Sizilien. Von dort aus begab er sich nach Assisi, wo er den Ordensgründer traf und einige Zeit in dem einsamen Bergkloster Monte Paolo verbrachte. Dort offenbarte sich auch die außerordentliche Redebegabung Antonius'. Danach wirkte er als Bußprediger in Oberitalien, Südfrankreich und Padua, wobei bis zu 30 000 Menschen zusammengekommen sein sollen, um ihn zu hören. Aber auch das Gegenteil war der Fall. Der Legende zufolge predigte

Antonius von Padua wurde bereits elf Monate nach seinem Tod heiliggesprochen – einer der kürzesten Heiligsprechungsprozesse der Geschichte.

Antonius einst am Strand von Rimini, aber keiner der Einwohner schenkte ihm Gehör. Doch die Fische versammelten sich, streckten die Köpfe aus dem Wasser und lauschten ihm andächtig, woraufhin er fast die ganze Stadt bekehren konnte.

Schließlich wurde Antonius zum ersten Lehrer der Theologie für die Franziskaner ernannt, doch blieb ihm nur wenig Zeit, die Theologie des Augustinus in den Orden der Minderen Brüder einzuführen. Denn völlig entkräftet zog er sich 1230 auf ein Landgut in der Nähe von Padua zurück. Er starb nur kurz danach am 13. Juni 1231. Antonius war über seine Predigten hinaus auch für seine Frömmigkeit, seine Milde und seine zahllosen Wunder bekannt. Er gehörte zu den meistverehrten Heiligen im Mittelalter und sein Grab in Padua ist auch heute noch Ziel von zahlreichen Pilgern.

Gottschalk der Wende

Status Fürst, Märtyrer
Geboren um 1000
Gestorben 14. Juni 1066

Der um das Jahr 1000 in Norddeutschland geborene Gottschalk war der Sohn des Obodritenfürsten Udo. Nach seiner Ausbildung und dem Tod des Vaters musste er ins Exil nach England gehen, wo er als Gefolgsmann des dänischen Königs Kanut IV. diente. Im Jahr 1043 gelang ihm schließlich die Rückkehr und er schuf das Reich der Wenden. Nun setzte er sich kraftvoll für die Christianisierung seines Landes ein und gründete mit Erzbischof Adalbert von Hamburg-Bremen die Bistümer Mecklenburg und Ratzeburg.

Im Jahr 1066 wurde Gottschalk am 14. Juni bei einem Aufstand der heidnischen Wenden ermordet, wodurch das von ihm wieder eingerichtete christliche Kirchenwesen abermals vernichtet wurde.

Vitus (Veit)

Status Märtyrer
Geboren um 290
Gestorben um 304
Attribute in einem Kessel, Hahn oder Löwe
Patronat Patron von Prag sowie der Haustiere, Tänzer und Schauspieler; Patron gegen Krämpfe, Epilepsie und Schlangenbisse, Nothelfer

Der Legende nach war Vitus der Sohn eines römischen Senators im süditalienischen Lucania. Als dieser entdeckte, dass sein Sohn ein Anhänger des christlichen Glaubens war, wollte er Vitus – auch unter Anwendung der Folter – zunächst davon abbringen, und als dies nicht gelang, ihn sogar umbringen. Vitus jedoch gelang die Flucht mit seinem Lehrer Modestus und dessen Frau Crescentia, seiner Amme, die ebenfalls Christen waren und ihn im christlichen Glauben unterrichtet hatten. In Rom angelangt, schickte Kaiser Diokletian nach Vitus, damit dieser den Sohn des Kaisers von einem bösen Geist befreie. Und obwohl die Austreibung gelang, verlangte Diokletian von Vitus und seinen Begleitern, ihrem Glauben abzuschwören. Doch sowohl Vitus als auch Modestus und Crescentia blieben einmal mehr standhaft, woraufhin sie gefoltert und den Löwen vorgeworfen wurden. Als die wilden Tiere sie verschonten, wurden sie in siedendes Öl geworfen, aus dem ein Engel sie rettete und zurück nach Lucania brachte, wo sie schließlich starben und von der Witwe Florentina bestattet wurden.

Vitus werden trotz seines kurzen Lebens allerlei Wunder zugeschrieben und auch der Begriff des Veitstanzes, eine altertümliche Bezeichnung für die Nervenkrankheit Chorea Huntington, geht auf ihn zurück. Zu den Symptomen der Erbkrankheit gehören unkontrollierte Bewegungen von Händen und Füßen, die an die wilden Tänze erinnern, welche die Verehrer des Heiligen mitunter vor dessen Bildnis aufführten.

Vitus zählt zu den volkstümlichsten Heiligen der katholischen Kirche und gehört zu den 14 Nothelfern.

Benno von Meißen

Status Bischof
Geboren um 1010
Gestorben 16. Juni 1106
Attribute Fisch mit Kirchenschlüssel
Patronat Patron von Altbayern, München und des Bistums Dresden-Meißen; Patron der Fischer und Tuchmacher; Patron gegen die Pest, gegen Unwetter, gegen Trockenheit und für Regen

Das Gemälde von Carlo Saraceni zeigt die Rückkehr von Bruno von Meißen nach seiner Absetzung und Exkommunikation.

Der um das Jahr 1010 geborene Benno stammte vermutlich aus einer sächsischen Adelsfamilie. Nach seiner Erziehung in Hildesheim empfing er 1040 die Priesterweihe und wurde danach Abt und Kanoniker in Goslar. Im Jahr 1066 wurde er zum Bischof von Meißen ernannt.

Da Benno den Sachsenkrieg von Heinrich IV. nicht guthieß und sich nicht daran beteiligen wollte, wurde er von diesem wegen Hochverrats in der Zeit von 1075 bis 1077 gefangen gehalten und 1085 als Bischof abgesetzt. Erst drei Jahre später konnte Benno in sein Amt und seine Diözese zurückkehren. Dazu heißt es in der Legende, er habe bei seinem Fortgang aus Meißen die Kirchenschlüssel in die Elbe geworfen und diese bei seiner Rückkehr von einem Fischer wiederbekommen, der sie im Bauch eines Fisches gefunden hatte.

Benno, der während seiner Amtszeit segensreich in seinem Bistum wirkte und zahlreiche Kirchen und Klöster errichten ließ, starb am 16. Juni 1106. Es heißt auch, er habe sich besonders der Bekehrung der Slawen an Elbe und Ostsee gewidmet, was ihm die Ehrenbezeichnung „Apostel der Wenden" einbrachte. Doch historisch ist dies nicht belegt. Aus Angst vor den sächsischen Anhängern der Reformation wurden die Gebeine des Verstorbenen 1576 nach Bayern gebracht und in der Münchener Frauenkirche beigesetzt, wo bis heute alljährlich der Benno-Tag begangen wird.

August Hermann Werner

Status Arzt
Geboren 21. Juni 1808
Gestorben 18. Juni 1882

August wurde als jüngstes von 12 Kindern des Gymnasiallehrers Georg Andreas Werner in Stuttgart geboren. Eigentlich wollte er Pfarrer werden, entschied sich aber nach seiner Schulzeit doch für das Medizinstudium. 1832 eröffnete er in Neckarsulm seine erste Praxis und zog zwei Jahre später nach Ludwigsburg, wo er 1841 in einer Mietwohnung eine Heilanstalt für behinderte Kinder einrichtete. Dank großzügiger Gönner entwickelten sich daraus in den folgenden Jahren die Wernerschen Anstalten,

in denen bis zu Augusts Tod im Jahr 1882 über 10 000 Kinder behandelt wurden, darunter die an Kinderlähmung leidende Margarete Steiff. Doch August kümmerte sich nicht nur um die medizinischen Belange seiner kleinen Patienten, sondern – immer unterstützt von seiner Frau Karoline – auch um die Ausbildung der Kinder. So gründete er 1868 in Ludwigsburg eine Anstalt zur Ausbildung von Diakonen und Krankenpflegern. August starb am 18. Juni 1882. Aus den Wernerschen Anstalten sind die Orthopädische Klink Markgröningen, die August-Hermann-Werner-Schule in Markgröningen sowie die Stiftung Karlshöhe Ludwigsburg hervorgegangen.

Potentinus von Steinfeld

Status Pilger, Märtyrer
Geboren im 4. Jahrhundert
Gestorben im 4. Jahrhundert
Attribute zwei Pfeile

Potentinus, der Überlieferung zufolge ein adeliger Aquitanier, zog zusammen mit seinen Söhnen Felicius und Simplicius aus, um die heiligen Stätten zu besuchen. In Trier angekommen, fragten sie den dortigen Bischof Maximin nach einem Ort, an dem sie ein gottgefälliges Leben führen könnten. Dieser schickte sie daraufhin zu seinem ehemaligen Schüler Kastor, der in Karden an der Mosel als Einsiedler lebte. Dort verbrachten Potentinus und seine Söhne den Rest ihres Lebens.

Die Legende berichtet eine etwas davon abweichende Lebensgeschichte. Ihr zufolge war Potentinus der Sohn eines heidnischen Frankenkönigs, der später zum Bischof von Paderborn gewählt wurde und bei dem Versuch, seine ebenfalls christliche Schwester aus ihrer heidnischen Umgebung zu befreien, den Märtyrertod erlitt.

Gervasius und Protasius

Status Märtyrer
Geboren im 2. Jahrhundert·
Gestorben im 2. Jahrhundert
Attribute Geißel, Keule
Patronat Patrone von Mailand und Breisach; Patrone der Kinder und Heuarbeiter; Patrone gegen Blut- und Harnfluss sowie für eine gute Ernte

Das Leben und Sterben dieser beider Heiligen liegt größtenteils im Dunkeln. Die beiden angeblichen Zwillingsbrüder erlitten im Rahmen der Christenverfolgungen (vermutlich unter Kaiser Nero) den Märtyrertod.

Viele Jahre später ließ ein Traum Erzbischof Ambrosio die sterblichen Überreste der beiden Heiligen finden. Dieser bestattete sie im Jahr 386 in der von ihm gegründeten Basilika in Mailand, wobei bei der Übertragung der

Gervasius und Protasius wurden bis ins 5. Jahrhundert vor allem als Märtyrer dargestellt, danach als Diakone oder Edelmänner.

Gebeine ein Blinder wieder sehend geworden sein soll. Auch Ambrosio selbst fand hier seine letzte Ruhestätte – an der Seite von Gervasius und Protasius.

Margarete Ebner

Status Nonne, Mystikerin
Geboren um 1291
Gestorben 20. Juni 1351

Die um das Jahr 1291 im bayerischen Donauwörth geborene Margarete stammte aus einer reichen Patrizierfamilie. Bereits im Alter von 15 Jahren trat sie in das Dominikanerinnenkloster Maria Medingen bei Dillingen ein. Dort wurden der mystisch begnadeten Margarete zahlreiche Visionen zuteil, die sie – ermutigt durch den Priester Heinrich von Nördlingen – ab 1344 schriftlich festhielt.

Sie starb am 20. Juni 1351 im Kloster Medingen in Mödingen. Ihr Grab ist bis heute ein beliebter Wallfahrtsort.

Aloisius von Gonzaga

Das Grab von Aloisius von Gonzaga befindet sich in der Barockkirche S. Ignazio in Rom

Status Mönch
Geboren 9. März 1568
Gestorben 21. Juni 1591
Attribute Geißel, Jesuskind, Rosenkranz, Totenkopf
Patronat Patron von Mantua; Patron der Jugend und der Studierenden; Patron gegen die Pest, gegen Augenleiden und bei der Berufswahl

Aloisius war der Erstgeborene des Markgrafen von Gonzaga und kam am 9. März 1568 auf dem Familienschloss in der Nähe von Mantua auf die Welt. Als Page am Hof der Medici in Brescia legte er im Alter von 10 Jahren aus Protest gegen die Sittenlosigkeit und Frivolität der damaligen Zeit das Gelübde der ewigen Keuschheit ab. Später war Aloisius am Hof von König Philipp II. in Madrid tätig, ehe er 1585 unter dem Einfluss von Kardinal Carlo Borromäus seine Erbansprüche an seinen Bruder abtrat und in Rom in den neu gegründeten Jesuitenorden eintrat. Dort betrieb er in den folgenden Jahren theologische Studien und kümmerte sich aufopferungsvoll um die Kranken und Armen.

Während einer Pestepidemie in Rom infizierte Aloisius sich bei der Pflege der Seuchenopfer und starb am 21. Juni 1591. Er wird als ungewöhnlich frommer und keuscher junger Mann dargestellt, der Frauen nur mit gesenktem Blick begegnet sein soll. Seine Heiligsprechung erfolgte im Jahr 1726.

Paulinus von Nola

Status Bischof
Geboren um 353
Gestorben 22. Juni 431
Patronat Patron von Nola, von Regensburg und der Müller

Der heilige Paulinus stellt sich als Sklave im Tausch gegen den Sohn einer Witwe zur Verfügung.

Paulinus wurde um das Jahr 353 im französischen Bordeaux als Sohn einer römischen Senatorenfamilie geboren. Von 381 an war er Statthalter von Kampanien (Süditalien), kehrte aber nach dem frühen Tod seines Sohnes zusammen mit seiner Frau nach Bordeaux zurück, wo er sich ernsthaft dem Christentum zuwandte. Um das Jahr 390 siedelten sie nach Barcelona über, wo Paulinus 394 zum Priester geweiht wurde. Da Paulinus Felix von Nola (▶ Seite 21) sehr verehrte, zog er mit seiner Frau nach Nola und ließ sich in der Nähe des Grabes von Felix nieder. Dort ließ er eine Kirche sowie Gästehäuser für Pilger errichten. Zudem gründete er eine streng asketische klösterliche Gemeinschaft und verfasste jedes Jahr zum Gedenktag des heiligen Felix eine Hymne zu dessen Ehren.

Um das Jahr 409 wurde er schließlich sehr zur Freude der Bevölkerung zum Bischof von Nola ernannt. In dieser Funktion kümmerte er sich vor allem um die Armen und versuchte, die durch den Einfall der Westgoten entstandene Not zu lindern. Paulinus starb am 22. Juni 431 in seinem Bistum und wurde auch dort beigesetzt.

Etheldreda (Edeltraud) von Ely

Status Königin von Northumbrien
Geboren 635
Gestorben 23. Juni 679
Patronat Patronin gegen Augenleiden

Etheldreda war die Tochter des Königs Anna von Ostanglien und wurde schon früh mit dem schottischen Fürsten Tondberth verheiratet, der aber ihr Keuschheitsgelübde zeitlebens achtete. Von ihm erhielt Etheldreda als Morgengabe auch die Insel Ely, auf die sie sich nach seinem Tod zurückzog. Doch im Jahr 660 wurde sie erneut verheiratet, dieses Mal mit dem deutlich jüngeren König Egfried von Northumbrien. Auch mit ihm lebte Etheldreda zunächst in Enthaltsamkeit, doch im Laufe der Zeit drängte Egfried immer stärker auf den Vollzug der Ehe. Daraufhin entzog sie sich ihm und wurde 671 Nonne im Kloster Coldingham.

Zwei Jahre später kehrte sie auf die von ihr so geliebte Insel Ely zurück, wo sie ein Doppelkloster gründete, dessen Frauenkloster sie selbst

Als ihr Ehemann auf den Vollzug der Ehe drängte, ging Etheldreda ins Kloster und wurde Nonne.

vorstand. Dort starb sie am 23. Juni 679. Etheldreda gehört bis heute zu den am meisten verehrten Heiligen in England. Das spätere Benediktinerkloster Ely erlangte ebenfalls große Berühmtheit.

Johannes der Täufer

Status Prophet, Märtyrer
Geboren im 1. Jahrhundert v. Chr.
Gestorben um 29 n. Chr.
Attribute Lamm, Kreuzstab, Taufschale, Kopf auf Teller
Patronat Patron von Malta, Burgund, Florenz, Amiens und der Provence; Patron der Karmeliter und Malteser (Johanniter); Patron der Weber, Schneider, Kürschner, Gerber, Färber, Sattler, Winzer, Fassbinder, Gastwirte, Schmiede, Zimmerleute, Architekten, Maurer, Steinmetze, Kaminkehrer, Hirten, Bauern, Musiker, Tänzer, Sänger und Kinobesitzer; Patron der Haustiere, Schafe und Lämmer; Patron bei Abstinenz sowie gegen Epilepsie, Kopfschmerzen, Kinderkrankheiten, Angst und Hagel

Eines Tages erschien dem Priester Zacharias, dessen Ehe mit Elisabeth schon lange kinderlos war, der Erzengel Gabriel und verhieß ihm die Geburt eines Sohnes, dessen Name Johannes sein sollte. Als Zacharias ein Zeichen der Bestätigung haben wollte, ließ ihn Gabriel verstummen und kündigte an, dass er mit der Geburt seines Sohnes auch seine Stimme wiederbekommen würde. Und als Elisabeth in hohem Alter einen Sohn gebar (es heißt, ein halbes Jahr vor der Geburt Christi), konnte auch Zacharias wieder sprechen.

Als Erwachsener lebte Johannes zunächst als Asket in der Wüste, bevor er erstmals um das Jahr 28 als Bußprediger auftrat. Am Ufer des Jordans verkündete er die bevorstehende Ankunft des Erlösers und forderte die Menschen auf, Buße zu tun und sich von ihm taufen zu lassen. Er versammelte eine große Zahl von Anhängern um sich, ehe eines Tages Jesus selbst am Jordan erschien und sich von Johannes taufen ließ.

Die wachsende Popularität von Johannes war dem Tetrarchen Herodes Antipas ein Dorn

Die Enthauptung des Propheten Johannes ist ein ebenso beliebtes künstlerisches Motiv wie sein Leben und Wirken.

im Auge, zumal Johannes sich vehement gegen dessen zweite Ehe mit der Frau seines Bruders aussprach. Fürchtete er zunächst noch den Zorn des Volkes, ließ Herodes ihn – aufgehetzt von seiner Frau Herodias und ihrer Tochter Salome – schließlich doch hinrichten. Der Überlieferung zufolge brachte Salome ihrer Mutter den Kopf des Märtyrers in einer Schale.

Die christliche Kirche sieht in Johannes den letzten großen Propheten und „Vorläufer" von Jesus. Sein Geburtstag, der Johannestag, ist seit Jahrhunderten ein wichtiger Festtag, der vor allem im Mittelalter mit zahlreichen Wallfahrten, Prozessionen und Feiern begangen wurde und um den sich zahlreiche Bräuche entwickelt haben. Allerdings ist dies wohl auch der Tatsache geschuldet, dass der 24. Juni der Tag der (antiken) Sommersonnenwende ist.

25. Juni — Dorothea von Montau

Status Reklusin, Mystikerin
Geboren 6. Februar 1347
Gestorben 25. Juni 1394
Attribute neun Kinder, Laterne, Rosenkranz
Patronat Patronin von Preußen und des
Deutschen Ordens

Dorothea entstammte einer wohlhabenden Bauernfamilie und wurde am 6. Februar 1347 im ostpreußischen Montau bei Marienwerder geboren. Schon als Kind begann sie ihre

lebenslange Askese und Selbstkasteiung. Als sie im Alter von 16 Jahren den aus Danzig stammenden Schmied Adalbert heiratete, hatte sie die ersten religiösen Visionen. Als ihr Mann 1390 starb, zog Dorothea nach Marienwerder, wo sie ihre gesamte Habe verschenkte und freiwillig bis zu ihrem Tod am 25. Juni 1394 als Reklusin in einer an den Dom angrenzenden Zelle lebte. Dort gab sie sich ganz der Buße, ihren Visionen und der Tröstung Ratsuchender hin. Ihre Heiligsprechung erfolgte im Jahr 1976.

26. Juni — Josemaría Escrivá

Status Priester, Gründer
Geboren 9. Januar 1902
Gestorben 26. Juni 1975

Josemaría wurde 1902 im spanischen Barbastro geboren. Er stammte aus einem streng katholischen Elternhaus und fiel bereits im Priesterseminar durch seine ausgeprägte Bußbereitschaft auf. Es folgte ein Studium der Theologie und Rechtswissenschaften sowie 1925 die Priesterweihe.

Ab 1927 wirkte er als Seelsorger in Madrid, wo er gleichzeitig in Jura promovierte und

1928 die Gemeinschaft Opus Dei gründete, durch die Laien der christliche Glaube nähergebracht und diese in die Arbeit der Kirche integriert werden sollten. 1930 folgte der weibliche Zweig sowie 1939 die Veröffentlichung seines grundlegenden Werkes „Der Weg". Während des spanischen Bürgerkriegs (1936–1939) war er gezwungen, in den Untergrund zu gehen, setzte seine Arbeit aber danach unbeirrt fort.

1943 gründete er die mit dem Opus Dei verbundene Priestergemeinschaft vom Heiligen

Zu der Heiligsprechung von Josemaría Escrivá kamen 200 000 Gläubige aus aller Welt nach Rom.

Kreuz, bevor er 1946 nach Rom ging, um sich von dort aus den Belangen von Opus Dei zu widmen. 1950 erreichte er die offizielle Anerkennung seiner Gemeinschaft durch den Papst und trieb in der Folgezeit deren weltweite Ausbreitung voran. Bei seinem überraschenden Tod am 26. Juni 1975 zählte Opus Dei 60 000 Mitglieder in 80 Ländern. Heute gehören der Gemeinschaft schon über 80 000 Mitglieder an. Seit seiner Heiligsprechung im Jahr 2002 durch Papst Johannes Paul II. ruht sein Leichnam in der Prälaturkirche S. Maria della Pace in Rom.

Kyrill (Cyrillus) von Alexandria

Status Bischof, Kirchenlehrer
Geboren um 380
Gestorben 27. Juni 444

Über das Leben Kyrills vor seinem Amtsantritt ist nur wenig bekannt. Er war ein Neffe von Theophilus, dem Patriarchen von Alexandria, dem er 412 nachfolgte. Als solcher trat er hinsichtlich Christologie, Bibelauslegung und Eucharistie vehement für die theologische Schule Alexandrias ein und wandte sich insbesondere gegen die Lehre des Patriarchen Nestorius von Konstantinopel. Zudem kämpfte er für die Bezeichnung der Maria als „Gottesgebärerin" und verfasste zahlreiche Abhandlungen über die Heilige Schrift und die Dreifaltigkeit.

Doch obwohl Kyrills Leistung als herausragender theologischer Denker allgemein anerkannt ist, ist seine Person in der theologischen Geschichtsschreibung nicht unumstritten. Denn er ging gnadenlos gegen alle vor, deren Standpunkte nicht den seinen entsprachen. So veranlasste er die Plünderung und Schließung der Kirchen der Novatianer und rief die Christen von Alexandria als Vergeltung für jüdische Angriffe zum Pogrom gegen die Mitglieder der jüdischen Gemeinde auf, wobei auch die berühmte Philosophin Hypatia umgebracht wurde. Seine Unnachgiebigkeit in theologischen Fragen legte zudem den Grundstein für eine eigenständige nestorianische

Kirche sowie die Abspaltung der monophysitischen Kirchen.

Cyrill starb am 27. Juni 444 in Alexandria. Im Jahr 1882 wurde er von Papst Leo XIII. zum Kirchenlehrer erhoben, in der orthodoxen Kirche zählt er zu den Kirchenvätern.

Kyrill von Alexandria – hier dargestellt mit dem Mönch Kyrill Beloserski – zählt zu den bedeutendsten Kirchenschriftstellern seiner Zeit.

✛ # Heimerad

Status Einsiedler
Geboren um 970
Gestorben 28. Juni 1019

Heimerad wurde um die Mitte des 10. Jahrhunderts im badischen Meßkirch geboren. Mit etwa 30 Jahren wurde er zum Priester geweiht und unternahm in der Folge zahlreiche Wallfahrten durch Deutschland, nach Rom und ins Heilige Land.

Nach seiner Rückkehr wollte Heimerad als Mönch ins Kloster Hersfeld eintreten, wurde aber nach seiner Weigerung, das Ordenskleid zu tragen, vom erzürnten Abt davongejagt. Danach ließ er sich als Einsiedler in Kirchberg (heute ein Stadtteil von Niedenstein) nieder, wurde aber auch von hier verjagt, nachdem er des Diebstahls in der Kapelle des Dorfes bezichtigt worden war. Immer mehr verwahrlost, folgten weitere Vertreibungen, bis er schließlich auf dem Hasunger Berg eine Heimat fand und dort die Michaelskapelle versorgte. Auch hier wurde er zunächst beschimpft und verspottet, mit der Zeit jedoch als Heiliger verehrt, den einfache Menschen genauso wie geistliche und weltliche Würdenträger um Rat fragten.

Heimerad starb am 28. Juni 1019 als hoch angesehener „Wächter des Berges" und wurde auf dem Hasunger Berg beigesetzt. Zwei Jahre nach seinem Tod errichtete Erzbischof Aribo von Mainz über dem Grab eine Kirche.

✛ # Petrus

Am 29. Juni wird sowohl des Apostels Petrus (mit Schlüssel) als auch des Apostels Paulus gedacht. Beide werden – wie auch hier – häufig zusammen dargestellt.

Status Apostel, Märtyrer
Geboren um Christi Geburt
Gestorben um 64
Attribute Schlüssel, Schiff, Buch, Hahn, umgedrehtes Kreuz
Patronat Patron der Päpste und des Bistums Osnabrück; Patron der Glaser, Schreiner, Uhrmacher, Metzger, Schlosser, Schmiede, Bleigießer, Töpfer, Ziegelbrenner, Maurer, Brückenbauer, Steinhauer, Netzmacher, Tuchweber, Walker, Fischer, Fischhändler, Schiffer, Schiffbrüchigen, Büßer, Beichtenden und Jungfrauen; Patron gegen Fieber, Tollwut, Besessenheit und Fußleiden; Patron gegen Diebstahl

Petrus hieß ursprünglich Simon und lebte als Fischer mit seiner Familie am See Genezareth. Zusammen mit seinem Bruder Andreas, einem Anhänger von Johannes dem Täufer (▶ Seite 121 f.), wurde er von Jesus zum Apostel berufen, von dem er auch seinen Namen erhielt. Jesus sprach: „Du bist Petrus, der Fels, und auf diesen Felsen will ich meine Kirche bauen." Er unterstrich so (und bei anderen Gelegenheiten) die Bedeutung Petrus', des „Menschenfischers", die diesen später zum ersten Oberhaupt der Kirche werden ließ und auch die besondere Stellung der „Nachfolger Petri", der Päpste, begründete.

Als Anführer der christlichen Gemeinde Jerusalems nach dem Tod Jesu wirkte Petrus als Prediger und unternahm zahlreiche Missionsreisen in Antiochia und Kleinasien, bevor er schließlich nach Rom kam, um dort das Wort Christi zu verkünden. Doch Nero ließ ihn verhaften und verurteilte ihn zum Tode, woraufhin Petrus bat, ihn mit dem Kopf nach unten zu kreuzigen, da er nicht würdig sei, wie Jesus zu sterben. So wurde er – mit dem Kopf nach unten – um das Jahr 64 hingerichtet. Über seinem Grab ließ Konstantin der Große (► Seite 101) im 4. Jahrhundert eine Kathedrale errichten, deren Nachfolgerin der Petersdom ist, die Mutterkirche des katholischen Glaubens.

Am 29. Juni wird neben Petrus auch dem Apostel Paulus gedacht, der ebenfalls unter Kaiser Nero den Märtyrertod erlitt.

Otto von Bamberg

Status Bischof
Geboren um 1060
Gestorben 30. Juni 1139
Patronat Patron des Bistums Berlin und des Erzbistums Bamberg; Patron gegen Fieber und Tollwut

Otto stammte den Chronisten zufolge aus dem schwäbischen Adel oder aus Franken. Seine Ausbildung erhielt er vermutlich im Kloster Hiersau. Im Jahr 1082 ging er als Kaplan an den Hof des Herzogs Wladislaw und wurde 1091 von Kaiser Heinrich IV. an dessen Hof geholt. Dieser machte Otto zum Kanzler und Bauleiter am Dom in Speyer, ehe er ihn 1102 zum Bischof von Bamberg ernannte. Um sein schwierig zu verwaltendes Bistum zu ordnen, gründete Otto während seiner Amtszeit zahlreiche Klöster und Kirchen. Aber auch gegenüber den Menschen erwies er sich als fürsorglicher Bischof. Der Überlieferung zufolge ließ er, nachdem ein Schneefall die gesamte Saat vernichtete, Brot aus seinen Vorräten backen und genau wie Werkzeug verteilen. Zudem trat er immer wieder als Vermittler im Investiturstreit auf und war maßgeblich an der Einigung im Wormser Konkordat von 1122 beteiligt, das den Streit endgültig beilegte. Auch gilt er als Apostel der Pommern, wo er auf seinen Missionszügen 22 000 Menschen getauft haben soll.

Otto von Bamberg starb am 30. Juni 1139 und wurde im Stift Michelsberg beigesetzt, wo sein Hochgrab bis heute erhalten ist. Papst Clemens III. sprach ihn 1189 heilig.

Dieser Holzstich zeigt Otto von Bamberg auf einem seiner Missionszüge nach Pommern, wo er von Herzog Boleslaw III. festlich empfangen wird.

Juli

Der Juli ist nach dem römischen Feldherrn und Staatsmann Julius Caesar benannt. Alte deutsche Namen sind *Heuet* beziehungsweise *Heuert* oder *Heumonat*, da im Juli die erste Heumahd eingebracht wurde. Des Weiteren wurde er auch als *Bären-* oder *Honigmonat* bezeichnet. Da er in Europa, Nordamerika und dem größten Teil Asiens als wärmster Monat gilt, hat das Juli-Wetter maßgeblichen Einfluss auf die zu erwartende Ernte. Zwar fallen einige Nationalfeiertage wie der französische Feiertag zum Sturm auf die Bastille und der amerikanische Unabhängigkeitstag in den Juli, hohe kirchliche Feste werden jedoch nicht gefeiert.

1	2	3	4	5	6	7
Hinrich Voes	Petrus von Luxemburg	Thomas	Ulrich von Augsburg	Antonius Maria Zaccaria	Maria Goretti	Willibald von Eichstätt
8	**9**	**10**	**11**	**12**	**13**	**14**
Kilian von Würzburg	Augustinus Zhao Rong	Amalberga von Gent	Benedikt von Nursia	Johannes Gualbertus	Heinrich II.	Karolina Utriainen
15	**16**	**17**	**18**	**19**	**20**	**21**
Bonaventura	Stephan Harding	Hedwig von Polen	Arnulf von Metz	Makrina die Jüngere	Margareta (Marina) von Antiochien	Laurentius von Brindisi
22	**23**	**24**	**25**	**26**	**27**	**28**
Maria Magdalena	Brigitta von Schweden	Christophorus	Jakobus der Ältere	Anna und Joachim	Pantaleon	Johann Sebastian Bach
29	**30**	**31**				
Marta von Bethanien	Petrus Chrysologus	Ignatius von Loyola	Am 15. Juli, dem Zwölfbotentag, sollen die Apostel ausgesandt worden sein. Später sandte man an diesem Tag auch die Erntehelfer aus.			

Hinrich Voes

Status Mönch, Märtyrer
Geboren unbekannt
Gestorben 1. Juli 1523

Hinrich Voes, über dessen Leben nur wenig bekannt ist, gilt als einer der ersten Märtyrer der Reformation. Er gehörte dem Augustinerorden in Antwerpen an, bis dessen Probst, Heinrich von Zütphen, am 29. September wegen reformatorischer Predigt verhaftet und das Kloster niedergerissen wurde. Im Rahmen dieser Strafmaßnahme wurden auch weitere Augustiner als mögliche Sympathisanten festgenommen und verhört. Darunter befanden sich neben anderen Hinrich und sein Mitbruder Jan van Esch, die ihre Überzeugung, dass das Wort Gottes mehr gelte als das des Papstes, nicht verleugneten. Daraufhin wurden sie zum Tode verurteilt und verbrannt. Als Martin Luther davon erfuhr, dichtete er ein Lied für die Märtyrer.

Petrus von Luxemburg

Status Bischof, Kardinal
Geboren 20. Juli 1369
Gestorben 2. Juli 1387
Patronat Patron von Avignon

Der im französischen Ligny-en-Barrois geborene Petrus war der Sohn des Grafen von Ligny-en-Barrois, Guido von Luxemburg, und der Gräfin von Saint-Pol, Mathilde von Châtillon. Nach dem frühen Tod seiner Eltern wuchs er bei seiner Tante auf. Aufgrund der Erbrechte seiner Familie wurde er mit gerade einmal 15 Jahren zum Bischof von Metz und Kardinal ernannt.

Der Überlieferung zufolge zog Petrus bei seinem Amtsantritt auf einem Esel in die Stadt ein, da ihm bewusst war, dass er dem hohen Amt nicht gewachsen war. Entsprechend gab er bereits ein Jahr später seine Diözese wieder zurück und ging an den Hof von Gegenpapst Clemens VII. in Avignon, wo er sich hingebungsvoll den Armen widmete, denen er sein gesamtes Vermögen opferte. Dort starb Petrus auch am 2. Juli 1387. An seinem Grab in der Kirche St. Didier wird von zahlreichen Wundern berichtet. Seine Seligsprechung erfolgte im Jahr 1527.

Thomas

Status Apostel
Geboren um Christi Geburt
Gestorben 72
Attribute Bart, Schwert, Lanze, Winkelmaß
Patronat Patron von Ostindien, Portugal, Goa, der Thomas-Inseln, des Kirchenstaates von Urbino, von Parma und Riga; Patron der Theologen, Architekten, Geometer, Bauarbeiter, Zimmerleute, Maurer und Steinhauer; Patron gegen Rückenschmerzen und für eine gute Heirat

Thomas war Fischer in Galiläa, ehe er von Jesus zu einem seiner Apostel ernannt wurde. Bekannt ist vor allem seine Darstellung als ungläubiger Thomas, der als Beweis für die

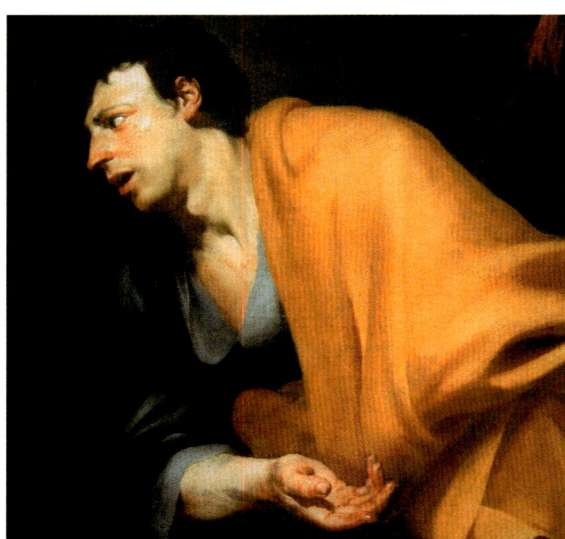

Bis ins Mittelalter hinein wurde der Apostel Thomas – so wie auf diesem Bild – fast ausschließlich jugendhaft und bartlos dargestellt.

Auferstehung Christi verlangte, die Wundmale Jesu sehen und berühren zu dürfen – wozu ihn Jesus einige Tage später bei einer weiteren Erscheinung aufforderte.

Im Folgenden wirkte Thomas als Missionar in Indien und den umliegenden Gegenden. Der Überlieferung zufolge hat er dort auch die Heiligen drei Könige getauft und zu Bischöfen ernannt. Im Jahr 72 wurde Thomas auf einer seiner Missionsreisen von einem Heiden gemeuchelt. Als sein Sterbeort gilt Kalamina, eine Vorstadt des heutigen Madras. Seine Reliquien fanden im Laufe der Jahrhunderte ihren Weg nach Ortona in Mittelitalien.

Ulrich von Augsburg

4. Juli

Status Bischof
Geboren um 890
Gestorben 4. Juli 973
Attribute Evangelienbuch, Fisch, Stab, Pferd
Patronat Patron des Bistums und der Stadt
Augsburg sowie von St. Ulrich in Gröden

Der im bayerischen Wittislingen geborene Ulrich war der Sohn des alemannischen Gaugrafen Hubald von Dillingen und dessen Frau Thietburga. Er studierte in der Abtei St. Gallen und wurde anschließend Kämmerer seines Onkels Adalbero, dem Bischof von Augsburg. Nach dessen Tod zog er sich zunächst auf die elterlichen Güter zurück, da er bei der Nachfolge seines Onkels als Bischof nicht zum Zuge gekommen war. Nach dem Tod Bischofs Hiltin wurde er im Dezember 923 aber schließlich doch noch zum Bischof von Augsburg geweiht.

Da das Bistum damals stark unter den Einfällen der Ungarn litt, sorgte Ulrich 926 für die Befestigung der Stadt und befehligte 955 bei einem erneuten Angriff der Ungarn persönlich die Verteidigung. Auch an dem siegreichen Ausgang der Schlacht gegen die Ungarn auf dem Lechfeld zwischen Augsburg und Landsberg hatte er maßgeblichen Anteil, wofür ihm von Otto I. das Münzrecht verliehen wurde.

In der Folgezeit ließ Ulrich zahlreiche von den Ungarn zerstörte Kirchen, Klöster und Dörfer wieder aufbauen, wie die Kirche der heiligen Afra und den Augsburger Dom. Zudem stiftete er einen Schrein für die Reliquien des heiligen Mauritius (▶ Seite 165 f.) und gründete 968 das Kanonissenstift St. Stephan sowie ein Spital.

Vielen Gläubigen gilt Bischof Ulrich von Augsburg aufgrund seiner Milde und Wohltätigkeit als der größte deutsche Bischof.

Im Jahr 963 gab er die Verwaltung von Heeres- und Hofdienst an seinen Neffen Adalberto ab und widmete sich nahezu ausschließlich seinen spirituellen Aufgaben. Er unternahm Pilgerfahrten und reiste viel durch sein Bistum, wo er sich vor allem um die Armen und Kranken kümmerte, aber auch Predigten hielt und die Firmung spendete. Bereits zu Lebzeiten wurde er daher wie ein Heiliger vom Volk verehrt. Als er 972 schwer krank sein Amt zugunsten seines Neffen niederlegen wollte, lehnte die Synode von Ingelheim dies ab. Ein Jahr später starb Ulrich am 4. Juli und wurde in der damaligen Kirche St. Afra beigesetzt, wobei Kaiser Barbarossa persönlich den Reliquienschrein trug. Auch heute noch ist sein Grab eine viel besuchte Wallfahrtsstätte.

Antonius Maria Zaccaria

Status Ordensgründer
Geboren 1502
Gestorben 5. Juli 1539

Antonius wurde 1502 im italienischen Cremona geboren. Er studierte Medizin und arbeitete einige Jahre als Arzt. Schon während dieser Zeit engagierte er sich als Laie in der Verkündigung, gab Katechismusunterricht und organisierte Seminare. 1528 beschloss er schließlich, sich zum Priester weihen zu lassen.

Unterstützt von zwei adeligen Gönnern gründete Antonius 1530 zusammen mit Gleichgesinnten die Kongregation der Regularkleriker vom Heiligen Paulus, die sich der Erziehung der Jugend, der Volksmission und der korrekten Verabreichung der Sakramente auf der Grundlage der Schriften des Paulus verschrieben. 1533 wurden die Barnabiten – so genannt nach dem Mailänder Kloster S. Barnaba, dem Mutterhaus des Ordens – von Papst Clemens VII. anerkannt. Kurz darauf folgte auch die Gründung eines weiblichen Zweiges, der Englischen Schwestern vom Heiligen Paulus (Angeliken), die sich um gefährdete Mädchen kümmerten.

Antonius starb am 5. Juli 1539. Auf ihn geht das Freitagsläuten und das vierzigstündige Gebet zwischen Karfreitag und Ostermorgen zurück. Seine Heiligsprechung erfolgte 1897.

Der Schrein der heiligen Maria Goretti ruht in der Krypta der Kirche S. Maria delle Grazie e S. Maria Goretti in Nettuno, einer kleinen Stadt südlich von Rom.

Maria Goretti

Status Jungfrau, Märtyrerin
Geboren 16. Oktober 1890
Gestorben 6. Juli 1902

Die im italienischen Corinaldo geborene Maria stammte aus einer Bauernfamilie. Diese zog 1897 in das Dorf Le Ferriere um, weil sie dort neues Land gepachtet hatte. Kurz darauf starb jedoch Marias Vater an Malaria, sodass die Mutter vermehrt auf den Feldern arbeitete und Maria ihre Geschwister versorgte. Dabei sah sie sich immer öfter den Annäherungsversuchen eines jungen Mannes aus der Nachbarschaft ausgesetzt, die sie allesamt zurückwies. Schließlich versuchte dieser, Maria zu vergewaltigen, und stach mit einem Messer auf sie ein, als sie sich wehrte. Trotz einer Notoperation starb Maria am darauffolgenden Tag, dem 6. Juli 1902, wobei sie ihrem Mörder noch auf dem Sterbebett verzieh.

Der junge Mann wurde zu 30 Jahren Zwangsarbeit verurteilt. Reue zeigte er erst, als ihm Maria in mehreren Visionen erschien, in denen sie ihm Blumen schenkte. Nach seiner vorzeitigen Entlassung wegen guter Führung trat er 1928 als Laienbruder in den Kapuzinerorden ein.

Die Heiligsprechung Marias erfolgte im Jahr 1947 im Beisein von deren Mutter und einer halben Million Gläubiger durch Papst Pius XII.

Willibald von Eichstätt

7. Juli

Status Bischof
Geboren 22. Oktober 700
Gestorben 7. Juli 787
Patronat Patron der Diözese Eichstätt, früher auch der Gittermacher

Der Überlieferung zufolge war der in England geborene Willibald der Sohn des Königs Richard von Wessex und seiner Frau Wunna. Den Großteil seiner Kindheit und Jugend verbrachte er im Kloster Waltham, wo er auch seine Erziehung erhielt.

Zusammen mit seinem Vater und seinem Bruder Wunibald brach er 721 zu einer Pilgerfahrt nach Rom auf, in deren Verlauf Richard starb. Dort angekommen, begab sich Willibald auf eine weitere Pilgerreise – dieses Mal ins Heilige Land, wobei er auf dem Rückweg längere Zeit als Rekluse in einem Anbau der Apostelkirche in Konstantinopel verbrachte. Im Jahr 729 kehrte er schließlich nach Italien zurück und half die kommenden zehn Jahre bei der Erneuerung des inzwischen zerstörten benediktinischen Ursprungsklosters Montecassino.

739 entsandte Papst Gregor III. ihn auf Bitten von Bonifatius (▶ Seite 112) als Missionar nach Deutschland, wo Willibald zunächst

Willibald von Eichstätt war der erste Bischof dieses neu gegründeten Bistums.

zum Priester und später zum ersten Bischof von Eichstätt geweiht wurde. Dort engagierte er sich erfolgreich für die Verbreitung des Christentums (auch bei den bayerischen Adelsgeschlechtern, was ihm den Beinamen „Bischof der Edlen" einbrachte), errichtete den ersten Dom und unterstützte seinen Bruder Wunibald bei der Gründung des Klosters Heidenheim. Willibald starb am 7. Juli 787 in seiner Diözese. Sein Leichnam ist heute im Dom in Eichstätt bestattet. Seine Heiligsprechung erfolgte im Jahr 989.

Bis heute feiert die Diözese Würzburg „ihren" Heiligen mit einer großen Kiliani-Wallfahrt.

Kilian von Würzburg

8. Juli

Status Bischof, Märtyrer
Geboren im 7. Jahrhundert
Gestorben um 689
Attribute Krummstab und Schwert
Patronat Patron der Diözese Würzburg und von Franken; Patron der Tüncher und Weißbinder; Patron gegen Rheuma, Gicht und Augenkrankheiten

Über Leben und Wirken des Kilian gibt es kaum historisch gesicherte Überlieferungen. Der Legende zufolge entstammte er einer iro-schottischen Familie und zog als ordinierter Glaubensbote zusammen mit zwei Begleitern durch die Regionen Franken und Thüringen, um das Wort Gottes zu verbreiten. Von 686 an bildete Würzburg das Zentrum seiner missionarischen Arbeit.

Auch Herzog Gozbert ließ sich von Kilian taufen. Und als dieser seine Ehe mit Gailana, der Frau seines Bruders, verurteilte, trennte er sich von ihr. Daraufhin ließ die wütende Gailana Kilian und seine beiden Mitstreiter Totnan und Kolonat während der Abwesenheit von Gozbert umbringen. Der Mörder beging kurz darauf Selbstmord, seine Auftraggeberin starb im Wahnsinn. Die Köpfe der drei Märtyrer befinden sich heute im Würzburger Dom.

9. Juli

Augustinus Zhao Rong

Status Priester, Märtyrer
Geboren um 1746
Gestorben 1815

Der um das Jahr 1746 geborene Zhao Rong war Soldat der Kaiserlichen Armee Chinas. Als er eines Tages den Auftrag erhielt, christliche Gefangene nach Peking zu bringen, war er von deren Frömmigkeit und Glaubenstreue so beeindruckt, dass er sich selbst taufen ließ. In der Folge war Augustinus Zhao Rong als Missionar tätig, bis er ebenfalls verhaftet wurde und 1815 schließlich im Gefängnis starb. Seine Heiligsprechung erfolgte im Jahr 2000 zusammen mit zahlreichen weiteren chinesischen Märtyrern durch Papst Johannes Paul II. Sie wurden unter dem 9. Juli als Gedenktag zusammengefasst.

10. Juli

Amalberga von Gent

Status Nonne, Mystikerin
Geboren im 8. Jahrhundert
Gestorben im 8. Jahrhundert
Attribute Palme, Krone, Buch, Sieb, Wildgänse, Fische
Patronat Patronin der Bauern und Seeleute; Patronin gegen Schiffbruch, Hagel, Fieber

Auch über das Leben der in Belgien geborenen Amalberga gibt es nur Legendarisches zu berichten. Sie soll einem fränkischen Adelsgeschlecht entstammen und nach ihrer Weigerung, einen Königssohn beziehungsweise Karl den Großen zu heiraten, ins Kloster gegangen sein. Sie gilt als Mystikerin, da ihr Leben sehr stark von Visionen geprägt war. Auch werden ihr zahlreiche Wunder zugeschrieben, zum Beispiel die Heilung des Kaisers, der wegen seiner Grobheit mit Krankheit geschlagen wurde (es heißt, er habe ihr beim Versuch, sie vom Altar wegzuziehen und mit sich zu nehmen, den Arm gebrochen). Zudem entstanden auf ihre Fürbitte hin Brunnen, als sie Wasser in einem Sieb an einen trockenen Ort trug. Und schließlich wurde ihr Sarg in einem Boot gesehen, das sich ohne Ruder fortbewegte und von Fischen begleitet wurde.

11. Juli

Benedikt von Nursia

Status Einsiedler, Abt, Ordensgründer
Geboren um 480
Gestorben 21. März 547
Attribute zersprungener Becher oder Kelch, aus dem eine kleine Schlange entweicht, Regelbuch, Rabe
Patronat Patron des Abendlandes und Europas; Patron der Schulkinder und Lehrer, Bergleute, Höhlenforscher, Kupferschmiede und Sterbenden; Helfer gegen Fieber, Entzündungen, Nieren- und Gallensteine, Vergiftung und Zauberei

Benedikt und seine Zwillingsschwester Scholastica (▶ Seite 39) wurden im italienischen Nursia (heute Norcia) um das Jahr 480 geboren. Nach der Schulzeit schickten ihn seine Eltern zum Studium nach Rom. Entsetzt über den Sittenverfall in der Stadt schloss er sich jedoch schnell einer Gruppe von Einsiedlern in den Sabiner Bergen nahe Rom an. Anschließend zog er sich für drei Jahre in eine Höhle in der Nähe von Subiaco zurück.

In dieser Zeit wuchs Benedikts Ruf als Heiliger und er wurde gebeten, das Kloster in Vicovaro zu leiten. Allerdings wollten die dortigen Mönche seinen Regeln nicht folgen und versuchten, ihn zu vergiften. Doch der Legende nach entwich das Gift in Form einer Schlange aus dem dargebotenen Weinkelch, der zerbrach, als Benedikt das Kreuzzeichen darüber machte. Daraufhin kehrte er wieder in das Tal von Subiaco zurück und gründete dort das Kloster San Clemente sowie ein Dutzend weitere kleinere Klöster. Und wieder wurde er vertrieben, sodass er im Jahr 529 mit einigen treuen Anhängern auf den 80 Kilometer entfernten Monte Cassino übersiedelte und dort das gleichnamige Kloster errichtete, dem er selbst vorstand und das als Mutterkloster der Benediktiner gilt. Für sie verfasste er 540 seine berühmten Regula Benedicti, die bis heute Gültigkeit haben. Im Mittelpunkt stehen dabei das Leben in der Gemeinschaft und körperliche Arbeit, was auch im Wahlspruch der Benediktiner zum Ausdruck kommt: „Ora et labora" („Bete und arbeite"). Hinzu kommen Gehorsam, Enthaltsamkeit, Verzicht auf jeglichen Besitz und ein klar strukturierter Tagesablauf.

Benedikt war bei der einheimischen Bevölkerung sehr beliebt, denn er widmete sich intensiv den Armen und in Not Geratenen. Auch von Heilungen wird berichtet. Er starb am 21. März 547 und wurde auf dem Monte Cassino begraben.

Kaum ein anderer hatte so großen Einfluss auf das Klosterleben wie Benedikt von Nursia, um den sich im Laufe der Jahrhunderte zahlreiche Bräuche entwickelten.

Johannes Gualbertus

Status Ordensgründer, Abt
Geboren um 995
Gestorben 12. Juli 1073
Patronat Patron der Forstleute und Waldarbeiter; Helfer bei Besessenheit

Der aus einer adeligen Florentiner Familie stammende Johannes wurde um das Jahr 995 geboren. Trotz seiner religiösen Erziehung führte er zunächst ein ausschweifendes Leben, bis sein Bruder eines Tages ermordet wurde. Johannes schwor Rache und machte sich an die Verfolgung des Mörders. Doch als er diesen nach langer Suche schließlich fand, verzichtete er auf seine Rache und verzieh dem reumütigen Täter, der sich ihm zu Füßen warf. Als bei einem anschließenden Kirchenbesuch – so erzählt es die Legende – die Figur des gekreuzigten Jesus ihr

Haupt vor ihm neigte, beschloss Johannes, sein Leben in den Dienst Gottes zu stellen.

1013 trat er in das Benediktinerkloster S. Miniato in Florenz ein, verließ dieses jedoch nach einem Zerwürfnis mit dem dortigen Abt wieder, der sich dieses Amt erkauft hatte. Daraufhin zog Johannes sich 1030, nach einem kurzen Aufenthalt im Kloster Camáldoli, nach Aquabella zurück, wo er sich den Einsiedlern Paulus und Guntelm anschloss. 1036 gründete er für die ständig wachsende Gemeinschaft das Kloster Vallombrosa, aus dem sich zusammen mit den weiteren, ab 1040 von ihm gegründeten Klöstern der Reformorden der Vallombrosaner entwickelte.

Johannes Gualbertus, der ein erbitterter Gegner der Simonie war, starb am 12. Juli 1073 auf einer Visitationsreise in Passignano, wo er auch begraben wurde. Seine Heiligsprechung erfolgte 1093.

Dieses Büstenreliquiar des heiligen Johannes Gualbertus ist eine sienesische Silberschmiedearbeit aus dem 14. Jahrhundert.

13. Juli

Heinrich II.

Status Kaiser
Geboren 6. Mai 973
Gestorben 13. Juli 1024
Attribute Krone, Zepter, Reichsapfel, Kirchenmodell
Patronat Patron des Bistums und der Stadt Bamberg sowie des Bistums und der Stadt Basel

Heinrich war der Sohn des bayerischen Herzogs Heinrich I., genannt der Zänker, und dessen Frau Gisela von Burgund. Eigentlich für eine geistliche Laufbahn vorgesehen, erhielt er seine Ausbildung in der Klosterschule von Hildesheim sowie in den Klöstern St. Emmeran und Regensburg.

Im Jahr 995 trat er die Nachfolge seines Vaters als bayerischer Herzog an und heiratete kurz darauf Kunigunde von Luxemburg, mit der er der Überlieferung zufolge in Keuschheit lebte. 1002 wurde Heinrich II. als Nachfolger von Otto III., trotz starker Widerstände, zum deutschen König gekrönt. Zwei Jahre später empfing er auch die italienische Krone und wurde am 14. Februar 1014 von Papst Benedikt VIII. in der Basilika St. Peter in Rom zum Kaiser gekrönt.

Zum Kreis der Heiligen gehören auch Kaiser Heinrich II. – hier mit dem typischen Kirchenmodell und Zepter dargestellt – sowie seine Frau Kunigunde.

Durchdrungen von dem Gedanken des göttlichen Auftrags als Herrscher nahm Heinrich II. auch kirchenpolitisch großen Einfluss und stärkte die Bistümer im Reich als Stützen seiner Herrschaft. Im Jahr 1004 stellte er das Bistum Merseburg wieder her und gründete 1007 das Bistum Bamberg. Zudem gründete beziehungsweise stiftete er zahlreiche Klöster und Kirchen und förderte die Reformen von Cluny.

Der oft auch als „der heilige Kaiser" bezeichnete Heinrich II. starb am 13. Juli 1024 in Grona bei Göttingen. Seine letzte Ruhe fand er zusammen mit seiner Frau Kunigunde in dem von ihm erbauten Bamberger Dom (das marmorne Hochgrab schuf Tilman Riemenschneider).

Seine Heiligsprechung erfolgte 1146 durch Papst Eugen, die von Kunigunde im Jahr 1200 durch Papst Innozenz III.

Karolina Utriainen

14. Juli

Status Laienpredigerin
Geboren 30. Juni 1843
Gestorben 14. Juli 1929

Karolina, die als Tochter einer armen, aber sehr frommen Tagelöhnerfamilie in Finnland geboren wurde, war bei ihrer Geburt so schwächlich, dass sie die Nottaufe erhielt. Im Alter von neun Jahren hatte sie ihr erstes visionäres Erlebnis: Sie fiel in eine Art Bewusstlosigkeit, in der sie zu predigen begann. Als wenig später ihre Spielgefährtin und ihr Bruder starben, wiederholten sich diese „Anfälle" – erst unregelmäßig, dann immer zur Zeit der Morgenandacht. Die Predigten, die Karolina in diesem veränderten Bewusstseinszustand hielt, waren stets apokalyptisch. Sie rief zu Umkehr und Buße auf und kündigte das Jüngste Gericht an. Danach konnte sie sich nicht mehr an das Gesagte erinnern. Zwar versuchten Karolinas Eltern, sie mithilfe von magischen Kräften zu heilen, doch die Visionen blieben. Und bald kamen immer mehr Menschen, um den Worten des „Wunderkinds von Vesamäki" zu lauschen.

Im Oktober 1864 heiratete sie den reichen Gutsbesitzer Taaveti Väänäen (es heißt, ihre Hochzeitspredigt habe sie selbst gehalten), der ihr ausgedehnte Reisen durch ganz Finnland ermöglichte. So hielt sie, bis sie ihre Gabe 1913 vorübergehend verlor, über 20 000 Predigten. Bis zu ihrem Tod am 14. Juli 1929 fiel sie nur noch wenige Mal in Trance. Sie starb bei ihrer jüngsten Tochter in Keitele, wo sie auch ihre letzten Lebensjahre verbracht hatte.

Bonaventura

15. Juli

Status Bischof, Kirchenlehrer
Geboren 1221
Gestorben 15. Juli 1274
Attribute Kreuz und Buch
Patronat Patron der Franziskaner, Theologen, Arbeiter, Lastenträger, Seidenhersteller und Kinder

Giovanni Fidanza, so der Taufname, wurde 1221 im italienischen Bagnoreggio geboren. Den Namen Bonaventura gab ihm der Überlieferung zufolge Franz von Assisi. Er soll den kranken Giovanni im Kindesalter gesegnet und bei einem späteren Aufeinandertreffen beim Anblick des genesenen Jungen „O buona ventura" („welch glückliches Ereignis") gerufen haben. Von da an wurde Giovanni nur noch Bonaventura genannt.

Um das Jahr 1243 trat er in den Franziskanerorden ein und studierte bis 1248 in Paris Theologie. In den folgenden Jahren widmete er sich intensiv dem Verfassen von Büchern und seiner Lehrtätigkeit, bis er 1257 zum siebten General des Franziskanerordens ernannt wurde, dem er 17 Jahre lang vorstand. In seinen letzten Lebensjahren wurde er von Papst Gregor X., der ihn 1273 zum Kardinalbischof von Albano ernannt hatte, mit der Vorbereitung und Durchführung des zweiten Konzils von Lyon (Mai bis Juli 1274) betraut, dessen Ende er jedoch nicht mehr erlebte. Bonaventura starb am 15. Juli 1274 in Lyon, wo er auch beigesetzt wurde. Seine Heiligsprechung erfolgte 1482 durch Papst Sixtus IV.

Der von Papst Leo XIII. einmal als „Fürst unter allen Mystikern" bezeichnete Bonaventura gilt als einer der bedeutendsten Philosophen und Theologen der Scholastik, was sich auch in seiner Erhebung zum Kirchenlehrer im Jahr 1588 ausdrückt. Er wird zudem oft als der zweite Stifter des Franziskanerordens bezeichnet, was auf seine umsichtige, ausgleichende und von großem organisatorischem Geschick geprägte Führung der Gemeinschaft zurückzuführen ist.

„Fürst unter allen Mystikern" – so bezeichnete Papst Leo XIII. einst den heiligen Bonaventura.

16. Juli

Stephan Harding

Status Ordensgründer
Geboren um 1059
Gestorben 28. März 1134

Stephan wurde um das Jahr 1059 im englischen Dorset geboren und kam schon im Kindesalter als Oblate ins Kloster Sherborne in Wessex. Vermutlich musste er in der Folge aus England fliehen und kam so über Schottland und Irland nach Frankreich.

Nach einer Pilgerfahrt nach Rom trat er 1085 ins Kloster Molesme ein, das jedoch bald von einer inneren Krise erschüttert wurde, woraufhin dessen Gründer Robert von Molesme und Alberich von Cîteaux zusammen mit einer Gruppe von Mönchen – darunter auch Stephan – das Kloster verließen. 1098 gründeten sie ein neues Kloster, Cîteaux, in dem die ursprünglichen Ideale der Regeln des Benedikt

von Nursia (▶ Seite 132 f.) wieder Geltung erhielten und aus dem sich in der Folge die Gemeinschaft der Zisterzienser entwickelte.

Im Jahr 1109 wurde Stephan Abt in Cîteaux. Unter seiner Führung entstand ein blühendes Skriptorium und auch Stephan selbst verfasste zahlreiche Werke, darunter die Erstfassung der Verfassung des Zisterzienserordens („Cara Caritas"), die Geschichte der Klostergründung („Exordium parvum") und eine Revision der Heiligen Schrift („Bibel des heiligen Stephan Harding"), mit dem er einen einheitlichen Bibeltext für alle Klöster des Ordens schuf. Zudem führte er die Versorgung durch Eigenbetriebe ein und sicherte durch weitere Klostergründungen den Fortbestand des Zisterzienserordens.

Völlig erblindet trat Stephan 1133 von seinen Ämtern zurück und starb wenig später am 28. März 1134. Seine Heiligsprechung erfolgte 1623 durch Papst Gregor XV.

17. Juli

Hedwig von Polen

Status Königin
Geboren 18. Februar 1374
Gestorben 17. Juli 1399

Hedwig kam vermutlich am 18. Februar 1374 als jüngste Tochter von Ludwig von Anjou, König von Ungarn, auf die Welt. Bereits kurz nach

ihrer Geburt wurde sie mit Herzog Wilhelm von Habsburg verlobt. Dieses Verlöbnis wurde jedoch 1384 aus Gründen der Staatsräson wieder gelöst, als Hedwig nach dem Tod ihres Vaters zur Königin von Polen gekrönt wurde. Zwei Jahre später heiratete sie dann den litauischen Großfürsten Jagiello, allerdings unter der Bedingung, dass dieser sich taufen lässt. So wurde Jagiello unter seinem Taufnamen Wladyslaw 1386 zum Mitkönig von Polen gekrönt und die polnisch-litauische Union begründet.

In der Folge widmete sich Hedwig mit besonderer Hingabe der Mission in Litauen, was ihr der Legende zufolge von Christus im Rahmen einer Erscheinung aufgetragen wurde. So ließ sie zahlreiche Kirchen errichten, gründete Klöster sowie das Bistum Wilna und richtete an der Universität Krakau eine theologische Fakultät ein. Genauso hingebungsvoll kümmerte sie sich um Arme, Witwen und Waisen, was ihr im Volk schon zu Lebzeiten große Verehrung einbrachte.

Hedwig starb am 17. Juli 1399 im Wochenbett und wurde im Krakauer Dom beigesetzt.

Hedwig von Polen wurde im Jahr 1999 durch ihren Landsmann Papst Johannes Paul II. in Krakau heiliggesprochen.

Arnulf von Metz

Status Bischof
Geboren um 570
Gestorben 18. Juli 640
Attribute Fisch mit Ring
Patronat Patron der Bierbrauer und Müller; Patron für das Wiederfinden verlorener Gegenstände

Arnulf von Metz – hier auf einer französischen Glasmalerei zu sehen – war einer der ersten Kirchenfürsten germanischer Herkunft.

Arnulf, der vermutlich einem fränkischen Adelsgeschlecht entstammte, wirkte zunächst als Hausmeister am Hof des fränkischen Königs Theudebert II. Als seine Frau 612 ins Kloster eintrat, ließ er sich zum Priester weihen und plante ein Leben als einfacher Mönch. Doch zusätzlich zu seinem politischen Amt wurde er 614 zum Bischof von Metz ernannt. Der Legende zufolge warf Arnulf vor seiner Ernennung den Bischofsring in die Mosel und betete, Gott möge ihm den Ring als Zeichen für seine Berufung zurückgeben. Am nächsten Tag fand er ihn im Bauch eines Fisches, der ihm zum Mittagessen gereicht wurde.

15 Jahre später, 629, legte Arnulf sein Amt nieder und zog sich als Einsiedler nach Remiremont zurück, wo er Kranke und Aussätzige pflegte. Hier starb er am 18. Juli 640. Seine Gebeine wurden nach Metz überführt, wo sie heute im Dom ruhen.

Dabei kam es der Überlieferung zufolge zum berühmten Bierwunder: Als die erschöpfte Prozession bei sommerlichen Temperaturen in dem einzigen Gasthof weit und breit haltmachte, gab es nur einen einzigen Humpen Bier für alle. Doch obwohl jeder der 5000 Teilnehmer daraus trank, wurde er nicht leer und so konnten alle ihren Durst stillen.

Makrina die Jüngere

Status Jungfrau, Lehrerin
Geboren um 327
Gestorben um 379

Makrina wurde um das Jahr 327 in Cäsarea (Türkei) geboren. Sie war die Tochter von Basilius dem Älteren und Emmelia und damit die Schwester von Basilius dem Großen (▶ Seite 15), Gregor von Nyssa und Petrus von Sebaste (▶ Seite 19). Mit 12 Jahren wurde sie von ihrem Vater verlobt, doch ihr Verlobter starb noch vor der Hochzeit. Daraufhin gründete sie zusammen mit ihrer Mutter und ihren früheren Sklavinnen eine klosterähnliche Gemeinschaft auf ihrem Anwesen bei Annesis (nahe dem heutigen Niksar in der Türkei).

Dort wirkte sie als Lehrerin und war eine der prominentesten Nonnen der Ostkirche sowie eine von ihren Brüdern hoch geschätzte Diskussionspartnerin.

Margareta (Marina) von Antiochien

Status Märtyrerin
Geboren im 3. Jahrhundert
Gestorben 305
Attribute Drache, Kreuz, Kreuzstab, Buch, Kamm
Patronat Patronin der Jungfrauen, Mädchen, Gebärenden, Ammen, Ehefrauen und Bauern; Patronin gegen Unfruchtbarkeit sowie bei schwerer Geburt, Gesichtskrankheiten und Wunden

Margareta war eine legendäre Märtyrerin. Es heißt, sie wurde als Tochter eines heidnischen Priesters geboren und von ihrer Amme im christlichen Glauben erzogen. Als ihr Vater dies herausfand, denunzierte er seine Tochter beim Stadtpräfekten. Dieser war von Margaretas Anmut und Schönheit so fasziniert, dass er sie zur Frau begehrte und versuchte, sie von ihrem Glauben abzubringen. Doch Margareta wies sein Ansinnen mit dem Hinweis zurück, dass sie ihr Leben ihrem himmlischen Bräutigam Jesus Christus geweiht hätte. Daraufhin rächte sich der Verschmähte grausam. Er ließ Margareta mit Fackeln brennen, an den Haaren aufhängen und geißeln. Aber schon am nächsten Tag waren die Wunden nicht mehr zu sehen. Diese wundersame Heilung löste beim Volk Massentaufen aus, was den Zorn des Stadtpräfekten zusätzlich anstachelte, sodass er schließlich Margaretas Enthauptung befahl. In einer Ausschmückung der Legende heißt es zudem, im Kerker sei Margareta ein Drache begegnet, der sie verschlingen wollte. Als sie zum Schutz das Kreuzzeichen schlug, sei das Ungeheuer wieder verschwunden.

Margareta wird heute vor allem in der italienischen Provinz Viterbo verehrt. Sie gehört zu den Nothelfern und ist neben Barbara und Katharina eine der Heiligen drei Jungfrauen.

Margareta von Antiochien – hier eine typische Darstellung mit Drachen – gehört zu den 14 Nothelfern.

Laurentius von Brindisi

Status Priester, Ordensgeneral, Kirchenlehrer
Geboren 22. Juli 1559
Gestorben 22. Juli 1619
Patronat Patron des Kapuzinerordens

Julius Caesar Russo, so sein Taufname, wurde als Sohn einer wohlhabenden venezianischen Kaufmannsfamilie in Brindisi geboren. Nach dem frühen Tod seiner Eltern kam er zu einem Onkel nach Venedig, wo er auch seine Erziehung erhielt. 1575 schloss er sich unter dem Namen Laurentius dem Kapuzinerorden an und empfing 1583 die Priesterweihe.

Laurentius entpuppte sich als begnadeter Prediger und stieg schnell zum Generaldefinitoren des Kapuzinerordens auf. Auch dem Papst blieb dieses Talent nicht verborgen, sodass Clemens VIII. ihn zunächst mit einer Judenmission beauftragte und ihn 1599 nach Deutschland schickte, um den Orden zu verbreiten. Dort begleitete er 1601 das kaiserliche Heer im Kampf gegen die Türken und trug mit seinem geistlichen Beistand wesentlich zum Sieg bei Stuhlweißenburg bei.

Ein Jahr später, 1602, wurde Laurentius schließlich zum Ordensgeneral ernannt und kehrte nach Rom zurück. Er starb am 22. Juli 1619 auf einer seiner zahlreichen diplomatischen Missionen in Lissabon. Seine Beisetzung erfolgte im spanischen Villafranca del Bierzo. Laurentius hinterließ ein umfangreiches Schrifttum, darunter zahlreiche Predigten, eine vollständige Mariologie und – vermutlich seine berühmtesten Werke – die „Lutheranismi Hypotyposis", in denen er Luthers Lehren zu widerlegen versuchte. Für seine Treue zur Lehre der katholischen Kirche wurde er 1959 von Papst Johannes XXIII. zum Kirchenlehrer ernannt.

Maria Magdalena

Status Begleiterin Jesu
Geboren um oder vor Christi Geburt
Gestorben im 1. Jahrhundert
Attribute Salbgefäß, Geißel, Musikinstrumente; häufig dargestellt zu Füßen Jesu und als Büßerin sowie nackt oder mit Haarkleid
Patronat Patronin der Magdalenerinnen, Frauen, Büßerinnen, Schüler, Studenten, Gefangenen, Verführten und Kinder, die schwer gehen lernen; Patronin der Gärtner, Winzer, Weinhändler, Bleigießer, Böttcher, Wollweber, Handschuhmacher, Friseure, Parfüm- und Puderhersteller; Patronin gegen Augenleiden, Gewitter und Ungeziefer

Wie auf diesem Gemälde von El Greco wird Maria Magdalena meist als Büßerin und Einsiedlerin dargestellt.

Die Person der Maria Magdalena ist nur schwer fassbar. Es heißt, sie war die Schwester von Marta und Lazarus. Ihr Beiname Magdalena leitet sich von ihrem Heimatort Magdala ab, dem heutigen Migdal in Israel. Sie wird an zahlreichen Stellen in der Bibel erwähnt und war zweifellos eine wichtige Gefährtin Jesu, nachdem dieser sie von dämonischer Besessenheit befreit hatte: Sie begleitete ihn während seines Wirkens in Galiläa, betete während seiner Kreuzigung am Kreuz, war bei der Kreuzabnahme dabei und salbte seinen Leichnam. Zudem war sie der erste Mensch, dem Jesus am Ostersonntag erschien, und natürlich gibt es zahlreiche Spekulationen darüber, ob zwischen ihr und Jesus eine erotische Beziehung bestand.

Auch über das weitere Leben Maria Magdalenas gibt es nur Legenden. Die bekannteste besagt, dass sie zusammen mit ihren Geschwistern von christenfeindlichen Juden auf einem Schiff ohne Ruder und Segel dem Meer überantwortet wurde und so nach Frankreich gelangte. Dort soll sie bis zu ihrem Tod als Einsiedlerin in einer Höhle bei Baume gelebt haben. Angeblich wurde sie 72 Jahre alt.

Um ihr Grab und ihre Reliquien ranken sich ebenfalls zahlreiche Geschichten und Spekulationen, wobei die Abteikirche von Vézelay (Frankreich) die Reliquien noch heute für sich beansprucht.

Brigitta von Schweden

Status Ordensgründerin, Mystikern
Geboren um 1303
Gestorben 23. Juli 1373
Attribute Buch, Feder, Herz mit einem Kreuz
Patronat Patronin der Pilger und für einen friedlichen Tod

Die um das Jahr 1303 in der Nähe von Uppsala geborene Brigitta war die Tochter eines reichen schwedischen Grundbesitzers. Bereits mit sieben Jahren hatte sie erste Visionen des gekreuzigten Jesus. Mit 13 Jahren heiratete sie auf Wunsch ihres inzwischen verwitweten Vaters den Adeligen Ulf Gudmarsson, mit dem sie eine glückliche Ehe führte und ihm acht Kinder schenkte.

1335 wurde Ulf als Reichsrat an den Hof von König Magnus Eriksson gerufen, während Brigitta Hofmeisterin bei dessen Frau wurde. Vier Jahre später unternahmen sie gemeinsam eine Wallfahrt nach Santiago de Compostela, nach der sich Ulf in ein Zisterzienserkloster zurückzog, wo er 1344 starb. Nach dem Tod ihres Mannes hatte Brigitta wieder verstärkt Visionen, in denen sie Christus als seine Braut bezeichnete und sie aufforderte, als sein Sprachrohr zu fungieren sowie Regeln für eine Klostergründung auszuarbeiten. Daraufhin schenkte ihr der König 1346 das Gut Vadesta, wo Brigitta ein Kloster errichtete, aus dem sich der Brigittenorden entwickelte.

Zusammen mit ihrer Tochter Katharina (▶ Seite 63) und einem kleinen Gefolge begab sich Brigitta 1349 nach Rom, um dort Unterstützung für ihren neu gegründeten Orden zu suchen und die Anerkennung der von ihr verfassten Ordensregel, eine ergänzte Augustinerregel, zu erwirken – die zunächst Papst Urban V. 1370 bestätigte und auf Betreiben von Katharina 1378 auch dessen Nachfolger Urban VI. Das allerdings sollte Brigitta nicht mehr erleben.

Sie starb am 23. Juli 1373 kurz nach einer Pilgerreise ins Heilige Land und wurde in Rom beigesetzt. Später überführte ihre Tochter die Gebeine dann nach Vadesta ins Mutterhaus der Brigittinnen.

Die Heiligsprechung Brigittas erfolgte 1391 durch Papst Bonifatius IX. Sie ist zudem die Schutzheilige Schwedens und Europas.

Dieses Gemälde zeigt, wie die Stifterin der nach ihr benannten Brigitten die Ordensregel erlässt – eine Ergänzung der Augustinerregel.

Christophorus

Status Märtyrer
Geboren vermutlich im 2. Jahrhundert
Gestorben um 250
Attribute Stab, Kind auf den Schultern
Patronat Patron des Verkehrs, der Furten, Bergstraßen und Festungen; Patron der Fuhrleute, Schiffer, Flößer, Fährleute, Kraftfahrer, Chauffeure, Luftschiffer, Straßenwärter, Brückenbauer, Bergleute, Zimmerleute, Hutmacher, Färber, Buchbinder, Schatzgräber, Obsthändler, Gärtner, Seeleute, Pilger, Reisenden und Kinder; Patron gegen die Pest, Seuchen, Augenleiden, Zahnschmerzen, Wunden und unerwarteten Tod; Patron gegen Dürre, Unwetter und Hagel

Ohne es zu wissen, trug Christophorus Jesus – in Gestalt eines Kindes – über den Fluss, an dem er als Eremit lebte.

Lediglich die Existenz und das Martyrium dieses weithin bekannten und beliebten Heiligen und Nothelfers sind bezeugt. Über sein Leben und Wirken gibt es hingegen nur Legenden. In einer davon heißt es, er war ein Hüne namens Reprobus, der als Eremit am Ufer eines Flusses lebte und Reisenden beim Überqueren desselben half. Eines Tages tauchte ein Kind bei ihm auf, das er kurzerhand auf seine Schultern setzte und so durch das Wasser watete. Doch kaum war er in der Mitte des Flusses angelangt, wurde das Kind immer schwerer, sodass er es nur mit letzter Kraft ans andere Ufer schaffte. Dort angekommen, gab sich das Kind mit folgenden Worten als Christus zu erkennen: „Jesus Christus war deine Bürde. Du hast mehr als die Welt getragen." Danach tauchte er den Hünen unter und taufte ihn auf den Namen Christophorus („Christus-Träger").

Weiterhin wird berichtet, dass Christophorus aufgrund seines neuen Glaubens vom König von Lykien gefoltert und schließlich hingerichtet wurde, wobei man von einem Todesdatum um das Jahr 250 ausgeht.

Jakobus der Ältere

Status Apostel, Märtyrer
Geboren um Christi Geburt
Gestorben um Ostern 44
Attribute Muschel
Patronat Patron von Spanien sowie der Äpfel und Feldfrüchte; Patron der Krieger, Arbeiter, Apotheker, Drogisten, Hutmacher, Wachszieher, Kettenschmiede und Pilger; Patron für das Wetter und gegen Rheuma

Jakobus der Ältere war der Sohn des Fischers Zebedäus und der Salome sowie der Bruder des Johannes, der genau wie er zu den erstberufenen Jüngern gehörte. Zusammen mit seinem Bruder

Jakobus der Ältere ist auch Namensgeber der Jakobsmuschel: Pilger erhielten an seinem Grab einst Hüte, die mit dieser Muschel verziert waren.

und Petrus zählte er zu den Lieblingsjüngern Jesu, die ihn auch in den Ölgarten begleiteten.

Über sein weiteres Wirken ist allerdings nur wenig bekannt. Der Überlieferung zufolge verkündete Jakobus das Evangelium in Jerusalem und Samira, bis er auf Befehl des Königs Herodes Agrippa I. verhaftet und hingerichtet

wurde. Er war der erste Apostel, der den Märtyrertod erlitt. Die Legende berichtet bezüglich seiner Hinrichtung, dass Jakobus auf dem Weg zum Richtplatz einen Lahmen heilte, worauf einer seiner Henker vor ihm auf die Knie fiel und sich taufen ließ. Dieser wurde dann zusammen mit Jakobus enthauptet.

26. Juli ### Anna und Joachim

Status Eltern Marias
Geboren unbekannt
Gestorben unbekannt
Attribute Tauben, Lamm, Stab
Patronat (Anna) Patronin von Innsbruck, Florenz und Neapel; Patronin der Mütter, Witwen, Hausfrauen, Hausangestellten, Arbeiterinnen, Bergleute, Weber, Drechsler, Kunsttischler, Müller, Krämer, Seiler, Schneider, Spitzenklöppler und Knechte; Patronin für eine glückliche Heirat, die Ehe und eine glückliche Geburt; Patronin für das Wiederfinden verlorener Gegenstände und Regen sowie gegen Gewitter
Patronat (Joachim) Patron der Ehepaare, Schreiner und Leinenhändler

Laut mehrerer nicht in die Bibel aufgenommener Evangelien waren Anna und Joachim die Eltern Marias. Dabei wird Joachim als älterer Priester beschrieben, der mit seiner Frau Anna in Jerusalem lebte. Als er eines Tages im Tempel spenden wollte, wies der Oberpriester sein Opfer zurück, da dieser die langjährige

Seit dem Zweiten Vatikanischen Konzil wird der Eltern Marias gemeinsam am 26. Juli gedacht.

Kinderlosigkeit des Paares als Zeichen göttlicher Missgunst deutete. Daraufhin zog sich Joachim in die Wüste zurück, wo er betete und Buße tat. Danach erschien ihm ein Engel, der die Geburt eines Kindes ankündigte. Und tatsächlich gebar Anna kurz darauf Maria. Zum Dank brachten Anna und Joachim ihre Tochter im Alter von drei Jahren zur Erziehung in den Tempel von Jerusalem.

27. Juli ### Pantaleon

Status Arzt, Märtyrer
Geboren im 3. Jahrhundert
Gestorben 27. Juli 305

Pantaleon war der Sohn eines wohlhabenden Heiden und einer Christin. Schon früh interessierte er sich für die Heilkunde, weshalb

Seine außergewöhnlichen Heilkräfte wurden Pantaleon, der hier einen Knaben kuriert, letztlich zum Verhängnis.

er Medizin studierte und schon bald außergewöhnliche Heilkräfte entwickelte. Das kam auch dem Kaiser Maximian zu Ohren, der Pantaleon zu seinem Leibarzt ernannte. Daraufhin wurde er von Neidern beim Kaiser als Christ denunziert. Und als Pantaleon sich weigerte, seinem Glauben abzuschwören, wurde er zum Tode verurteilt. Ihm wurden die Hände auf den Kopf genagelt und dieser dann abgeschlagen.

Johann Sebastian Bach

28. Juli

Status Kirchenmusiker
Geboren 21. März 1685
Gestorben 28. Juli 1750

Der 1685 in Eisenach geborene Bach stammte aus einer seit mehreren Generationen bekannten Musikerfamilie. Insofern überrascht es nicht, dass auch Johann nach seiner Ausbildung erfolgreich an verschiedenen Stätten und für diverse Auftraggeber komponierte. So schrieb er beispielsweise 1707 als Organist in Mühlhausen seine erste große Kantate. 1714 wurde er in Weimar zum Konzertmeister ernannt, wo es zu seinen Pflichten gehörte, jeden Monat eine Kantate für den Gottesdienst zu schreiben. In Köthen entstanden 1721 die sechs Brandenburgischen Konzerte sowie viele weitere Werke für Soloinstrumente und Orchester. Ein Jahr später stellte er den ersten Teil des *Wohltemperierten Klaviers* fertig, eine Sammlung von Präludien und Fugen für ein Tasteninstrument. 1723 übernahm er das Amt des Kantors der Thomaskirche in Leipzig und schuf als solcher insgesamt über 300 Kantaten. Ebenfalls in Leipzig entstanden 1724 die Johannespassion, 1727 die Matthäuspassion, 1733 die h-moll-Messe und 1734 das Weihnachtsoratorium.

Insgesamt schuf Bach bis zu seinem Tod am 28. Juli 1750 weit über 1000 Werke. Nachdem diese jahrzehntelang in Vergessenheit gerieten, gehören sie heute weltweit zum festen Repertoire der klassischen Musik, während Bach als einer der bekanntesten und bedeutendsten Musiker angesehen wird. Zwar sind von ihm nur sehr wenige Selbstzeugnisse über seine religiösen Auffassungen überliefert, doch sein Schaffen gilt als der Gipfelpunkt der lutherischen Kirchenmusik, als „musikalischer Ausdruck der Reformation".

Johann Sebastian Bach hatte 20 Kinder aus zwei Ehen, doch nur 9 von ihnen überlebten den berühmten Vater.

Marta von Bethanien

29. Juli

Status Jüngerin Jesu
Geboren um Christi Geburt
Gestorben im 1. Jahrhundert
Attribute Kochlöffel, Weihwedel oder Weihwasserkessel, Drache an einem Strick
Patronat Patronin der Häuslichkeit, Hausfrauen, Köchinnen, Dienstmägde, Arbeiterinnen, Wäscherinnen, Hausangestellten, Gastwirte, Hoteliers, Bildhauer, Maler und Sterbenden; Patronin gegen Blutfluss

Die Geschwister Marta, Maria und Lazarus werden im Neuen Testament mehrfach als Freunde Jesu erwähnt. Sie lebten in dem kleinen Dorf Bethanien, wo Jesus mehrfach in ihr Haus einkehrte und von Marta bewirtet wurde. Hier vollbringt Jesus mit der Auferweckung des Lazarus auch sein wohl umstrittenstes Wunder,

Marta wäscht Jesus die Füße – eine Geste der Gastfreundschaft und Ergebenheit.

wobei Marta das Bekenntnis ablegt: „Ja, Herr, ich habe den Glauben gewonnen, dass du der Christus, der Sohn Gottes bist."

Über ihr weiteres Leben sind nur Legenden bekannt. So soll sie zusammen mit ihren Geschwistern nach Frankreich vertrieben worden sein (▶ Seite 139 f.), wo sie in der Nähe von Marseille ein Kloster gründete und ein asketisches Leben führte. Auch soll sie das menschenfressende Ungeheuer Tarasque mit dem Kreuzzeichen und Weihwasser bezwungen haben. Dank ihrer Gastfreundschaft gilt Marta als Patronin der Gastwirte und auch die Kellnerinnen und Kellner stehen unter ihrem Schutz. Im amerikanischen Raum findet man deshalb häufiger eine Figur von ihr hinter der Theke.

Petrus Chrysologus

Status Bischof, Kirchenlehrer
Geboren um 380
Gestorben 3. Dezember 450
Patronat Patron gegen Fieber und Tollwut

Über das Leben von Petrus sind nur wenige Fakten bekannt. Er wurde in seiner italienischen Heimatstadt Forum Cornelii zum Priester geweiht und um das Jahr 424 zum Bischof von Ravenna ernannt, das während seiner Amtszeit Erzbistum wurde. Ihn verband eine enge Freundschaft mit Papst Leo dem Großen (▶ Seite 213 f.) und er verfügte über großen Einfluss am kaiserlichen Hof.

Bekannt ist Petrus in erster Linie jedoch für seine Predigten, die bei aller Tiefsinnigkeit immer auch für den einfachen Zuhörer verständlich waren, was ihm den Beinamen Chrysologus („Goldredner") einbrachte. Er predigte voller Überzeugungskraft und bemühte sich, nie länger als 15 Minuten zu reden. Seine Volkstümlichkeit zeigt sich auch in der Tatsache, dass er an heißen Sommertagen „Predigtferien" machte.

Petrus Chrysologus starb am 3. Dezember 450 in seinem Geburtsort. Sein Grab im Dom von Imola wird bis heute verehrt.

Ignatius von Loyola

Status Ordensgründer, Mystiker
Geboren 1491
Gestorben 31. Juli 1556
Attribute IHS-Zeichen, drei Nägel, flammendes Herz, Drache, Weltkugel
Patronat Patron der Exerzitien und Exerzitienhäuser; Patron der Soldaten, Kinder und Schwangeren; Patron gegen die Pest, Fieber, Gewissensbisse und Viehkrankheiten

Ignatius war das jüngste der 13 Kinder der spanischen Adelsfamilie Loyola. Nach seiner Erziehung am Hof von König Ferdinand V. von Kastilien schloss er sich der Armee des Herzogs von Nájera und Vizekönigs von Navarra an. Er genoss das eher lockere Soldatenleben und war auch sonst den weltlichen Freuden sehr zugetan, ehe er 1521 bei der Verteidigung der Stadt Pamplona schwer verletzt wurde. Für lange Zeit an das Krankenbett gefesselt, hatte er

Das beeindruckende Grabmal des heiligen Ignatius von Loyola befindet sich in der römischen Kirche Il Gesù, der Mutterkirche des 1534 von ihm gegründeten Jesuitenordens.

sämtliche Unterhaltungsliteratur bald ausgelesen und wandte sich religiösen Schriften zu, die ihn schließlich zu dem Entschluss kommen ließen, sein Leben zu ändern.

So lebte er nach seiner Genesung 1522 ein Jahr in strenger Askese und Abgeschiedenheit, um sich über sein weiteres Leben klar zu werden. In dieser Zeit wurden ihm die ersten Visionen und Gnadenbeweise zuteil und er verfasste den Entwurf zu seiner Exerzitiensammlung „Exercitia spiritualia". Es folgte eine Pilgerfahrt ins Heilige Land, ehe Ignatius noch einmal die Schulbank drückte und begann, Theologie und Philosophie zu studieren – zunächst an den Universitäten Alcalá und Salamanca, dann an der Sorbonne in Paris. Dort gründete er 1534 zusammen mit sechs Kommilitonen eine fromme Bruderschaft, die sich der Missionierung des Heiligen Landes verschrieb.

Da jedoch die dortige politische Lage eine Missionsreise unmöglich machte, entschlossen sich die inzwischen zu Priestern geweihten Gesinnungsgenossen, stattdessen nach Rom zu reisen und in den Dienst des Papstes zu treten. Papst Paul III. akzeptierte dieses Angebot und bestätigte 1540 die ein Jahr zuvor offiziell gegründete Gesellschaft Jesu, deren erster Ordensgeneral Ignatius 1541 wurde. In der Folge widmete dieser sich der Verbreitung der Jesuiten und vollendete sein literarisches Hauptwerk, die „Geistlichen Übungen". Zudem gründete er in ganz Europa Schulen und Seminare. Ignatius starb am 31. Juli 1556 in Rom. Seine Heiligsprechung erfolgte 1622 durch Papst Gregor XV.

 August

Der achte Monat des Jahres, der im römischen Kalender ursprünglich der sechste war, wurde nach dem römischen Kaiser Augustus benannt. Zu dieser Zeit ist die Ernte in vollem Gange, weshalb er früher im Deutschen auch als *Ähren-* oder *Sichelmonat* bezeichnet wurde. Heute hingegen verbinden wir mit dem August vor allem Urlaub. Doch neben Sonne und Freizeit hat er auch einige kirchliche Feste zu bieten, zum Beispiel *Maria Schnee* (5. August), das an die Weihe der römischen Patriarchalbasilika Santa Maria Maggiore im Jahr 432 erinnert. Nur einen Tag später, am 6. August, wird die Verklärung des Herrn gefeiert, und am 15. Mariä Aufnahme in den Himmel (*Mariä Himmelfahrt*).

1	2	3	4	5	6	7
Alfonso Maria de Liguori	Eusebius von Vercelli	Josua Stegmann	Johannes Maria Vianney	Oswald von Northumbria	Hormisdas	Afra
8	**9**	**10**	**11**	**12**	**13**	**14**
Dominikus	Edith Stein	Laurentius von Rom	Klara von Assisi	Karl Leisner	Hippolyt von Rom	Maximilian Kolbe
15	**16**	**17**	**18**	**19**	**20**	**21**
Hyacinthus von Polen	Rochus von Montpellier	Franz Sales Handwercher	Helena	Blaise Pascal	Bernhard von Clairvaux	Pius X.
22	**23**	**24**	**25**	**26**	**27**	**28**
Philippus Benitius	Rosa von Lima	Bartholomäus	Ludwig IX. von Frankreich	Johanna Elisabeth Bichier des Ages	Monika	Augustinus von Hippo
29	**30**	**31**				
Sabina	Felix und Adauctus	Marcello Candia	Ein weiteres Marienfest ist *Maria Königin* am 22. August, bei dem die Gottesmutter als Königin des Himmels gefeiert wird.			

Alfonso Maria de Liguori

Status Ordensgründer, Bischof, Kirchen-
lehrer
Geboren 27. September 1696
Gestorben 1. August 1787
Patronat Patron der Beichtväter und Moral-
theologen

Der 1696 in einem Vorort von Neapel geborene
Alfonso stammte aus einer italienischen Adelsfamilie. Entsprechend genoss Alfonso eine hervorragende Schulausbildung und promovierte
im Jahr 1713 zum Doktor der Rechte. Danach
war er erfolgreich als Rechtsanwalt tätig, bis er
1723 einen aufsehenerregenden Prozess verlor.
Nach dieser Niederlage entschloss er sich, sein
Leben zu ändern. Alfonso übertrug sein Erstge-
burtsrecht auf seinen Bruder und legte seinen
Degen, das Zeichen seines Standes, in einer
Marienkirche ab. Er begann mit dem Studium
der Theologie und wurde 1726 zum Priester einer Weltpriestervereinigung geweiht.

    In den folgenden Jahren wirkte er als Seel-
sorger und Missionar in den Dörfern rund um
Neapel. Zudem kümmerte er sich um die Aus-
und Weiterbildung der in der Seelsorge Tätigen
und legte den Grundstein für das Laienapos-
tolat. Zur Unterstützung seiner Volksmission
gründete er 1731 in einem kleinen Bergdorf
den Orden der Redemptoristinnen und ein Jahr

Der Gründer des Redemptoristenordens gilt als einer
der größten Moraltheologen der Geschichte.

später das männliche Gegenstück, die Kongregation des Allerheiligsten Erlösers. 1762 wurde
er zum Bischof von Sant'Agata de' Goti ernannt,
einer armen und verwahrlosten Diözese, die er
mit viel Hingabe bis 1775 leitete. Danach war
er so geschwächt, dass er sich in das Mutterhaus der Redemptoristen in der Nähe von Neapel zurückzog, wo er am 1. August 1787 auch
starb. Die Heiligsprechung Alfonsos, der als einer der bedeutendsten Moraltheologen gilt, erfolgte im Jahr 1839. Zusätzlich wurde er 1879
von Papst Pius IX. zum Kirchenlehrer erhoben.

Eusebius von Vercelli

Status Bischof, Märtyrer
Geboren um 283
Gestorben 1. August 371

Der um das Jahr 283 auf Sardinien geborene
Eusebius erhielt seine Ausbildung in Rom, wo
er auch seine Priesterweihe empfing und als
Lektor arbeitete. Im Jahr 340 wurde er zum ersten Bischof von Vercelli ernannt.

    Eusebius gilt als entschiedener Gegner des
Arianismus (▶ Seite 16). Auf der Synode von Mailand, an der er auf Bitten von Papst Liberius teilnahm, gehörte er zu den Verteidigern von Athanasius von Alexandria (▶ Seite 90) – ebenfalls

ein erbitterter Bekämpfer der Irrlehre des Ari-
us –, woraufhin er von Kaiser Constantinus II.
in die Verbannung geschickt wurde. Erst sieben
Jahre später konnte Eusebius (und andere verbannte Bischöfe) unter Kaiser Julian Apostata
wieder in seine Diözese zurückkehren, in der
er nach einem gescheiterten Versuch, die Spaltung mit Patriarch Meletios von Antiochia bei-
zulegen, ab 363 wieder als Bischof wirkte.

    Zwar berichtet die Legende, dass Eusebius
am 1. August 371 von aufgebrachten Arianern
zu Tode gesteinigt wurde, doch wahrscheinlicher ist, dass er keinen Märtyrertod erlitt.
Trotzdem wird er bis heute als Märtyrer verehrt.

Josua Stegmann

Status evangelischer Theologe, Liederdichter
Geboren 14. September 1588
Gestorben 3. August 1632

Stegman wurde 1588 als Sohn einer stark theologisch geprägten Familie geboren. Sein Vater, Ambrosius Stegmann, war Pfarrer in Sülzfeld und seine Mutter die Enkelin des evangelischen Theologen und Reformators Kaspar Löner.

Ab 1617 war Stegmann neben seiner Lehrtätigkeit am Gymnasium von Stadthagen auch Superintendent der Grafschaft Schaumburg. 1621 wurde er als Professor an die neu gegründete Universität Rinteln berufen. Als diese 1630 von englischen Benediktinermönchen in Besitz genommen wurde, zwang man ihn zu einer öffentlichen Disputation, in der er von den anwesenden Mönchen verhöhnt wurde. Wenige Wochen nach dieser Demütigung starb Stegman an einem „hitzigen Fieber".

Er hinterließ zahlreiche apologetische und erbauliche Schriften sowie Kirchenlieder. Sein von Melchior Vulpius vertontes „Ach bleib mit deiner Gnade bei uns, Herr Jesu Christ", findet sich bis heute im Evangelischen Gesangsbuch (EG 347).

Johannes Maria Vianney

Status Pfarrer
Geboren 8. Mai 1786
Gestorben 4. August 1859
Patronat Patron der Pfarrer

Der im französischen Dardilly geborene Johannes stammte aus einer frommen Bauernfamilie. Da die Zeit seiner Jugend in die Zeit der Französischen Revolution fiel, musste seine religiöse Erziehung im Geheimen vonstatten gehen. Trotzdem wuchs in Johannes schon bald der Wunsch, Pfarrer zu werden. So besuchte er ab 1805 die Klosterschule von Ecully. Allerdings hatte er große Schwierigkeiten mit dem Erlernen der lateinischen Sprache, weswegen er das Priesterseminar wieder verlassen musste. Erst mit der Unterstützung des Pfarrers des kleinen Ortes, der die Frömmigkeit von Johannes und dessen Talent im Umgang mit Menschen früh erkannt hatte, sowie nach einer speziellen Prüfung durch den Generalvikar wurde er 1815 dann doch noch zum Priester geweiht.

Danach wirkte Johannes zunächst einige Jahre als Vikar in Ecully, bevor man ihm 1819 die völlig entchristlichte und verwahrloste Pfarrei Ars-sur-Fromans anvertraute. Dort widmete er sich mit all seiner Kraft den Menschen und versuchte, sie wieder auf einen gottgefälligen Weg zu führen – was ihm dank seiner unerschöpflichen Geduld, Güte und nicht zuletzt auch seinen übernatürlichen Gnadenbegabungen (er besaß die Gabe der Krankenheilung und der Hellsichtigkeit) schließlich auch gelang. Zudem renovierte er die Ortskirche und gründete eine Mädchen- und eine Knabenschule sowie ein Waisenhaus.

Die Heiligsprechung von Johannes Maria Vianney, dem Pfarrer von Ars, erfolgte im Jahr 1925 durch Papst Pius XI.

All diese Veränderungen blieben auch anderen nicht verborgen, sodass ab etwa 1826 ein wahrer Strom an Pilgern den Ort besuchte, um Johannes predigen zu hören und sich von ihm die Beichte abnehmen zu lassen. Es heißt, dass er täglich bis zu 18 Stunden mit seinen seelsorgerischen Tätigkeiten beschäftigt war. Aufgrund dieser enormen Belastung bat Johannes mehrfach darum, Ars verlassen und in ein Kloster eintreten zu dürfen. Doch seine Gesuche wurden vom Bischof stets abgelehnt. So starb er am 4. Mai 1859 völlig ausgezehrt und entkräftet in seiner Gemeinde.

Johannes Maria Vianney, der 1850 zum Ehrendomherrn und 1855 zum Ritter der Ehrenlegion ernannt wurde, gilt als einer der meistverehrten katholischen Priester Europas. Noch heute besuchen jährlich rund 450 000 Pilger die Basilika von Ars-sur-Formans, in der seine Gebeine mittlerweile ruhen.

Oswald von Northumbria

Status König
Geboren um 604
Gestorben 5. August 642
Attribute Rabe, Taube, Hirsch
Patronat Patron der englischen Könige, der Stadt und des Kantons Zug; Patron der Kreuzfahrer, der Schnitter und des Viehs; Patron gegen die Pest

Der um das Jahr 604 in Northumbria geborene Oswald war der Sohn von König Ethelfrid und dessen zweiter Frau Acha. Als sein Vater 616 bei einem Aufstand getötet wurde, musste er Zuflucht bei den Mönchen des Klosters Iona suchen, die für seine Erziehung sorgten und ihn tauften. 634 gelang es Oswald, den Thron zurückzuerobern. In der Legende heißt es, dass das für die Krönung nötige Chrisamöl fehlte. Doch kurz vor der Zeremonie brachte ein Rabe das Salböl in einem kostbaren Gefäß. Aus dem beiliegenden Schreiben ging hervor, dass es vom Apostel Petrus stammte und er es selbst geweiht hatte.

Nach seiner Thronbesteigung trieb Oswald die (Re-)Christianisierung seines Reiches energisch voran. Unterstützt wurde er dabei von den Mönchen des Klosters Iona, insbesondere von Aidan, der 635 auf der ihm als Bischofssitz zugewiesenen Insel Lindisfarne das berühmte gleichnamige Benediktinerkloster gründete, das sich schnell zum Zentrum der Missionstätigkeit in Northumbria entwickelte.

Oswald starb am 5. August 642 in der Schlacht gegen den heidnischen König Penda von Mercia. Sein Andenken reicht jedoch aufgrund der nach Zentraleuropa gesandten Glaubensboten aus dem Kloster Lindisfarne bis auf das Festland, wo auch einige seiner Reliquien aufbewahrt werden (zum Beispiel in Hildesheim). In den Alpenländern zählt Oswald zu den Nothelfern.

Dieses Kopfreliquiar des heiligen Oswald von Northumbria wurde vermutlich von Heinrich dem Löwen und seiner Frau Mathilde in Auftrag gegeben.

Hormisdas

Hormisdas' größter Erfolg war die Unterzeichnung der nach ihm benannten „Formula Hormisdae".

Status Papst
Geboren im 5. Jahrhundert
Gestorben 6. August 523

Der im italienischen Frosinone geborene Hormisdas wurde im Jahr 514 zum Bischof von Rom gewählt. Als solcher widmete er sich besonders der Überwindung des Akakianischen Schismas, das seit 484 zwischen der Ost- und der Westkirche bestand. Und tatsächlich gelang es Hormisdas, die Mehrheit der etwa 250 Bischöfe der Ostkirche zur Unterzeichnung der „Formula Hormisdae" zu bewegen, mit der sie die Vorrangstellung und Entscheidungsgewalt des Papstes anerkannten. Im Gegenzug bestätigte Hormisdas die Vorrangstellung des Patriarchen von Konstantinopel für die Ostkirche. Damit war die Kirchenunion im Jahr 519 wiederhergestellt. Hormisdas starb am 6. August 523 in Rom.

Afra

Status Märtyrerin
Geboren im 3. Jahrhundert
Gestorben um 304
Attribute Fichtenzapfen; meist dargestellt an einen Baum gebunden oder auf einem brennenden Holzstoß
Patronat Patronin der Diözese Augsburg, der Büßerinnen und der armen Seelen; Patronin der Heilkräuter und bei Feuersnot

Die Lebensgeschichte der Afra ist größtenteils legendär. Dieser zufolge war sie die Tochter des Königs von Zypern. Als dieser getötet wurde, floh sie mit ihrer Mutter Hilaria über Rom nach Augsburg. Dort eröffneten die beiden Frauen zusammen mit drei weiteren Gefährtinnen ein Bordell, in dem eines Tages Bischof Narcissus Unterschlupf fand, als er auf seiner Flucht vor der Diokletianischen Verfolgung durch Augsburg kam.

Ergriffen von seiner Frömmigkeit erkannte Afra die Nichtigkeit ihres bisherigen Lebens und bat den Bischof – ebenso wie Hilaria und die anderen drei Frauen – um die Taufe.

Als sie das Bordell daraufhin schloss, wurde sie von enttäuschten Mitbürgern, die ihre Bekehrung mitbekommen hatten, beim zuständigen Richter angezeigt. Als dieser sie aufforderte, ihrem neuen Glauben abzuschwören, tat sie kund, dass sie lieber sterben wolle, als noch einmal Sünde auf sich zu laden. Und so geschah es schließlich: Afra wurde zum Tode verurteilt und auf einer Lechinsel verbrannt. Auch Hilaria und die anderen Frauen fanden kurz drauf den Feuertod.

Ihre Heiligsprechung erfolgte im Jahr 1064 durch Papst Alexander II. Ihre Gebeine ruhen heute in einem Steinsarkophag in der Unterkirche der Augsburger Basilika St. Ulrich und Afra.

Wie hier wird die heilige Afra meist mit einem Kopftuch oder einem Schleier dargestellt.

Dominikus

Status Priester, Ordensgründer
Geboren um 1170
Gestorben 6. August 1221
Attribute Kreuz, Buch, Weltkugel, Lilien-
stängel
Patronat Patron der Dominikaner und von
Bologna; Patron der Schneider, gegen
Hagel und gegen Fieber

Dominikus, der Gründer des Predigerordens, wurde von seinen Mitbrüdern als freundlicher, fröhlicher
Mensch mit viel Mitgefühl geschildert.

Dominikus wurde um das Jahr 1170 als Sohn einer spanischen Adelsfamilie in Caleruega geboren. Er genoss eine hervorragende akademische Ausbildung und wurde um 1196, nach seiner Priesterweihe, zum Kanonikus an die Kathedrale von El Burgi de Osma berufen.

Einige Jahre später begleitete er seinen Bischof Diego de Acebo auf einer Reise, die ihn auch durch Südfrankreich führte, wo zu dieser Zeit die Bewegung der Katharer großen Zuspruch fand. Er erkannte, dass vor allem das Leben in strenger Askese und das hohe Bildungsniveau der Katharer zu deren rascher Verbreitung beitrugen, was im scharfen Gegensatz zu dem oftmals ausschweifenden Leben der katholischen Bischöfe und der häufig geringen Bildung der Priesterschaft stand. So beschloss er, sich der Mission in Frankreich zu widmen. Gemeinsam mit Bischof Diego gründete er in Prouille bei Toulouse eine Missionsstation (die er nach dem Tod Diegos 1207 auch leitete), wo er sich mit Gleichgesinnten der Buße, dem Fasten und dem intensiven Studium widmete. Dieser vorbildliche Lebenswandel verbunden mit seinen ergreifenden Predigten bildete die Grundlagen seines Erfolgs als Wanderprediger und es gelang ihm, zahlreiche Gläubige zum Katholizismus zurückzuführen.

Um den Glauben noch weiter zu verbreiten und gegen Irrlehren zu verteidigen, gründete Dominikus 1215 in Toulouse die Gemeinschaft der Dominikaner, denen er die Regeln des heiligen Augustinus gab, wobei er besonderen Wert auf die Predigttätigkeit und eine gute Ausbildung der Ordensmitglieder legte, damit sie in der Lage waren, die Argumente der Irrgläubigen zu widerlegen. Nur eineinhalb Jahre später bestätigte Papst Honorius III. den Predigerorden der Dominikaner, der sich in der Folge rasch in ganz Europa verbreitete, wo auch zahlreiche Dominikanerinnenklöster entstanden.

Dominikus, der als eine der herausragendsten Persönlichkeiten der mittelalterlichen Kirche und als der Seelsorger schlechthin gilt, starb am 6. August 1221 in Bologna, wo er auch beigesetzt wurde. Seine Heiligsprechung erfolgte 1234 durch Papst Gregor IX.

Edith Stein

Status Nonne, Märtyrerin
Geboren 12. Oktober 1891
Gestorben 9. August 1942

Die in Breslau geborene Edith Stein war das jüngste von elf Kindern einer jüdisch-orthodoxen Händlerfamilie. Sie studierte Philosophie und arbeitete nach ihrer Doktorarbeit ab 1916 einige Jahre als Mitarbeiterin des berühmten Phänomenologen Edmund Husserl in Freiburg. Als Jüdin und Frau blieb ihr die Habilitation jedoch verwehrt.

Einen Wendepunkt in ihrem Leben markierte die Lektüre der Biografie der Teresa von Ávila. Diese beindruckte sie so sehr, dass Edith 1922 beschloss, zum Katholizismus überzutreten. 1923 zog sie in die Pfalz, wo sie Lehrerin an den Schulen der Dominikanerinnen von St. Magdalena in Speyer wurde. In den folgenden Jahren hielt sie sich häufig im Kloster Beuron auf, dessen Erzabt sie drängte, weiterhin in der Öffentlichkeit zu wirken, anstatt – wie von ihr eigentlich geplant – in den Karmel einzutreten. Seinem Wunsch folgend wechselte Edith 1932 an das katholische Institut für wissenschaftliche Pädagogik nach Münster.

Als sie nach der Machtübernahme der Nationalsozialisten ihre Stelle dort aufgeben musste, trat sie 1933 in Köln unter dem Namen Teresia Benedicta a Cruce (Teresia, die vom Kreuz Gesegnete) in den Karmeliterorden ein und legte 1938 ihre Gelübde ab.

Als Ediths jüdische Abstammung bekannt wurde (es heißt, ihre eigene Priorin habe sie verraten), floh sie 1939 zusammen mit ihrer

Edith Stein wurde 1987 von Papst Johannes Paul II. selig gesprochen.

Schwester Rosa, die ebenfalls zum Christentum konvertiert war, in das holländische Kloster Echt. Dort wurden beide im August 1942 verhaftet und nach Ausschwitz deportiert, wo sie am 9. August 1942 in der Gaskammer starben.

Laurentius von Rom

10. August

Status Erzdiakon, Märtyrer
Geboren um 230
Gestorben 10. August 258
Attribute auf dem Rost, mit Geld oder Broten
Patronat Patron von Wuppertal, Nürnberg, Merseburg und Kulm; Patron der Köche, Bierbrauer, Wirte, Verwalter, Archivare, Wäscherinnen, Büglerinnen, Konditoren, Glaser, Glasbrenner, der Schüler und Studenten sowie der armen Seelen; Patron der Feuerwehr, der Weinberge und für das Gedeihen der Weintrauben; Patron gegen Augenleiden, Hexenschuss, Ischias, Fieber, Hauterkrankungen und die Pest sowie gegen Feuersgefahren und die Qualen des Fegefeuers

Über die Herkunft des in Deutschland auch Lorenz genannten Laurentius ist nur wenig bekannt. Der Überlieferung zufolge war er aus Spanien nach Rom gekommen, wo er als Erzdiakon

Laurentius von Rom war und ist auch heute noch einer der weltweit meistverehrten Heiligen.

Papst Sixtus II. diente. Als dieser im Rahmen der Christenverfolgungen unter Kaiser Valerian festgenommen und zum Tode verurteilt wurde, war Laurentius völlig verzweifelt und trauerte bitterlich um seinen väterlichen Freund. Dieser tröstete ihn mit der Verheißung, dass er ihm bald nachfolgen werde, und beauftragte ihn, vorher noch den Kirchenschatz an die Armen zu verteilen.

Als Valerian nach der Ermordung von Sixtus II. Anspruch auf den Schatz erhob, bat Laurentius um eine Bedenkzeit von drei Tagen, in der er wie geheißen die Güter der Kirche an die Notleidenden der Stadt verteilte. Nach dem Verstreichen der Frist präsentierte er dem Kaiser die zum Christentum bekehrten Beschenkten als „die wahren Schätze der Kirche". Erbost ließ Valerian Laurentius daraufhin martern und schließlich auf einem Rost zu Tode brennen. In der Legende heißt es, Laurentius habe sogar unter Todesqualen noch seinen Henker geneckt, er solle ihn wenden, da der Braten auf einer Seite schon gar sei.

Klara von Assisi

Status Ordensgründerin
Geboren um 1194
Gestorben 11. August 1253
Attribute Äbtissinnenstab, Kreuz, Lilie, Regelbuch, Lampe, Monstranz oder Ziborium
Patronat Patronin der Klarissen und von Assisi; Patronin der Blinden, Wäscherinnen, Stickerinnen, Glaser, Glasmaler und Vergolder; Patronin des Fernsehens sowie gegen Augenleiden und Fieber

Klara wurde um das Jahr 1194 als Tochter einer adeligen Familie in Assisi geboren. Beeindruckt von dem Wandel des ebenfalls aus Assisi stammenden Franz entsagte auch sie dem Reichtum und floh im März 1212 aus ihrem Elternhaus in die Portiuncula-Kirche unterhalb der Stadt, wo die von Franz gegründete Gemeinschaft der Minderbrüder lebte. Dort nahm sie von Franz ihr Ordensgewand und ihren Schleier in Empfang und legte die Gelübde von Armut, Keuschheit und Gehorsam ab.

Zusammen mit ihrer Schwester Agnes ließ Klara sich in der Nähe des Kirchleins S. Damiano nieder, das ihnen von den Mönchen des Klosters S. Angelo überlassen worden war, und gründete dort den Klarissenorden, den sogenannten *Zweiten Orden der Franziskaner*. Diesem stand sie ab 1215 auch als Äbtissin vor. 1216 erhielten die Klarissen von Papst Innozenz das Armutsprivileg und kurz vor dem Tod ihrer Gründerin auch die Bestätigung ihrer von Franz von Assisi formulierten Ordensregel.

Dieses Bild aus dem 16. Jahrhundert zeigt, wie Franz von Assisi Klara die Haare schneidet und sie mit dem großen Bußgewand bekleidet.

Nur zwei Tage später, am 11. August 1253, starb Klara, die seit dem Jahr 1224 gesundheitlich bedingt ans Bett gefesselt war. Ihr werden mehrere Heilungen und andere wundersame Begebenheiten zugeschrieben. Die Heiligsprechung erfolgte bereits zwei Jahre nach ihrem Tod durch Papst Alexander IV.

Karl Leisner

Status Priester
Geboren 28. Februar 1915
Gestorben 12. August 1945

Der in Rees am Niederrhein geborene Leisner wuchs in Kleeve auf und studierte Theologie in Münster und Freiburg. Aufgrund einer Tuberkuloseerkrankung befand er sich im November 1939 auf Kur in einem Sanatorium im Schwarzwald. Als er dort von dem missglückten Attentat auf Hitler hörte, entfuhr ihm ein „Schade!". Aufgrund dieses Kommentars wurde Karl am nächsten Tag verhaftet – ein Mitpatient hatte den jungen Diakon, der nach seiner Genesung die Priesterweihe empfangen sollte, denunziert.

Daraufhin kam er zunächst ins Gefängnis nach Freiburg und dann nach Mannheim, wo durch die schlechten Haftbedingungen seine Tuberkulose wieder aufbrach. Anschließend wurde er in das Konzentrationslager Sachsenhausen gebracht und von dort aus nach

Karl Leisner starb kurz nach seiner Befreiung aus dem KZ Dachau. Sein letzter Tagebucheintrag: „Segne auch, Höchster, meine Feinde."

Dachau. Die Befreiung des Lagers durch die Amerikaner im April 1945 erlebte der inzwischen von dem ebenfalls inhaftierten Bischof Piguet von Clermont-Ferrand zum Priester geweihte Leisner zwar noch, aber aufgrund seiner Krankheit starb er nur wenige Wochen später, am 12. August 1945. Der Heiligsprechungsprozess wurde im Jahr 2007 eröffnet.

Hippolyt von Rom

Status Kirchenschriftsteller, Märtyrer
Geboren im 2. Jahrhundert
Gestorben um 236
Patronat Patron der Stadt und der Diözese St. Pölten sowie von St. Pilt (Elsass); Patron der Gefängniswärter, der Pferde und gegen Körperschwäche

Während das schriftstellerische Werk des um 170 vermutlich im Osten des römischen Reiches geborenen Hippolyt klar belegt ist, ist die Quellenlage hinsichtlich seiner Biografie dürftig. Man geht davon aus, dass Hippolyt ein Schüler des Irenäus war und großen Einfluss im römischen Klerus hatte, vermutlich auch in Rom wirkte. Als der in theologischen Fragen eher liberal eingestellte Callistus I. im Jahr 217 zum Bischof von Rom wurde, kam es erst zum Streit mit den konservativen Kräften in der Kirche und dann zur dogmatischen Spaltung. Als Folge wurde der in seinen Ansichten als sehr streng geltende Hippolyt zum ersten

Gegenpapst der Geschichte. Das blieb er auch noch unter Urban I. und Pontianus, wobei Letzterer zusammen mit Hippolyt von Kaiser Maximinus Thrax ins Exil nach Sardinien geschickt wurde. Beide starben in der Verbannung, vermutlich aufgrund der Zwangsarbeit, die sie in den dortigen Bergwerken zu verrichten hatten. Deshalb wurden sowohl Hippolyt als auch Pontianus seit jeher als Märtyrer verehrt.

Darüber hinaus gilt Hippolyt als einer der bedeutendsten frühchristlichen Kirchenschriftsteller. Zu seinen Werken, von denen die meisten nur in altslawischer Übersetzung erhalten sind, zählen eine Weltchronik, exegetische Kommentare zum Buch Daniel und zur Apokalypse, diverse dogmatische und kirchenrechtliche Abhandlungen, die Kampfschrift „Refutatio omnium haeresium" („Widerlegung aller Häresien") sowie die „Traditio Apostolica" („Apostolische Überlieferung"), sein wohl bekanntestes Werk (wobei seine Autorenschaft hier nicht unumstritten ist).

Maximilian Kolbe

Status Priester, Mönch, Märtyrer
Geboren 7. Januar 1894
Gestorben 14. August 1941

Maximilian Kolbe – hier auf einer undatierten Aufnahme – wird wegen seiner beispielhaften Nächstenliebe verehrt, die ihn letztlich das Leben kostete.

Maximilian Kolbe kam als Sohn einer Arbeiterfamilie im polnischen Zdunska Wola zur Welt. Im Alter von 17 Jahren trat er unter dem Namen Maximilian Maria in den Minoritenorden der Franziskaner ein. Aufgrund seiner hohen Begabung durfte er am Gregorianum in Rom Philosophie und Theologie studieren. Beide Studiengänge schloss er mit einer Promotion ab. Im Jahr 1918 folgte die Weihe zum Priester. Während seiner Zeit in Rom gründete er zudem die „Militia Immaculata", eine Gebetsgemeinschaft zur Bekehrung von Sündern.

1919 kehrte er in seine gerade unabhängig gewordene Heimat zurück, wo er als Lehrer für Philosophie und Kirchengeschichte am Priesterseminar der Franziskaner in Krakau tätig wurde. Daneben gab er zahlreiche Publikationen heraus und veröffentlichte sie im Rundfunk. 1927 gründete er in Teresin das Kloster Niepokalanów, dessen Vorsteher er auch wurde. Drei Jahre später begab er sich auf Missionsreise nach Japan, wo er ebenfalls ein Kloster (Mugenzai no Sono) sowie zahlreiche Missionsstationen gründete. Nach seiner Rückkehr 1936 widmete er sich dem weiteren Ausbau von Niepokalanów.

Als die Deutschen 1939 Polen besetzten, geriet Kolbe aufgrund seiner kritischen Äußerungen und Veröffentlichungen schnell ins Visier der Nationalsozialisten. Und da er auch nach seiner ersten Verhaftung den Widerstand gegen die Faschisten nicht aufgab und in Niepokalanów zudem eine große Zahl von Flüchtlingen – darunter über 2000 Juden – beherbergte, wurde er am 14. Januar 1941 erneut festgenommen. In Auschwitz, wohin er nach einem kurzen Aufenthalt im Warschauer Zentralgefängnis verlegt wurde, wirkte er weiter als Priester und Seelsorger. Als im Juli zehn Männer als Vergeltung für eine vermeintliche Flucht eines Häftlings in den berüchtigten Hungerbunker geschickt wurden, trat Kolbe freiwillig an die Stelle des Familienvaters Franciszek Gajowniczek. Nach zwei Wochen wurden Kolbe und drei andere Verurteilte, die in der Zwischenzeit noch nicht verhungert waren, mittels einer Giftspritze umgebracht. Franciszek Gajowniczek überlebte das KZ und war auch zugegen, als Kolbe 1982 durch Papst Johannes Paul II. heiliggesprochen wurde.

Hyacinthus von Polen

Status Mönch, Prediger
Geboren um 1183
Gestorben 15. August 1257
Patronat Patron von Polen, Litauen, Russland, Preußen, Pommern sowie von Krakau, Kiew und Breslau; Patron gegen eheliche Unfruchtbarkeit, für eine leichte Entbindung und bei Gefahr des Ertrinkens

Der um das Jahr 1183 auf Schloss Groß Stein (Polen) geborene Hyacinthus entstammte einer schlesisch-polnischen Adelsfamilie. Sein Studium absolvierte er in Krakau, Paris und Bologna, wo er in kanonischem Recht und Theologie promovierte. Nach seiner Rückkehr wurde er vom Bischof von Krakau – seinem Onkel – zum Kanoniker des Domkapitels in Krakau ernannt.

Im Rahmen einer Romreise lernte er 1217 Dominikus kennen und trat wenig später der von diesem gegründeten Ordensgemeinschaft der Dominikaner bei. 1219 wurde Hyacinthus auf Missionsreise nach Polen geschickt. Auf dem Weg dorthin gründete er 1221 in Friesach

(Österreich) sein erstes Kloster, dem zahlreiche weitere folgen sollte, vor allem in Polen, aber auch in Schlesien, Pommern, Preußen und Russland.

Auf seinen zahlreichen Reisen nach Nord- und Osteuropa predigte Hyacinthus mit großem Erfolg und bekehrte zahlreiche Menschen zum Christentum. Dabei werden ihm

Hyacinthus von Polen gilt als einer der bedeutendsten Dominikanermönche und -prediger des 13. Jahrhunderts.

zahlreiche Heilungen, Totenerweckungen und andere Wunder zugeschrieben. Er starb am 15. August 1257 in Krakau, wo er auch seine letzte Ruhestätte fand. Seine Heiligsprechung erfolgte 1594 durch Papst Clemens VIII.

Rochus von Montpellier

Status Pilger
Geboren um 1295
Gestorben 16. August 1327
Attribute häufig dargestellt als Pilger mit Bart und Hut, Stab, Tasche, Flasche, Salbdose, Schwert und Hund
Patronat Patron von Venedig, Montpellier und Parma; Patron der Kranken, Ärzte, Chirurgen, Apotheker, Bauern, Gärtner, Bürstenbinder, Schreiner, Pflasterer, Kunsthändler und Gefangenen; Patron der Kranken- und Siechenhäuser; Patron gegen die Pest, Seuchen, Cholera, Tollwut, Bein- und Knieleiden sowie gegen Unglücksfälle

Über das Leben des Rochus sind nur Legenden überliefert. Diese besagen, dass der um das Jahr 1295 in Montpellier geborene Rochus bereits früh seine Eltern verlor. Daraufhin verschenkte er seinen gesamten Besitz, trat in den Dritten Orden der Franziskaner ein und begab sich

16. August

Der heilige Rochus war im Mittelalter einer der meistverehrten Pestpatrone.

1317 auf Pilgerfahrt nach Rom. Auf dem Weg dorthin half er bei der Pflege von Pestkranken, wobei sich seine besondere Gabe offenbarte: Er konnte an der Pest Erkrankte allein durch das Kreuzzeichen heilen. Auch an seinem Ziel angekommen, rettete er so zahllose Menschen vor dem Schwarzen Tod, ohne dass er dabei zu Ansehen und Reichtum kam.

Auf der Rückreise erkrankte Rochus in Piacenza selbst an der Pest und zog sich – da ihm aufgrund seiner Armut im Spital nicht geholfen wurde – zum Sterben in eine einsame Hütte im Wald zurück. Dort, so heißt es, erschien ihm ein Engel, der ihm Mut zusprach und sich um ihn kümmerte, während der Hund eines benachbarten Edelmannes ihm täglich frisches Brot brachte.

Gesundet kehrte Rochus 1322 in seine Heimatstadt zurück, wo er jedoch als Spion verhaftet wurde (wegen der von den Pestbeulen zurückgebliebenen Verunstaltungen erkannte ihn niemand). Demütig erduldete er die Haft, bis er am 16. August 1327 starb. Man erzählt, auf dem Totenbett hätte man Rochus schließlich an seinem kreuzförmigen Muttermal auf der Brust erkannt. Er zählte über Jahrhunderte zu einem der beliebtesten Pestheiligen und gilt auch heute noch als einer der meistverehrten Kirchengestalten.

17. August ✠ Franz Sales Handwercher

Status Priester
Geboren 3. Juni 1792
Gestorben 17. August 1853

Franz wurde im niederbayerischen Loitersdorf als Sohn eines reichen Bauern geboren. Nach seiner Schulzeit in Straubing und Passau studierte er Philosophie und Theologie an der Universität Landshut. 1816 wurde er in Regensburg zum Priester geweiht und wirkte anschließend als Seelsorger in Niederviehbach, Tegernbach, Hohenegglkofen und zuletzt in Oberscheiding.

Dabei erlangte Franz als „Segenspfarrer" schnell große Bekanntheit. Gemäß seiner Überzeugung „Segnet der Priester, segnet der Heiland" legte er besonderen Wert auf den eucharistischen Segen, den er Gesunden und Kranken sowie Lebenden und Verstorbenen spendete. Auch Wohnungen und Ställe wurden von ihm gesegnet. Angezogen von seinem unerschütterlichen Vertrauen in die Kraft des Priestersegens, seinem Charisma und seiner Frömmigkeit, strömten die Gläubigen in Scharen in die von ihm gelesenen Messen. Es heißt, dass bis zu 600 Menschen an der Morgenmesse um 6 Uhr teilnahmen und an Sonn- und Feiertagen die Kirche von 2 Uhr morgens bis spät abends besucht war. Weiter heißt es, Franz habe Visionen über die Zukunft der Menschheit gehabt, die er selbst „Geistesmitteilungen" nannte.

Franz Sales Handwercher starb am 17. August 1853 in Oberschneiding, wo sich auch sein Grab befindet, das bis heute von Pilgern besucht wird.

18. August ✠ Helena

Status Kaiserin
Geboren um 248
Gestorben um 328
Attribute Kreuz, Nägel
Patronat Patronin von Frankfurt, Pesaro und Ascoli sowie der Bistümer Trier, Bamberg und Basel; Patronin der Färber und Nadler, Bergwerke und Schatzgräber; Patronin gegen Blitz und Feuer sowie zur Auffindung von verlorenen Gegenständen und Aufdeckung von Diebstählen

Die vermutlich in Drepanum (das heutige Hersek in der Türkei) geborene Helena war der Überlieferung zufolge die Tochter eines heidnischen Gastwirts. Sie wurde die nicht legitime Frau des späteren römischen Kaisers Constantius I. und Mutter von Konstantin dem Großen (▶ Seite 101).

Helena, die sich im Jahr 312 hatte taufen lassen, förderte das sich zunehmend ausbreitende Christentum nach Kräften. Mithilfe ihres Sohnes ließ sie zahlreiche Kirchen errichten. So werden ihr unter anderem der Bau der Kreuzkirche in Jerusalem, der Geburtskirche in Bethlehem und der Apostelkirche in Konstantinopel zugeschrieben. Der Legende nach soll sie nach einer Erscheinung im Alter von 76 Jahren nach Palästina gereist sein, wo sie Grabungen veranlasste, in deren Rahmen das Heilige Grab und Reste des Kreuzes Christi entdeckt wurden. Dort ließ sie zusammen mit Konstantin die berühmte Grabeskirche errichten. Zudem heißt es, sie hätte die Reliquien der Heiligen Drei Könige gefunden und die Reliquien des Apostels Matthias sowie den Heiligen Rock nach Trier gesandt (▶ Seite 24). Für die Reliquien, die Helena nach Rom brachte, baute Konstantin die Kirche Santa Croce in Gerusalemme, in der noch heute drei Bruchstücke des Heiligen Kreuzes, zwei Dornen der Dornenkrone, ein Kreuznagel, ein Stück der Inschrifttafel und der Finger des Apostels Thomas, den dieser nach der Auferstehung Christi in dessen Wunde legte, verwahrt werden. Helena starb um das Jahr 328 in Nikomedien.

Es heißt, Helena habe im Jahr 326 in Jerusalem die Reste des Kreuzes Jesu gefunden.

Blaise Pascal

Status Religionsphilosoph, Mathematiker, Physiker
Geboren 19. Juni 1623
Gestorben 19. August 1662

Blaise Pascal war nicht nur ein großer Mathematiker und Physiker, sondern auch ein bedeutender christlicher Philosoph.

Der im französischen Clermont-Ferrand geborene Pascal stammte aus einer amtsadeligen Familie. Seine Mutter starb, als er zwei Jahre alt war. Da er von Kindheit an kränklich war, wurde er von seinem Vater sowie Hauslehrern unterrichtet. 1631 zog die Familie nach Paris, um dem hochbegabten Blaise bessere Ausbildungsmöglichkeiten zu bieten. Dort fand dieser Eingang in die Gelehrtenzirkel der Stadt und wurde selbst Mathematiker und Physiker.

1640 entwickelte Blaise den nach ihm benannten Lehrsatz, 1642 erfand er die Pascaline, eine der ältesten Rechenmaschinen, und 1647 entdeckte er das Gesetz der kommunizierenden Röhren und den Luftdruck. Ein Jahr zuvor kam der bis dahin nur wenig religiöse Blaise in Kontakt mit Vertretern des Jansenismus, die unter Berufung auf Augustinus die Gnadenlehre – besonders des Jesuitenordens – kritisierten. Von da an begann er, ein asketisches Leben zu führen, und zog sich 1654 in das Kloster Port Royal bei Versailles zurück. Dort beschäftigte er sich vor allem mit Fragen der Theologie. Er verfasste zahlreiche Schriften, insbesondere seine „Gedanken zur Religion", die er jedoch vor seinem Tod am 19. August 1662 nicht mehr fertigstellen konnte.

Bernhard von Clairvaux

Status Abt, Kirchenlehrer
Geboren um 1090
Gestorben 20. August 1153
Attribute Totenschädel, Hund, Regelbuch, Bienenkorb
Patronat Patron der Zisterzienser, von Burgund und Ligurien sowie von Genua und Gibraltar; Patron der Imker und Wachszieher sowie der Bienen; Patron gegen Kinderkrankheiten, Besessenheit, Tierseuchen, Gewitter und Unwetter; Patron in der Todesstunde

Das Grab Bernhards von Clairvaux ist heute nicht mehr vorhanden und das von ihm gegründete, berühmte Kloster dient heute als Gefängnis.

Bernhard kam um das Jahr 1090 als dritter Sohn des burgundischen Edelmannes Tezelin bei Dijon zur Welt. Nach seiner Ausbildung trat er mit 30 Gleichgesinnten – darunter vier seiner leiblichen Brüder – in das Kloster Cîteaux ein. 1115 erhielt er die Priesterweihe und gründete im gleichen Jahr das Kloster Clairvaux, das sich unter seiner Führung zur bedeutendsten Zisterzienserabtei entwickelte. Als begabter Prediger und Mann von großer Faszination zog Bernhard so viele Novizen an, dass er von Clairvaux aus kontinuierlich neue Klöster gründen konnte, insgesamt 68. Bis zu seinem Tod 1153 umfasste der Orden bereits 343 Klöster in ganz Europa.

Bernhard gilt als „zweiter Stifter" des Zisterzienserordens, da er die Ordensregeln reformierte und entscheidenden Anteil an der raschen Ausbreitung der Gemeinschaft hatte. Daneben verfasste er diverse bekannte und viel beachtete theologische Schriften. Er zählt zu den Begründern der mittelalterlichen Christusmystik sowie zu den großen Mariologen seiner Zeit. Trotzdem blieb er zeitlebens demütig und lehnte die Bischofswürde insgesamt fünfmal ab. Berühmtheit erlangte Bernhard auch als Kreuzzugsprediger, allerdings scheiterte der von ihm so leidenschaftlich unterstützte Zweite Kreuzzug 1149, was ihm sehr zusetzte. Seine Heiligsprechung erfolgte 1174 durch Papst Alexander III., 1830 wurde er von Papst Pius VIII. zum Kirchenlehrer ernannt.

Pius X.

Status Papst
Geboren 2. Juni 1835
Gestorben 20. August 1914
Patronat Patron der Esperantisten sowie des Päpstlichen Werkes der Heiligen Kindheit

Guiseppe Sarto, so der Taufname, wurde 1835 im italienischen Riese als Sohn einer Bauernfamilie geboren. Nach zwei Jahren Volksschule erhielt er dank der Fürsprache des örtlichen Pfarrers einen Freiplatz im Seminar in Padua, wo er Gymnasium und Theologiestudium absolvierte. Nachdem er 1858 die Priesterweihe empfangen hatte, wirkte er zunächst als Kaplan in Tombolo und ab 1867 als Pfarrer in Salzabo.

1875 folgte die Ernennung zum Domherrn in Treviso, 1884 zum Bischof von Mantua, 1893 zum Kardinal und nur drei Tage später zum Patriarchen von Venedig. 1903 wurde Guiseppe schließlich zum Papst gewählt und nahm den Namen Pius an.

Papst Pius X. wird häufig als „konservativer Reformpapst" bezeichnet. Das rührt daher, weil er während seines Pontifikats zahlreiche durchgreifende Reformen vornahm, in politischer und philosophischer Hinsicht aber sehr konservativ eingestellt war und vor allem den Modernismus scharf verurteilte. Er reformierte die Römische Kurie, leitete eine Überarbeitung des Kirchenrechts ein und erneuerte den

Gottesdienst. Besonders Letzteres war ihm ein Anliegen, er setzte die gregorianischen Gesänge in der Liturgie wieder ein, erneuerte das Messbuch und förderte eine frühe Erstkommunion sowie regelmäßige Eucharistiefeiern. Zudem sorgte er für eine Verbesserung der Priesterausbildung und war ein großer Anhänger der Katholischen Aktion.

Doch bei all diesen Erfolgen gab es auch Rückschläge. Da Pius eine Trennung von Staat und Kirche strikt ablehnte und auch die Demokratie als Staatsform kritisch beurteilte, kam es zum Bruch mit Frankreich, Spanien und Portugal. Auch seine pro-österreichische Haltung bei Ausbruch des Krieges ist nicht unumstritten. Dennoch gilt Pius X. als großer Reformpapst, der am 20. August 1914 im Alter von fast 80 Jahren starb. Sein Grab, an dem sich zahlreiche Wunder ereignet haben, befindet sich in einem Seitenaltar des Petersdoms.

Philippus Benitius

22. August

Status Priester, Generaloberer
Geboren 15. August 1233
Gestorben 22. August 1285

Philippus wurde 1233 in Florenz geboren. Er studierte Medizin und Philosophie in Padua und Paris. 1253 trat er den Serviten bei, empfing sechs Jahre später die Priesterweihe und übernahm 1267 als fünfter Generalprior die Führung des Ordens.

Er festigte ihn, indem er die Ordensregeln maßgeblich überarbeitete, und verteidigte ihn gegen die drohende Aufhebung durch die Erlässe des zweiten Konzils von Lyon im Jahr 1274. Zudem gelang es ihm, zahlreiche neue Mitglieder zu gewinnen und die Bekanntheit des Ordens durch ausgedehnte Missionsreisen zu steigern. Auch der weibliche Zweig der Serviten geht auf ihn zurück. Philippus gilt deshalb als zweiter Gründer des Servitenordens.

Als ausgebildeter Arzt lagen ihm zeitlebens vor allem die Kranken am Herzen, um die er sich neben seinen anderen Aufgaben selbstlos bis zu seinem Tod am 22. August 1285 kümmerte. Der Legende zufolge schenkte Philippus sein Unterkleid einst einem Aussätzigen, der geheilt wurde, als dieser es anzog. Das Angebot, Papst zu werden, das ihm daraufhin gemacht wurde, schlug er der Überlieferung nach aus. Seine Heiligsprechung erfolgte im Jahr 1671 durch Papst Clemens X.

Rosa von Lima

23. August

Status Terziarin, Mystikerin
Geboren 20. April 1586
Gestorben 24. August 1617
Attribute Kranz von Rosen, Rosenstrauß
Patronat Patronin von Südamerika, Peru, West-Indien, den Philippinen und Lima; Patronin der Gärtner und Floristen, bei Verletzungen, Entbindungen und Familienstreitigkeiten sowie gegen Ausschlag

Rosa wurde 1586 als Tochter einer spanischen Kolonialistenfamilie in Lima geboren. Ihr eigentlicher Name lautete Isabella Flores, doch da ihre Mutter der Legende nach bei der Taufe eine Rose über ihr schweben sah, wurde sie nur Rosa gerufen.

Die heilige Rosa von Lima auf einem Ölbildnis von Carlo Dolci aus dem 17. Jahrhundert

Da sie schon als junges Mädchen den Wunsch verspürte, ein geweihtes Leben zu führen, weigerte sie sich, die von ihren Eltern arrangierte Ehe einzugehen, und wurde gegen deren Willen 1606 Dominikanerterziarin.

Rosa errichtete im Garten ihres Elternhauses einen Bretterverschlag, in dem sie als geweihte Jungfrau und Klausnerin fortan ein Leben in Buße und Gebet führte, wobei ihr durch ihre Selbstkasteiungen und das extreme Fasten

immer wieder Visionen zuteil wurden. Sie pflegte Notleidende, Alte und Gebrechliche und betätigte sich in der Glaubensverkündigung. Darüber hinaus war sie angeblich an der Gründung des ersten kontemplativen Klosters Südamerikas beteiligt. Rosa starb unter großer Anteilnahme und bereits im Ruf einer Heiligen am 24. August 1617 in Lima, wo sie in der Dominikanerkirche beigesetzt wurde. Im Jahr 1671 machte Papst Clemens X. sie zur ersten Heiligen Amerikas.

24. August ✚ **Bartholomäus**

Status Apostel, Märtyrer
Geboren im 1. Jahrhundert
Gestorben im 1. Jahrhundert
Attribute Schindermesser, Buch, abgezogene Haut
Patronat Patron von Frankfurt am Main, Maastricht, Pilsen und Altenburg sowie des Bistums Lüttich; Patron der Metzger, Bäcker, Bauern, Hirten, Winzer, Schneider, Sattler, Gerber, Schuhmacher, Buchbinder, Bergleute und Stukkateure sowie der Öl-, Käse- und Salzhändler (in Florenz); Patron gegen Nervenkrankheiten, Zuckungen und Hauterkrankungen

Das Leben, Wirken und Sterben des Apostels Bartholomäus ist durchsetzt mit Legenden, doch sieht die Bibelwissenschaft in Bartholomäus und dem in Kana (Galiläa) geborenen Nathanael mit ziemlicher Sicherheit die gleiche Person. Er stammte vermutlich aus dem Kreise der Jünger Johannes' des Täufers (▶ Seite 121 f.) und kam durch Philippus zu Jesus, der ihn zu seinem Jünger berief. Nach dessen Auferstehung zog Bartholomäus nach Persien, möglicherweise auch nach Indien (wo er eine hebräische

Die Reliquien des Apostels befinden sich in Rom, seine Hirnschale wird im Frankfurter Dom aufbewahrt, dessen Hauptpatron Bartholomäus ist.

Abschrift des Matthäus-Evangeliums hinterlassen haben soll) oder Ägypten und Armenien, um dort zu predigen. Berühmt wurde er auch durch seine heilerischen Fähigkeiten, insbesondere seine Gabe, Besessene zu heilen.

Den Märtyrertod fand Bartholomäus vermutlich 71 n. Chr. in Armenien, wo er der Legende zufolge von den Schergen des Bruders des Königs Polymios erst geschlagen, dann bei lebendigem Leib gehäutet und schließlich gekreuzigt wurde. An eine ähnlich grausame und blutige Tat erinnert die sogenannte Bartholomäus-Nacht, in der 1572 auf Befehl von Katharina von Medici in Frankreich 2000 protestantische Hugenotten ermordet wurden.

25. August ✚ **Ludwig IX. von Frankreich**

Status König
Geboren 25. April 1214
Gestorben 25. August 1270
Attribute Dornenkrone, Kreuzstab, Lanze oder Schwert, Buch, Geißel

Patronat Patron von München, Saarbrücken, Berlin, Saarlouis, Paris, Poissy und allen französischen Orten, die seinen Namen (Louis) tragen; Patron der Fischer, Bäcker, Friseure, Bauarbeiter, Maurer, Zimmerer,

Stukkateure, Anstreicher, Tapezierer, Steinhauer, Bürstenbinder, Knopfmacher, Buchdrucker, Buchbinder, Kaufleute, Leinenver-
käufer, Juweliere und Gerichtsdiener sowie
der Pilger und Reisenden; Patron gegen
Blindheit, Gehörkrankheiten und die Pest

Der tief religiöse König Ludwig IX. wurde nicht nur
in Frankreich, sondern auch in Italien, Spanien,
Deutschland und der Schweiz verehrt.

Ludwig IX., der 1226 König von Frankreich wurde, trug bereits zu Lebzeiten den Beinamen „der
Heilige". Er zählt zu den bedeutendsten europäischen Monarchen des Mittelalters, der zahlreiche bahnbrechende Reformen durchführte und
Frankreich politisch wie ökonomisch ein golde-
nes Zeitalter bescherte. Er gilt als gerechter, zutiefst frommer Herrscher, der aufgrund seiner
gemäßigten Lebensführung gelegentlich auch
als Mönchskönig betitelt wurde.

Von 1248 bis 1254 unternahm Ludwig einen Kreuzzug, auf dem er das ägyptische Damiet-
te (heute Dumyat) eroberte und den bedrängten

Kreuzfahrern in Palästina zu Hilfe eilte. Bei einem zweiten Kreuzzug nach Nordafrika konnte er 1270 noch die Burg von Karthago erobern,
bevor er, genau wie sein gesamtes Heer, der
Pest zum Opfer fiel. Seine Heiligsprechung erfolgte 1297 durch Papst Bonifaz VIII.

Johanna Elisabeth Bichier des Ages

Status Ordensgründerin
Geboren 5. Juli 1773
Gestorben 26. August 1838

Die 1772 im französischen Des Ages geborene Johanna Elisabeth gründete zu Beginn des
19. Jahrhunderts mithilfe von Andreas Hubert
Fournet die Kongregation der Kreuztöchter

vom heiligen Andreas, die 1867 von Papst Pi-
us IX. bestätigt wurde. Bis heute widmen sich
die sogenannten Andreas-Schwestern dem
Unterricht sowie der Pflege von Armen und
Kranken, vor allem in Frankreich, Italien, Spa-
nien und Kanada. Die Heiligsprechung ihrer
Gründerin erfolgte im Jahr 1947 durch Papst
Pius XII.

Monika und ihr Sohn Augustinus auf einem Ölgemälde von Ary Scheffer aus dem 18. Jahrhundert

Monika

Status Mutter
Geboren um 332
Gestorben im Oktober 387
Patronat Patronin der christlichen Frauen
und Mütter sowie für die Seelenrettung
der Kinder

Die um das Jahr 332 in Tagaste (Algerien) geborene Monika stammte aus einer christlichen Familie. Sie heiratete Patricius, einen
Regierungsbeamten, und gebar drei Kinder, darunter den späteren Kirchenlehrer Augustinus
(▶ Seite 164). Doch dieser führte zunächst ein

ausschweifendes, zielloses Leben, bevor er zum Glauben fand – woran seine Mutter Monika wesentlichen Anteil hatte. Sie starb im Oktober 387 auf dem Rückweg von Italien – wohin sie ihrem „Sorgenkind" gefolgt war – nach Afrika. Augustinus dankte seiner Mutter später in seinen berühmten „Bekenntnissen".

Augustinus von Hippo

Status Bischof, Kirchenlehrer
Geboren 13. November 345
Gestorben 28. August 430
Attribute Buch, flammendes Herz, wasserschöpfendes Kind, Schreibfeder
Patronat Patron der Theologen, der Buchdrucker und Bierbrauer; Patron für gute Augen

Der heilige Augustinus gehört zu den vier Kirchenvätern des Westens.

Augustinus wurde als Sohn des heidnischen Regierungsbeamten Patricius und einer Christin namens Monika (▶ Seite 167) in Tagaste geboren. Obwohl er durch seine Mutter von Kindheit an eine christliche Erziehung genossen hatte, wurde er nicht getauft. Während seines Studiums der freien Künste in Tagaste wandte sich Augustinus immer mehr von den christlichen Lehren ab und führte ein ausschweifendes Leben voller Müßiggang. Nach dem Abbruch seines ersten Studiums nahm er in Karthago einen zweiten Anlauf und studierte dort – erfolgreich – Rhetorik. Während dieser Zeit unterhielt er eine uneheliche Beziehung zu einer Frau unbekannten Namens, aus der 372 der gemeinsame Sohn Adeodatus hervorging. Ab 375 wirkte Augustinus, der sich in der Zwischenzeit dem Manichäismus – der radikalen Lehre des Persers Manu, welche die Schriften des Alten Testaments ablehnt und die menschliche Existenz als fortwährenden Kampf zwischen Gut und Böse betrachtet – zugewandt hatte, zunächst als Rhetoriklehrer in seiner Heimatstadt, dann in Karthago und schließlich in Mailand.

Hier hörte Augustinus mehrere Predigten des Mailänder Erzbischofs Ambrosius, die ihn stark beeindruckten und seine Vorurteile gegenüber der Heiligen Schrift schwinden ließen. Bestärkt durch seine Mutter Monika, die ihm nach Italien nachgereist war, und das Studium

zahlreicher theologischer Schriften (unter anderem des Paulus) wandelte sich Augustinus in der Folge zum überzeugten Christen und brach auch die Beziehung zur Mutter seines Sohnes ab. Der Überlieferung zufolge hatte er im August des Jahres 386, in einem Moment tiefer innerer Zerrissenheit, ein Bekehrungserlebnis, das dazu führte, dass er sich aus seinem Beruf zurückzog, sich taufen ließ und nach Tagaste zurückkehrte, wo er mehrere Jahre mit Gleichgesinnten ein christliches Leben in klosterähnlicher Weise führte.

Im Jahr 394 empfing Augustinus die Priesterweihe und wurde 396 zum Bischof von Hippo ernannt. Dort wirkte er in den folgenden 34 Jahren seiner Amtszeit als unermüdlicher Seelsorger und unerbittlicher Kämpfer gegen sämtliche Irrlehren seiner Zeit. Er starb am 28. August 430 während der Belagerung Hippos durch die Vandalen an einem Fieber.

Augustinus wird als Mann von großer Güte und glühender Gottesliebe beschrieben und gilt als einer der begabtesten Prediger aller Zeiten sowie als Wegbereiter der Augustiner-Ordensgenossenschaften. Zudem zählt er zu den wichtigsten Denkern und Kirchenschriftstellern der Alten Kirche. Sein Werk umfasst neben 113 Büchern und Traktaten auch über 200 Briefe und fast 1000 Predigten. Zu seinen wichtigsten Werken gehören seine autobiografischen „Bekenntnisse" („Confessiones") sowie der „Gottesstaat" („De Civitate Dei") und „Über die Dreifaltigkeit" („De Trinitate"), in denen zentrale Themen des christlichen Glaubens behandelt werden.

Sabina

29. August

Status Märtyrerin
Geboren im 1. Jahrhundert
Gestorben August 120 oder 126
Patronat Patronin von Rom, der Hausfrauen und der Kinder; Patronin gegen Blutfluss und Regen

Die 24 korinthischen Säulen im Innenraum der Kirche S. Sabina gehören zu den besterhaltenen in ganz Rom.

Der Legende nach war Sabina eine vornehme römische Witwe, die durch Seraphina, eine ihrer Sklavinnen, zum Christentum bekehrt wurde. Beide nahmen an den Gottesdiensten teil, die aufgrund der kaiserlichen Christenverfolgung nachts in den Katakomben der Stadt stattfanden. Kurz nachdem Sabina hier die Taufe empfangen hatte, wurde Seraphina verhaftet und zu Tode geprügelt. Auch Sabina erlitt schließlich den Märtyrertod. Ihr ist die Kirche S. Sabina auf dem Aventin in Rom geweiht, eines der sehenswertesten Gotteshäuser der Ewigen Stadt.

Felix und Adauctus

30. August

Status Märtyrer
Geboren im 3. Jahrhundert
Gestorben um 300

Über diese beiden Heiligen ist nur sicher bekannt, dass sie römische Märtyrer aus der Zeit um 300 waren. Die Legende erzählt, dass es sich bei Felix um einen Priester handelte, der im Rahmen der Christenverfolgung unter Maximian und Diokletian in Rom gefangen genommen wurde. Als er aufgefordert wurde, den römischen Göttern zu opfern, brachte er deren Statuen durch einen Atemstoß zum Umfallen und entwurzelte einen ihnen geweihten Baum, woraufhin er zum Tode verurteilt wurde.

Auf dem Weg zur Hinrichtung sprang plötzlich einer der Zuschauer aus der Menschenmenge auf Felix zu, küsste ihn und bekannte sich zum Christentum. Dieser Unbekannte, den man schlicht Adauctus (der Hinzugekommene) nannte, fand kurz darauf gemeinsam mit Felix den Märtyrertod.

Marcello Candida

31. August

Status Wohltäter
Geboren 27. Juli 1916
Gestorben 31. August 1983

Candida wurde 1916 als Sohn einer wohlhabenden Industriellenfamilie im italienischen Portici geboren. Nach seiner Ausbildung stieg er in das elterliche Unternehmen ein, dessen Leitung er 1946 übernahm.

Einige seiner Geschäftsreisen führten ihn auch in die Dritte Welt. Betroffen von der Armut und Not der dort lebenden Menschen, gründete er eine Institution zur Unterstützung von Missionen und finanzierte diverse Projekte wie ein Krankenhaus im Mündungsgebiet des Amazonas in Brasilien. Schließlich wollte er aber mehr tun, als Schecks ausstellen. 1965 verkaufte er seinen gesamten Besitz und ging in den Nordosten Brasiliens, wo er eine Gesundheitsstation errichtete und sich um Aussätzige und Arme kümmerte. Zudem organisierte er in ganz Brasilien Einrichtungen und Schulen für Behinderte, verwahrloste Jugendliche und andere Bedürftige. Dank einer Stiftung, die Marcello Candida kurz vor seinem Tod im Jahr 1983 errichtete, besteht sein Werk bis heute.

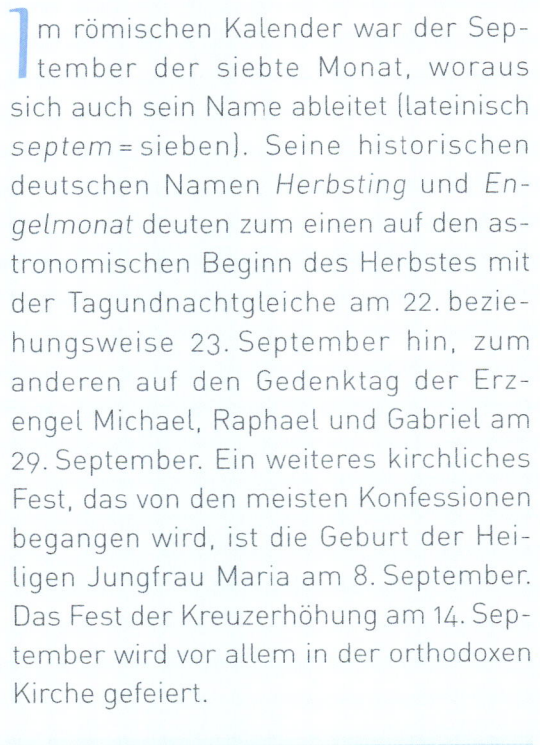

 # September

Im römischen Kalender war der September der siebte Monat, woraus sich auch sein Name ableitet (lateinisch *septem* = sieben). Seine historischen deutschen Namen *Herbsting* und *Engelmonat* deuten zum einen auf den astronomischen Beginn des Herbstes mit der Tagundnachtgleiche am 22. beziehungsweise 23. September hin, zum anderen auf den Gedenktag der Erzengel Michael, Raphael und Gabriel am 29. September. Ein weiteres kirchliches Fest, das von den meisten Konfessionen begangen wird, ist die Geburt der Heiligen Jungfrau Maria am 8. September. Das Fest der Kreuzerhöhung am 14. September wird vor allem in der orthodoxen Kirche gefeiert.

1	2	3	4	5	6	7
Ägidius von St. Gilles	Ingrid Elovsdotter	Gregor I. (der Große)	Ida von Herzfeld	Mutter Teresa	Magnus von Füssen	Märtyrer des Grazer Jesuitenkollegs
8	**9**	**10**	**11**	**12**	**13**	**14**
Korbinian von Freising	Petrus Claver	Nikolaus von Tolentino	Johannes Brenz	Maximinus von Trier	Johannes Chrysostomus	Notburga von Eben
15	**16**	**17**	**18**	**19**	**20**	**21**
Katharina von Genua	Kornelius (Cornelius)	Hildegard von Bingen	Joseph von Copertino	Januarius	Eustachius	Matthäus
22	**23**	**24**	**25**	**26**	**27**	**28**
Mauritius und Gefährten	Thekla von Ikonion	Gerhard von Csanád	Niklaus von Flüe	Kosmas und Damian	Vinzenz von Paul	Eberhard von Tüntenhausen
29	**30**					
Michael Raphael Gabriel	Hieronymus					

Das Fest der Kreuzerhöhung am 14. September geht zurück auf das Wiederauffinden des Kreuzes Christi durch Kaiserin Helena (▶ Seite 158 f.).

Ägidius von St. Gilles

Status Einsiedler
Geboren im 7. Jahrhundert
Gestorben 1. September 720
Attribute Hirschkuh, von einem Pfeil durchbohrt
Patronat Patron von Nürnberg, Osnabrück, Braunschweig, Toulouse und Graz sowie von Kärnten und der Steiermark; Patron der Hirten, Jäger, Pferdehändler, Bogenschützen, Schiffbrüchigen, Aussätzigen, Bettler und stillenden Mütter; Patron gegen Geisteskrankheit, Unfruchtbarkeit bei Mensch und Tier, Trockenheit, Feuer und Sturm; Patron für eine gute Beichte, in geistiger Not und bei Verlassenheit

Von der Verehrung des heiligen Ägidius im Mittelalter zeugen noch heute zahlreiche Ortsnamen wie Gillenberg oder St. Gilgen.

Auch über das Leben dieses Heiligen gibt es nur wenig Gesichertes zu berichten, dafür aber umso mehr Legenden. Dort heißt es, Ägidius kam aus Griechenland in das Rhônetal, wo er sich als Einsiedler in einer Höhle niederließ. Weiter wird berichtet, dass er von einer Hirschkuh mit deren Milch genährt wurde. Als König Wamba eines Tages Jagd auf dieses Wild machte, traf er mit seinem Pfeil Ägidius statt der Hirschkuh. Zur Wiedergutmachung gestattete der Monarch dem Verletzten, auf seinem Boden ein Kloster zu errichten. Und so gründete Ägidius um das Jahr 680 die spätere Benediktinerabtei Saint-Gilles, die er bis zu seinem Tod am 1. September 720 als Abt leitete. Ägidius, der vor allem im Mittelalter sowohl in Frankreich als auch im deutschen Sprachraum große Verehrung erfuhr, gehört zu den 14 Nothelfern und wurde auch häufig als Pestpatron angerufen.

Ingrid Elovsdotter

Status Priorin
Geboren um 1220
Gestorben 2. September 1282

Ingrid wurde um das Jahr 1220 im schwedischen Skänninge als Tochter einer einflussreichen Adelsfamilie geboren. Dort gründete sie nach dem Tod ihres Mannes gemeinsam mit ihren Geschwistern das erste Dominikanerinnenkloster in Schweden, in das sie nach einer Wallfahrt selbst eintrat und bis zu ihrem Tod am 2. September 1282 als Priorin leitete. Ingrids Seligsprechung erfolgte 1499, ihre Reliquien werden heute in Skänninge aufbewahrt.

Gregor I. (der Große)

Status Papst, Kirchenlehrer
Geboren um 540
Gestorben 12. März 604
Attribute Tiara, Buch, Taube, Arme bedienend
Patronat Patron der Sänger, Musiker, Scholaren, Maurer, Knopfmacher, Gelehrten, Lehrer, Studenten und Schüler; Patron des Chor- und Choralgesangs, des kirchlichen Schulwesens sowie der Bergwerke; Patron gegen Gicht und die Pest

Gregor war der Sohn einer angesehenen römischen Familie und kam um das Jahr 540 zur Welt. Nach dem Tod seines Vaters machte er aus dem elterlichen Palast ein Benediktinerkloster, in das er 575 zusammen mit einigen

Gefährten selbst eintrat. Im Jahr 579 wurde er von Papst Pelagius II. zum Diakon geweiht und verbrachte die folgenden sieben Jahre am Hof von Konstantinopel als dessen Stellvertreter. Nach seiner Rückkehr nach Rom wurde Gregor zunächst Berater von Pelagius II. und 590 schließlich sein Nachfolger.

Und zu Recht nannte man ihn die Idealgestalt eines Papstes, denn er besaß nicht nur ein außergewöhnliches Organisationstalent, sondern war auch ein herausragender Seelsorger und bedeutender theologischer Schriftsteller. Während seiner Amtszeit gelang die Missionierung von England, Spanien und der Langobarden. Er kümmerte sich vorbildlich um die Armen und Bedürftigen, indem er den Besitz der Kirche für karitative und soziale Zwecke nutzte und Schutzmaßnahmen gegen die Ausbeutung der Schwachen ergriff. Zu seinen wichtigsten Werken gehört unter anderem die „Moraltheologie", die das gesamte Mittelalter beeinflusste.

Gregor, der von der Nachwelt den Titel „der Große" erhielt, starb am 12. März 604 in Rom und wurde im dortigen Petersdom beigesetzt. Er gehört zu den vier westlichen Kirchenvätern und wurde 1295 zum Kirchenlehrer erhoben. Auf ihn geht übrigens auch der Brauch der Gregorianischen Messen zurück, bei dem 30 Messen an 30 aufeinanderfolgenden Tagen für einen Verstorbenen gelesen werden. Er selbst ließ als Abt des von ihm gegründeten Andreasklosters einmal 30 Messen für einen verstorbenen Mönch lesen.

Gregor I. gilt als der bedeutendste Seelsorger unter den Päpsten, wovon die Ehrenbezeichnung „der Große" beredtes Zeugnis ablegt.

Ida von Herzfeld

 4. September

Status Wohltäterin, Stifterin
Geboren um 775
Gestorben 4. September 825
Attribute Kirchenmodell, Hirschkuh
Patronat Patronin der Schwangeren

Ida war verheiratet mit einem fränkischen Adeligen, mit dem sie um das Jahr 790 – so wie in ihrem Traum geheißen – in Herzfeld eine Kirche stiftete. Nach dem Tod ihres Mannes lebte Ida als Asketin in einer Klause, die über dem Grab des Verstorbenen an die Kirche angebaut wurde, und widmete sich in großer Frömmigkeit den Armen und Notleidenden der Umgebung. Beim Volk hieß sie deshalb „Mutter der Armen".

Nach ihrem Tod am 4. September 825 entwickelte sich Idas Grabstätte, an der sich mehrere Wunder ereigneten, schnell zu einer viel besuchten Wallfahrtsstätte und im Mittelalter zum Mittelpunkt des Ida-Kultes. Noch heute besuchen zahlreiche Gläubige ihren Schrein in der Krypta der von ihr erbauten Kirche. Auch die sogenannte Ida-Woche wird nach wie vor in Herzfeld begangen. Sie war die erste Heilige in Westfalen.

Mutter Teresa

Status Ordensgründerin
Geboren 27. August 1910
Gestorben 5. September 1997

Agnes (Anjezë) Gonxhe Bojaxhiu, so der Taufname, wurde 1910 im heutigen Skopje als Tochter einer katholischen Unternehmerfamilie geboren. Der Vater starb sehr früh und bereits als Mädchen verspürte Agnes den Wunsch, Nonne zu werden. Mit 18 Jahren schloss sie sich den Lorettoschwestern an. Dort erhielt sie im irischen Mutterhaus ihre Ausbildung als Missionarin, bevor sie 1929 nach Bengalen geschickt wurde. Dort legte sie ihre Profess ab, nahm den Ordensnamen Teresa an und wirkte 17 Jahre als Lehrerin in Kalkutta.

Auf einer Fahrt durch Kalkutta erlebte sie 1946 eine mystische Begegnung mit Jesus, der sie aufforderte, den Ärmsten der Armen zu dienen. Zwei Jahre später erhielt sie schließlich die Erlaubnis, die Klausur der Lorettoschwestern zu verlassen. Fortan lebte und wirkte sie im Slum von Kalkutta, wo sie sich um Sterbende, Waisen, Obdachlose und Kranke, insbesondere Leprakranke, kümmerte. Nach und nach schlossen sich ihr einige frühere Schülerinnen an und 1950 gründete Teresa die Gemeinschaft der Missionarinnen der Nächstenliebe, deren Generaloberin sie bis kurz vor ihrem Tod war. In den folgenden Jahren konnte die Gemeinschaft ein Kranken- und Sterbehaus, ein Kinderhaus sowie ein Heim für ledige Mütter eröffnen. Zudem wurden eine Leprakolonie und zahlreiche Schulen sowie Entbindungsheime gegründet. Heute gehören der Gemeinschaft mehr als

Diese Aufnahme von Mutter Teresa, der Ordensgründerin und des „Engels der Armen", entstand um das Jahr 1979.

3000 Ordensschwestern und 500 Ordensbrüder in über 700 Häusern in 145 Ländern an.

Mutter Teresa, dem „Engel der Armen", wurden für ihr Engagement zahlreiche Auszeichnungen wie der Balzan-Preis für Humanität, Frieden und Brüderlichkeit unter den Völkern (1978) und der Friedensnobelpreis (1979) verliehen. Nach ihrem Tod im Jahr 1997 erhielt sie in Indien ein Staatsbegräbnis und wurde bereits am 19. Oktober 2003 von Papst Johannes Paul II. seliggesprochen – die schnellste Seligsprechung der Neuzeit. Doch soll an dieser Stelle nicht verschwiegen werden, dass das Wirken von Mutter Teresa nicht unumstritten war. Ihre Kritiker bemängelten, dass sie eher an der Errettung von Seelen als an der Rettung von Leben interessiert sei, wobei sie Schmerzen und Leiden als förderlich ansah. Insbesondere die mangelhafte Ausstattung der Hospitäler, die schlechten Hygienezustände und die unzureichende Ausbildung des medizinischen Personals gerieten immer wieder in die Kritik. Zudem galt die Finanzierung ihrer Mission als höchst undurchsichtig.

Magnus von Füssen

Status Missionar
Geboren um 699
Gestorben 6. September um 772
Attribute Abtstab, Drache, Bär
Patronat Patron des Allgäus, von Kempten und Füssen; Patron des Viehs, gegen Mäuse, Ratten, Würmer und Ungeziefer; Patron gegen Schlangenbiss und bei Augenkrankheiten

Maginold, so sein ursprünglicher Name, wurde vermutlich um das Jahr 699 geboren und war alemannischer oder rätoromanischer Abstammung. Bis 730 lebte er als Einsiedler zusammen mit Gleichgesinnten am Grab von Gallus in der heutigen Schweiz. Im Jahr 746 kam er zur Missionierung ins Ostallgäu und später in die Gegend um Füssen. Hier errichtete er in Waltenhofen eine Kapelle und an der Stelle des heutigen Füssen eine Zelle, die sich im Laufe der Zeit zu der stattlichen Benediktinerabtei St. Mang entwickelte.

Den Namen Magnus erhielt Maginold aufgrund der zahlreichen ihm zugeschriebenen Wundertaten. So berichtet die Legende beispielsweise, dass er einst einen gefährlichen Drachen bezwang und mithilfe seines Abtstabs wilde Bären und Schlangen vertrieb, welche die Einwohner der Stadt Kempten bedrohten. Magnus starb um das Jahr 772 in Füssen. Er wurde aber nicht nur im Allgäu – dessen Patron er ist – stark verehrt, sondern auch in Österreich, im Elsass und in der Schweiz.

Die Darstellung mit Abtstab und Drache (oder Bär) wie auf diesem Gemälde von Andreas Brugger ist typisch für den heiligen Magnus.

7. September

Märtyrer des Grazer Jesuitenkollegs

Status Priester, Märtyrer
Geboren im 16. Jahrhundert
Gestorben 7./8. September 1619

Während des Dreißigjährigen Krieges wurden die drei Priester Markus Stephan Crisinus, Melchior Grodecz und Stephan Pongrácz, die alle drei am Jesuitenkolleg in Graz studiert hatten, als Seelsorger für die polnischen und böhmischen Truppen sowie zur Unterstützung der bedrängten katholischen Minderheit in der Stadt in das protestantische Kaschau (Kosiče)

geschickt. Dort gerieten sie im Rahmen einer kriegerischen Auseinandersetzung jedoch schnell in Haft und wurden nach ihrer Weigerung, dem Katholizismus abzuschwören, aufs Grausamste gefoltert und schließlich hingerichtet. Es heißt, eine Gräfin habe die Leichname der drei Priester geborgen und in der damaligen Jesuitenkirche in Tyrnau feierlich beisetzen lassen.

Die Heiligsprechung der Märtyrer des Grazer Jesuitenkollegs erfolgte 1995 durch Papst Johannes Paul II.

8. September

Korbinian von Freising

Status Bischof
Geboren um 680
Gestorben 8. September um 729
Attribute mit Gepäck beladener Bär
Patronat Patron des Erzbistums München-Freising

Der um das Jahr 680 in der Nähe von Paris geborene Korbinian war der Sohn des Franken Waltekis und der Irin Corbiniana. Im Alter von 22 Jahren errichtete er unweit seines Geburtsorts neben einer kleinen Kapelle eine Klause, um dort als Einsiedler zu leben. Um das Jahr 710 pilgerte Korbinian nach Rom, wo Papst Konstantin I. ihn bei einem Treffen überredete,

Der heilige Korbinian, Klostergründer und erster Bischof von Freising, auf dem Sterbebett

sein Eremitendasein zugunsten der Missionsarbeit zu beenden. Als Konstantin einwilligte, weihte Konstantin I. ihn zum Priester und Bischof und sandte ihn ins Frankenreich, wo er in Bayern, in der Schweiz und im damals bayerischen Südtirol erfolgreich den christlichen Glauben verbreitete. Auf Bitten von Herzog Grimoald ließ er sich schließlich bei Freising nieder. Hier errichtete Korbinian zu Ehren des heiligen Stephan eine Kirche (aus der sich später die heutige Abtei Weihenstephan entwickelte) und entfaltete in seiner neuen Diözese ein überaus segensreiches seelsorgerisches und missionarisches Wirken.

Als Grimoald die Frau seines verstorbenen Bruders heiratete, sprach sich Korbinian gegen diese damals nach Kirchenrecht verbotene Verbindung aus, woraufhin der Herzog sich von ihr trennte. Da die Verlassene jedoch auf Rache sann und Korbinian nach dem Leben trachtete, floh dieser in das kleine Kloster Kains (heute Kuens/Caines), das er Jahre zuvor auf dem Rückweg von einer Reise nach Rom gegründet hatte. Von dort kehrte er – unter großem Jubel der Bevölkerung – auf Bitten Hugiberts, dem Nachfolger Grimoalds, nach einigen Jahren zwar wieder nach Freising zurück, starb aber bald darauf.

Ursprünglich wurde der Leichnam Korbinians seinem Wunsch gemäß in Kains bestattet, um das Jahr 769 aber nach Freising überführt. Sein Grab im dortigen Dom, über das diverse Wunderberichte vorliegen, ist noch heute Ziel zahlreicher Wallfahrer. Die bekannteste der Legenden, die sich um das Leben des Heiligen ranken, erzählt, dass er während einer Reise nach Rom in den Alpen von einem wilden Bären angegriffen wurde, der sein Maultier tötete. Zur Strafe musste dieser die Stelle des Lastentieres einnehmen und Korbinians Gepäck tragen.

Petrus Claver

Status Priester, Mönch, Missionar
Geboren um 1580
Gestorben 8. September 1654
Patronat Patron von Kolumbien, der Missionsschwestern vom heiligen Petrus Claver und der Mission unter Schwarzen

Petrus wurde 1580 oder 1581 im spanischen Verdú geboren. Mit 22 Jahren trat er in den Jesuitenorden ein und studierte Philosophie auf Mallorca, wo ihn der Klosterpförtner Alonso Rodriguez für die Missionsarbeit begeisterte.

1610 führte seine Reise Petrus zunächst auf die Westindischen Inseln, dann nach Santa Fé (das heutige Bogotá) und schließlich nach Cartagena, wo er die Priesterweihe empfing. Hier, im Zentrum des damaligen Sklavenhandels, kümmerte Petrus sich unermüdlich um die aus Afrika kommenden Sklaven. Er gab ihnen zu essen, versorgte sie medizinisch und unterrichtete sie. Es heißt, Petrus habe im Rahmen seiner Missiontätigkeit mehr als 300 000 Menschen getauft. Schon zu Lebzeiten nannte man ihn deshalb „Apostel der Neger", während er selbst sich als „Sklave der Sklaven" bezeichnete.

Petrus starb am 8. September 1654 in Cartagena. Aufgrund seiner Barmherzigkeit gegenüber den Opfern des Sklavenhandels wird er in der Karibik und in Südamerika bis heute verehrt. Auch ist er Namensgeber einer Schwesternschaft, die in der Afrika-Mission tätig ist.

Diese Heiligenfigur von Petrus Claver befindet sich über dem Nordportal der Westfassade des Kölner Doms (Haupteingang).

Nikolaus von Tolentino

Status Mönch
Geboren um 1245
Gestorben 10. September 1305
Attribute Lilie, Schüssel mit zwei Vögeln, Teufel, Geißel, Pfeile, Stern
Patronat Patron von Tolentino, Venedig, Genua, Antwerpen, Córdoba, Lima und Rom sowie Mitpatron von Bayern; Patron der Schiffbrüchigen, Gefangenen und armen Seelen im Fegefeuer; Patron der Freiheit und für das tägliche Brot

Nikolaus wurde um das Jahr 1245 im italienischen Sant'Angelo geboren. Bereits im Alter von elf Jahren trat er in seinem Heimatort dem Kloster der Augustiner-Eremiten bei. In den folgenden Jahren wirkte er dort und in den umliegenden Orten als leidenschaftlicher Prediger und Beichtvater. 1270 empfing er die Priesterweihe.

Im Jahr 1275 ließ Nikolaus sich schließlich in Tolentino nieder, wo er den Rest seines Lebens in strenger Askese verbrachte. Auch hier gewann er aufgrund seiner mitreißenden Predigten, seines unermüdlichen Einsatzes für die Armen und Kranken sowie seiner Wundergabe schnell die Herzen der Bewohner, die ihn bereits zu Lebzeiten als Heiligen verehrten. Ihm werden zahlreiche Heilungen zugeschrieben und es heißt, er habe den Teufel überwunden, als dieser ihm die Ampel am Altar zerbrach. Weiter erzählt die Legende von zwei gebratenen Hühnchen, über denen der Vegetarier Nikolaus das Kreuz schlug, woraufhin sie wieder lebendig wurden und davonflogen. Ebenfalls bekannt ist das „Nikolausbrot", das an seinem Gedenktag gemäß altem Brauch gesegnet wird. Es soll gegen Gicht helfen oder – in die Flammen geworfen – Brände eindämmen. Hintergrund ist die Erzählung, nach der Nikolaus einst vom Fieber geheilt wurde, nachdem er auf Geheiß von Maria ein mit Wasser getränktes Brot gegessen hatte.

Auch an Nikolaus' Grab ereigneten sich nach dessen Tod zahlreiche Wunder. Vom 16. bis zum 18. Jahrhundert war er einer der meistverehrten Heiligen in Europa und Amerika. In zahlreichen Ländern gilt Nikolaus als Nothelfer.

Dem höchst beliebten Prediger und Seelsorger Nikolaus von Tolentino werden zahlreiche Wunder zugeschrieben – wie hier von Giovanni di Paolo festgehalten.

Johannes Brenz

Status Pfarrer, Reformator
Geboren 24. Juni 1499
Gestorben 11. September 1570

Johannes Brenz wurde 1499 in Weil der Stadt als Sohn einer Beamtenfamilie geboren. Nach seiner Schulausbildung studierte er ab 1514 an der Universität Heidelberg. Dort lernte er 1518 auch Martin Luther kennen, dessen Persönlichkeit und Lehren ihn so sehr beeindruckten, dass er sich fortan der Reformation verschrieb.

Aufgrund dieses Wirkens wurde Brenz 1522 vom Kurfürsten angeklagt, weshalb er in die freie Reichsstadt Hall (das heutige Schwäbisch Hall) floh. Dort wurde er – in traditioneller Weise – zum Priester geweiht und zum Prediger an die Hauptkirche St. Michael berufen. Und auch hier begann Brenz schnell reformatorisch zu wirken, wobei er sehr behutsam vorging, bis er schließlich an Weihnachten 1526 das Abendmahl erstmals in beiderlei Gestalt feierte. 1527 entwarf er eine neue Gottesdienstordnung, die 1529 in Württemberg eingeführt wurde und auch für andere Gebiete Vorbild wurde. Ebenfalls 1527 verfasste Brenz – zunächst für seine Gemeinde – einen evangelischen Katechismus. Dessen zweite Fassung aus dem Jahr 1535 wurde bis ins 20. Jahrhundert verwendet und in zahlreiche Sprachen übersetzt. In der Zeit von 1531 bis 1533 wirkte er an der Kirchenordnung in der Markgrafschaft Brandenburg und in der Reichsstadt Nürnberg mit. Zudem wurde Brenz ein gefragter Ratgeber, der unter anderem Stellung zum Bauernkrieg, zur Hinrichtung von radikalreformatorischen Täufern und zur Hexenverfolgung Stellung bezog. 1530 markierte er durch seine erste Heirat auch den persönlichen Bruch mit der alten Kirche.

Im Jahr 1535 wurde Brenz nach Stuttgart berufen, wo er sich vor allem der neuen württembergischen Kirchenordnung widmete, deren Veröffentlichung 1536 die endgültige Einführung der Reformation markierte. 1546 floh er vor den Wirren des Schmalkaldischen Krieges nach Hall zurück, von wo er 1548 ebenfalls fliehen musste. In den folgenden drei Jahren lebte er anonym an verschiedenen Zufluchtsorten, bis er schließlich wieder offen auftreten

Diese zeitgenössische Darstellung zeigt Johannes Brenz, eine der großen deutschen Reformatorenpersönlichkeiten und protestantischer Theologe.

konnte. 1551 war Brenz maßgeblich an der Abfassung des Württembergischen Bekenntnisses beteiligt, zu dessen Übergabe er 1552 das Konzil von Trient besuchte. Ein Jahr später machte ihn Herzog Christoph von Württemberg zu seinem theologischen Ratgeber und zum Stiftspropst von Stuttgart. Als solcher führte Brenz mit der „Großen württembergischen Kirchenordnung" von 1559 zahlreiche Reformen durch. Er gab der evangelischen Kirche des Herzogtums ihre organisatorische Form und schrieb deren theologische Grundlagen fest. Auf ihn geht auch die Einführung der Partikularschulen zurück, die Kindern eine Schulbildung unabhängig von ihrer Herkunft ermöglichten.

Johannes Brenz, der neben Luther als bedeutendster Katechismenautor des lutherischen Protestantismus gilt und zu den produktivsten theologischen Autoren des 16. Jahrhunderts zählt, starb am 11. September 1570 aufgrund einer fiebrigen Krankheit. Sein Grabmal befindet sich in der Stuttgarter Stiftskirche, in der er zu Lebzeiten trotz seiner vielfältigen anderen Verpflichtungen die Gottesdienste abhielt.

12. September — Maximinus von Trier

Status Bischof
Geboren um 280
Gestorben vermutlich 12. September 346
Attribute mit Gepäck beladener Bär, Buch, Kirchenmodell
Patronat Patron gegen Meineid, gegen Regen und gegen die Gefahren des Meeres

Der Ende des 3. Jahrhunderts im französischen Silly geborene Maximinus wurde um das Jahr 330 Nachfolger des Agritius (▶ Seite 24) als Bischof von Trier. Seine Amtszeit war vor allem durch den Kampf gegen den Arianismus geprägt (▶ Seite 16). Dem Patriarchen von Alexandria, Athanasius (▶ Seite 90) – ebenfalls ein unerbittlicher Gegner der Arianer –, gewährte Maximinus mehrfach Asyl und verteidigte ihn bei Kaiser Konstantin II. Aber auch Maximinus selbst sah sich massiven Anfeindungen der arianischen Ost-Bischöfe ausgesetzt. So wurde auf der Scheinsynode von Philippopel ein öffentliches Register seiner „Sünden" präsentiert und seine Bannung beschlossen, woraufhin sich die West-Bischöfe in Sardica trafen und ihrerseits die Ost-Bischöfe bannten.

Maximinus starb vermutlich im Jahr 346 in der Nähe von Poitiers, wo er auf der Rückreise von Konstantinopel seine Verwandten besuchte. Von dort wurden seine Gebeine von seinem Nachfolger Paulinus 353 in die Johanniskirche nach Trier überführt, die später Maximinus geweiht wurde. Ähnlich wie bei Korbinian (▶ Seite 171) erzählt man auch über Maximinus, dass er auf einer Reise nach Rom sein Lasttier durch einen Bären verlor, woraufhin dieser das Gepäck tragen musste.

Johannes Chrysostomus

13. September

Status Patriarch, Kirchenlehrer
Geboren 354
Gestorben 14. September 407
Attribute Bienenkorb, Engel
Patronat Patron der Prediger und Redner sowie gegen Epilepsie

Johannes wurde 354 in Antiochien geboren und stammte aus einer wohlhabenden Familie. Nach seinem Studium der Redekunst bei dem griechischen Rhetoriker Libanius empfing er um das Jahr 367 die Taufe und besuchte anschließend die berühmte theologische Schule von Antiochia. Ab dem Jahr 372 lebte Johannes für einige Jahre als Mönch und Einsiedler in einer Höhle, bis er, durch die strenge Askese erkrankt, sein Eremitendasein aufgeben musste.

Zurück in Antiochia wurde er nach seiner Genesung 381 Diakon bei Bischof Meletios von Antiochien, dessen Nachfolger, Flavian I., ihn 386 zum Priester weihte. In den folgenden Jahren als offizieller Prediger des Bischofs brachte sein außergewöhnliches Redetalent Johannes den Beinamen Chrysostomus („Goldmund") ein. Seine ernsten, aber sehr leidenschaftlichen und vor allem lebensnahen Predigten waren beim Volk beliebt und machten ihn weit über die Grenzen Antiochiens hinaus bekannt. Sie bildeten auch die Grundlage für seine spätere Ernennung zum Kirchenlehrer.

Im Jahr 398 wurde Johannes zum Patriarchen von Konstantinopel ernannt und widmete sich seitdem dem Wohl seiner Gemeinde. Er unterstützte die Armen, ließ Hospize errichten und förderte die Mission. Als vehementer

Gegner des Amtsmissbrauchs des Klerus erwirkte er die Ablösung von acht Bischöfen, die sich ihr Amt erkauft hatten. Auch sein Aufruf zur untadeligen und maßvollen Lebensführung führte zu Spannungen, insbesondere mit der prunksüchtigen Kaiserin Eudokia, die schließlich dafür sorgte, dass Johannes auf der berühmten „Eichensynode" 403 abgesetzt und verbannt wurde. Zwar durfte er kurz darauf wieder zurückkehren, wurde wenig später

Der heilige Johannes Chrysostomus zusammen mit Basilius dem Großen

aber erneut verbannt. Nachdem man Johannes drei Jahre im armenischen Kukusus festgesetzt hatte, schickten seine Gegner ihn an einen entlegenen Außenposten des oströmischen Reiches. Diesen sollte er jedoch nie erreichen, da Johannes auf dem Weg dorthin – wie vermutlich auch beabsichtigt – schwer erkrankte und am 14. September 407 verstarb.

1568 wurde er von Papst Pius X. zum Kirchenlehrer erhoben.

Notburga von Eben

Status Magd
Geboren um 1265
Gestorben 14. September 1313
Attribute Sichel, Krug, Brot
Patronat Patronin der Dienstmägde und Bauern; Patronin bei Viehkrankheiten und allen Nöten in der Landwirtschaft; Patronin des Feierabends und für eine glückliche Geburt

Der Legende zufolge wurde Notburga um das Jahr 1265 im österreichischen Rattenberg als Tochter eines Hutmachers geboren. Als junge Frau verdingte sie sich als Dienstmagd beim Grafen von Rottenburg im Unterinntal. Dort brachte sie einen Teil ihres Essens den Armen und Kranken. Nach dem Tod des alten Grafen verbot dessen Schwiegertochter Ottilie Notburga diese Mildtätigkeit. Und auch danach kam es zwischen den beiden immer wieder zu

Das Leben der Notburga von Eben wurde in zahlreichen Geschichten, Schauspielen und Liedern festgehalten.

Auseinandersetzungen, sodass Notburga schließlich die Rottenburg verlassen musste.

Eine neue Anstellung fand sie bei einem Bauern in Eben. Doch auch hier kam es zu Unstimmigkeiten mit ihrem Dienstherrn. Denn eines Nachmittags befahl dieser, auch nach dem Feierabendläuten auf dem Feld weiterzuarbeiten, um den Weizen einzuholen. Da erhob sich Notburga, die beim ersten Glockengeläut am Abend immer betete, und warf ihre Sichel in den Himmel, wo diese, anstatt wieder herabzufallen, im Sonnenlicht schwebte. Der Bauer war so perplex, dass er Notburga ziehen ließ.

Nach dem Tod von Ottilie durfte Notburga wieder in den gräflichen Haushalt zurückkehren und erhielt die Erlaubnis, Arme und Kranke auf der Burg zu versorgen und zu pflegen. Dort versah sie ihren Dienst treu und verantwortungsbewusst, bis sie am 14. September 1313 starb. Es heißt, Notburga habe vor ihrem Tod den Wunsch geäußert, ihren Leichnam auf einen Ochsenkarren zu laden und sie an der Stelle zu bestatten, an der die beiden Ochsen stehen bleiben würden. Und diese hielten vor der Kirche in Eben, wo ihr Grab bis heute ein viel besuchter Wallfahrtsort ist. Die Verehrung Notburgas als Volksheilige war so groß, dass ihr Kult 1862 von Papst Pius IX. approbiert wurde.

Katharina von Genua

Status Mystikerin
Geboren 1447
Gestorben 15. September 1510
Patronat Patronin von Genua und Zweitpatronin der italienischen Krankenhäuser

Katharina entstammte der italienischen Adelsfamilie Fieschi und verspürte von Kindheit

an den Drang, ein Leben als Nonne zu führen. Doch stattdessen zwangen ihre Eltern sie zu einer Ehe mit dem leichtsinnigen und ausschweifenden Genueser Edelmann Giuliano Adorno, die eine qualvolle Prüfung für Katharina wurde.

1474 hatte sie ihre erste Vision, woraufhin sie ein Leben in Enthaltsamkeit und

Askese führte. Fortan widmete Katharina ihre ganze Kraft der Pflege von Armen und Kranken, vor allem im Spital Pammatone, dessen Frauenabteilung sie ab 1489 vorstand. Auch ihr Mann Giuliano folgte in seinen letzten Lebensjahren ihrem Beispiel, nachdem er seinen gesamten Besitz verloren hatte. Katharina starb am 15. September 1510. Ihr unverwester Leichnam ist in der Kirche S. Caterina e S.ma Annunziata in Portoria in Genua beigesetzt. Ihre Heiligsprechung erfolgte 1737 durch Papst Clemens XII.

Kornelius (Cornelius)

16. September

Status Bischof von Rom
Geboren im 3. Jahrhundert
Gestorben 14. September 253
Attribute Horn
Patronat Patron der Bauern und des Hornviehs; Patron gegen Ohrenleiden, Krämpfe, Nervenleiden und Epilepsie

Kornelius wurde im 3. Jahrhundert als Sohn einer vornehmen römischen Familie geboren. 251 wurde er, nach dem Märtyrertod von Bischof Fabianus und der durch die anhaltenden Christenverfolgungen bedingten anschließenden vierzehnmonatigen Sedisvakanz, zum Bischof von Rom gewählt. Seine nachsichtige Haltung in der Frage der Bußpraxis gegenüber Christen, die aus Angst ihren Glauben verleugnet hatten, führte dazu, dass eine einflussreiche Minderheit des römischen Klerus Novatian zum zweiten Gegenpapst der Kirchengeschichte wählte. Allerdings wurde dieser bereits nach kurzer Zeit auf der römischen Synode des Jahres 251 wieder abgesetzt und exkommuniziert.

Knapp zwei Jahre später nahm Kaiser Gallus die Christenverfolgung wieder auf und verbannte Kornelius nach Centrumcellae (heute Civitavecchia), wo dieser am 14. September 253 aus Kummer starb. Er wird deshalb oft auch als Märtyrer bezeichnet. Übrigens: Das

Kornelius gehört neben Antonius dem Großen, Hubertus von Lüttich und Quirinus von Neuss zu den vier heiligen Marschällen, die man als Gott besonders nahe stehende himmlische Sachwalter betrachtete und in persönlicher Not anrief.

Horn, das zu Kornelius' Attribut wurde, war der Legende nach eine Klaue vom Vogel Greif, die dieser Kornelius als Dank für die Heilung durch dessen Gebet schenkte.

Hildegard von Bingen

17. September

Status Äbtissin, Mystikerin, Kirchenlehrerin
Geboren um 1098
Gestorben 17. September 1179
Patronat Patronin der Naturwissenschaftler, Sprachforscher und Esperantisten

Hildegard kam um das Jahr 1098 vermutlich als Tochter des Edelfreien Hildebert von Bermersheim/Alzey auf die Welt. Bereits im Alter von acht Jahren wurde sie der Reklusin Jutta von Sponheim zur Erziehung übergeben, welche die

Die heilige Hildegard von Bingen war eine Universalgelehrte und gehört zu den großen Persönlichkeiten ihrer Zeit und der Kirchengeschichte.

Abtei Disibodenberg leitete. Hier hatte Hildegard ihre ersten Visionen, die sie ihr gesamtes Leben begleiten sollten.

Nach Juttas Tod 1136 wurde Hildegard deren Nachfolgerin als Priorin. Nach zähen Auseinandersetzungen mit dem Abt von Disibodenberg zog sie 1150 mit 18 Schwestern auf den Rupertsberg bei Bingen und gründete dort über dem Grab von Rupert von Bingen ein neues Kloster (sowie ein weiteres 1165 in Eibingen), wo sie fortan als Äbtissin wirkte. Ihr selbstbewusstes und charismatisches Auftreten sowie ihre öffentlichen Predigten, in denen sie das Volk und den Klerus zu Sittenstrenge und Bußbereitschaft aufrief, machten sie bekannt. Bald schon suchten Männer und Frauen aller Stände ihren Rat, sogar mit Kaiser Barbarossa führte die „Tischgenossin Gottes", wie man sie ehrfurchtsvoll nannte, einen ausführlichen Briefwechsel.

1141 begann Hildegard, ihre Visionen – da sie das Lateinische nicht sehr gut beherrschte, mithilfe eines Schreibers – in mehreren Werken schriftlich festzuhalten. Zudem betätigte sich als Dramaturgin, Dichterin und Komponistin. Sie schrieb Texte und Melodien zu 77 Liedern sowie das Singspiel „Ordo Virtuum". Besonders verbindet man aber heute ihre Abhandlungen über Pflanzen und Krankheiten mit ihr. Die wohl größte Mystikerin Deutschlands starb am 17. September 1179 in ihrem Kloster auf dem Rupertsberg, wo sie auch bestattet wurde. Obwohl sie seit Langem als Heilige verehrt wird, erfolgte ihre Erhebung zur Kirchenlehrerin erst im Jahr 2012 durch Papst Benedikt XVI.

18. September

Joseph von Copertino

Status Mönch, Mystiker
Geboren 17. Juni 1603
Gestorben 18. September 1663
Attribute schwebend mit Flügeln
Patronat Patron der Schuhmacher, der amerikanischen Piloten im Zweiten Weltkrieg und der Weltraumfahrer; Patron für gute Prüfungen und die Bekehrung von Sündern

Joseph kam 1603 in einem Stall gegenüber seinem Elternhaus im italienischen Copertino zur Welt, da seine Eltern das Haus kurz zuvor verpfänden mussten. In sämtlichen Berichten wird er als einfältiger Mensch beschrieben, der aufgrund seiner Unfähigkeit große Schwierigkeiten hatte, überhaupt in den Orden der Franziskaner aufgenommen zu werden. Trotzdem besaß Joseph eine tiefe mystische Veranlagung, die sich in teilweise stundenlangen Ekstasen und Levitationen (er soll dabei bis zu 60 Meter in die Höhe geflogen sein) äußerte. Zudem werden ihm zahlreiche Heilungen und andere Wunder zugeschrieben.

Natürlich war der „fliegende Frater" für die Gläubigen eine Sensation, weshalb der Orden Joseph immer wieder in möglichst entlegene Klöster versetzte, um das Aufheben um ihn so gering wie möglich zu halten. So verbrachte er die letzten 30 Jahre seines Lebens quasi in Gefangenschaft, die er jedoch freudig erduldete. Er starb am 18. September 1663 in Osimo, seine Heiligsprechung erfolgte 1767 durch Papst Clemens XIII.

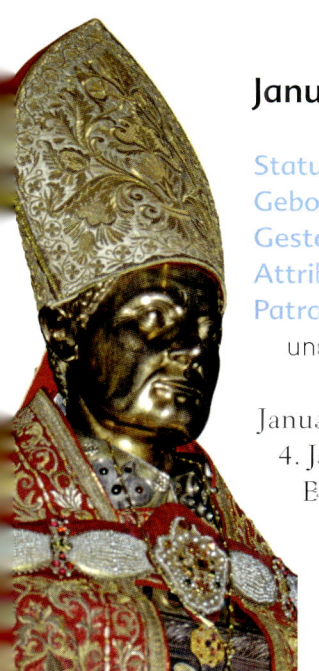

Januarius

Status Bischof, Märtyrer
Geboren im 3. Jahrhundert
Gestorben 305
Attribute Blutampullen
Patronat Patron von Neapel
und gegen Vulkanausbrüche

Januarius war zu Beginn des
4. Jahrhunderts Bischof von
Benevent oder Neapel und
sprach den unter Diokle-
tian verfolgten Christen

Kostbares Kopf-Reliquiar
des heiligen Januarius

immer wieder Mut zu, weshalb auch er schließlich festgenommen und im Jahr 305 zusammen
mit sieben seiner Gefährten bei den Schwefel-
quellen von Pozzuoli hingerichtet wurde.

Die besondere Verehrung Januarius' be-
ruht aber weniger auf seinem Martyrium als auf
dem 1389 erstmals belegten Blutwunder: An
den Hauptfesten des Heiligen verflüssigt sich
dessen getrocknetes Blut, das in Ampullen im
Dom von Neapel aufbewahrt wird. Tritt dieses
Ereignis, dem die Neapolitaner bis heute auf-
geregt beiwohnen, verspätet ein oder bleibt gar
völlig aus, gilt dies als schlimmes Omen. Bisher
gibt es keine zufriedenstellende wissenschaftliche Erklärung für dieses Phänomen.

Eustachius

Status Märtyrer
Geboren im 1. Jahrhundert
Gestorben 118
Attribute Hirsch mit Kreuz oder dem Antlitz
Christi im Geweih, Flammen
Patronat Patron von Paris und Madrid;
Patron der Jäger, Krämer, Klempner
und Tuchhändler; Patron bei Trauer in der
Familie und gegen schädliche Insekten;
Nothelfer

Eine der zahlreichen Legenden, welche die Geschichte dieses Heiligen erzählen, besagt, dass
Eustachius Jäger und Heermeister einer Legion in Kleinasien unter Kaiser Trajan war. Eines
Tages erschien ihm auf der Jagd ein wundersa-
mer Hirsch, zwischen dessen Geweih ein Kreuz
glänzte. Nachdem sich diese Erscheinung ein
weiteres Mal wiederholte, ließ Eustachius sich
mit seiner Familie taufen.

In der Folgezeit musste Eustachius – wie
von dem Hirschen angekündigt – schwere Prüfungen über sich ergehen lassen. Er verlor all
sein Hab und Gut und auf der Flucht nach
Ägypten auch seine Frau, die als Sklavin verkauft wurde, da er die Überfahrt nicht bezah-
len konnte. Seine beiden Söhne fanden in der
Wüste den Tod und er musste sich lange Zeit

als Knecht bei einem Bauern verdingen. Dort
fanden ihn schließlich die Soldaten, die der von
Feinden hart bedrängte Trajan ausgesandt hatte,
um seinen erfolgreichen Feldherrn zu suchen.

Gemeinsam mit ihnen kehrte Eustachius
nach Rom zurück und führte die Truppen des
Kaisers abermals zum Sieg. Danach wurde er
von Hadrian, dem Nachfolger Trajans, mit allen Ehren empfangen, doch als Eustachius sich
weigerte, den Göttern als Dank für seinen Sieg
zu opfern, ließ der Kaiser ihn festnehmen und
im Jahr 118 verbrennen.

Der heilige Eustachius
gehört zu den weniger
bekannten der 14 Not-
helfer.

Der Apostel Matthäus war der Verfasser des ersten Evangeliums.

21. September

Matthäus

Status Apostel, Evangelist
Geboren im 1. Jahrhundert
Gestorben im 1. Jahrhundert
Attribute Mensch oder Engel, Schwert, Geldbörse
Patronat Patron der Stadt und des Bistums Salerno; Patron der Buchhalter, Finanzbeamten, Zöllner und Bankangestellten; Patron gegen Trunksucht

Matthäus hieß ursprünglich Levi und war Zöllner in der antiken Hafenstadt Kafarnaum am See Genezareth, bevor Jesus ihn mit den Worten „Levi, folge mir nach" aufforderte, sich ihm anzuschließen und ihn als Matthäus in den Kreis der Apostel aufnahm.

Deutlich weniger ist über sein Wirken nach Christi Himmelfahrt bekannt. Nach der Niederschrift seines Evangeliums um das Jahr 41/42 soll er nach Ägypten und Äthiopien gezogen sein, um das Wort Gottes zu verkünden. Dort vollbrachte er zahlreiche Wunder wie die Überwindung der Drachen der Zauberer, die Erweckung des Sohnes von König Egippus von den Toten sowie die Heilung dessen Tochter.

Auch über seinen Tod ist kaum etwas überliefert. So soll er einigen Quellen zufolge friedlich gestorben sein, während andere von Steinigung und Verbrennung berichten. Deshalb wir Matthäus in der lateinischen und griechischen Kirche als Märtyrer verehrt.

22. September

Mauritius und Gefährten

Status Märtyrer
Geboren im 3. Jahrhundert
Gestorben 302
Patronat Patron der Soldaten, Kaufleute, Wäscher, Färber, Hutmacher, Tuchmacher, Glasmacher, Waffen- und Messerschmiede; Patron der Pferde und der Weinstöcke; Patron in Kämpfen sowie gegen Gicht, Ohrenleiden, Besessenheit und bei Pferdekrankheiten

Der Überlieferung zufolge war Mauritius römischer Offizier und Anführer einer aus Oberägypten stammenden christlichen Legion, die in Agaunum (dem heutigen St-Maurice in der Schweiz) stationiert war. Als die Soldaten sich 302 weigerten, sich an der Verfolgung der Christen zu beteiligen, ließ Kaiser Maximianus, der Mitregent Diokletians, jeden zehnten

Der Märtyrer Mauritius zusammen mit dem heiligen Erasmus auf einem Gemälde von Matthias Grünwald aus dem 16. Jahrhundert

Mann zur Abschreckung umbringen. Da dies die Überlebenden jedoch nicht umstimmte, wurde die Strafmaßnahme auf kaiserliche Anordnung so lange wiederholt, bis die gesamte Legion ausgelöscht war. So gingen Mauritius und seine Gefährten, die sich ohne Gegenwehr hinrichten ließen, als Märtyrer der Thebäischen Legion in die Geschichte ein.

Thekla von Ikonion

Status Märtyrerin
Geboren im 1. Jahrhundert
Gestorben im 1. Jahrhundert
Attribute Löwe, Scheiterhaufen, Bären
Patronat Patronin der Sterbenden und der Thekla-Bruderschaften; Patronin gegen Augenleiden, die Pest und Feuergefahren

Thekla gilt als Erzmärtyrerin, als erste Märtyrerin des Christentums. Der Überlieferung zufolge war sie eine Schülerin des Apostels Paulus (▶ Seite 125), der sie in ihrer Heimatstadt Ikonion (Türkei) bekehrte. Kurz darauf entrann sie dort das erste Mal dem Märtyrertod, da die Flammen des Scheiterhaufens auf wundersame Weise durch Regen gelöscht und die Umstehenden durch Hagel vertrieben wurden, und folgte Paulus in Männerkleidern nach Antiochia.

Und wieder wurde sie angezeigt und zum Tode verurteilt. Dieses Mal sollte sie den wilden Tieren vorgeworfen werden. Doch eine Löwin legte sich ihr zu Füßen und wehrte die anderen Tiere ab, woraufhin Thekla erneut freikam und Paulus nach Myra folgte. Von dort kehrte sie nach dessen Tod nach Ikonion zurück, wo sie friedlich gestorben sein soll.

Andere Quellen berichten, dass die Schülerin des Paulus in Ikonion, Antiochia und Seleuka als Glaubensbotin wirkte und schließlich eines natürlichen Todes starb. Doch egal, ob Thekla nun die passiv Leidende oder die aktive Verkünderin war, fest steht, dass ihr Kult bereits früh zu den größten überhaupt gehörte und sie in zahlreichen Ländern – darunter auch Bayern – höchste Verehrung genoss.

Ob die heilige Thekla – wie hier dargestellt – wirklich den Märtyrertod erlitt oder einen friedlichen Tod starb, ist umstritten.

Gerhard von Csanád

Status Bischof, Märtyrer
Geboren im 10. Jahrhundert
Gestorben 24. September 1046
Patronat Patron von Budapest und der Erzieher

Der in Venedig als Sohn wohlhabender Eltern geborene Gerhard gehörte dem Benediktinerorden an und war Abt im dortigen Kloster S. Giorgio, bevor er als Missionar nach Ungarn ging und 1030 der erste Bischof der von König Stephan neu eingerichteten Diözese Csanád wurde. Doch Stephans Nachfolger verbot das Christentum in seinem Reich wieder, sodass es zu Heidenaufständen kam. In einem davon, am später nach ihm benannten Gerhardsberg bei Budapest, fand Gerhard den Tod durch Steinwürfe und Lanzenstiche. Seine Heiligsprechung erfolgte 1083 durch Papst Urban II. 1904 errichteten die Budapester ihrem Stadtpatron ein riesiges Standdenkmal auf dem Gerhardsberg, das weithin zu sehen ist.

Niklaus von Flüe

Status Einsiedler, Mystiker
Geboren 1417
Gestorben 21. März 1487
Attribute Stock, Rosenkranz
Patronat Patron der Schweiz und von Untersachseln

Niklaus wurde 1417 in der Nähe des schweizerischen Orts Sachseln als Sohn einer wohlhabenden Bauernfamilie geboren. Nachdem er von 1440 bis 1444 als Offizier am Alten Zürichkrieg teilgenommen hatte, heiratete er Dorothea Wyss, mit der er im Laufe der kommenden Jahre zehn Kinder zeugte. Er stieg zum Ratsherrn des Kantons sowie zum Richter in seiner Gemeinde auf und gehörte damit zu den angesehensten Bürgern der Gegend.

Trotzdem verließ Niklaus – nachdem er einige Jahre zuvor noch einmal als Soldat am

Niklaus von Flüe wurde im Volksmund auch „Bruder Klaus" genannt.

Feldzug gegen Thurgau teilgenommen hatte – 1467 seine Familie, um sich im Elsass als Einsiedler niederzulassen. Auf dem Weg dorthin bewegte ihn jedoch eine seiner Visionen, die ihn auch schon den Entschluss fassen ließen, fortan als Eremit zu leben, zum Umkehren. Und so errichtete er seine Zelle stattdessen in der heimischen Ranftschlucht. Dort führte er als Bruder Klaus ein Leben im Gebet und in Buße und wurde immer wieder von intensiven Visionen erleuchtet. Zwar stieß dieser Schritt bei vielen zunächst auf Unverständnis, doch erlangte Niklaus in der Folge weithin Bekanntheit als Seelsorger und geistlicher Berater sowohl für die Landbevölkerung als auch für die Großen und Mächtigen im In- und Ausland. So gelang es ihm, 1481 den Zerfall der Eidgenossenschaft zu verhindern.

Am 21. März 1487 starb Niklaus von Flüe, der als letzter großer Mystiker des späten Mittelalters gilt, nach hartem Todeskampf in seiner Zelle. Sein Grab in der Pfarrkirche in Sachseln sowie die Nikolaus-Kapelle mit der Einsiedlerzelle sind bis heute beliebte Wallfahrtsziele. Die Heiligsprechung Nikolaus' erfolgte 1947 durch Papst Pius XII.

Kosmas und Damian

Status Ärzte, Märtyrer
Geboren im 3. Jahrhundert
Gestorben um 305
Attribute Äskulapstab, Arzneibüchse, medizinische Geräte
Patronat Patrone von Florenz, der Apotheker, Ärzte, Chirurgen, Drogisten, Zahnärzte, Ammen, Physiker, Zuckerbäcker, Krämer und Friseure; Patrone der medizinischen Fakultäten, gegen Geschwüre, Epidemien und Pferdekrankheiten

Der mit zahlreichen Legenden durchsetzten Überlieferung zufolge wirkten die beiden tief gläubigen Brüder zu Beginn des 4. Jahrhunderts als Ärzte in Syrien, wobei sie immer wieder heidnische Patienten bekehrten. Um das Jahr 305 ließ der Statthalter Lysias die beiden Brüder verhaften, die sich mutig zu ihrem Glauben

Dieses Bild von Fra Angelico zeigt die beiden Ärzte und Märtyrer Kosmas und Damian bei der Behandlung des Diakons Justinianus.

bekannten. Daraufhin wurden sie brutal gefoltert und schließlich enthauptet. Heute werden ihre Reliquien in der Kirche S. Cosma e Daminao in Rom, aber auch in der Münchner Michaelskirche und im Dom zu Hildesheim aufbewahrt.

Vinzenz von Paul

Status Ordensgründer
Geboren 24. April 1581
Gestorben 27. September 1660
Patronat Patron aller karitativen Einrichtungen, der Waisen- und Krankenhäuser; Patron der Vinzentiner und Vinzen-
tinerinnen, des Klerus, der Waisen und
der Gefangenen; Patron für das Auffinden
verlorener Gegenstände

Vinzenz wurde 1581 im französischen Pouy als
Sohn einer Bauernfamilie geboren. Er studierte in Dax und Toulouse Theologie und wurde
um das Jahr 1600 zum Priester geweiht. Da
er zunächst keine Anstellung fand, folgten einige abenteuerliche Jahre, ehe er schließlich
1608 nach Paris kam, wo er sich nach einer tiefen Glaubenskrise ganz der Seelsorge und dem
Dienst für die Bedürftigen zuwandte.

Im Jahr 1610 wurde Vinzenz geistlicher
Berater von Margarete von Valois, ab 1612
wirkte er in der Pfarrei Clinchy und ab 1613
als Hausgeistlicher des Galeerengenerals de
Condi. 1617 gründete er die Bruderschaft der
Damen der Liebe, eine Gemeinschaft von Lai-
en-Schwestern, die sich um Arme und Kranke kümmerten. 1620 folgte das Gegenstück für
männliche Laienkräfte, die Diener der Armen.
Im Jahr 1625 rief er die Kongregation der Mission ins Leben, auch Lazaristen oder Vinzentiner genannt. Ihre Aufgabe war zunächst die
Seelsorge an der französischen Landbevölkerung und Galeerensträflingen sowie die Priesterausbildung. Später wurden sie auch in der
Mission tätig. Zusammen mit Luise von Ma-
rillac gründete er 1633 die Gemeinschaft der
Töchter christlicher Liebe, auch Vinzentinerin-
nen genannt (in Deutschland auch Barmherzige

Der Ordensgründer
Vinzenz von Paul
wird oftmals im
Priestergewand
umgeben von
Kindern abge-
bildet.

Schwestern). Sie gingen hinaus in die Dörfer
und Städte und halfen dort den Alten, Kranken
und Waisen vor Ort. Sie sind heute mit rund
24 000 Mitgliedern die größte Frauengemein-
schaft der katholischen Kirche.

Zudem gründete Vinzenz zahlreiche Pries-
terseminare, Genossenschaften der Nächstenliebe, Krankenhäuser, Kinder- und Altenheime
sowie Asyle für geistig Behinderte. Für die Opfer der blutigen Aufstände gegen die absolutis-
tische Herrschaft des Königshauses Mitte des
17. Jahrhunderts richtete er Volksküchen und
Lazarette ein. Aufgrund dieses unermüdlichen
und hingebungsvollen Engagements für die Armen und Schwachen gilt er als Begründer der
neuzeitlichen Caritas. Seine Heiligsprechung
erfolgte 1737 durch Papst Clemens XII.

Eberhard von Tüntenhausen

Status Hirte
Geboren im 13./14. Jahrhundert
Gestorben im 14. Jahrhundert
Patronat Patron der Hirten, der Haustiere
und gegen Viehseuchen

Sichere Überlieferungen über Leben und Wirken des im bayerischen Tüntenhausen geborе-
nen Eberhard sind nicht bekannt. Er war ein
Schäfer, der mit seiner Herde bis vor die Tore von München zog. Die Legende erzählt, dass

überall dort, wo er seinen Hirtenstab in die Erde steckte, ein Baum wuchs. Die Heilkraft der Erde aus seinem Grab ist offiziell bezeugt, allerdings ist dieses seit 1934 geschlossen. Die Gebeine des viel verehrten Ortsheiligen ruhen heute in einem gläsernen Schrein (eine Stiftung des bekannten Münchner Kardinals von Faulhaber) in der Tüntenhausener Kirche.

Michael

Status Erzengel

Attribute Flammenschwert, Helm, den Drachen durchbohrend, Stab, Waage

Patronat Patron der katholischen Kirche und der Deutschen; Patron der Soldaten, Bäcker, Apotheker, Schneider, Glaser, Maler, Drechsler, Eicher, Waagenhersteller, Radiomechaniker, Blei- und Zinngießer, Vergolder, Kaufleute und Bankangestellten; Patron der Sterbenden, für einen guten Tod, der armen Seelen und der Friedhöfe; Patron gegen Blitz und Unwetter

Der Erzengel Michael gilt als Beschützer der Kirche, der den Teufel (in Gestalt des Drachen) bezwingt, sowie als Anführer der himmlischen Heerscharen, weshalb er oftmals als Ritter in Rüstung und mit Schwert dargestellt wird. Zudem wird er „Vertrauter Gottes" genannt, der die Botschaften und Weissagungen Gottes an die Menschen weitergibt. So geschehen zum Beispiel bei Adam, den er später zusammen mit Eva aus dem Paradies vertrieb. Auch war er es, der Hagar und ihrem Sohn den Weg zur rettenden Quelle wies, Abraham daran hinderte, Isaak zu opfern, und dem Propheten Daniel dessen apokalyptische Visionen erklärte. Weiterhin gilt Michael als Heilkundiger sowie als Fürst der Seelen, der die Seelen der Verstorbenen wägt und sie auf ihrem Weg ins Jenseits begleitet. In der jüdischen Tradition wird Michael zusammen mit Gabriel als Schutzengel des Volkes Israel genannt. Sein Festtag geht zurück auf Papst Leo I. (▶ Seite 213), der an diesem Datum die Kirche S. Michele in Rom weihte. Das älteste Michaels-Heiligtum Europas ist jedoch die Kirche im Felsen des Monte Sant'Angelo in Süditalien, wo der Erzengel mehreren Hirten erschienen sein soll.

Seit 1969 werden am 29. September auch die Feste der Erzengel Raphael und Gabriel gefeiert. Letzterer ist der Engel der Verkündigung, der Auferstehung und der Gnade. So erschien Gabriel Maria und verkündete die Geburt Jesu und auch Zacharias verhieß er die Geburt seines Sohnes Johannes' des Täufers (▶ Seite 121). In der Volksüberlieferung ist er derjenige, der die Seelen aus dem Paradies holt und während der neun Monate Schwangerschaft erzieht.

Raphael gilt als Inbegriff des Schutzengels und ist eng mit der Geschichte des Tobias verbunden, dem er half, seine Frau Sara zu gewinnen, und dessen Vater er von der Blindheit heilte. Entsprechend wurde Raphael als Schutzpatron der Kranken und Apotheker sowie der Reisenden und Pilger verehrt.

Der Gedenktag des Uriel, der ebenfalls zu den Erzengeln gezählt wird, wird in der römisch-katholischen Kirche nicht mehr gefeiert, da er nicht biblisch bezeugt ist, sondern ausschließlich im apokryphen 4. Buch Esra erwähnt wird.

Dieses Werk des deutschen Malers Hans Memling zeigt den Erzengel Michael bei der Wägung der Menschen.

Hieronymus

Status Priester, Kirchenlehrer
Geboren um 342
Gestorben 30. September 419/420
Attribute mit Löwen oder Totenkopf am
    Schreibpult
Patronat Patron von Dalmatien und Lyon;
    Patron der Schüler, Studenten, Lehrer,
    Gelehrten, Übersetzer und Asketen;
    Patron der wissenschaftlichen Vereini-
    gungen sowie gegen Augenleiden

Obwohl Hieronymus nie offiziell heiliggesprochen wurde, zählt er zu den bedeutendsten Gestalten der gesamten Kirchengeschichte.

Sophronius Eusebius Hieronymus, so der vollständige Name, kam um das Jahr 342 in Stridon (im heutigen Kroatien) als Sohn wohlhabender katholischer Eltern zur Welt. Und obwohl diese ihn christlich erzogen, empfing er die Taufe erst 366 in Rom, wo er bei dem berühmten Aelius Donatus Grammatik, Rhetorik und Philosophie studierte.

Nach seinem Studium zog es Hieronymus nach Trier, wo er das Klosterleben kennenlernte, und nach Aquileja (in der Nähe von Venedig), wo er sich für einige Jahre dem Chor der Seligen, einem asketischen Freundeskreis, anschloss. 373 unternahm er mehrere Pilgerfahrten ins Heilige Land, die ihn auch nach Aleppo (Syrien) führten. Dort schloss er sich einer Gruppe Mönche an, die in strenger Abgeschiedenheit in der Wüste Chalkis lebten. Allerdings verließ er die Gemeinschaft aufgrund von Streitigkeiten bald wieder und begab sich auf die Heimreise, die er krankheitsbedingt in Antiochien unterbrechen musste. Diese Zeit nutzte er, um Griechisch und Hebräisch zu erlernen und bei Apollinaris von Laodicea zu studieren. Im Anschluss daran folgten weitere Studien bei Gregor von Nazianz in Konstantinopel. Schließlich kehrte Hieronymus, der in Antiochien die Priesterweihe empfangen hatte, nach Rom zurück, wo er von 382 bis 384 Sekretär des Papstes Damasus I. wurde. Als sich seine Hoffnung, nach dessen Tod selbst zum Bischof von Rom gewählt zu werden, nicht erfüllte, reiste er abermals ins Heilige Land. Dort ließ er sich zusammen mit einer Gruppe von adeligen Witwen, die er in Rom als Seelsorger betreut hatte, in Bethlehem nieder und gründete in den folgenden Jahren drei Nonnenklöster sowie eines für Mönche, dem er selbst vorstand und wo er bis zu seinem Tod am 30. September 419/420 schriftstellerisch wirkte. Im 13. Jahrhundert wurden seine Gebeine nach Rom überführt.

Hieronymus, der offiziell nie heiliggesprochen wurde, gehört zu den Kirchenlehrern und ist einer der vier lateinischen Kirchenväter. Er zählt zu den größten Gelehrten und Schriftstellern innerhalb der katholischen Kirche. Sein wichtigstes Werk ist die „Vulgata", die lange Zeit maßgebliche Bibelübersetzung der katholischen Kirche. Darüber hinaus übersetzte er weitere Bücher wie die Chronik des Eusebius von Caesarea und verfasste zahlreiche eigene Werke, darunter Schriften über theologische Kontroversen sowie zur Bibelauslegung, Kommentare zu diversen biblischen Texten, eine Landeskunde Palästinas und eine Sammlung von Biografien „ausgezeichneter Männer" der Kirchengeschichte. Zudem sind über 100 Briefe von ihm erhalten. Hieronymus' Schaffen gab dem abendländischen Klosterleben wichtige Impulse und auch in Bibelfragen blieb er das gesamte Mittelalter hindurch die maßgebliche Lehrautorität.

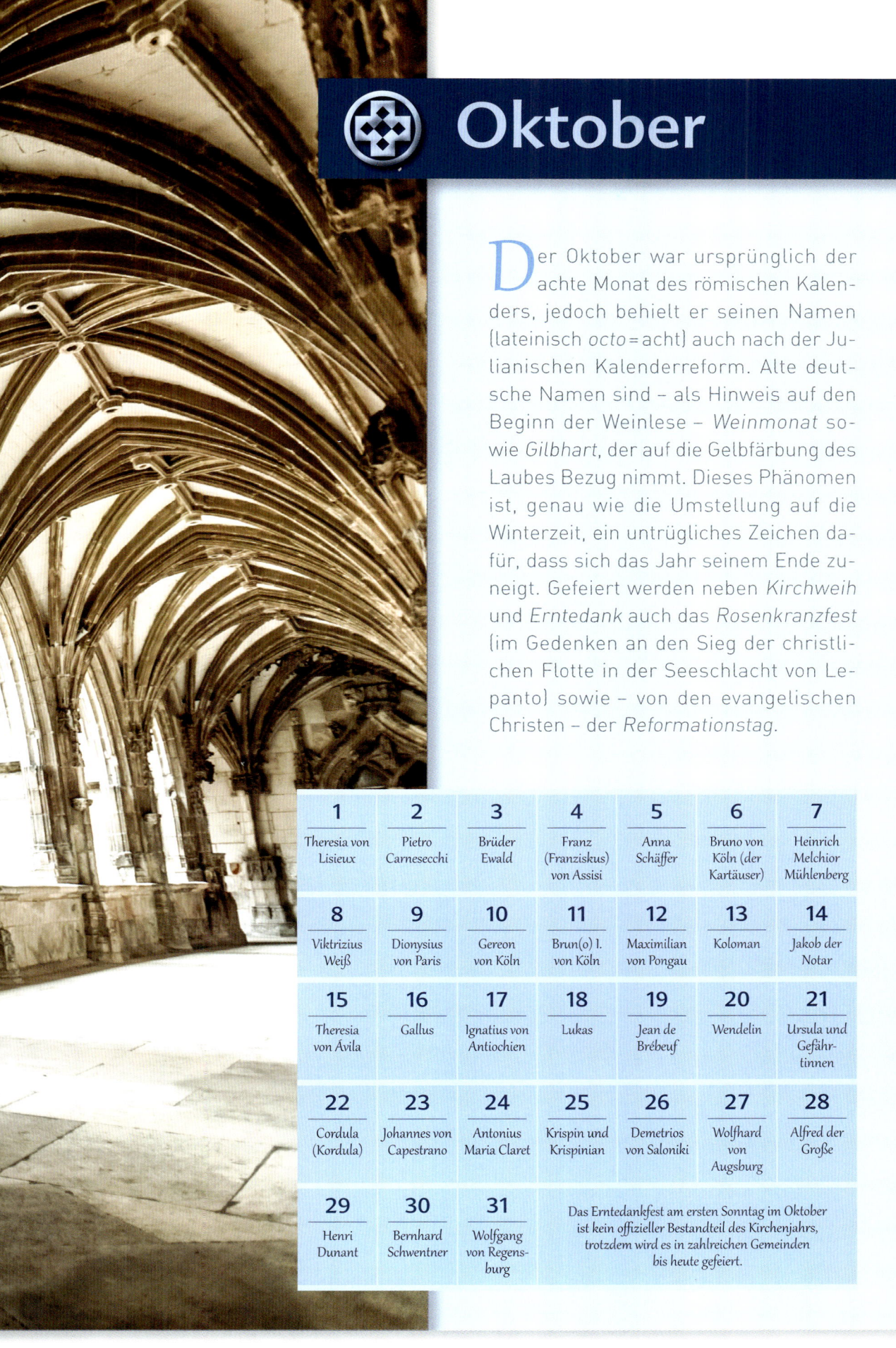

Oktober

Der Oktober war ursprünglich der achte Monat des römischen Kalenders, jedoch behielt er seinen Namen (lateinisch *octo*=acht) auch nach der Julianischen Kalenderreform. Alte deutsche Namen sind – als Hinweis auf den Beginn der Weinlese – *Weinmonat* sowie *Gilbhart*, der auf die Gelbfärbung des Laubes Bezug nimmt. Dieses Phänomen ist, genau wie die Umstellung auf die Winterzeit, ein untrügliches Zeichen dafür, dass sich das Jahr seinem Ende zuneigt. Gefeiert werden neben *Kirchweih* und *Erntedank* auch das *Rosenkranzfest* (im Gedenken an den Sieg der christlichen Flotte in der Seeschlacht von Lepanto) sowie – von den evangelischen Christen – der *Reformationstag*.

1	2	3	4	5	6	7
Theresia von Lisieux	Pietro Carnesecchi	Brüder Ewald	Franz (Franziskus) von Assisi	Anna Schäffer	Bruno von Köln (der Kartäuser)	Heinrich Melchior Mühlenberg
8	**9**	**10**	**11**	**12**	**13**	**14**
Viktrizius Weiß	Dionysius von Paris	Gereon von Köln	Brun(o) I. von Köln	Maximilian von Pongau	Koloman	Jakob der Notar
15	**16**	**17**	**18**	**19**	**20**	**21**
Theresia von Ávila	Gallus	Ignatius von Antiochien	Lukas	Jean de Brébeuf	Wendelin	Ursula und Gefährtinnen
22	**23**	**24**	**25**	**26**	**27**	**28**
Cordula (Kordula)	Johannes von Capestrano	Antonius Maria Claret	Krispin und Krispinian	Demetrios von Saloniki	Wolfhard von Augsburg	Alfred der Große
29	**30**	**31**				
Henri Dunant	Bernhard Schwentner	Wolfgang von Regensburg				

Das Erntedankfest am ersten Sonntag im Oktober ist kein offizieller Bestandteil des Kirchenjahrs, trotzdem wird es in zahlreichen Gemeinden bis heute gefeiert.

Theresia von Lisieux

Status Nonne, Mystikerin, Kirchenlehrerin
Geboren 2. Januar 1873
Gestorben 30. September 1896
Attribute Rosen
Patronat Patronin von Frankreich, der Missionen und der Karmelitinnen

Nicht zuletzt zur Unterscheidung von der Ordensreformatorin Theresia von Ávila wurde Theresia von Lisieux „kleine heilige Theresia" genannt.

Marie-Françoise Martin, so der Taufname, wurde 1873 im französischen Alençon als Tochter von Zélie und Louis Martin geboren. Bereits als Kind war ihr größter Wunsch, dem Karmeliterorden beizutreten. Dieser sollte sich jedoch erst 1888 nach mehreren Ablehnungen aufgrund ihres jugendlichen Alters erfüllen, als sie schließlich den Unbeschuhten Karmelitinnen in Lisieux beitreten durfte. Dort lebte die immer wieder unter Angstzuständen leidende Theresia (sie hatte den Ordensnamen nach ihrem Vorbild Theresia von Ávila gewählt, ▶ Seite 195 f.) in inniger Hingabe an Gott und stellvertredender Aufopferung für die Sünder der Welt, was sie als den „kleinen Weg" der Liebe bezeichnete.

Ihre enorme Bekanntheit gründet sich auf ihre Autobiografie „Die Geschichte einer Seele" mit dem Untertitel „Die kleine Blume", die sie 1895 verfasste und die zwei Jahre nach ihrem Tod mit überwältigendem Erfolg – zunächst in einer stark überarbeiteten Version – veröffentlicht wurde. Es ist das nach der Bibel meistgelesene spirituelle Buch in französischer Sprache, das auch in zahlreiche andere Sprachen übersetzt wurde. Papst Pius XI., der Theresia 1925 heiligsprach, nannte sie einmal die „größte Heilige der Neuzeit". Und tatsächlich sind ihr mehr als 1700 Kirchen geweiht und mehrere Hundert Kongregationen ihrem Patronat unterstellt. Die Basilika in Lisieux, in der ihr unverwester Leichnam in einem Glassarg aufgebahrt ist, wird auch heute noch von Hunderttausenden Pilgern besucht. Die Rosen, mit denen sie häufig dargestellt wird, gehen auf ihr Versprechen zurück, nach ihrem Tod Rosen vom Himmel herabregnen zu lassen.

Pietro Carnesecchi

Status Märtyrer
Geboren 24. Dezember 1508
Gestorben 1. Oktober 1567

Der 1508 in Florenz als Sohn eines Kaufmanns geborene Carnesecchi wurde von seinem Onkel, dem Kardinal Bernardo Dovizi da Bibbiena, in Rom erzogen. Er arbeitete zunächst als Notar, dann als Protonotar bei der Kurie und ab 1533 schließlich als Sekretär von Papst Clemens VII. So lernte er auch den reformatorisch gesinnten Theologen und Humanisten Juan de Valdés kennen, der ihn von der Rechtfertigungslehre Luthers überzeugte und dem er 1536 nach Neapel folgte.

1546 wurde er der Ketzerei verdächtigt, weshalb er nach Paris an den Hof von Katharina von Medici floh, wo er in Sicherheit war. 1552 kehrte er nach Italien zurück, wo er von Papst Paul IV. zum Prozess nach Rom gerufen und zum Tode verurteilt wurde. Da dieser jedoch kurz darauf starb und dessen Nachfolger, Papst Pius IV., ihm wohlgesinnt war, wurde Carnesecchi doch noch freigesprochen. 1566 wurde er auf Betreiben von Papst Pius V. allerdings erneut verhaftet und dieses Mal auch hingerichtet.

Brüder Ewald

3. Oktober

Status Priester, Missionare, Märtyrer
Geboren im 7. Jahrhundert
Gestorben um 695
Attribute Schwert, Keule
Patronat Patrone von Westfalen

Die in England geborenen Brüder Ewald, die aufgrund ihrer Haarfarbe „Ewald der Schwarze" und „Ewald der Weiße" genannt wurden, kamen zusammen mit Willibrord von Echternach nach Norddeutschland, wo sie als Glaubensboten wirkten. Vermutlich in Alperbeck (heute ein Stadtteil von Dortmund) wurden sie um das Jahr 695 während ihrer Predigten von aufgebrachten Heiden angegriffen, schwer misshandelt und schließlich getötet. Ihre Gebeine ruhen bis heute in St. Kunibert in Köln. Ob die Brüder Ewald „nur" Glaubensbrüder waren oder tatsächlich leibliche Brüder, ist nicht geklärt.

Zum Kirchenschatz von St. Kunibert gehört auch das Bahrtuch der Brüder Ewald, die sogenannte Ewaldi-Decke.

Franz (Franziskus) von Assisi

4. Oktober

Status Ordensgründer
Geboren 1181/1182
Gestorben 3. Oktober 1226
Attribute Wundmale Jesu, Kruzifix, Weltkugel, Totenkopf, mit Tieren
Patronat von Italien, von Assisi, des Bistums Basel sowie der Katholischen Aktion in Italien; Patron der Franziskaner, Armen, Schneider, Weber, Tuchhändler, Flachshändler, Tapetenhändler und Kaufleute; Patron der Sozialarbeit und des Umweltschutzes; Patron gegen Kopfschmerzen und die Pest

Giovanni di Pietro Bernardone, so der Taufname, wurde um das Jahr 1181 im italienischen Assisi als Sohn eines wohlhabenden Tuchhändlers geboren. Da seine Mutter Französin war, erhielt er schnell den Rufnamen Francesco (das Französlein). Er erhielt für einen Bürgerlichen eine vergleichsweise hohe Ausbildung und führte während seiner Jugend ansonsten ein eher ausschweifendes Leben. Da es sein Ziel war, Ritter zu werden, zog er 1202 auf der Seite Assisis in den Städtekrieg gegen Perugia, in dem Assisi jedoch unterlag und Franz in Gefangenschaft geriet. Erst nach über einem Jahr kam er gegen Zahlung eines Lösegeldes, das sein Vater aufbrachte, wieder frei.

Krank und von dieser Erfahrung zutiefst erschüttert stellte Franz sein bisheriges Leben

Der bekannte Dichter Dante Alighieri beschrieb den heiligen Franz von Assisi einst mit den Worten: „Wie eine Sonne ging er in der Welt auf."

infrage. Er begab sich auf eine Pilgerreise nach Rom und suchte zunehmend die Einsamkeit. Beim Beten in der verfallenen Kirche S. Damiano unterhalb von Assisi hörte er im Jahr 1205 schließlich die Stimme Christus' vom Kreuz, die ihn aufforderte: „Franz, baue mein verfallenes Haus wieder auf!" Daraufhin verkaufte Franz einige Ballen Tuch seines Vaters und setzte damit die Kirche wieder instand. Als ihn der erboste Vater öffentlich zur Rede stellte, entledigte er sich seiner Kleidung mit den Worten: „Weder Geld noch Kleider will ich von dir, von jetzt an nenne ich nur noch einen Vater, den im Himmel!" Nackt rannte er aus der Stadt und führte in den folgenden Jahren ein Leben als Einsiedler außerhalb der Stadtmauer, wo er Pestkranke pflegte. Auch der Wiederaufbau zweier weiterer Kirchen wird ihm zugeschrieben.

1208 vernahm Franz bei einem Gottesdienst in der Kirche des Klosters San Damiano erneut eine Stimme vom Kreuz her, die ihn mit den Worten des Matthäusevangeliums aufforderte, allem weltlichen Besitz zu entsagen, in die Welt zu gehen und Gutes zu tun. Von da an begab sich Franz, nur in eine braune Kutte gehüllt, auf Wanderschaft, um das Evangelium zu verkündigen und seine Mitmenschen zu ermahnen, Buße zu tun. Bald schon schlossen sich Franz Gleichgesinnte an, mit denen er sein Leben in Armut teilte – die Geburtsstunde des Ordens der Minderbrüder, dem Ersten Orden der Franziskaner, für den Franz 1210 die mündliche Bestätigung von Papst Innozenz III. erhielt (die erste Fassung der damals vorgelegten Franziskaner-Regel ging später verloren). Nahe der kleinen Kirche Santa Maria degli Angeli etwas unterhalb von Assisi, die Franz von den Benediktinern bekam und Portiuncula

nannte, errichteten die Gefährten bescheidene Hütten, aus denen sich rasch das Stammkloster der Franziskaner entwickelte. Von hier aus zog die schnell wachsende Zahl von Bettelmönchen predigend durch die Lande, wo sie sich der Seelsorge und der Armenpflege widmeten. Mit Klara von Assisi (▶ Seite 154) gründete Franz zudem einen weiblichen Zweig der Franziskaner, den Klarissenorden, auch Zweiter Orden genannt. In der Folge entstanden diesseits wie jenseits der Alpen zahlreiche neue Klöster.

Auch Franz selbst unternahm in der Zeit ab 1212 zahlreiche Reisen. So versuchte er 1219 während des Fünften Kreuzzugs, den ägyptischen Sultan el Malik el Kamil zu bekehren, allerdings ohne Erfolg. Bei seiner Rückkehr aus dem Heiligen Land 1220 herrschten in der Gemeinschaft große Spannungen, weshalb Franz die Leitung des Ordens Petrus Catani übertrug und sich in den nächsten Jahren der Gründung des Dritten Ordens für Laien, den Terziaren, sowie dem Abfassen der endgültigen Ordensregel widmete, die 1223 von Papst Honorius III. offiziell bestätigt wurde. 1222 zog er sich schließlich in die Einsamkeit des Klosters La Verna zurück. Als der schwerkranke Franz seinen Tod nahen fühlte, wurde er auf sein Bitten hin zurück nach Portiuncula gebracht, wo er am 3. Oktober 1226 starb. Erst jetzt wurden die Wundmale an seinen Händen und Füßen erkannt, die Franz seit seinem Leidenserlebnis 1224 trug, aber verheimlichte – die erste bezeugte Stigmatisierung der Kirchengeschichte.

Bereits 1228 erfolgte die Heiligsprechung des bereits zu Lebzeiten als Heiligen verehrten „Povorello" (der kleine Arme) durch Papst Gregor IX. Sein Grabmal wird bis heute von zahllosen Pilgern besucht.

Anna Schäffer

Status Dulderin, Mystikerin
Geboren 18. Februar 1882
Gestorben 5. Oktober 1925

Die 1882 im bayerischen Mindelstetten geborene Anna war die Tochter eines Schreiners. Nach dessen Tod arbeitete sie als Haushaltshilfe,

bis sie 1901 in der Waschküche ihres damaligen Arbeitgebers einen schweren Unfall erlitt, dessen Folgen sie bis zu ihrem Tod ans Krankenbett fesselten. Fast 25 Jahre lang ertrug sie starke körperliche und seelische Leiden, während sie gleichzeitig anderen Menschen im persönlichen Gespräch oder per Brief Trost

Dieses undatierte Foto zeigt Anna Schäffer, die nach einem Unfall zeitlebens ans Krankenbett gefesselt war.

und Beistand spendete. Auch ihre mannigfaltigen mystischen Erlebnisse – es heißt, sie trug die Wundmale – hielt sie schriftlich fest.

Anna Schäffer starb 1925 und wurde unter großer Anteilnahme in ihrem Heimatort Mindelstetten bestattet. Ihre Seligsprechung erfolgte 1999 durch Papst Johannes Paul II.

Bruno von Köln (der Kartäuser)

Status Ordensgründer
Geboren um 1030
Gestorben 6. Oktober 1101
Attribute Buch, Totenkopf, Kruzifix, dessen Enden in Blätter ausschlagen, sieben Sterne
Patronat Patron gegen die Pest

Der aus einer alten Patrizierfamilie stammende Bruno wurde um das Jahr 1030 in Köln geboren. Dort sowie in Reims studierte er Philosophie und Theologie, bevor er – nach Priesterweihe und Tätigkeit als Kanoniker – 1057 zum Leiter der Domschule in Reims ernannt wurde, der er zu großem Ansehen verhalf. Doch seine weitere Karriere, die angestrebte Wahl zum Erzbischof von Reims, scheiterte an seinem Mitbewerber Manasse von Gournay, der sich das Amt erkaufte, ihn 1075 aber zum Kanzler des Erzbistums machte. Schnell kam es zwischen Bruno und Manasse zu Konflikten, sodass er 1076 seiner Ämter wieder enthoben wurde und nach Roucy fliehen musste. Aus diesem Exil kehrte er auch nach der Absetzung und Exkommunikation Manasses nicht nach Reims zurück, sondern legte stattdessen alle seine Ämter nieder und ging ins Benediktinerkloster Molesme.

1082 erlaubte ihm sein Abt, in der nahe gelegene Einöde von Sèche-Fontaine eine Einsiedlergenossenschaft zu gründen, für die der Platz bald nicht mehr ausreichte. Deshalb begab Bruno sich 1084 mit sechs Gefährten zum Bischof von Grenoble, einem ehemaligen Schüler Brunos, der ihnen ein Gelände im Chartreuse-Gebirge zur Verfügung stellte, auf dem „La

Grande Chartreuse", die Große Kartause, entstand – die Keimzelle und das Mutterkloster des Kartäuserordens. Dort führten Bruno und die stetig wachsende Zahl der Ordensmitglieder in den folgenden Jahren ein ungestörtes Leben in Einsamkeit und Stille. Denn es herrschte ein strenges Schweigegebot, das für die Angehörigen des Kartäuserordens auch heute noch gilt.

1090 wurde Bruno von Papst Urban II., ebenfalls einer seiner ehemaligen Schüler, als Berater nach Rom geholt, wurde aber bereits zwei Jahre später auf eigenen Wunsch wieder ins Einsiedlerdasein entlassen. Allerdings kehrte er nicht nach Frankreich zurück, sondern gründete in Kalabrien im Tal von La Torre mit S. Maria dell'Eremo eine weitere Kartause. In seiner dritten Gründung, S. Stefano di Bosco, das in der Nähe von La Torre liegt, starb Bruno am 6. Oktober 1101 und wurde auch dort bestattet. Er wurde nie formell heiliggesprochen, seine Verehrung aber für die gesamte Kirche anerkannt. Der von ihm gegründete Orden der Kartäuser wurde erst 1176 durch Papst Alexander III.

offiziell bestätigt. Bis heute ist die Große Kartause das Zentrum der Gemeinschaft und der Prior dieses Klosters gleichzeitig Ordensgeneral.

Der heilige Bruno von Köln gründete die Gemeinschaft der Kartäuser, den strengsten aller Orden.

Heinrich Melchior Mühlenberg

Status Glaubensbote
Geboren 11. September 1711
Gestorben 7. Oktober 1787

Der 1711 in Einbeck geborene Mühlenberg studierte Theologie in Göttingen und Halle. Nach seiner Ordination als lutherischer Pastor arbeitete er zunächst ein Jahr in den Franckeschen Anstalten in Halle und wirkte dann als Seelsorger in Großhennersdorf. 1741 wurde er als Missionar nach Amerika geschickt, wo in vielen der deutschsprachigen Gemeinden chaotische kirchliche Verhältnisse herrschten. Dort begann er, die Gemeinden im Raum Philadelphia neu zu ordnen, und sorgte für regelmäßigen Gottesdienst sowie die Durchführung kirchlicher Unterweisung. 1748 organisierte Mühlenberg die erste lutherische Synode von Amerika und betreute schließlich fast alle lutherischen Gemeinden in Nordamerika. Auf sein Betreiben erhielt die Stadtgemeinde Philadelphia 1762 eine eigene Kirchenordnung, die als Vorbild für zahlreiche andere lutherische Gemeinden diente. Ebenso verfasste er einen Entwurf für das sogenannte Mühlenbergsche Gesangbuch, das 1786 erstmals erschien. Der „Vater der lutherischen Kirche in Nordamerika" starb am 7. Oktober 1787 in Pennsylvania in den USA.

Viktrizius Weiß

Status Provinzial, Mystiker
Geboren 18. Dezember 1842
Gestorben 8. Oktober 1924

Der 1842 im niederbayerischen Eggenfelden geborene Anton Nikolaus Weiß, so der Taufname, stammte aus einer religiösen Arztfamilie. 1861 begann er sein Studium an der Universität München, wechselte aufgrund der kirchenfeindlichen Einstellung seiner Professoren aber kurz darauf an die philosophisch-theologische Hochschule in Freising. Am 29. Juni 1866 empfing er im dortigen Dom die Priesterweihe. Nach zweijähriger Tätigkeit als Kaplan in der Münchner Pfarrei St. Ursula kehrte er als Präfekt ins Priesterseminar Freising zurück. 1875 trat er in Burghausen dem Kapuzinerorden bei und nahm den Ordensnamen Viktrizius an.

Seine ersten Ordensjahre verbrachte er als Aushilfspriester, Gehilfe des Novizenmeisters und Betreuer der Kapuzinerstudenten. Da man jedoch seine herausragenden Fähigkeiten schnell erkannte, wurde er 1884 zum ersten Mal zum Provinzial gewählt. In den folgenden 15 Jahren, in denen er dieses Amt ausübte, erlebte der Orden einen enormen Aufschwung und es entstanden zahlreiche neue Klöster. 1895 übernahmen die bayerischen Kapuziner unter seiner Führung das Missionsgebiet in der chilenischen Araukanie.

Nach seiner Amtszeit als Provinzial verbrachte Viktrizius seine letzten Lebensjahre auf eigenen Wunsch in Vilsbiburg, wo er trotz seines schlechten Gesundheitszustands bis zu seinem Tod als Seelsorger wirkte. Er starb am 8. Oktober 1924.

Dionysius von Paris

Status Bischof, Missionar, Märtyrer
Geboren im 2./3. Jahrhundert
Gestorben vermutlich 285
Attribute Schwert, seinen Kopf tragend
Patronat Patron der Schützen, gegen Kopfschmerzen, Tollwut und bei Hundebissen; Nothelfer

Über das frühe Leben und Wirken des Dionysius ist kaum etwas bekannt. Den Berichten Gregors von Tours zufolge war er der erste Bischof des damals römischen Lutecia Parisiorum (Paris) und wurde vermutlich um das Jahr 250 von Papst Fabianus mit sechs anderen Bischöfen als Missionar nach Gallien geschickt. Dort verkündete er erfolgreich die Worte des Christentums und errichtete zahlreiche Kirchen, unter anderem in Chartres und Paris.

Im Rahmen einer blutigen Christenverfolgung in der zweiten Hälfte des 3. Jahrhunderts wurde Dionysius zusammen mit seinen Begleitern Rustikus und Eleutherius verhaftet, gemartert und schließlich enthauptet. Der Legende zufolge stand Dionysius nach seiner Hinrichtung auf und trug seinen abgeschlagenen Kopf vom Richtplatz am Montmartre bis zu der Stelle, an der er begraben werden wollte. Dort errichtete der fränkische König Dagobert I. 626 die nach dem Heiligen benannte Abtei mit der Basilika Saint Denis, in der die Reliquien Dionysius' bis heute verehrt werden. Dionysius gehört zu den Nationalheiligen Frankreichs und ist einer der 14 Nothelfer der katholischen Kirche.

Dem heiligen Dionysius erscheint auf diesem Gemälde aus dem 15. Jahrhundert Christus während der Messe.

Gereon von Köln

10. Oktober

Status Märtyrer
Geboren im 3. Jahrhundert
Gestorben vermutlich um 304
Attribute Soldat, Kreuzfahne
Patronat Patron von Köln, der Soldaten und gegen Kopfschmerzen

Gereon war der Legende nach der Anführer einer Abteilung von 318 Soldaten der Thebäischen Legion (▶ Seite 180 f.), die zur Niederschlagung eines Aufstands ins Rheinland vorausgeeilt waren. Auch sie wurden aufgrund ihrer Weigerung, ihre Glaubensbrüder zu bekämpfen, hingerichtet. Ihre Leichen wurden in einen Brunnen vor den Toren von Köln – wo er bis heute besonders verehrt wird – geworfen, über dem, so heißt es, Kaiserin Helena (▶ Seite 158 f.) später die Kirche St. Gereon errichten ließ.

Die Darstellung des heiligen Gereon mit Gefährten bildet den rechten Flügel des von Stefan Lochner gestalteten Dreikönigsaltars im Kölner Dom, während der linke Außenflügel die heilige Ursula und die Mitteltafel die Heiligen Drei Könige zeigt.

Brun(o) I. von Köln

Status Erzbischof
Geboren 925
Gestorben 11. Oktober 965

Als jüngster Sohn von König Heinrich I. und Königin Mathilde war dem 925 geborenen Bruno der geistliche Stand mehr oder weniger vorherbestimmt. Seine Ausbildung erhielt er daher in der Domschule in Utrecht. Mit gerade einmal 15 Jahren wurde er Kanzler am Hofe seines älteren Bruders, König Ottos I. Dieser ernannte ihn

Bruno I. war sowohl Erzbischof von Köln als auch Herzog von Lothringen und damit eine wichtige Stütze für seinen Bruder Kaiser Otto I.

951, ein Jahr nachdem Bruno die Priesterweihe empfangen hatte, schließlich zum Erzkanzler.

Als solcher sorgte Bruno für eine Verbesserung von Bildung und Moral sowohl beim Klerus als auch beim Volk, führte die Hofschule zu neuer Blüte und förderte die Verbreitung der Reformen von Gorze, unter anderem in der Abtei Lorsch, die er – genau wie einige andere große Abteien – selbst leitete. 953 wurde Bruno zum Erzbischof von Köln gewählt. Und da er gleichzeitig den Titel „Herzog von Lothringen" trug, war er der erste Kölner Erzbischof, der sowohl geistliche als auch weltliche Macht in sich vereinte. Diese Doppelstellung machte ihn zu einer wichtigen Stütze für seinen Bruder Otto I., der 962 zum Kaiser gekrönt wurde.

Bruno starb am 11. Oktober 965 auf der Rückreise von Frankreich. Seinem Wunsch gemäß wurde er in dem von ihm – neben anderen Abteien, Stiften und Kirchen – gegründeten Kloster St. Pantaleon bestattet. Er war es auch, der den Petrusstab und die Petruskette nach Köln brachte. Seine Verehrung als Heiliger wurde 1870 approbiert.

Maximilian von Pongau

Status Bischof
Geboren im 3. Jahrhundert
Gestorben um 284
Patronat Patron der Diözesen Passau und Linz (1783 bis 1962)

Das Leben und Wirken Maximilians gilt als legendarisch. Es heißt, er war der Sohn reicher Eltern. Nach deren Tod verteilte er den gesamten Besitz an die Armen sowie an die Sklaven auf dem Anwesen, denen er die Freiheit schenkte, und pilgerte nach Rom. Dort wurde

er von Papst Sixtus II. als Glaubensbote und Wanderbischof ins damalige Noricum (das Gebiet südlich der Donau bis zum Karawankengebirge und östlich des Inns bis ins heutige Niederösterreich) gesandt. Später soll er zum Bischof von Lorch ernannt worden sein.

Um das Jahr 284, so wird berichtet, starb Maximilian während der Christenverfolgung unter Kaiser Numerianus den Märtyrertod. Seine Reliquien wurden zunächst nach Pongau übertragen, gelangten dann nach Altötting und später nach Passau. Heute gelten sie als verschollen.

Koloman

Status Pilger, Märtyrer
Geboren im 10. Jahrhundert
Gestorben 1012
Attribute Pilgerflasche, Strick, Spießspitze, Zange, Rute

Patronat Patron von Melk; Patron der zum Tod durch den Strang Verurteilten, der Reisenden und des Viehs; Patron gegen Krankheiten, die Pest, Ratten- und Mäuseplagen, Unwetter sowie Feuergefahren

Koloman wurde 1244 Landespatron von Niederösterreich, bis das Patronat 1563 auf Leopold III. überging.

Koloman war ein irischer Pilger, der auf seiner Pilgerreise ins Heilige Land 1012 durch Österreich kam. Dort wurde er aufgrund seiner fremdartigen Sprache und Kleidung verdächtigt, ein feindlicher Spion zu sein. Bei Stockerau wurde er festgenommen, gefoltert und schließlich gehängt. Wie damals bei zum Tode Verurteilten üblich, wurde sein Leichnam nicht abgenommen und bestattet, sondern hängen gelassen. Da dieser jedoch nicht verweste und sich der Legende zufolge bald zahlreiche Wunder einstellten, wurde Koloman schließlich doch in der Stockerauer Kirche beigesetzt. Obwohl er offiziell nie heiliggesprochen wurde, breitete sich seine Verehrung in ganz Österreich, in Ungarn und im süddeutschen Raum aus.

14. Oktober

Jakob der Notar

Status Märtyrer
Geboren um 410
Gestorben um 430

Nach dem Tod des persischen Großkönigs Yazdegerd I., der das Christentum in seinem Land toleriert hatte, kam es zu einer zeitweiligen Christenverfolgung, der auch Jakob, der als Notar am Königshof tätig war, sowie 15 seiner Kollegen zum Opfer fielen. Da sie dem Christentum nicht abschwören wollten, wurden sie zur Fronarbeit verurteilt. Als ihr Arbeitspensum drastisch erhöht wurde, hielt allein Jakob weiter an seinem Glauben fest, woraufhin er hingerichtet wurde.

Römische Kaufleute entdeckten seinen Leichnam, der den wilden Tieren überlassen worden war, und brachten ihn zu seiner Mutter, die nichtsahnend gerade eine prächtige Hochzeit für ihren Sohn vorbereitete. Nach der Beerdigung Jakobs stiftete sie ihr Vermögen einem Siechenhaus und wandte sich dem Christentum zu.

15. Oktober

Theresia von Ávila

Status Ordensgründerin, Mystikerin, Kirchenlehrerin
Geboren 28. März 1515
Gestorben 4. Oktober 1582
Attribute Buch mit Herz und Inschrift IHS, Engel, Pfeil, Taube, Dornen
Patronat Patronin von Spanien, Ávila, Alba de Tormes und Neapel sowie des Erzbistums Mexiko; Patronin aller Karmelitergenossenschaften, der spanischen Schriftsteller und der Bortenmacher; Patronin in geistigen Nöten, für die Gnade, beten zu können, für ein innerliches Leben sowie gegen Herz- und Kopfleiden

Die große Mystikerin und Ordensgründerin Theresia von Ávila hat das christliche Ordenswesen wie keine andere vor und nach ihr beeinflusst.

Teresa Sánchez de Cepeda y Ahumada, so der Taufname, wurde 1515 im spanischen Ávila als eines von zwölf Kindern einer Adelsfamilie geboren. Es heißt, schon mit sieben Jahren wollte sie mit ihrem älteren Bruder Rodrigo den Märtyrertod im Kampf gegen die Mauren sterben, doch die beiden Ausreißer wurden rechtzeitig gefunden und wieder zurückgebracht. Nach dem Tod der Mutter 1527 weihte sie sich der Gottesmutter Maria. 1530 gab ihr Vater Teresa zur weiteren Erziehung in das Kloster der Augustinerinnen in Ávila, das sie aber aus gesundheitlichen Gründen nach knapp zwei Jahren wieder verlassen musste. Fünf Jahre später, am 2. November 1535, trat sie, nicht zuletzt unter dem Einfluss der Briefe des Kirchenvaters Hieronymus (▶ Seite 185), die sie während ihrer Genesung gelesen hatte, in das Karmelitenkloster Zur Menschwerdung in ihrer Heimatstadt ein.

Doch kurz nach ihrer Profess erkrankte Theresia erneut schwer, lag sogar einige Tage im Koma und war danach teilweise gelähmt. Danach kam es zu ersten mystischen Erlebnissen, die 1554 in ihrer sogenannten „zweiten" oder „endgültigen Bekehrung" gipfelten. Auch in den folgenden Jahren erlebte sie tiefe Gebetserfahrungen und Visionen, die sie immer mehr ins Licht der Öffentlichkeit rückten und zu Konflikten mit der Ordensleitung führten, die Theresia nicht für glaubwürdig hielt. Eine weitere Vertiefung ihrer spirituellen Erfahrung

fand 1560 mit der Höllenvision statt, die Teresa in ihrem Streben nach absoluter Vollkommenheit in ihrem Glauben bestärkte. So gründete sie zusammen mit Gleichgesinnten gegen den Widerstand des Ordens, aber mit Genehmigung des Papstes und des Ortsbischofs das erste Kloster der Unbeschuhten Karmeliten, in dem wieder die ursprüngliche – strengere – Ordensregel des heiligen Albert befolgt wurde. Ihm folgten 16 weitere Gründungen für Schwestern sowie in Zusammenarbeit mit Johannes vom Kreuz 16 Männerklöster.

Teresa, die ihrem Namen mittlerweile den Ordensnamen „von Jesus" hinzugefügt hatte, starb am 4. Oktober 1582 während einer Reise in Alba de Tormes, wo sie zunächst ungeschützt in der Erde bestattet wurde. Als man ihre Gebeine später wieder ausgrub, war der Leichnam vollkommen unverwest. Heute ruhen die sterblichen Überreste Teresas in einem kostbaren Schrein über dem Altar der Basilika von Alba de Tormes. Berühmtheit erlangte die Mystikerin und Ordensgründerin auch durch ihre Schriften über ihre Ekstasen und Visionen. Dazu gehören unter anderem ihre Autobiografie „Das Buch meines Lebens", „Das große Buch von den Erbarmungen Gottes", „Der Weg zur Vollkommenheit", „Die Seelenburg" sowie über 400 Briefe. Ihre Heiligsprechung erfolgte 1622, 1970 wurde sie von Papst Paul VI. zur Kirchenlehrerin ernannt.

16. Oktober ✠ ## Gallus

Status Einsiedler, Glaubensbote
Geboren um 550
Gestorben 16. Oktober 640
Attribute als Pilger/Mönch, Bär
Patronat Patron des Bistums und der Stadt
St. Gallen; Patron der Hühner und Hähne
sowie gegen Fieberkrankheiten

Entgegen früheren Annahmen geht man heute davon aus, dass Gallus nicht aus Irland, sondern aus der Gegend der Vogesen stammte und sich erst in Luxeuil (dem heutigen Luxeuil-les-Bains) Kolumban (dem Jüngeren) und seinen Gefährten anschloss. Zu zweit zogen Gallus

und Kolumban dann über Metz und Zürich bis Tuggen am Zürichsee. Hier geriet Gallus bei dem erfolglosen Versuch, die heidnischen Bewohner zu bekehren, so in Rage, dass er den heidnischen Opferaltar in Brand steckte und die Opfergaben in den See warf, woraufhin die beiden Glaubensboten fliehen mussten. Auch aus Bregenz, ihrem Zufluchtsort, wurden Gallus und Kolumban nach einiger Zeit vertrieben.

Nachdem die beiden in den folgenden Jahren an diversen Orten rund um den Bodensee missionarisch gewirkt hatten, trennten sie sich schließlich, wobei nicht klar ist, ob aufgrund der – wie meist behauptet – angegriffenen

Gesundheit Gallus' oder aufgrund eines Zerwürfnisses zwischen den beiden Männern. Die Tatsache, dass Kolumban Gallus mit einem Mess- und Predigtverbot belegte, spricht eher für Letzteres. Jedenfalls reiste Kolumban nach Oberitalien weiter, während Gallus längere Zeit in Arbon am Bodensee verbrachte. Zusammen mit dem Diakon Hiltibold zog er sich in den Arboner Forst zurück. Als er in der Nähe des Wasserfalls bei der Mühleggschlucht stolperte, sah er das als ein Zeichen an und errichtete an dieser Stelle eine Klause. Hier lebte er als Eremit und wurde zu einem gefragten Ratgeber bei Volk und Klerus. Kirchliche Ämter, die ihm mehrfach angetragen wurden, lehnte er allesamt ab. Stattdessen führte er mit einer größeren Zahl Anhänger, die sich um ihn geschart hatten, ein Leben in Buße, Gebet und Schriftbetrachtung.

Gallus starb am 16. Oktober 640. Aus seiner Zelle entstand später durch den heiligen Otmar die Abtei St. Gallen, aus der sich schließlich die Stadt St. Gallen entwickelte. Auch andere Kirchen und Orte wurden nach ihm benannt, zum Beispiel die Galluskirche in Prag, in der das Haupt des Gallus als Reliquie aufbewahrt wird. Eine bekannte Legende über den Heiligen berichtet, dass in der Nacht, als sie den Ort für Gallus' spätere Klause entdeckt hatten, ein Bär im Wald auftauchte und sich über die Reste des Abendessens hermachte. Doch Gallus

Dieser Stich zeigt den heiligen Gallus im Arboner Forst, wo er am sogenannten Mühletobel seine Klause errichtete, aus der die Stadt St. Gallen entstand.

ließ sich von dem wilden Tier nicht einschüchtern, sondern befahl ihm im Namen des Herrn, Holz für den Bau der Zelle herbeizuschaffen. Und tatsächlich gehorchte der Bär. Anschließend gab Gallus ihm ein Brot unter der Bedingung, dass er sich nie mehr blicken lasse. Aus diesem Grund wird Gallus meist mit einem Bären dargestellt, der später auch das Wappentier der Stadt St. Gallen wurde.

Ignatius von Antiochien fand den Märtyrertod im Kolosseum von Rom, wo er den Löwen vorgeworfen wurde.

Ignatius von Antiochien

17. Oktober

Status Bischof, Märtyrer
Geboren im 1. Jahrhundert
Gestorben vor 117
Attribute Löwe, Herz mit Christus-
   zeichen
Patronat Patron gegen Halsschmerzen

Ignatius zählt zu den Apostolischen Vätern, also zu den frühchristlichen Autoren, die noch persönlichen Kontakt zu den Aposteln hatten oder stark von ihnen beeinflusst wurden. Er war ein Schüler des Apostels Johannes (▶ Seite 244) und wurde vermutlich auch von diesem (manche sagen auch vom Apostel Petrus) im Jahr 69 zum Bischof von Antiochien ernannt – ein Amt, das er 40 Jahre lang ausübte, bis er zur Zeit Kaiser Trajans verhaftet und nach Rom gebracht wurde. Dort wurde er im flavischen Amphitheater, dem heutigen Kolosseum, den Löwen zum Fraß vorgeworfen.

Wertvolle Quellen aus der Zeit der jungen Kirche sind seine an mehrere christliche Gemeinden gerichteten Briefe, die er während der mehrmonatigen Reise nach Rom diktierte. Sie befassen sich nicht nur mit theologischen Fragestellungen, wie dem rechten Verständnis Jesu Christi und der Einigkeit der Gemeinden im Kampf gegen Irrlehren, sondern geben auch Aufschluss über die Organisation der damaligen Kirche. Zudem benutzte Ignatius als Erster in der christlichen Literatur das Adjektiv „katholisch" (im Sinne von „universell") im Zusammenhang mit der Kirche.

18. Oktober

Lukas

Lukas, der zu den beliebtesten Heiligen zählt, schrieb das dritte Evangelium und die Apostelgeschichte.

Status Evangelist
Geboren vor Christi Geburt
Gestorben im 1. Jahrhundert
Attribute Stier
Patronat Patron von Bologna, Padua und Reutlingen; Patron der Ärzte, Chirurgen, Künstler, Maler, Goldschmiede, Bildhauer, Sticker, Glasmaler, Buchbinder, Notare und Metzger; Patron des Viehs, des Wetters und der christlichen Kunst

Lukas wirkte als Arzt in seiner Heimatstadt Antiochia (Syrien). Über die Bekehrung des gebürtigen Heiden ist nichts bekannt. Um das Jahr 50 schloss er sich in Troas dem Apostel Paulus an, den er auf dessen zweiter und dritter Reise sowie zu dessen Prozess nach Rom als Gefährte und treuer Freund begleitete. Nach dessen Tod soll Lukas in Griechenland gepredigt und dort auch sein Evangelium sowie die Apostelgeschichte geschrieben haben. Der Überlieferung zufolge starb er im Alter von 84 Jahren einen friedlichen Tod, während er anderen Quellen zufolge den Märtyrertod erlitten haben soll. Nach jüngeren Forschungen ist zudem umstritten, ob der Evangelist Lukas und der Begleiter Paulus' tatsächlich ein und dieselbe Person sind.

19. Oktober

Jean de Brébeuf

Status Priester, Mönch, Märtyrer
Geboren 25. März 1593
Gestorben 16. März 1649

Der in Frankreich geborene Jean trat 1617 in den Jesuitenorden ein, von wo aus er sich 1625, nach seiner Priesterweihe, auf Missionsreise nach Kanada begab. Er wirkte vor allem beim Indianerstamm der Huronen, für die er ein

Jean de Brébeuf gehörte zu den zahlreichen Märtyrern, die in Kanada den Tod fanden.

Wörterbuch, eine Grammatik und einen Katechismus in deren Sprache verfasste.

Nach vielen bewegten Jahren geriet Jean nach einem Überfall auf seiner Missionsstation St-Ignace in die Gefangenschaft der Irokesen, die ihn gemeinsam mit seinen Gefährten zu Tode marterten. Seine Heiligsprechung (sowie die seiner Gefährten) erfolgte 1930 durch Papst Pius XI.

Wendelin

20. Oktober

Status Einsiedler, Abt
Geboren um 550
Gestorben vermutlich 617
Patronat Patron der Bauern, Hirten und Schäfer; Patron des Viehs, gegen Viehseuchen und der Felder

Leben und Wirken des Wendelin sind zum größten Teil durch Legenden überliefert. Ihnen zufolge wurde er um das Jahr 550 als Sohn des schottischen Königs geboren. Im Alter von 20 Jahren begab Wendelin sich auf eine Wallfahrt nach Rom und ließ sich auf der Rückreise in Trier als Einsiedler nieder.

Seinen Lebensunterhalt verdiente er sich, indem er das Vieh eines Adeligen hütete. Oft tat er es auf einem mehrere Meilen entfernten Berg, da er dort gern betete. Eines Tages kam der Adelige unerwartet dort vorbei und wurde sehr zornig, weil er glaubte, dass Wendelin die Tiere nicht mehr rechtzeitig in den Stall zurückbringen könnte. Doch als er seinen Hof erreichte, war dieser mit der Herde bereits dort. Als Entschuldigung für sein Verhalten errichtete der Adelige Wendelin in der Nähe des benachbarten Klosters Tholey eine Zelle. Den dortigen Mönchen blieb die fromme Lebensweise

Besonders im Saarland und in Bayern genießt der heilige Wendelin große Verehrung.

des Einsiedlers nicht verborgen und so suchte einige Zeit später eine Abordnung des Klosters Wendelin in seiner Zelle auf mit der Nachricht, dass er zum Abt des Klosters gewählt worden war. Dieser nahm die Wahl an und verbrachte den Rest seines Lebens in Tholey.

Wiederum die Legende erzählt, dass die Mönche von Tholey den Leichnam ihres Abts, den sie tags zuvor bestattet hatten, am folgenden Morgen neben dem Grab vorfanden. Da sie dies als Zeichen deuteten, dass Wendelin an einem anderen Ort begraben werden möchte, luden sie den Leichnam auf einen Karren, vor den sie zwei Ochsen spannten. Und diese zogen den Wagen genau den Berg hinauf, auf dem er so gern gebetet hatte.

Ursula und Gefährtinnen

21. Oktober

Status Märtyrerinnen
Geboren im 3. Jahrhundert
Gestorben im 3./4. Jahrhundert

Auch das Leben und Leiden der heiligen Ursula ist nur legendarisch überliefert, sodass es mehrere Versionen der Geschehnisse gibt, die im Laufe der Zeit immer weiter ausgeschmückt wurden und zahlreiche Fragen offenlassen. Der bekanntesten Überlieferung zufolge war Ursula eine fromme englische Königstochter, die bereits im Mädchenalter ewige Jungfräulichkeit gelobt hatte. Gegen ihren Willen wurde sie aber von ihrem Vater mit dem jungen Prinzen Aetherius verlobt. Dieser hatte vom Kaiser für seine Treue die heutige Bretagne erhalten, wohin seine Braut und deren 11 000 Gefährtinnen ihm nachfolgen sollten. Allerdings geht man heute davon aus, dass es sich bei dieser Zahl um einen Lesefehler handelt,

Dieses Gemälde vom Meister des Rottweiler Hochaltars aus dem 15. Jahrhundert zeigt das Martyrium der heiligen Ursula und ihrer vermeintlich 11 000 Gefährtinnen.

vermutlich wurde Ursula „nur" von 11 Gefährtinnen begleitet.

Während der Überfahrt gerieten die Frauen jedoch in einen schweren Sturm und wurden in die Rheinmündung getrieben. Von dort aus segelten sie flussaufwärts nach Köln, das zu dieser Zeit von den Hunnen belagert wurde. Diese fielen brutal über die Frauen her, misshandelten und ermordeten sie. Nur Ursula überlebte, da sie aufgrund ihrer außergewöhnlichen Schönheit die Aufmerksamkeit des Hunnenkönigs erregt hatte. Als sie sich jedoch weigerte, ihm zu Willen zu sein, wurde auch sie getötet. Da stiegen 11 000 beziehungsweise 11 Engel vom Himmel herab und vertrieben die Belagerer. Anschließend begruben die Einwohner der Stadt die Märtyrerinnen und errichteten über der Begräbnisstätte die Ursulakirche.

22. Oktober ✛ Cordula (Kordula)

Status Märtyrerin
Geboren im 3. Jahrhundert
Gestorben 3./4. Jahrhundert

Cordula gehörte zu den gerade genannten (legendarischen) 11 000 Gefährtinnen der Ursula. Besondere Erwähnung gebührt ihr deshalb,

weil sie die Möglichkeit hatte, sich auf dem Schiff zu verbergen und so dem Schicksal ihrer Leidensgenossinnen zu entgehen.

Doch als sie sah, wie mutig und gottergeben sich diese ihrem grausamen Los stellten, gesellte sie sich freiwillig zu ihnen und wurde ebenfalls von den Hunnen ermordet.

23. Oktober ✛ Johannes von Capestrano

Status Mönch, Prediger, Legat
Geboren 24. Juni 1386
Gestorben 23. Oktober 1456
Attribute Kreuzfahne, Stern

Johannes wurde 1386 im italienischen Capestrano als Sohn eines – vermutlich aus Deutschland – eingewanderten Adeligen geboren. Er studierte in Perugia Jura und wurde mit 26 Jahren dort Richter. 1415 geriet er in den Wirren des Städtekrieges in Haft, wo er seine Bekehrung erlebte. Nach seiner Freilassung löste er seine Ehe und trat in den Franziskanerorden ein. Hier schloss er schnell Freundschaft mit seinem Ordensbruder Bernhardin

von Siena (▶ Seite 100 f.), den er einige Jahre auf dessen Missionsreisen begleitete.

Nach dem Erhalt der Priesterweihe um das Jahr 1418 und einem kurzen Aufenthalt am Hofe von Papst Martin V. wirkte er erfolgreich als redegewandter Wanderprediger, aber auch als unerbittlicher Inquisitor und päpstlicher Legat. In den Jahren 1451 bis 1454 war er mit der religiösen Erneuerung Deutschlands, Österreichs, Böhmens, Mährens, Polens und der Niederlande sowie der Bekämpfung der Hussiten beauftragt. Nach der Eroberung Konstantinopels durch die Osmanen 1453 warb er für den Kampf gegen die Türken und trug in der Schlacht von Beograd 1456 durch seine

Johannes von Capestrano – hier auf Kreuzzug gegen die Türken – war eine der bedeutendsten Persönlichkeiten des Franziskanerordens.

anspornende Predigt vor den fast schon geschlagenen Soldaten maßgeblich zum Sieg bei.

Der Wanderprediger, Friedensstifter, Beichtvater, Ratgeber und Ordensreformator (in Bernhardins Auftrag arbeitete er mit an der inneren Reform des Franziskanerordens, in deren Rahmen sich die Observanten von den Konventualen abspalteten, die Einheit des Ordens aber gewahrt blieb), der auch Apostel Europas genannt wurde, starb am 23. Oktober 1456 im ungarischen Ilok, wo er auch bestattet wurde. Seine Heiligsprechung erfolgte 1690 durch Papst Alexander VIII.

Antonius Maria Claret

Status Ordensgründer, Erzbischof
Geboren 23. Dezember 1807
Gestorben 24. Oktober 1870

Antonius wurde 1807 im spanischen Sallent geboren. Als Sohn einer Weberfamilie sollte er eigentlich ebenfalls Weber werden, entschied sich jedoch für das Priesteramt. 1837 empfing er die Weihe und wirkte ab 1843 äußerst erfolgreich als Volksmissionar im heimatlichen Katalonien. Um Helfer für seine Missionstätigkeit zu gewinnen, gründete er 1849 die Gemeinschaft der Söhne des unbefleckten Herzens Mariens, heute allgemein als Claretiner bezeichnet. 1855 folgte dann der weibliche Zweig, die Missionarinnen vom unbefleckten Herz Mariens.

Als Erzbischof von Santiago de Cuba wirkte Antonius 1850 bis 1857 auf der Karibikinsel. Er baute seine Diözese aus, schuf Genossenschaften und Sparkassen und kämpfte gegen Sklaverei und Rassismus, was ihm auch viele Feinde einbrachte. So wurde 1856 ein Attentat auf ihn verübt, dass er jedoch schwer verletzt überlebte. Ein Jahr später wurde er als Seelenführer der Königin Isabella II. und deren Tochter zurück an den Hof nach Spanien gerufen, wo er 1859 auch Präsident des Königsschlosses Escorial wurde. Nach der Revolution von 1868 folgte Antonius der Königin ins Exil nach Frankreich. Er starb am 24. Oktober 1870 während einer Reise zu den Claretinern in Südfrankreich im Zisterzienserkloster Fontfroide. 1897 wurden seine Gebeine nach Vich in Spanien übertragen und seitdem in der dortigen Kathedrale verehrt. Die Heiligsprechung Antonius', Missionar Kataloniens und Ordensstifter, erfolgte 1950 durch Papst Pius XII.

Antonius Maria Claret gründete 1849 den wichtigsten spanischen Missionsorden der Neuzeit.

Krispin und Krispinian

Die beiden Brüder bei der Arbeit als Schuhmacher – Lüftlmalerei aus Schliersee.

Patrone der Schuhmacher, Sattler, Gerber, Schneider, Weber und Handschuhmacher

Status Märtyrer
Geboren im 3. Jahrhundert
Gestorben um 287
Attribute Schuhmacherwerkzeug
Patronat Patrone von Soissons sowie der Stadt und des Bistums Osnabrück;

Der Legende zufolge stammten die Brüder Krispin und Krispinian aus einer vornehmen römischen Familie und flohen zusammen mit dem Sohn eines römischen Senators vor der Verfolgung unter Kaiser Diokletian nach Soissons in Frankreich. Dort wirkten sie als Glaubensboten und verdienten sich nachts ihren Lebensunterhalt als Schuhmacher (wobei sie für die Armen immer unentgeltlich arbeiteten). Aber schließlich wurden sie doch noch Opfer der Christenverfolgung: Ein Heide zeigte Krispin und Krispinian beim Richter von Kaiser Maximian an, woraufhin die Brüder verhaftet wurden. Als sie sich weigerten, ihrem Glauben abzuschwören, wurden sie grausam gefoltert und schließlich enthauptet. Im 9. Jahrhundert gelangten einige ihrer Reliquien von Soissons nach Osnabrück. Von diesen beiden Städten aus verbreitete sich die Verehrung der beiden „Lockenköpfe" (*crispus* = Lockenkopf) über ganz Europa.

Demetrios von Saloniki

Status Märtyrer
Geboren im 3. Jahrhundert
Gestorben um 304
Attribute Schwert, Lanze, Pfeile
Patronat Patron von Saloniki, Venedig und Konstantinopel sowie der Soldaten

Zum Leben und Wirken von Demetrios gibt es kaum Überlieferungen. Bekannt ist nur, dass er um das Jahr 304 während der damaligen Christenverfolgungen in Sirmium (dem heutigen Serbien) den Märtyrertod erlitt. Trotzdem ist Demetrios einer der meistverehrten Kirchengestalten im Osten, vor allem in Griechenland, wo ihm mehr als 200 Kirchen geweiht sind. Sein Grab in Thessaloniki war im Mittelalter ein bedeutendes Wallfahrtsziel. Durch Pilger und die Kreuzzüge gelangten sein Kult sowie einige angebliche Reliquien aber auch nach Westeuropa.

Nach dem heiligen Georg ist der Märtyrer Demetrios von Saloniki der am zweithäufigsten dargestellte Soldatenpatron.

Wolfhard von Augsburg

Status Einsiedler
Geboren um 1070
Gestorben 30. April 1127
Patronat Patron der Sattler

Wolfhard wurde um das Jahr 1070 in Augsburg geboren. Er erlernte das Sattlerhandwerk und gelangte im Rahmen seiner damals nach Abschluss der Lehre üblichen Wanderschaft nach Verona. Dort ging er tagsüber seinem Beruf nach und kümmerte sich nachts um die Armen und Bedürftigen der Stadt, denen er auch den Großteil seines Lohnes gab. Als sich diese Mildtätigkeit in der Stadt herumsprach, zog

er sich in einen Wald im Etschtal zurück, wo er mehr als 20 Jahre als Eremit lebte. Während dieser Zeit werden ihm mehrere wunderkräftige Taten zugeschrieben.

1117 kehrte er nach Verona zurück. Er trat in das dortige Karmalduenserkloster S. Salvatore ein und ließ sich als Rekluse in eine Zelle einschließen. Sein letzter Wunsch, unbeachtet auf der Straße bestattet zu werden, erfüllte sich nicht. Nach seinem Tod am 30. April 1127 wurde der schon zu Lebzeiten als Heiliger verehrte Wolfhard unter großer Anteilnahme der Einwohner in der Kirche des Klosters beigesetzt. Eine Reliquie des Heiligen wurde am 27. Oktober 1602 nach Augsburg übertragen. Seitdem wird auch sein Fest an diesem Datum gefeiert.

Alfred der Große

Status König
Geboren um 848
Gestorben 28. Oktober 900

871 bestieg Alfred den Thron als König von Wessex, dem mächtigsten der vier damaligen englischen Königreiche. Seine Regierungszeit war einerseits geprägt von dem Kampf gegen die aus Osten einfallenden Dänen, andererseits durch die wirtschaftliche und kulturelle Entfaltung des Landes. Er errichtete die erste englische Flotte, organisierte das Heer neu und ließ zahlreiche Befestigungsanlagen errichten. Gleichzeitig förderte er die Wirtschaft, ließ zerstörte Kirchen und Klöster wieder aufbauen, gründete Schulen und ließ bedeutende Werke aus dem Lateinischen übersetzen, um sie so seinem Volk zugänglich zu machen. Alfred gehört

Obwohl Alfred der Große nie offiziell heiliggesprochen wurde, gilt er als einer der wichtigsten Heiligen Englands.

damit zu den bedeutendsten Herrschern der englischen Geschichte und wurde schon bald nach seinem Tod im Oktober 900 verehrt.

Henri Dunant

Status Gründer des Roten Kreuzes
Geboren 8. Mai 1828
Gestorben 30. Oktober 1910

Jean-Henri Dunant wurde 1828 in Genf als Sohn einer calvinistischen Kaufmannsfamilie geboren. Da seine Eltern sich politisch und gesellschaftlich stark engagierten, übernahm auch Henri früh soziale Verantwortung. Er kümmerte sich um Bedürftige und Gefangene und gründete 1852 die Genfer Gruppe des Christlichen Vereins junger Männer. Er absolvierte eine Lehre als Kaufmann und baute 1858 eine Mühlengesellschaft in Algerien auf.

Diese Aufnahme zeigt den Begründer des Roten Kreuzes und Friedensnobelpreisträger Henri Dunant um das Jahr 1870.

Aufgrund von Schwierigkeiten mit den zuständigen Kolonialbehörden reiste Dunant 1859 nach Italien, um sich direkt an Kaiser Napoleon III. zu wenden. Dabei wurde er Zeuge der Schlacht bei Solferino, in deren Verlauf über 30 000 Menschen getötet und verwundet wurden. Zutiefst erschüttert von dem Leid kümmerte er sich – ohne Mandat und Auftrag – um die Versorgung der Verwundeten und Sterbenden, egal auf welcher Seite sie gekämpft hatten. Er mobilisierte die örtliche Zivilbevölkerung, richtete ein Behelfshospital ein, ließ auf eigene Kosten Verbandsmaterial und Hilfsgüter herbeischaffen und sorgte dafür, dass die letzten Worte der Toten an die Angehörigen weitergeleitet wurden.

Um diese traumatischen Erlebnisse zu verarbeiten, schrieb er nach seiner Rückkehr in die Schweiz das Buch „Eine Erinnerung an Solferino", in dem er auch die Idee von einer auf Neutralität und Freiwilligkeit basierenden Hilfsorganisation entwickelte. Dieses Buch, das Dunant auf eigene Kosten drucken ließ, verschickte er 1862 an führende Politiker und Militärs in ganz Europa. Daraufhin wurde am 17. Februar 1863 das Internationale Komitee der Hilfsgesellschaften für die Verwundetenpflege gegründet, das seit 1876 den Namen Internationales Komitee vom Roten Kreuz trägt. Im Oktober 1863 kam es schließlich zu einer vom Internationalen Komitee geplanten Konferenz, an der 12 der 16 teilnehmenden Staaten die Konvention zur Verbesserung des Loses der verwundeten Soldaten der Armeen auf dem Feld unterzeichneten, die den Schutz der mit einem roten Kreuz auf weißem Grund Gekennzeichneten durch die Kriegsparteien garantierte und als Genfer Konvention in die Geschichte eingehen sollte.

Im Jahr 1867 musste Dunants Firma Konkurs anmelden, woraufhin er von seinen Ämtern zurücktrat und nach Paris übersiedelte, wo er in ärmlichen Verhältnissen lebte. Zwar engagierte er sich auch in den folgenden Jahren für seine Ideen, geriet aber mehr und mehr in Vergessenheit und führte ein unstetes Leben in materiellem Elend. Erst 1895 rückte er dank eines Artikels des Journalisten Georg Baumbergers wieder in das Bewusstsein der Öffentlichkeit. Als Folge erhielt er zahlreiche Unterstützung und Anerkennung. 1901 wurde er für die Gründung des Roten Kreuzes und die Initiierung der Genfer Konvention sogar mit dem Friedensnobelpreis geehrt – eine späte Genugtuung. Dunant starb am 30. Oktober 1910 in Heiden in der Schweiz. Sein Grab befindet sich auf dem Friedhof Sihlfeld in Zürich.

✠ ## Bernhard Schwentner

Status Pfarrer, Märtyrer
Geboren 28. September 1891
Gestorben 30. Oktober 1944

Bernhard Schwentner wurde 1891 in Schwerin geboren. Nach dem Besuch des Gymnasiums studierte er in Münster und wurde 1914 zum Priester geweiht. Danach wirkte er als Seelsorger in Hamburg, bis er im Ersten Weltkrieg als Militärgeistlicher an der Front eingesetzt wurde. Nach Kriegsende war er erneut in Hamburg als Vikar tätig und promovierte ab 1924 zum Doktor der Philosophie und des kanonischen Rechts.

1927 wurde er zum Pfarrer von Neustrelitz ernannt. Dort wirkte er nebenamtlich auch als Garnisonspfarrer und war Vorsitzender der Priesterkonferenz für Mecklenburg. Trotz seiner militärfreundlichen Einstellung stand er dem Nationalsozialismus sehr kritisch gegenüber, was ihm schließlich auch zum Verhängnis wurde. 1943 wurde er wegen staatsfeindlicher

Äußerungen angezeigt und nach einem Schauprozess wegen Wehrkraftzersetzung zum Tode verurteilt. Die Hinrichtung erfolgte am 30. Oktober 1944 durch Enthauptung. Die Urne mit seiner Asche wurde zunächst in Brandenburg beigesetzt und befindet sich heute in einem Bronzedenkmal in Neustrelitz, das 1965 zu seinem Gedenken errichtet wurde.

Wolfgang von Regensburg

Status Bischof
Geboren um 924
Gestorben 31. Oktober 994
Attribute Bischofsstab, Kirchenmodell, Wolf, Beil, Teufel
Patronat Patron von Bayern sowie der Stadt und des Bistums Regensburg; Patron der Zimmerleute, Bildhauer, Schiffer, Köhler, Holzfäller, Hirten und unschuldig Gefangenen; Patron gegen Gicht, Lähmungen, Augenkrankheiten, Blutfluss, Fußleiden, Schlaganfall, Ruhr, Hautentzündungen, Unfruchtbarkeit und Missgeburten sowie für das Vieh

Als Patron des Viehs wurde das Bildnis des heiligen Wolfgang in früheren Zeiten zum Schutz an Stalltüren angebracht.

Wolfgang wurde um das Jahr 924 im baden-württembergischen Pfullingen als Sohn einer angesehenen, aber armen Familie geboren. Er besuchte die Klosterschule Reichenau und später die neu gegründete Domschule in Würzburg. Als sein Studienfreund Heinrich von Babenberg 956 Erzbischof von Trier wurde, übertrug man Wolfgang auf dessen Empfehlung hin die Leitung der dortigen Domschule.

Nach dem Tod Heinrichs trat Wolfgang in das Benediktinerkloster im schweizerischen Einsiedeln ein, wo er 968 von Bischof Ulrich von Augsburg zum Priester geweiht wurde. In den folgenden Jahren wirkte Wolfgang als Glaubensbote in Noricum, einem Gebiet, das große Teile des heutigen Österreichs sowie Teile des angrenzenden Bayerns und Sloweniens umfasste. Durch seine Erfolge bei der Verkündung des Wortes Gottes wurde schließlich der Passauer Bischof Pilgrim auf Wolfgang aufmerksam und schlug ihn als neuen Bischof von Regensburg vor. Doch der Kaiser sowie ein großer Teil des Klerus standen diesem Vorschlag zunächst skeptisch gegenüber, bis – so berichtet es die Legende – einer der Zweifler erkrankte und Wolfgang ihn auf wundersame Weise heilte. So wurde dieser 972 zum Bischof von Regensburg ernannt, wo er 22 Jahre überaus segensreich wirkte.

Als Verfechter eines regelstrengen Lebens forderte er auch von den Mönchen und Nonnen mehr Zucht, förderte die Ausbildung des Klerus, reformierte bestehende Klöster und gründete neue. Zudem ermöglichte er – gegen den Widerstand des Domklerus – durch die Abtrennung böhmischer Gebiete von seinem Bistum die Gründung des Bistums Prag und gab die Personalunion zwischen Bischofsamt und Abbatiat des zugehörigen Klosters St. Emmeran auf, was sich sehr positiv auf dessen Entwicklung auswirkte. Nicht zuletzt kümmerte sich Wolfgang hingebungsvoll um die Armen und Kranken seiner Diözese und gründete 975 die Domschule mit Chor, aus der die heutigen Regensburger Domspatzen hervorgingen. Er starb am 31. Oktober 994 während einer Reise durch das von ihm so geliebte Österreich. So verwundert es auch nicht, dass der Hauptverehrungsort des Heiligen St. Wolfgang am Wolfgangsee (beide nach ihm benannt) ist, obwohl sich die Verehrung für Wolfgang schnell über den gesamten deutschsprachigen Raum ausbreitete.

November

Der November verdankt seinen Namen wie der September und Oktober seiner früheren Stellung im römischen Kalender, in dem er der neunte Monat war (lateinisch *novem* = neun). Alte deutsche Bezeichnungen sind *Wintermonat* oder *Schlachtenmonat*, wobei Letzteres darauf zurückzuführen ist, dass zu dieser Zeit früher die Schweine geschlachtet wurden. Im Kirchenjahr gilt der November als ein Monat der Besinnung und des Gedenkens, der von den Festen Allerheiligen und Allerseelen eingeläutet wird. Aber auch die typischen Laternenumzüge zu Ehren des heiligen Martin von Tours (▶ Seite 214 f.) haben hier ihren festen Platz.

1	2	3	4	5	6	7
Rupert Mayer	Margareta von Lothringen	Martin von Porres	Karl Borromäus (Carlo Borromeo)	Elisabeth und Zacharias	Leonhard von Limoges	Willibrord
8	**9**	**10**	**11**	**12**	**13**	**14**
Johannes Duns Skotus	Theodor von Euchaïta	Leo I. (der Große)	Martin von Tours	Josaphat Kunzewitsch	Ludwig Harms	Gottfried Wilhelm Leibniz
15	**16**	**17**	**18**	**19**	**20**	**21**
Albertus Magnus	Hugo von Lincoln	Gertrud von Helfta	Odo von Cluny	Elisabeth von Thüringen	Edmund von Ostanglien	Gelasius I.
22	**23**	**24**	**25**	**26**	**27**	**28**
Cäcilia	Clemens I.	John Knox	Katharina von Alexandria	Konrad von Konstanz	Jakob der Perser	Jacobus de Marchia
29	**30**					
Saturninus (Sernin) von Toulouse	Andreas					

Der Buß- und Bettag in Deutschland ist ein Feiertag der evangelischen Kirche und wird am Mittwoch vor dem letzten Sonntag des evangelischen Kirchenjahrs begangen. Seit 1995 ist er nur noch in Sachsen gesetzlicher Feiertag.

✚ ## Rupert Mayer

Dieses Foto zeigt Rupert Mayer 1938 als Häftling im Gefängnis Landsberg.

Status Priester, Mönch
Geboren 23. Januar 1876
Gestorben 1. November 1945

Seinen Werdegang schilderte Rupert Mayer, als er 1937 unter den Nationalsozialisten eine Gefängnisstrafe antreten musste, wie folgt: „Zu Stuttgart wurde ich geboren am 23. Januar 1876. Nach der Volksschule besuchte ich das zehnklassige humanistische Gymnasium; nach dem Abitur studierte ich ein Jahr Philosophie in Freiburg, Theologie in München und fünf Semester Theologie in Tübingen. Zur Ausbildung zum Priestertum war ich im Priesterseminar in Rottenburg am Neckar, wo ich am 2. Mai 1899 zum katholischen Priester geweiht wurde. Ich war als Weltpriester in Spaichingen und Stuttgart tätig; am 1. Oktober erfolgte mein Eintritt in den Orden der Gesellschaft Jesu zu Feldkirch in Vorarlberg. Den Priester- und Ordensberuf ergriff ich aus Liebe zu den Menschen."

In der Folge zog Mayer ab 1906 als Volksmissionar durch Deutschland, Holland, die Schweiz und das österreichische Vorarlberg. Ab 1912 kümmerte er sich auf Wunsch von Kardinal von Bettinger um die Zuwanderer in München. Zwei Jahre später war er an den Fronten des Ersten Weltkriegs als Soldatenseelsorger tätig. Als er sich während eines Angriffs schützend

über einen verletzten Soldaten beugte, wurde er so schwer verletzt, dass ihm das linke Bein amputiert werden musste. Den Rest des Krieges wirkte er aufgrund dieser Verletzung wieder als Seelsorger in München. Er wurde als erster Feldgeistlicher mit dem Eisernen Kreuz ausgezeichnet. Nach Kriegsende, im Jahr 1921, ernannte Kardinal von Faulhaber ihn zum Präses der Marianischen Männerkongregation und er wurde „zur Stimme der Katholiken" in München.

Bereits früh warnte er in seinen Predigten vor den Gefahren des Nationalsozialismus und trat entschieden für die Rechte der Kirche sowie für die Religionsfreiheit ein. Das brachte ihn schnell ins Visier des Nazi-Regimes. Als er 1937 das gegen ihn verhängte Redeverbot missachtete, wurde er wegen Kanzelmissbrauchs zu sechs Monaten Haft verurteilt. Da Mayer sich davon jedoch nicht einschüchtern ließ und weiterhin regimefeindlich predigte, folgte 1938 eine erneute Haft. Wegen konspirativer Kontakte wurde er 1939 ins Konzentrationslager Sachsenhausen gebracht. Ab 1940 wurde er dann aufgrund seines schlechten Gesundheitszustands im Kloster Ettal interniert. Zwar kehrte er im Mai 1945 noch einmal als Seelsorger nach München zurück, starb jedoch wenige Monate später während der Messe an einem Schlaganfall. Sein Grab in der Unterkirche des Bürgersaals wird bis heute von zahlreichen Gläubigen besucht. Unter großer Anteilnahme der Bevölkerung wurde Rupert Mayer 1987 im Münchner Olympiastadion von Papst Johannes Paul II. seliggesprochen.

✚ ## Margareta von Lothringen

Status Herzogin, Nonne
Geboren 1463
Gestorben 2. November 1521

Margareta kam im Jahr 1463 im französischen Vaudémont als Tochter des Herzogs Friedrich von Lothringen auf die Welt. Schon in jungen Jahren bewunderte sie ihre Verwandte, Elisabeth von Thüringen (▶ Seite 219 f.), und versuchte, ihr nachzueifern. Im Alter von 25 Jahren

heiratete sie den Herzog René von Alençons, der vier Jahre nach der Eheschließung starb. Nach dessen Tod trat sie die Regentschaft an und lenkte die Geschicke des Landes mit großer Umsicht und Güte. Sie gründete zahlreiche Klöster, Kirchen und andere kirchliche Einrichtungen sowie Spitäler für Kranke und Arme.

Nach der Hochzeit ihres ältesten Sohnes zog sich die beim Volk überaus beliebte und geachtete Margareta vom Hofleben zurück und trat 1513 in den Klarissenorden ein. Zusammen mit anderen Schwestern gründete sie kurz darauf ein Kloster in Mortagne sowie unweit davon das Klarissenkloster zu Argentan, wo sie ihre letzten Monate verbrachte. Margareta starb am 2. November 1521. Ihr Grab wurde während der Französischen Revolution zerstört, nur ihr Herz blieb erhalten, das bis heute in der Pfarrkirche von Argentan aufbewahrt wird. Der Kult der Heiligen wurde 1921 von Papst Benedikt XV. bestätigt.

Margareta von Lothringen wurde aufgrund ihrer tiefen Religiosität und Wohltätigkeit von ihrem Volk geliebt und geachtet.

Martin von Porres

Status Laienbruder
Geboren 9. Dezember 1569
Gestorben 3. November 1639
Patronat Patron der sozialen Gerechtigkeit sowie gegen Ratten- und Mäuseplagen

Martin wurde 1569 in Lima als Sohn eines spanischen Kolonialbeamten und der Tochter afrikanischer Sklaven geboren. Er erhielt eine religiöse Erziehung und absolvierte eine heilkundliche Ausbildung. Aufgrund seines liebenswürdigen und einfühlsamen Umgangs mit den Menschen erfreute er sich großer Beliebtheit, insbesondere bei den Armen. Sogar von wundersamen Heilungen wird berichtet.

1594 ersuchte er um Aufnahme in das Dominikanerkloster von Lima. Da er als Mulatte jedoch in der sozialen Rangordnung ganz unten angesiedelt war, wurde er erst neun Jahre später als Laienbruder in den Dritten Orden aufgenommen. Dort widmete er sich hingebungsvoll der Krankenpflege, wobei er einen Teil des Klosters nach und nach in ein Krankenhaus umwandelte, in dem die Patienten ohne Ansehen ihrer Hautfarbe behandelt wurden. Da der Platz dort bald schon nicht mehr ausreichte, eröffnete er ein Kinderkrankenhaus. Auch wandelte er das Haus seiner Schwester Johanna in ein Waisenhaus um und gründete zahlreiche andere karitative Einrichtungen. Der vom Volk schon zu Lebzeiten als Heiliger verehrte Martin starb am 3. November 1639 an Typhus. Seine Heiligsprechung erfolgte 1962 durch Papst Johannes XXIII. Er gehört damit zu den wenigen kanonisierten südamerikanischen Kirchenpersönlichkeiten.

Martin von Porres gehört zu den wenigen heiligen südamerikanischen Kirchenpersönlichkeiten.

Karl Borromäus (Carlo Borromeo)

Status Erzbischof, Kardinal
Geboren 2. Oktober 1538
Gestorben 3. November 1584
Attribute Bücher, Totenkopf, Geißel, Pfeile
Patronat Patron des Bistums Lugano und der Universität Salzburg sowie des Borromäusvereins und der Borromäerinnen; Patron der Seelsorger, der Seminare und gegen die Pest

Karl wurde 1538 im italienischen Arona als Sohn von Graf Gilbert Borromeo und Margherita de'

Medici geboren. Von seiner einflussreichen Familie wurde er schon früh zum Kleriker bestimmt und man übertrug ihm das Amt des Abtes eines nahe gelegenen Benediktinerklosters, auf das die Familie Anspruch hatte. Die damit verbundenen Einkünfte gab er jedoch an die Armen weiter. Mit 14 begann Karl das Studium des Zivil- und Kirchenrechts in Mailand, das er 1559 mit der Doktorwürde abschloss.

Kurz darauf berief sein Onkel Giovanni Angelo Medici, der 1559 als Papst Pius IV. den Heiligen Stuhl bestiegen hatte, Karl als Geheimsekretär nach Rom und ernannte ihn wenig später zum Kardinal-Diakon. Dabei zeigte sich Karl seinen hohen Ämtern – seines jungen Alters und allen Zweiflern zum Trotz – bestens gewachsen und erfüllte seine Pflichten stets vorbildlich. Auch bei der Durchführung und dem Abschluss des Konzils von Trient spielte er eine wesentliche Rolle, wobei Karl sich sowohl für den Kampf gegen den Protestantismus als auch für eine Erneuerung der römisch-katholischen Kirche einsetzte. Als sein geliebter Bruder Federigo 1562 starb, entschied sich Karl, Priester zu werden, und wurde ein Jahr später geweiht. Wenig später wurde ihm auch die Bischofswürde verliehen und er wurde zum Erzbischof und Kardinal von Mailand ernannt. Allerdings trat er dieses Amt erst im Jahre 1565 an.

In der Folge widmete er sich unermüdlich dem Wiederaufbau seiner völlig verwahrlosten Diözese. Dabei legte er besonderen Wert auf die Hebung der innerkirchlichen Disziplin und die Schulung von Priestern und Laien. So war er einer der ersten Bischöfe, die entsprechende Seminare einrichteten, unter anderem das Collegio Borromeo in Pavia und das Collegium

Karl Borromäus, eine der großen Gestalten der Kirchengeschichte, galt bereits zu Lebzeiten als Idealtypus des christlichen Kirchenfürsten.

Helveticum in Mailand. Doch diese Maßnahmen stießen nicht bei allen Orden auf Gegenliebe, sodass Karl 1569 nur knapp dem Attentat einiger Laienbrüder entging. Beeindruckt waren die Menschen auch von seinem vorbildlichen Lebenswandel und seiner Wohltätigkeit. Während einer Pestepidemie im Jahr 1576 stellte er beispielsweise die Versorgung der Menschen mit Essen, Kleidung und Medikamenten sicher und kümmerte sich selbst monatelang um die Kranken und Sterbenden. Aus dieser Arbeit erwuchs 1578 der Orden der Oblaten des heiligen Ambrosius.

Karl starb ausgezehrt und von Krankheit gezeichnet am 3. November 1584. Er wurde unter großer Anteilnahme der Bevölkerung in der Krypta des Mailänder Doms beigesetzt. Seine Heiligsprechung erfolgte 1610 durch Papst Paul V.

5. November ✠ Elisabeth und Zacharias

Status Eltern von Johannes dem Täufer
Geboren vor Christi Geburt
Gestorben vermutlich im 1. Jahrhundert
Patronat Patronin der Brettschneider (Elisabeth)

Elisabeth stammte aus dem Priestergeschlecht Aarons und war verwandt mit Maria, der Mutter Jesu (▶ Seite 14). Sie war verheiratet mit dem Priester Zacharias, mit dem sie in En Kerem lebte (einer antiken Stadt innerhalb der heutigen Stadtgrenzen Jerusalems). Ihre Ehe war seit Langem kinderlos, was als Zeichen dafür galt, dass Gott sich von ihnen abgewandt hatte. Doch eines Tages erschien Zacharias der Erzengel Gabriel und verhieß ihm die Geburt eines Sohnes, dessen Name Johannes sein sollte. Als der erstaunte Zacharias ein Zeichen der Bestätigung haben wollte, ließ ihn Gabriel verstummen und kündigte an, dass er mit der Geburt seines Sohnes auch seine Stimme wiederbekommen würde. Und als Elisabeth in hohem Alter tatsächlich einen Sohn gebar (es heißt, ein halbes Jahr vor der Geburt Christi), konnte auch Zacharias wieder sprechen. Er verkündete: „Gepriesen sei der Herr Israels, denn er hat sein Volk heimgesucht und seine Erlösung bewirkt ... Und du, Kind, wirst der Prophet des Allerhöchsten genannt werden, denn du wirst vor dem Herrn hergehen, um seine Wege zu bereiten."

Über den weiteren Lebensweg von Elisabeth und Zacharias gibt es keine Überlieferungen. Auch über den Tod Elisabeths ist nichts bekannt, während es über Zacharias heißt, dass er im Tempel von Jerusalem ermordet worden sei.

Elisabeth und Zacharias, die Eltern von Johannes dem Täufer, wurden schon in sehr früher Zeit als Heilige verehrt.

Leonhard von Limoges

6. November

Status Einsiedler, Abt
Geboren im 5. Jahrhundert
Gestorben vermutlich 559
Attribute Kette, Pferde und Ochsen, Gefangene befreiend
Patronat Patron der Bauern, Stallknechte, Schlosser, Schmiede, Fuhrleute, Lastenträger, Böttcher, Obsthändler, Bergleute, Wöchnerinnen und Gefangenen; Patron der Ställe, des Viehs und der Pferde sowie für alle Bauernanliegen; Patron für eine gute Geburt sowie gegen Kopfschmerzen und Geisteskrankheiten

Die Überlieferungen bezüglich des Lebens und Wirkens Leonhards sind in weiten Teilen legendarisch. Es heißt, er war der Sohn einer am Hof der Merowinger lebenden Adelsfamilie, der von Bischof Remigius von Reims getauft und erzogen wurde. Weitere Einzelheiten über seine Kindheit und Jugend sind nicht bekannt.

Zu Beginn des 6. Jahrhunderts zog er sich als Eremit in den Wald von Pauvain bei Limoges zurück. Dort wirkte er als Ratgeber, Heiler und Seelentröster. Ein besonderes Herz hatte

Leonhard für Gefangene, die er regelmäßig besuchte und für die er sich beim König einsetzte. Eines Tages, so heißt es, jagte dieser mit seiner Frau in den Wäldern von Limoges, als bei ihr die Wehen einsetzten. Leonhard hörte ihre Schreie und eilte ihr zu Hilfe, woraufhin sie einen gesunden Knaben zur Welt brachte.

Wallfahrten und Umritte zu Ehren des heiligen Leonhard von Limoges – wie hier in Bad Tölz – finden auch heute noch in ganz Bayern statt.

Der dankbare König – vermutlich Chlodwig I. – wollte sich mit Gold und Silber bei Leonhard bedanken, doch dieser bat nur um so viel Waldfläche, wie er mit seinem Esel in einer Nacht umreiten könne. Dort gründete er die Gemeinschaft von Noblat, aus der sich im Laufe der Zeit das Kloster St-Léonard-de-Noblat entwickelte, dem er bis zu seinem Tod vorstand und wo er auch beigesetzt wurde.

Besondere Verehrung erfuhr Leonhard in Bayern, wo er auch „bayerischer Herrgott" oder „Bauernherrgott" genannt wurde und zu den Nothelfern gehört. An seinem Gedenktag fanden Tiersegnungen und zahlreiche Leonhardi-Wallfahrten statt, meist mit Pferderitten. In über 50 Orten wird dieses Brauchtum auch heute noch gepflegt, die bekannteste Prozession begeht man in Bad Tölz.

7. November

Willibrord

Status Erzbischof, Glaubensbote
Geboren um 658
Gestorben 7. November 739
Patronat Patron von Luxemburg sowie der Diözesen Utrecht, Harlem und Luxemburg; Patron gegen Epilepsie, Hautkrankheiten und Zuckungen

Willibrord kam in Northumbrien zur Welt. Seine Erziehung erhielt er im Benediktinerkloster Ripon von Wilfrid von York. Im Jahr 678 trat er in die Abtei von Rathmelsigi ein, wo er auch zum Priester geweiht wurde. 690 ging er zusammen mit elf Gefährten auf Missionsreise nach Friesland. Dabei brach er erstmals mit dem irisch-schottischen Ideal der asketischen Heimatlosigkeit der Wandermönche und band seine Arbeit stark an das karolingische Königshaus sowie den Papst, der ihn 692 zum Erzbischof der Friesen auf Reisen ernannte und ihm den Namen Clemens verlieh.

Über 40 Jahre wirkte Willibrord erfolgreich auf germanischem Boden, was ihn zu einer der bedeutendsten Persönlichkeiten der angelsächsischen Mission machte. Nur in den Jahren 716 bis 719, während der Herrschaft des

Diese Statue des heiligen Willibrord steht vor der nach ihm benannten Basilika in Echternach, in der auch seine Gebeine aufbewahrt werden.

Friesenkönigs Radbod, musste er seine Arbeit unterbrechen. Er starb am 7. November 739 in Kloster Echternach, das er 698 auf Basis einer Schenkung von Irmina von Öhren, der Frau eines Pfalzgrafen, gegründet hatte. Besondere Verehrung erfährt Willibrord bis heute in den Niederlanden, wo der Willibrord-Tag festlich gefeiert wird. Aber auch im luxemburgischen Echternach findet jedes Jahr am Pfingstdienstag nach wie vor die „Springprozession" statt.

8. November

Johannes Duns Skotus

Status Mönch, Theologe
Geboren 1265/1266
Gestorben 8. November 1308

Johannes wurde im Jahr 1265 oder 1266 in Schottland geboren, was auch seinen Beinamen

Skotus (der Schotte) erklärt, wobei es sich bei Duns um seinen Geburtsort handeln dürfte. Ab seinem 14. Lebensjahr besuchte er die Schule der Franziskaner, denen er kurz darauf auch beitrat. 1291 empfing er die Priesterweihe und studierte anschließend in Paris und Oxford

Theologie, wo er später auch selbst lehrte. 1307 kam er auf Anordnung seines Ordens als Lektor an das Generalstudium der Franziskaner nach Köln, wo er den Irrlehren entgegenwirken sollte. Allerdings starb Johannes bald nach seiner Ankunft, vermutlich an der Pest. Sein Sarkophag steht in der Kölner Minoritenkirche.

Johannes zählt zu den bedeutendsten Theologen und begründete die nach ihm benannte Richtung des Scotismus, in der er unter anderem die Lehren des Aristoteles und des Augustinus miteinander verband. Zudem war er einer der ersten Verfechter der Lehre von der unbefleckten Empfängnis Mariens.

Der große Theologe Johannes Duns Skotus wurde im Jahr 1991 von Papst Johannes Paul II. seliggesprochen.

Theodor von Euchaïta

9. November

Status Märtyrer
Geboren im 3. Jahrhundert
Gestorben 306
Attribute Panzer, Schild und Lanze, Krokodil
Patronat Patron der Soldaten und Heere sowie in Kämpfen und bei Sturm

Theodor, auch Tiro oder der Rekrut genannt, wurde Ende des 3. Jahrhunderts in Syrien oder Armenien geboren. Er diente als einfacher Soldat im römischen Heer. Während der Christenverfolgung von 303 wurde er verhaftet und vor den Tribun der Legion sowie den Statthalter der Provinz geführt. Als Theodor sich weigerte, den Götzen zu opfern, und als Zeichen seines Glaubens den Tempel der Göttermutter Kybele in Brand steckte, wurde er zum Tode verurteilt und nach tagelangen Martern verbrannt.

Theodor ist einer der Großmärtyrer des Orients, sein Kult gelangte aber auch ins Abendland, wo er unter anderem als Beschützer Venedigs verehrt wurde, bevor er von dem Evangelisten Markus (▶ Seite 84) als Schutzpatron abgelöst wurde. Seinen Reliquien, die in Konstantinopel (heute: Istanbul) liegen, werden zahlreiche Wunder zugeschrieben.

Leo I. (der Große)

10. November

Status Papst, Kirchenlehrer
Geboren um 400
Gestorben 10. November 461
Attribute Drache
Patronat Patron der Musiker, Sänger und Organisten

Über die Eltern, Kindheit und Jugend des um das Jahr 400 in der Toskana geborenen Leo ist nichts überliefert. Gesichert ist jedoch sein Wirken als Archidiakon von Papst Cölestin und dessen Nachfolger Papst Sixtus III. Im Jahr 440 wurde Leo wiederum dessen Nachfolger und sollte als einer der bedeutendsten römischen Bischöfe in die Geschichte eingehen.

Das Pontifikat Leos I. war geprägt vom Zerbrechen des Römischen Reiches und innerkirchlichen Auseinandersetzungen. Trotzdem gelang es ihm, die Stellung des Papstes und den Anspruch der römisch-katholischen Kirche als Führer des gesamten Christentums zu stärken. In vielen Ländern ordnete er die Kirche organisatorisch neu und festigte deren Hierarchie. Er äußerte sich vielfach zu wichtigen Streitfragen wie der Zweinaturenlehre Christi und bekämpfte erfolgreich zahlreiche Irrlehren wie den

Wie auf diesem Holzstich aus dem 19. Jahrhundert dargestellt, gelang es Leo I. während eines Treffens, den Hunnenführer Attila von einem Einfall in die Stadt Rom abzubringen.

Nestorianismus, den Pelagianismus, den Gnostizismus und den Manichäismus. Auch entpersonalisierte Leo das Amt des Papstes, der seiner Auffassung nach lediglich ein Verwalter des Stuhls Petri sei. Darüber hinaus gehören zwei große diplomatische Erfolge zu seinen Verdiensten: Als die Hunnen 452 in Italien einfielen, ritt Leo ihnen entgegen und traf sich in Mantua mit deren Anführer Attila. Vermutlich gegen Zahlung eines hohen Geldbetrags konnte er diesen von einem weiteren Vorrücken auf Rom abbringen. Als wenig später die Vandalen unter König Geiserich einfielen, konnte er die Plünderung Roms zwar nicht verhindern, wohl aber die Ermordung der Bevölkerung und das Niederbrennen der Stadt.

Leo, der als einziger Papst neben Gregor den Beinamen „der Große" erhielt, starb am 10. November 461 in Rom. Er war zudem der erste Papst, der in der Vorhalle der konstantinischen Petersbasilika beigesetzt wurde. 1754 wurde er von Papst Benedikt XIV. zum Kirchenlehrer ernannt.

Martin von Tours

Status Bischof
Geboren um 316
Gestorben 8. November 397
Attribute Bettler, Mantel, Gans
Patronat Patron des Burgenlandes, des Kantons Schwyz sowie der Diözesen Rottenburg-Stuttgart und Mainz; Patron der Soldaten, Kavalleristen, Ausrufer, Reiter, Hufschmiede, Waffenschmiede, Weber, Gerber, Schneider, Gürtelmacher, Handschuhmacher, Hutmacher, Müller, Bürstenbinder, Böttcher, Winzer, Hirten, Hoteliers und Gastwirte; Patron der Reisenden, Gefangenen, Bettler und Armen sowie der Pferde, Haustiere und Gänse; Patron gegen Ausschlag, Schlangenbiss und Rotlauf sowie für das Gedeihen auf den Feldern

Wer kennt sie nicht, die Martinsumzüge, bei denen die Kinder singend mit selbst gebastelten bunten Lampions durch die Straßen ziehen. Diese jahrhundertealte Tradition geht zurück auf den Heiligen Martin von Tours, der um das Jahr 316 als Martinus im heutigen

Ungarn als Sohn eines römischen Militärtribuns geboren wurde. Seine Jugend verbrachte er im italienischen Pavia, der Heimat seines Vaters, wo er auch das erste Mal mit dem Christentum in Berührung kam und im Alter von zehn Jahren in die Gruppe der Katechumenen, der Taufbewerber, aufgenommen wurde. Auf Geheiß des Vaters trat er mit 15 Jahren in die Armee ein und diente bei einer Reiterabteilung in Gallien. In dieser Zeit vertiefte sich sein Glaube und es geschah das Wunder, das Martin zu einem der bekanntesten Heiligen der katholischen Kirche machen sollte: An einem eisigen Winterabend begegnete Martin am Stadttor von Amiens einem Bettler, der ihn um eine milde Gabe bat. Da er aber weder Geld noch Essensvorräte bei sich hatte, zerteilte Martin kurzerhand seinen Mantel, damit der Bettler sich wenigstens etwas wärmen konnte. In der folgenden Nacht erschien ihm Jesus Christus, der mit dem Mantelstück bekleidet war und zu seinen Engeln sprach: „Martin, obwohl erst unterwegs zur Taufe, hat mich mit diesem Mantel bekleidet."

Das Leben und Wirken des heiligen Martin hat viele Künstler inspiriert, doch am häufigsten findet man – wie auch hier auf dem Gemälde von Anthonis van Dyk – die Darstellung der berühmten Mantelteilung.

Nach diesem einschneidenden Erlebnis bat Martin um seine Entlassung aus dem Militärdienst und begab sich nach Poitiers, wo er sich von Hilarius (▶ Seite 20 f.) taufen ließ und eine Zeit lang sein Schüler wurde. Schließlich kehrte er in seine Heimat zurück, wo er als Glaubensbote wirken wollte, doch schon bald wurde er von den arianischen Bischöfen wieder vertrieben. Enttäuscht zog Martin auf die Insel Gallinaria im Golf vom Genua, um dort als Einsiedler zu leben, bis Hilarius – inzwischen Bischof von Poitiers und aus der Verbannung in Phrygien zurückgekehrt – ihn 360 zu sich nach Poitiers rief. Auch hier lebte er im nahe gelegenen Ligué als Einsiecler in einer Zelle, aus der sich in der Folge das erste Kloster Galliens entwickelte.

Rund zehn Jahre später wurde Martin zum Bischof von Tours ernannt. Der Legende nach verbarg er sich, um dem Amt zu entgehen, in einem Gänsestall, wo ihn die schnatternden Gänse aber schnell verrieten. Das zeigt seine schlichte Lebensart und demütige Haltung, die er auch während der folgenden Jahre seiner Amtszeit stets beibehielt. Er gründete die Abtei Marmoutier und widmete sich leidenschaftlich der Christianisierung der Landbevölkerung, die er durch die Errichtung von zahlreichen Pfarreien festigte. Martin starb am 8. November 397 während einer seiner häufigen Reisen durch seine Diözese. Sein Grab in Tours war während des gesamten Mittelalters eine viel besuchte Pilgerstätte und fränkisches Nationalheiligtum. Neben dem Mantel-Wunder wurden ihm noch zahlreiche andere Wunder zugeschrieben.

Josaphat Kunzewitsch

⊕ 12. November

Status Erzbischof, Märtyrer
Geboren 1580
Gestorben 12. November 1623

Juan, so sein Taufname, wurde 1580 in Wlodzimierz (heute Ukraine, damals Polen-Litauen) als Sohn orthodoxer Eltern geboren. Als junger Mann trat er zur ruthenisch-unierten Kirche über und trat 1604 den Basilianermönchen in Wilna bei. Als Josaphat führte er dort ein Leben in strenger Askese und widmete sich dem Studium der Liturgie und der Kirchenväter.

Im Jahr 1618 wurde Josaphat zum Erzbischof von Polock ernannt. Dort wirkte er während seiner Amtszeit überaus segensreich, sprach sich jedoch zum Ärger vieler Andersdenkender offen für die Einheit mit der römischen Kirche aus. Einige dieser Gegner einer Union mit dem Papst ermordeten Josaphat dann auch am 12. November 1623 während einer Visitationsreise. Seine Heiligsprechung erfolgte 1643 durch Papst Pius IX.

Ludwig Harms

Status Pfarrer
Geboren 15. Mai 1808
Gestorben 14. November 1865

Ludwig Harms wurde 1808 im niedersächsischen Walsrode als zweiter Sohn einer Pastorenfamilie geboren. Nach seinem Abitur studierte er bis 1830 evangelische Theologie in Göttingen und arbeitete danach als Hauslehrer in Lauenburg und später in Lüneburg. Um seinen kranken Vater zu unterstützen, zog er 1843 nach Hermannsburg, wo er nach dessen Tod 1848 zum Pastor der Gemeinde berufen wurde und sich überaus großer Beliebtheit erfreute.

Harms' besondere Liebe galt jedoch der Mission. 1849 gründete er mit der Eröffnung des Missionsseminars die Missionsanstalt Hermannsburg. Die 16 ersten dort ausgebildeten Missionare brachen 1853 mit der Candance, die kurz vorher in Hermannsburg vom Stapel gelaufen war, Richtung Äthiopien auf. Von dort aus sollte der ganze afrikanische Kontinent christianisiert werden. Allerdings konnten die Missionare nicht wie geplant an Land gehen, weshalb sie schließlich in Südafrika landeten und ihre Missionsarbeit unter den Zulu begannen. Im gleichen Jahr erschien erstmals ein von Harms herausgegebenes Missionsblatt, das Interessierte über die Arbeit der Mission informierte. 1862 wurde das „Neue Missionshaus" errichtet, in dem nach wie vor junge Menschen für den Missionsdienst ausgebildet werden. Nachdem weitere Versuche, in Äthiopien Fuß zu fassen, ebenfalls scheiterten, begann 1864, kurz vor Harms' Tod, die Mission unter den Telugu in Indien. Ludwig Harms starb am 14. November 1865 in Hermannsburg, wo er auch begraben wurde. Sein Werk, die Hermannsburger Mission, wird heute vom Evangelisch-lutherischen Missionswerk getragen.

Gottfried Wilhelm Leibniz

Status Philosoph
Geboren 1. Juli 1646
Gestorben 14. November 1716

Der 1646 in Leipzig geborene Leibniz war Rechtsgelehrter, Mathematiker, Physiker, Historiker, Politiker, Diplomat und Sprachenforscher. Als solcher stand er in den Diensten verschiedener geistlicher und weltlicher Herrscher, unter anderem des Mainzer Erzbischofs Johann Philipp von Schönborn und der Welfen. Er gilt als Universalgenie seiner Zeit und einer der bedeutendsten Philosophen und Vordenker der Aufklärung. Neben vielen anderen Entwicklungen, Erfindungen und Errungenschaften begründete er ein rationalistisch-idealistisches Weltbild, das mithilfe seiner Monadentheorie die mechanisierte Erklärung der Natur durch Descartes mit dem Glauben versöhnte. Zudem prägte er für die Frage, warum Gott all das Leiden in der Welt zulässt, den Begriff „Theodizee". Er argumentierte, dass Gott „die beste aller möglichen Welten" geschaffen habe, weshalb das Übel letztlich notwendig und erklärbar sei.

Leibniz starb vereinsamt am 14. November 1716 in Hannover, wo er in der Neustädter Hof- und Stadtkirche St. Johannis beigesetzt wurde.

Leibniz' Welt- und Gottesbild war geprägt von einer lebens- und weltbejahenden Zuversicht.

Albertus Magnus

Status Bischof, Provinzial, Kirchenlehrer
Geboren vermutlich 1193
Gestorben 15. November 1280
Patronat Patron der Theologen, Naturwissenschaftler, Studenten und Bergleute

Albertus wurde Ende des 12. Jahrhunderts in der Nähe von Lauingen als Sohn eines schwäbischen Ritters geboren. 1223 begann er sein Theologiestudium in Padua, wo er während dieser Zeit auch dem Dominikanerorden beitrat. Danach lehrte er an zahlreichen Schulen seines Ordens und wurde 1248 nach Köln berufen, um das gerade gegründete Studium Generale zu leiten, wobei sein berühmtester Schüler Thomas von Aquin (▶ Seite 29 f.) war.

Im Jahr 1254 wurde Albertus zum deutschen Provinzial seines Ordens gewählt, woraufhin er seine Lehrtätigkeit in Köln aufgab und in den folgenden Jahren – meist zu Fuß – die Konvente seiner Provinz besuchte, um die Klosterzucht aufrechtzuerhalten und einen Rückgang der Zahl der Mönche zu verhindern. Nach dem Ende seiner Amtszeit 1257 kehrte er wieder an die Ordensschule nach Köln zurück, bevor er 1260 von Papst Alexander IV. zum Bischof von Regensburg ernannt wurde. Allerdings übernahm Albertus dieses Amt nur widerwillig, da es aus seiner Sicht nur schwer mit dem Armutsprinzip zu vereinbaren war. 1262 wurde er auf sein Bitten hin von Papst Urban IV. von seinem Bischofsamt wieder entbunden, kurz darauf aber zum Kreuzzugsprediger

Albertus Magnus – hier in einem Bildausschnitt vom Flügel des Hochaltars der Frankfurter Dominikanerkirche zu sehen – galt als Universalgenie seiner Zeit.

für die deutschsprachigen Gebiete ernannt. So zog er bis 1264 von Stadt zu Stadt, um für die Kreuzzugsidee zu predigen.

In der Folge nahm Albertus seine Lehrtätigkeit wieder auf und unterrichtete in Würzburg und Straßburg, bevor er 1269 wieder nach Köln zurückkehrte, wo er am 15. November 1280 hochbetagt starb. Aufgrund seines enormen und vielseitigen Wissens erhielt er als einziger Gelehrter den Beinamen „Magnus" (der Große). Zudem wurde ihm 1931 gleichzeitig mit seiner Heiligsprechung durch Papst Pius XI. der Titel eines Kirchenlehrers verliehen.

Hugo von Lincoln

Status Bischof
Geboren 1140
Gestorben 16. November 1200

Hugo wurde 1140 als jüngster Sohn des Lehnsherrn William von Avalon (Frankreich) geboren. Seine Erziehung erhielt er im Kloster Villard-Benoit. Im Alter von 20 Jahren trat er dem Kartäuserorden bei und wurde 1165 in der Großen Kartause in Grenoble zum Priester geweiht.

Auf Bitten von König Heinrich II. kam Hugo 1175 nach England, um die erste englische Kartause, die sich in einem erbärmlichen Zustand befand, zu reformieren und zu leiten. 1186 wurde er schließlich zum Bischof der seit zwei Jahrzehnten verwaisten Diözese Witham gewählt. Auch diese erneuerte er von Grund auf und führte sie in den folgenden Jahren zu neuer Blüte. Unter seiner Leitung wurde auch mit dem Wiederaufbau der Kathedrale von Lincoln

Hugo von Lincoln wurde nicht nur in England, sondern auch in Frankreich, Deutschland, Spanien und Flandern große Verehrung zuteil. Sein Kult fand vor allem durch den Kartäuserorden Verbreitung, dem Hugo angehörte.

begonnen, in der er nach seinem Tod am 16. November 1200 beigesetzt wurde. Schnell entwickelte sich sein Grab zu einem der meistbesuchten Wallfahrtsorte in England. Hugo wurde 1220 von Papst Honorius III. heiliggesprochen und war damit der erste offiziell kanonisierte Kartäuser. Er wird häufig mit einem Schwan abgebildet, dessen Zutrauen Hugo der Legende nach gewonnen hatte. Das sonst scheue Tier war sein treuer Begleiter und verkündete überall seine Ankunft beziehungsweise hielt durch Flügelschlag und Schnabelhieb ungebetene Besucher fern.

17. November ✚ ## Gertrud von Helfta

Status Nonne, Mystikerin
Geboren 6. Januar 1256
Gestorben 17. November 1302
Attribute brennendes Herz, Buch, Kreuz, Feder
Patronat Patronin von Peru und Tarragona

Durch Gertrud von Helfta, ihre Lehrerin Mechthild von Magdeburg und ihre Mitschwester Mechthild von Hackeborn gilt Helfta als Krone der deutschen Frauenklöster.

Gertrud wurde 1256 in Thüringen geboren. Schon im Alter von fünf Jahren kam sie – vermutlich als Waise – in das Zisterzienserinnenkloster Helfta, wo sie dank der Äbtissin Gertrud von Hackeborn eine hervorragende theologische und humanwissenschaftliche Ausbildung erhielt und später selbst Nonne wurde.

1281 erlebte Gertrud ihre erste Christus-Vision, in der sie von ihm in dessen Nachfolge gerufen wurde. Im Laufe der Jahre wurden ihr weitere mystische Vereinigungen mit Christus zuteil, die Gertruds Beziehung zu ihm stetig vertiefte und die sie ab 1289 schriftlich festhielt. Überhaupt entwickelte sie neben ihrem Wirken als Ratgeberin und Seelsorgerin eine intensive schriftstellerische Tätigkeit. Ihre beiden Hauptwerke sind die Schriften „Gesandter der göttlichen Liebe", in der sie ihre visionären Erfahrungen schildert, und „Geistliche Übungen", eine Zusammenfassung ihres religiösen Wissens.

Gertrud, die als eine der großen Mystikerinnen Deutschlands den Ehrennamen „die Große" trägt, starb am 17. November 1302 in Helfta. Sie wurde 1678 ins römische Heiligenverzeichnis aufgenommen, aber nie offiziell heiliggesprochen. Besonders groß war ihre Verehrung in den Ländern, die der spanischen Krone unterstanden, was auch ihre Patrozinien erklärt.

Odo von Cluny

Status Abt
Geboren um 878
Gestorben 18. November 942
Patronat Patron der Musiker sowie für Regen und gegen Dürre

Odo kam um das Jahr 878 in der Nähe von Le Mans als Sohn eines Ritters zur Welt. Entsprechend erhielt er am Hof Wilhelms von Aquitanien eine Ausbildung zum Knappen, ehe er dem Benediktinerorden beitrat. Nach Studien in Tours und Paris ging er in das Kloster Baume, wo er auch die Priesterweihe empfing.

Nach dem Tod von Berno, des ersten Abts von Baume und Cluny, trat Odo auf dessen Wunsch seine Nachfolge als Abt von Cluny an. Als solcher setzte er erfolgreich die von seinem Vorgänger initiierte cluniazensische Reform fort, bei der es einerseits um eine Rückbesinnung auf benediktinische Grundsätze ging, um dem moralischen Niedergang des kirchlichen Lebens entgegenzuwirken, und andererseits um die Loslösung der Klöster aus dem Herrschaftsanspruch der Bischöfe. So hatten sich kurz nach seinem Amtsantritt bereits zahlreiche französische Klöster Cluny unterstellt und auch in Italien fand die Reformbewegung regen Zulauf.

Seinem Streben nach der Reinheit des mönchischen Ideals gemäß führte Odo ein

Unter ihrem zweiten Abt Odo – dem Begründer der Reform von Cluny – erlebte die berühmte französische Abtei ihren ersten Höhepunkt.

asketisches und gütiges Leben, wobei seine besondere Leidenschaft der Musik galt. Neben seinen Ordenspflichten komponierte er zahlreiche Choräle und machte sich auch als Musiktheoretiker einen Namen, weshalb Odo bis heute als Schutzpatron der Musiker verehrt wird. Er starb am 18. November 942.

Elisabeth von Thüringen

Status Landgräfin, Nonne
Geboren 1207
Gestorben 17. November 1231
Attribute Korb mit Rosen oder Broten, Schüssel mit Fischen, Weinkrug, Löffel
Patronat Patronin von Hessen und Thüringen sowie der Caritas-Vereinigungen, des Deutschen Ordens und der Elisabeth-Vereine; Patronin der Notleidenden, Bettler, Kranken, unschuldig Verfolgten, Witwen und Waisen sowie der Bäcker und Spitzenmacherinnen

Elisabeth wurde 1207 – vermutlich in Ungarn – als Tochter von König Andreas II. von Ungarn

und seiner Frau Gertrud von Kärnten-Andechs-Meran geboren. Bereits als Vierjährige wurde sie mit dem thüringischen Landgrafensohn Ludwig IV. verlobt und mit reicher Mitgift ausgestattet zur Erziehung nach Thüringen geschickt. Zehn Jahre später fand die Hochzeit statt, aus der sich – obwohl aus politischen Gründen arrangiert – eine glückliche Ehe entwickelte und innerhalb kurzer Zeit drei Kinder aus dieser hervorgingen.

Schon früh fiel Elisabeth durch ihre karitative Tätigkeit auf, die weit über die Konventionen ihrer Zeit hinausgingen. So stieg sie selbst von der Wartburg in die Armenviertel hinab

Die wohltätige Elisabeth von Thüringen – hier auf einem flämischen Bildteppich aus dem 15. Jahrhundert zu sehen – gilt als eine der größten Frauengestalten der katholischen Kirche.

und kümmerte sich um Arme und Kranke. Dabei sah sie sich zwar Angriffen aus ihrer adeligen Umgebung ausgesetzt, insbesondere als sie im Hungerwinter 1225/1226 die landgräflichen Kornkammern öffnen ließ und Geld aus der Staatskasse zur Linderung der Not verwandte, doch geschah dies stets mit Billigung ihres Mannes. Insofern wird ihr das Rosenwunder, demzufolge sie gegen den Willen ihres Mannes Brot, das sie in einem Korb versteckt hatte, zu den Armen bringen wollte und das sich bei

der unverhofften Kontrolle durch Ludwig beim Aufdecken in Rosen verwandelte, zu Unrecht zugeschrieben. Er versuchte lediglich, die übermäßige Selbstgeißelung sowie die nächtlichen Gebete seiner Frau einzuschränken.

Ihr „unhöfisches" Verhalten wurde erst zum Problem, als Ludwig IV. 1227 auf dem Fünften Kreuzzug an einer Seuche starb und dessen jüngerer Bruder Heinrich Raspe die Regentschaft übernahm. Da sie sich dessen Bedingungen bezüglich ihres Lebenswandels nicht beugen wollte, verließ Elisabeth die Wartburg und verbrachte den Winter 1227/1228 unter entwürdigenden Umständen in Eisenach, wo ihr der Schuppen einer Gaststätte, der zuvor als Schweinestall genutzt worden war, als Unterkunft diente. 1228 zog sie nach Marburg, dem Wohnort ihres Seelenführers Konrad von Marburg, dem sie Gehorsam geschworen hatte. Da es ihr Wunsch war, ein Leben in vollkommener Armut zu führen, verwendete sie die Abfindung, die sie doch noch von ihrem Schwager erhalten hatte, zur Errichtung eines Spitals in Marburg und trat in die von Konrad geleitete Hospitalitergemeinschaft ein.

In den folgenden drei Jahren bis zu ihrem Tod widmete sie sich in völliger Selbstaufgabe der Pflege von Kranken und anderen Werken der Nächstenliebe. Sie starb am 17. November 1231 vollkommen ausgezehrt in Marburg, wo sie in ihrem Franziskushospital beigesetzt wurde. Ihre Heiligsprechung erfolgte bereits vier Jahre später, 1235, durch Papst Gregor IX. Im gleichen Jahr wurden ihre Gebeine in die neu erbaute Elisabethkirche überführt.

20. November Edmund von Ostanglien

Status König, Märtyrer
Geboren um 840
Gestorben 870
Attribute Pfeile, Bär und Wolf
Patronat Patron gegen die Pest

Der um das Jahr 840 geborene Edmund bestieg im Alter von 15 Jahren den Thron des angelsächsischen Königreichs Ostanglien. Als 870

Der Wolf, der den Kopf des Märtyrers hält, gilt als Anspielung auf seine mythische Rolle als Totenwächter.

heidnische Dänen unter Ubba und Ivar Ragnarsson, den Söhnen des legendären Kriegers Ragnar Lodbrok, einfielen, wurde Edmund im Kampf gefangen genommen und gefoltert. Da er

sich jedoch standhaft weigerte, seinem Glauben abzuschwören, wurde er schließlich von seinen Feinden enthauptet, die daraufhin plündernd und brandschatzend durch Ostanglien zogen.

Gelasius I.

Status Papst
Geboren im 5. Jahrhundert
Gestorben 21. November 496

Über die Geburt und Kindheit ist so gut wie nichts überliefert, man geht aber davon aus, dass Gelasius in Afrika geboren wurde. Im Jahr 483 wurde er von Papst Felix II. als Ratgeber in die päpstliche Kanzlei geholt, bevor er 492 nach dessen Tod selbst das Amt des Papstes übernahm. Und obwohl sein Pontifikat nur vier Jahre dauerte, gilt er doch als eines der bedeutendsten Kirchenoberhäupter des gesamten Mittelalters. Er formulierte die Zwei-Schwerter-Theorie und vertrat diese nachdrücklich gegenüber Kaiser Anastasius. Zudem kümmerte er sich vorbildlich um die Armen und Schwachen und forderte auch den Klerus auf, ein Viertel der Kircheneinkünfte für Bedürftige zu verwenden. Darüber hinaus ist Gelasius I. für seine Bemühungen

Trotz seines sehr kurzen Pontifikats gilt Gelasius I. als einer der bedeutendsten Päpste des Mittelalters.

um eine umfassende Neuordnung der Messfeier bekannt. Er starb am 21. November 496 in Rom.

Cäcilia

Status Märtyrerin
Geboren um 200
Gestorben 22. November 230
Attribute Rosen, Schwert, Musikinstrumente
Patronat Patronin der Kirchenmusik, Musiker, Sänger und Dichter sowie der Instrumenten- und Orgelbauer

Der Legende zufolge entstammte Cäcilia einer römischen Adelsfamilie und versprach sich schon als Kind Gott. Ihre Eltern verheirateten sie jedoch mit dem heidnischen Jüngling Valerianus, dem sie in der Hochzeitsnacht gestand, dass sie eine gottgeweihte Jungfrau sei und dass ihr ein Engel als Beschützer ihrer Reinheit zur

Seite stünde. Als ihr Bräutigam daraufhin verlangte, den Engel zu sehen, stimmte Cäcilia zu unter der Bedingung, dass Valerianus sich vom römischen Bischof taufen ließ. Nachdem er das Taufsakrament empfangen hatte und zu Cäcilia zurückkehrte, sah er den Engel bei ihr, der ihnen Kränze von Lilien und Rosen reichte. Von diesem Erlebnis war Valerianus so ergriffen, dass er auch seinen Bruder Tiburtius zum Christentum bekehrte. Zusammen kümmerten sich die drei in der Folge ohne Unterlass um die Opfer der Christenverfolgung, bis Valerianus und Tiburtius selbst verhaftet und enthauptet wurden.

Auf der Suche nach den Gütern der Hingerichteten fand man auch Cäcilia, die sich

den Häschern mutig entgegenstellte und ihren Glauben verteidigte. Daraufhin ordnete der Präfekt an, sie ebenfalls zu töten, und ließ sie in kochendes Wasser setzen, das Cäcilia jedoch nichts anhaben konnte. Auch der dreimalige Versuch, ihr den Kopf abzuschlagen, scheiterte. Schwer verwundet lebte Cäcilia noch drei Tage, in denen sie ihre Bediensteten bekehrte und ihnen sowie den Armen ihren gesamten Besitz vermachte. Ihre letzte Ruhestätte fand Cäcilia in der Calixtus-Katakombe neben den Gräbern der Bischöfe.

Die Verbindung der heiligen Cäcilia zur Kirchenmusik, die auch in ihren Patronaten und ihrer Darstellung (oftmals mit einer Orgel) zum Ausdruck kommt, geht wahrscheinlich auf einen Übersetzungsfehler zurück.

⊕ ## Clemens I.

Status Papst, Märtyrer
Geboren im 1. Jahrhundert
Gestorben 97
Attribute Lamm, Brunnen, Anker
Patronat Patron von Sevilla, Aarhus, Compiègne und der Krim; Patron der Steinmetze, Marmorarbeiter, Seeleute, Hutmacher und Kinder; Patron gegen Kinderkrankheiten, Wassergefahren, Sturm und Gewitter

Clemens wurde vermutlich gegen Mitte des 1. Jahrhunderts geboren und im heidnischen Glauben erzogen. Zum christlichen Glauben fand er erst durch eine Predigt des Apostels Barnabas, der ihn, nachdem er ihn getauft hatte, zu Petrus führte. Dieser bestimmte ihn zwar zu seinem Nachfolger als römischer Gemeindevorsteher, doch schlug Clemens dieses Amt nach dem Tod von Petrus aus. Erst im Jahr 88 beugte er sich dem Druck von Klerus und Volk und wurde nach Linus und Anenkletos vierter Bischof von Rom.

Bekannt wurde Clemens durch den ersten Clemensbrief, in dem er die Situation der römischen Gemeinde am Ende des 1. Jahrhunderts beschreibt. Weitere ihm zugeschriebene Briefe gelten heute als nicht authentisch. Und auch über die Umstände seines Todes gibt es Widersprüche. Während frühere Quellen von einem natürlichen Tod berichten, heißt es in der Legende, dass er zu Zwangsarbeit in den Marmorsteinbrüchen von Chersones auf der Krim verurteilt wurde und dort den Märtyrertod erlitt, indem man ihn an einem Anker befestigt ins Meer warf.

Über das Pontifikat Clemens' I. ist außer der Tatsache, dass er das Amt nur widerwillig übernahm, nur wenig bekannt.

John Knox

Status Priester. Reformator
Geboren um 1513
Gestorben 24. November 1572

Der um das Jahr 1513 in Schottland geborene John Knox wurde nach seinem Studium der Theologie und Rechtswissenschaften zum Priester geweiht und wirkte als Hauslehrer in schottischen Adelsfamilien. Unter dem Einfluss von George Wishart wandte er sich der Reformation zu. Als es nach dessen Tod 1546 zu Unruhen kam, verschanzte er sich mit den aufständischen Protestanten im Schloss Andrews, wo er 1547 von französischen Truppen gefangen genommen wurde. Die folgenden zwei Jahre verbrachte er in Galeerenhaft in Rouen. Nach seiner Freilassung ging er 1549 nach England, wo er Kaplan des reformierten Königs Eduard VI. wurde.

Nach der Thronbesteigung von Mary I. floh Knox 1554 nach Genf, wo er Johannes Calvin kennenlernte und dessen Anhänger wurde. Nach kurzen Stationen in Frankfurt und Schottland nahm er 1556 ein Predigeramt bei der englischen Flüchtlingsgemeinde in Genf an, wo er mit einigen Freunden eine englische Bibelübersetzung, die Genfer Bibel, anfertigte und eine Schrift gegen die katholischen

Diese Statue von John Knox in Edinburgh erinnert an den Wegbereiter der calvinistischen Reformation in Schottland.

Herrscherinnen Europas herausgab. Im Mai 1559 kehrte Knox schließlich nach Schottland zurück, wo er erfolgreich für die Reformation predigte. Auch hatte er erheblichen Anteil an dem 1560 vom Parlament angenommenen Schottischen Bekenntnis und war wesentlich an der Absetzung von Königin Maria Stuart 1567 beteiligt, nachdem man ihn einige Jahre zuvor in einem gegen ihn eingeleiteten Hochverratsprozess freigesprochen hatte. John Knox, der Wegbereiter der calvinistischen Reformation in Schottland, starb am 24. November 1572 in Edinburgh.

Katharina von Alexandria

Status Märtyrerin
Geboren im 3. Jahrhundert
Gestorben um 306
Attribute Rad, Buch, Schwert, Krone
Patronat Patronin der Kantone Wallis und
   Sitten, der Stadt Fribourg und der Universität Paris; Patronin der Mädchen, Jungfrauen, Ehefrauen, Lehrer, Studenten und Schüler; Patronin der Theologen, Philosophen, Redner, Anwälte, Notare, Näherinnen und aller Berufe, die mit Rad oder Messer zu tun haben (Wagner, Töpfer, Müller, Spinner, Seiler, Schiffer, Gerber, Tuchhändler, Buchdrucker, Schuhmacher und Friseure); Patronin der Universitäten,

Bibliotheken und Feldfrüchte; Patronin bei Migräne und Zungenleiden sowie zum Auffinden von Ertrunkenen; Nothelferin

Auch die Lebensgeschichte dieser jungfräulichen Märtyrerin ist zum größten Teil legendarisch. Demnach war sie die Tochter des römischen Statthalters von Alexandria, die zu einer wunderschönen, intelligenten, aber auch übermäßig stolzen jungen Frau heranwuchs. Erst durch einen greisen Einsiedler, der ihr erklärte, dass Jesus Christus ihr wahrer Bräutigam sei, wurde sie zum christlichen Glauben geführt. Sie erkannte ihre Fehler, empfing die Taufe und weihte sich Gott.

Dieses von Raffael geschaffene Gemälde zeigt die heilige Katharina von Alexandria, die lange Zeit zu den meistverehrten weiblichen Heiligen gehörte.

Als der römische Kaiser Maximinus während eines Militärzugs in Alexandria weilte und von den Christen Götzenopfer verlangte, schritt sie mutig ein und forderte den Herrscher auf, seinem Irrglauben abzuschwören. In der darauf folgenden öffentlichen Diskussion, zu welcher der Kaiser seine 50 besten Philosophen und Meister der Rhetorik eingeladen hatte, brachte Katharina ihre Argumente so wortgewandt und überzeugend vor, dass die Gelehrten nicht dagegen ankamen und sich schließlich sogar selbst taufen ließen, wofür Maximinus sie allesamt verbrennen ließ. Auch Katharina, die den Heiratsantrag des Kaisers zurückgewiesen hatte, erlitt nach tagelanger grausamer Folter den Märtyrertod durch Enthaupten, woraufhin Engel ihre sterblichen Überreste zum Berg Sinai brachten. Dort wurden sie 500 Jahre später entdeckt und an der Fundstelle – an der auch der brennende Dornbusch gestanden haben soll, in dem sich Gott Mose offenbarte – wurde der Heiligen zu Ehren das berühmte Katharinenkloster errichtet. Trotz ihres legendarischen Charakters gehörte Katharina ab dem 13. Jahrhundert zu den meistverehrten Heiligengestalten der katholischen Kirche.

26. November ✚ Konrad von Konstanz

Status Bischof
Geboren um 900
Gestorben 26. November 975
Attribute Kelch mit Spinne, auf dem Wasser wandelnd
Patronat Patron der Diözesen Konstanz und Freiburg

Der aus dem Geschlecht der Welfen stammende Konrad wurde um das Jahr 900 im baden-württembergischen Altdorf geboren. Er erhielt seine Ausbildung an der Domschule von Konstanz, wo er nach seinem Studium auch zum Kanonikus und Propst des Domstifts ernannt wurde. Im Jahr 934 wurde er – unter Einflussnahme seines Freundes, des Augsburger Bischofs Ulrich – schließlich zum Bischof von Konstanz gewählt.

Konrad zeichnete sich vor allem durch seine Frömmigkeit und Mildtätigkeit aus. Den Großteil seines Erbes und seines Einkommens verwendete er für die Errichtung von Kirchen und

Konrad wird vor allem in den Diözesen Konstanz, Freiburg, Augsburg, Meißen, St. Gallen und Chur verehrt.

Hospizen sowie zur Ausstattung von Klöstern. So dienten die drei Pilgerfahrten ins Heilige Land, die er während seiner Amtszeit unternahm, unter anderem der Beschaffung von Reliquien. Konrad starb am 26. November 975. Während der Reformation wurden seine Reliquien in den Bodensee geworfen, nur sein Haupt – heute eine der Kostbarkeiten des Konstanzer Münsterschatzes – konnte gerettet werden. Die Heiligsprechung Konrads erfolgte 1123 auf dem 1. Laterankonzil. Sein Grab befindet sich in der Konradikapelle im Konstanzer Münster.

Jakob der Perser

Status Märtyrer
Geboren im 4. Jahrhundert
Gestorben 27. November um 420

Jakob wurde im 4. Jahrhundert in Persien als Sohn vornehmer christlicher Eltern geboren. Als Hofbeamter fiel er während einer Christenverfolgung unter König Jezdegerd I. aus Angst von seinem Glauben ab, wurde von seiner Mutter und seiner Frau aber bald darauf wieder zum Christentum bekehrt. Aufgrund dieses Sinneswandels wurde er von Jezdegerds Nachfolger – vermutlich Barahm V., der 420 die zweite große Christenverfolgungswelle in Persien anordnete – zum Tode verurteilt. Er starb auf besonders grausame Art, indem ihm nach und nach alle Glieder abgetrennt wurden, weshalb er auch den Beinamen „der Zerschnittene" trägt. Sein Haupt wird heute im Vatikan aufbewahrt.

Sein Beiname „Intercisus" („der Zerschnittene") gibt einen sehr bildhaften Hinweis, welchen Märtyrertod Jakob der Perser erlitt.

Jacobus de Marchia

Status Mönch, Prediger
Geboren um 1400
Gestorben 28. November 1476
Attribute Abendmahlskelch, aus dem eine Schlange entweicht

Der im italienischen Monteprandone geborene Jacobus trat 1416 in den Franziskanerorden ein und war einer der bedeutendsten Schüler des Bernhardin von Siena (▶ Seite 100 f.). Ab 1426 wirkte er als Volksprediger und machte sich schnell einen Namen als leidenschaftlicher Gegner diverser Irrlehren. Er begleitete auch Johannes Capistran auf einigen seiner Missionen in Deutschland, Böhmen und Ungarn. In die beiden letzteren Länder wurde er 1437 als Inquisitor und Ordenskommissar geschickt, wo er vor allem gegen die Hussiten, die Anhänger des Reformers Jan Hus, vorging.

Innerhalb seines Ordens gehörte Jacobus zu den Reformern und Erneuerern, die Spaltung der Franziskaner (▶ Seite 201) konnte er aber all seinen Bemühungen zum Trotz weder verhindern noch rückgängig machen. Er starb am 28. November 1476 in Neapel, wo sein bis heute unverwester Leib in einer der Seitenkapellen der Franziskanerkirche S. Maria la Nuova ruht.

Seine Heiligsprechung erfolgte 1726 durch Papst Benedikt XIII.

Die Basilika Saint-Sernin, die hier im Bild zu sehen ist, ist die Grabkirche von Saturninus und eines der Wahrzeichen der Stadt Toulouse. Sie ist zudem Bestandteil des französischen Jakobswegs nach Santiago de Compostela, was stark zur Verbreitung des Kultes von Saturninus beigetragen hat.

29. November

Saturninus (Sernin) von Toulouse

Status Bischof, Märtyrer
Geboren im 2. Jahrhundert
Gestorben um 250
Attribute Stier
Patronat Patron von Sardinien, Navarra, Toulouse, Cagliari, Weißenau und Minderau; Patron gegen Kopfschmerzen, Schwindel und die Pest; Patron gegen Todesangst und für eine gute Sterbestunde sowie gegen Ameisenplagen

Über das Leben und Wirken dieses Heiligen ist nur wenig bekannt. Vermutlich wurde er von Papst Fabianus zusammen mit einigen Gefährten zur Mission nach Gallien in das Languedoc und in die Gascogne geschickt. Später wurde er – möglicherweise ebenfalls von Fabianus – zum ersten Bischof von Toulouse ernannt.

Ebenfalls Unsicherheiten gibt es bezüglich der Umstände seines Todes. So heißt es einerseits, er wäre um das Jahr 250 der Christenverfolgung unter Kaiser Decius zum Opfer gefallen, indem ihn seine Häscher von einem Stier zu Tode schleifen ließen, während andere Quellen dieses Ereignis als Unglück schildern. Heute erhebt sich über der Stelle seines Todes die Basilika Saint Sernin, die größte erhaltene romanische Kirche Frankreichs, die seit 1998 zum UNESCO-Weltkulturerbe gehört.

Andreas

Status Apostel, Märtyrer
Geboren um Christi Geburt
Gestorben 30. November 60 oder 62
Attribute barfuß, mit Fisch, Strick und dem X-förmigen Kreuz
Patronat Patron von Schottland, Russland, Spanien, Griechenland, Sizilien und Niederösterreich sowie von Neapel, Ravenna, Brescia, Amalfi, Mantua, Bordeaux, Brügge und Patras; Patron der Fischer, Fischhändler, Metzger, Bergleute, Seiler und Wasserträger; Patron gegen Gicht, Halsschmerzen, Krämpfe und Rotlauf

Der Heiligen Schrift zufolge lebte Andreas mit seinem Bruder Simon – dem späteren Apostel Petrus (▶ Seite 124 f.) – als Fischer in Bethsaida, einem Ort am See Genezareth. Zunächst ein Anhänger von Johannes dem Täufer (▶ Seite 121 f.) war er der Erste, den Jesus zu seinen Jüngern berief, daher der Beiname „der Erstberufene". Und er war es auch, der seinen Bruder Simon zu Jesus führte. In den Apostellisten wird er stets unter den ersten vier Aposteln genannt.

Was sein Wirken nach Pfingsten angeht, widersprechen sich die Berichte. Gemäß der Legende verkündete er das Evangelium in Kleinasien und Griechenland, wobei von zahlreichen Wundern, Heilungen und Erweckungen berichtet wird. Auch in Kurdistan und Georgien soll Andreas gepredigt haben. Allerdings heißt es übereinstimmend, dass er zur Zeit Neros vom Statthalter Ägeas, dessen Frau er geheilt und zum Christentum bekehrt haben soll, in Patras zum Kreuztod verurteilt wurde. Die Hinrichtung erfolgte an einem Kreuz mit schrägen Balken, an das er – zur

Die Gebeine des Apostels Andreas ruhen seit 1208 in dem ihm geweihten Dom S. Andrea im berühmten Badeort Amalfi, nur wenige Meter vom Strand entfernt.

besonderen Pein – gebunden wurde und das seither Andreaskreuz genannt wird. Der Überlieferung nach predigte Andreas zwei Tage am Kreuz hängend, ehe er schließlich starb. Besondere Verehrung wird ihm als Nationalheiliger in Russland und Schottland sowie Rumänien zuteil.

Dezember

Auch der Name des Dezembers leitet sich aus seiner ursprünglichen Stellung im römischen Kalender her (lateinisch *decem* = zehn). Sein alter deutscher Name lautet *Julmond*, was auf die germanische Feier der Wintersonnenwende am 21./22. Dezember hinweist, während der Name *Christmonat* sich ganz klar auf das Christfest bezieht. Dass der Advent ursprünglich eine Fastenzeit war, ist bei all den Lebkuchen, Plätzchen und anderen Leckereien mittlerweile völlig in Vergessenheit geraten. Doch bevor wir die Geburt Jesu Christi feiern, gedenken wir am 6. Dezember erst noch eines anderen Heiligen – Nikolaus von Myra.

1	2	3	4	5	6	7
Charles de Foucauld	Bibiana	Franz Xaver	Barbara	Sabas von Mar Saba (von Jerusalem)	Nikolaus von Myra	Ambosius von Mailand
8	**9**	**10**	**11**	**12**	**13**	**14**
Edith und Elfriede von Caestre	Petrus Fourier	Eulalia von Mérida	Damasus I.	Ida von Nivelles	Luzia (Lucia)	Johannes vom Kreuz
15	**16**	**17**	**18**	**19**	**20**	**21**
Lukas Etlin	Adelheid	Johannes von Matha	Wunibald	Urban V.	Dominikus von Silos	Petrus Canisius
22	**23**	**24**	**25**	**26**	**27**	**28**
Jutta von Disibodenberg	Anne Dubourg	Charbel Makhlouf	Anastasia von Sirmium	Stephan (Stephanus)	Johannes	Kaspar del Bufalo
29	**30**	**31**				
Thomas Becket	Sabinus von Spoleto	Silvester I.	Am 28. Dezember feiern die römisch-katholische und die evangelische Kirche den Tag der unschuldigen Kinder und erinnern damit an den Kindermord in Betlehem.			

Charles de Foucauld

Status Priester, Mönch, Missionar
Geboren 15. September 1858
Gestorben 1. Dezember 1916

Charles de Foucauld wurde 2005 in Rom seliggesprochen. An dem Gottesdienst nahmen auch mehrere Angehörige der Tuareg teil.

Der 1858 in Straßbourg geborene Charles de Foucauld entstammte einer der reichsten Adelsfamilien Frankreichs und führte ein so ausschweifendes Leben, dass er sogar als Offizier suspendiert wurde. In den Jahren 1883 und 1884 reiste er im Auftrag der Société de Géographie als russischer Rabbiner verkleidet durch Marokko (das damals ein für Christen verbotenes Land war), wo ihn der Anblick der betenden Moslems so beeindruckte, dass er sich ernsthaft dem Christentum zuwandte.

Nach seiner Rückkehr nach Paris trat er 1890 in den Orden der Trappisten ein und verbrachte einige Zeit in Syrien, bevor er sich den Klarissen anschloss und als Einsiedler in Nazareth lebte.

Im Jahr 1901 empfing er in Frankreich die Priesterweihe, woraufhin er an der algerischen Grenze zu Marokko als Seelsorger die französischen Soldaten betreute und gegen die Sklaverei kämpfte. Ab 1905 zog er sich in die algerische Sahara zurück, wo er sich eine Klause errichtete und in den Dörfern, die er besuchte, Medikamente sowie Nahrung an die Bedürftigen verteilte. Zudem beschäftigte er sich intensiv mit der Sprache der Tuareg. Er sammelte deren Geschichten und verfasste ein umfassendes Wörterbuch. 1916 wurde Charles de Foucauld im Rahmen des Ersten Weltkriegs von plündernden Tuaregs und aufständischen Senussi erschossen. Seine Gebeine, die ursprünglich einfach neben seiner Hütte verscharrt worden waren, ruhen heute in einem Grab in der Oase Golea. Seinen Traum von einem eigenen Orden erfüllte sich schließlich durch René Voillaume, der 1933 in Anlehnung an die von Foucauld zu Lebzeiten verfassten Regeln die Gemeinschaft der Kleinen Brüder Jesu gründete, denen 1939 die Kleinen Schwestern Jesu folgten.

Bibiana

Status Märtyrerin
Geboren um 352
Gestorben vermutlich 367
Patronat Patronin gegen Kopfschmerzen, Krämpfe, Epilepsie, Fallsucht, Trunksucht und Unfälle

Der Legende zufolge war Bibiana die Tochter des Präfekten Flavius, der zusammen mit seiner Frau Dafrosa während der Christenverfolgung unter Kaiser Julian Apostata hingerichtet wurde, weil er Christen in seinem Haus Zuflucht gewährt hatte. Auch Bibiana und ihre Schwester Demetria wurden, da sie dem christlichen

Diese Skulptur der heiligen Bibiana ziert den Hauptaltar der nach ihr benannten Kirche in Rom.

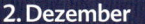

Glauben nicht abschwören wollten, in den Kerker geworfen und gemartert. Demetria starb nach fünfmonatiger Folter, während Bibiana weiter gequält wurde. Es heißt, man hätte sie schließlich an eine Säule gebunden und sie mit Bleizacken versehenen Geißeln so lange ausgepeitscht, bis sie tot zusammengebrochen sei. Über ihrem Grab entstand später die Kirche S. Bibiana, eines der ältesten Gotteshäuser Roms.

Franz Xaver

3. Dezember

Status Provinzial, Missionar
Geboren 7. April 1506
Gestorben 3. Dezember 1552
Attribute Kruzifix, Lilienstängel, flammendes Herz
Patronat Patron von Indien sowie seit 1927 der Missionen des Ostens; Patron der Missionare, Seefahrer und der katholischen Presse; Patron für eine gute Sterbestunde sowie gegen Sturm und die Pest

Franz Xaver wurde 1506 auf Schloss Javier in der spanischen Provinz Navarra geboren. Ab 1525 studierte er an der Sorbonne in Paris, wo er wenige Jahre später Ignatius von Loyola (► Seite 144 f.) kennenlernte. Mit ihm und vier weiteren Gefährten legte Franz Xaver in der Marienkapelle in Montmartre ein Gelübde der Armut, Keuschheit und Mission ab. Kurz darauf gründeten sie die Gesellschaft Jesu und empfingen drei Jahre später in Venedig die Priesterweihe. 1538 folgte Franz Xaver Ignatius nach Rom, um mit ihm an der jesuitischen Ordensregel zu arbeiten, die 1540 von Papst Paul III. bestätigt wurde.

Kurz darauf brach Franz Xaver – inzwischen apostolischer Nuntius für ganz Asien – im Auftrag des portugiesischen Königs und Papst Pauls III. als Missionar nach Indien auf. 1542 landete er schließlich in Goa, wo er erfolgreich unter den Perlenfischern Südostindiens wirkte. Es heißt, 1544 habe er in nur einem Monat 10 000 Fischer getauft. Ab 1545 missionierte Franz Xaver auf der indischen Halbinsel Malakka sowie auf den Molukken. Er gründete Missionsstationen, bildete Einheimische zu Missionaren aus und führte ein straffes Berichtswesen ein. Auch er selbst berichtete in Briefen über seine Erfahrungen und Erfolge nach Rom, die schon bald abgedruckt und im ganzen Abendland verbreitet wurden. 1549 begab er sich zusammen mit drei Japanern, die er in Goa bekehrt hatte, erneut auf Reisen und erreichte am 15. August 1549 als erster christlicher Missionar Japan. Zwar wurde er nicht zum Kaiser vorgelassen, aber es gelang ihm, dort eine blühende christliche Gemeinde zu gründen, bevor er 1551 nach Indien zurückkehrte. Und obwohl man ihn inzwischen zum Ordensprovinzial ernannt hatte, hielt es ihn nicht lange in Goa. Bereits 1552 brach er in Richtung China auf, wo er auf der Insel Sancian nach kurzer, schwerer Krankheit am 3. Dezember 1552 verstarb, ohne das chinesische Festland erreicht zu haben. Der Leichnam des größten Missionars der katholischen Kirche wurde wenige Monate später nach Goa überführt, wo seine Reliquien auch heute noch ruhen. Seine Heiligsprechung erfolgte 1622 durch Papst Gregor XV.

Kaum jemand hat das Missionswesen so sehr beeinflusst wie der heilige Franz Xaver – hier auf einem Gemälde von André Reinoso zu sehen – mit seinen Reisen nach Indien, Japan, Ceylon und Malakka.

Barbara

Status Märtyrerin
Geboren im 3. Jahrhundert
Gestorben 306
Attribute Turm mit drei Fenstern, Kelch und Hostie, Kanonenrohr, Fackel
Patronat Patronin der Türme, Bergleute, Architekten, Bauarbeiter, Dachdecker, Maurer, (Glocken-)Gießer, Schmiede, Steinhauer, Zimmerer, Glöckner, Hutmacher, Köche, Metzger, Bauern und Totengräber; Patronin der Mädchen, Gefangenen und Sterbenden sowie der Feuerwehr und der Festungen; Patronin gegen Feuer, Gewitter, Fieber und die Pest sowie für eine gute Todesstunde; Nothelferin

Wie auch auf diesem Gemälde wird die Nothelferin Barbara meist in vornehmem Gewand dargestellt. Auch ihre anderen Attribute – Turm, Kelch und Hostie – sind vertreten.

Wie bei etlichen anderen hier vorgestellten Heiligen auch ist die Lebens- und Leidensgeschichte Barbaras zum größten Teil legendarisch. So wird erzählt, dass sie die Tochter des wohlhabenden Dioscuros war und in Nikomedien (heute Türkei) lebte. Da Barbaras Vater ein fanatischer Christenhasser war, sperrte er sie in einen Turm, um sie von einer Gruppe junger Christen fernzuhalten, mit denen sie sich einige Male heimlich getroffen hatte. Doch auch in der Abgeschiedenheit ihres Gefängnisses wandte sich Barbara immer mehr dem Christentum zu.

Eines Tages ließ sie dem Turm, während ihr Vater auf Reisen war, ein drittes Fenster – als Symbol der Dreifaltigkeit – hinzufügen und empfing, vom Heiligen Geist erleuchtet, die Taufe von Johannes, der ihr erschienen war. Als ihr Vater sie nach seiner Rückkehr erbost zur Rede stellte, offenbarte sie sich ihm als Christin, woraufhin er sie rasend vor Zorn töten

wollte. Doch Barbara gelang die Flucht durch einen Felsspalt, der sich vor ihr öffnete, und fand Unterschlupf bei einem Hirten, der sie jedoch verriet. Zurück bei ihrem Vater, brachte dieser sie vor den römischen Statthalter, der sie zum Tode verurteilte und auf grausamste Weise martern ließ. Doch jedes Mal wurde sie auf wundersame Weise geheilt, sodass ihr Vater Barbara schließlich eigenhändig enthauptete, woraufhin er vom Blitz erschlagen wurde.

Um die beliebte Heilige haben sich im Laufe der Zeit zahlreiche Bräuche entwickelt. So werden bis heute an ihrem Gedenktag frisch geschnittene Zweige von Obstbäumen in einer mit Wasser gefüllten Vase in der Wohnung aufgestellt. Tragen sie bis zum Weihnachtsfest Blüten, gilt dies als gutes Zeichen für das neue Jahr. In manchen Gegenden Deutschlands waren diese Barbarazweige sogar Vorläufer des Weihnachtsbaums und wurden an Heilig Abend mit Zuckerwaren und anderem Schmuck behängt.

Sabas von Mar Saba (von Jerusalem)

Status Abt, Einsiedler, Klostergründer
Geboren 439
Gestorben 5. Dezember 532

Der 439 in Mutalasaka (heute Türkei) geborene Sabas wurde bereits im Alter von acht Jahren Basilianer. Mit 18 ging er zunächst ins

Heilige Land, wo er Schüler von Euthymius dem Großen wurde.

Ab 469 lebte er als Einsiedler am Toten Meer, bis ihm – so heißt es in der Legende – ein Engel auftrug, in der Kidronschlucht nahe Jerusalem das Kloster Mar Sabas zu gründen, das älteste Kloster Palästinas.

Im Laufe der Jahre folgten zahlreiche weitere Klöster, womit Sabas, der 491 vom Patriarchen von Jerusalem zum Oberhaupt aller Mönchsgemeinschaften Palästinas ernannt wurde, eine wichtige Rolle bei der Entwicklung des frühen Mönchtums im Nahen Osten und in Nordafrika spielte. Ihm werden zudem zahlreiche Wunder zugeschrieben. Er starb am 5. Dezember 532 in seinem nach ihm benannten Hauptkloster, wo er auch beigesetzt wurde.

Nikolaus von Myra

Status Bischof
Geboren um 280
Gestorben 6. Dezember um 345
Attribute drei Goldkugeln, drei Brote, drei Äpfel, drei Steine, Pökelfass mit drei Knaben, Schiffe, Steuerrad, Anker
Patronat Patron von Russland und Lothringen; Patron der Kinder, Ministranten, Jungfrauen, Pilger, Reisenden und der Gefangenen; Patron der Schiffer, Fischer, Flößer, Matrosen, Bäcker, Korn- und Samenhändler, Metzger, Bierbrauer, Schnapsbrenner, Knopfmacher, Kerzenzieher, Fassbinder, Weber, Steinmetze, Steinbrucharbeiter, Kaufleute, Apotheker, Wirte, Weinhändler, Parfümhersteller und -händler, Spitzen- und Tuchhändler, Richter, Rechtsanwälte, Notare; Patron für eine glückliche Heirat und zur Wiedererlangung gestohlener Gegenstände sowie gegen Wassergefahren, Seenot und Diebe

Auch bei diesem Heiligen vermischen sich Tatsachen und Legenden. Historisch belegt ist, dass Nikolaus um das Jahr 280 in Patara (heute Türkei) als Sohn reicher Eltern geboren wurde. Im Alter von 19 Jahren erhielt er von seinem Onkel, Bischof Nikolaus von Myra, die Priesterweihe und wurde als Abt im nahe gelegenen Kloster Sion eingesetzt. Nach dem Tod seines Onkels wurde Nikolaus dann zum neuen Bischof von Myra gewählt. Um das Jahr 310 geriet er während der Christenverfolgung unter Maximinus in Gefangenschaft und wurde gefoltert. Ob er nach seiner Freilassung 325 wirklich am Konzil von Nizäa teilgenommen hat, kann nicht mit Sicherheit gesagt werden. Auch der Rest seines Lebens, Wirkens und Sterbens liegt im Dunkeln. Bekannt ist lediglich der 6. Dezember als Sterbedatum zwischen den Jahren 345 und 351.

Während sich der Nikolaus-Kult bereits zwei Jahrhunderte nach dessen Tod in Griechenland und von dort aus in den slawischen Ländern sowie später in Russland ausbreitete, begann seine Verehrung in Europa erst ab dem 10. Jahrhundert, wobei sich in der Folge ein sehr ausgeprägtes Brauchtum entwickelte. So entstand im 14. Jahrhundert in Klöstern der Brauch des Bischofspiels, bei dem ein Schüler – erst am Tag der Unschuldigen Kinder (28. Dezember), später am Nikolaustag – als „Bischof" über das Kloster und die Schule bestimmen durfte. Daraus bildete sich die Sitte, dass Nikolaus die Kinder besucht und beschenkt. Der Legende zufolge geht dieser Brauch übrigens auf die Geschenke des heiligen Nikolaus nach dem Tod seiner Eltern zurück. Als diese starben, verteilte er sein Vermögen an die Armen, mitunter auch an mehrere junge Frauen, denen er Geld durchs Fenster oder durch den Kamin warf, damit diese eine ausreichende Mitgift hatten. Übrigens: Die Darstellung des Nikolaus mit langem weißem Bart und pelzbesetztem rotem Kapuzenmantel geht auf den Maler Moritz von Schwind zurück und wurde von diesem vor gut 100 Jahren geschaffen.

Sowohl Kleidung als auch Name des „heutigen" Nikolaus sind regional und national unterschiedlich.

Ambrosius von Mailand

7. Dezember

Status Bischof, Kirchenlehrer
Geboren 339 oder 333/334
Gestorben 4. April 397
Attribute Bienenkorb, Buch und Geißel, Knochen, Schreibfeder
Patronat Patron von Mailand und Bologna sowie der Imker, Wachszieher, Bienen und Haustiere

Ambrosius wurde wahrscheinlich 339 in Trier als Sohn des römischen Statthalters für Gallien und einer Christin geboren. Als solcher genoss er eine ausgezeichnete Ausbildung und wurde 370 von Kaiser Valentinian zum Statthalter von Ämilien und Ligurien in Italien ernannt. Dort errang er aufgrund seiner Milde und Gerechtigkeit schnell hohe Beliebtheit und wurde im Jahr 374 ohne sein Wollen und Zutun zum Bischof von Mailand gewählt. Da er sich zu diesem Zeitpunkt erst im Katechumenat befand, musste er vor seiner Weihe noch getauft werden.

Seine erste Tat als Bischof bestand darin, seinen gesamten Besitz an die Armen zu verteilen. Danach vertiefte sich Ambrosius in das Studium der Theologie und entwickelte sich schnell zum begnadeten Prediger. Entschieden

Seine letzte Ruhe fand Ambrosius in der von ihm gestifteten und nach ihm benannten Märtyrerbasilika S. Ambrosio in Mailand.

verteidigte er die Rechte der Kirche und kämpfte gegen die Ausbreitung des Arianismus (▶ Seite 16). Doch auch als Dichter, Komponist und Autor machte sich der außergewöhnliche Kirchenmann einen Namen. Ambrosius starb am 4. April 397 in Mailand und wird seit 1295 offiziell als Kirchenvater bezeichnet. Der Bienenkorb, mit dem man ihn oft abgebildet sieht, steht dabei einerseits für den Fleiß und die Gelehrigkeit Ambrosius' und andererseits für seine „honigsüße" Sprache, mit der er die Menschen in seinen Bann zog.

Edith und Elfriede von Caestre

8. Dezember

Status Märtyrerinnen
Geboren im 8. Jahrhundert
Gestorben 819

Über das Leben und Wirken der beiden im 8. Jahrhundert in Frankreich geborenen

Freundinnen ist nur bekannt, dass sie von räuberischen Normannen im Jahr 819 umgebracht wurden. Trotzdem werden sie in Nordfrankreich, insbesondere in der Gegend um Arras, bis heute verehrt. Dort, so heißt es, sollen die beiden Heiligen auch bestattet worden sein.

Petrus Fourier

9. Dezember

Status Pfarrer, Ordensgründer
Geboren 30. November 1565
Gestorben 9. Dezember 1640

Petrus kam 1565 im lothringischen Mirecourt als Sohn einer Kaufmannsfamilie zur Welt. Nach seinem Studium der alten Sprachen,

Literatur und Rhetorik trat er als Zwanzigjähriger in die Augustiner-Chorherrenabtei Chamousey ein. Es folgten weitere Studien (Theologie und Rechtswissenschaften) sowie 1589 die Priesterweihe.

Aufgrund von Konflikten mit einigen seiner Mitbrüder übernahm Petrus 1597 die völlig

heruntergekommene Gemeinde Mattaincourt, die er in den folgenden Jahren mit großer Leidenschaft, Zuneigung und Beharrlichkeit zu neuer Blüte führte.

Dabei leistete er nicht nur in seelsorgerischer Hinsicht Bemerkenswertes, sondern auch im karitativen und sozialen Bereich. So richtete er beispielsweise eine Volksküche ein und gründete eine Darlehnskasse, die in Not Geratene mit Krediten unterstützte. Besonders am Herzen lag ihm aber die Erziehung der Jugend, da er eine mangelnde Bildung als Hauptursache für soziales Elend erkannt hatte. Folglich gründete er Schulen und 1597 die Kongregation der Chorfrauen Unserer lieben Frau, die sich die Ausbildung und christliche Erziehung junger Mädchen zur Aufgabe machte, als männliches Gegenstück später die Regulierten Chorherren von Unserem Heiligen Heiland, die Petrus reformierte. Nach mehr als 40 Jahren unermüdlichen Einsatzes für seine Gemeinde starb er am 9. Dezember 1640.

Eulalia von Mérida

Status Märtyrerin
Geboren 292
Gestorben 10. Dezember 304
Attribute Miniaturofen, Taube
Patronat Patronin der Reisenden und Wöchnerinnen sowie gegen Ruhr und Unglück

Die im Jahr 292 in Spanien geborene Eulalia stammte aus einer wohlhabenden christlichen Familie. Schon früh zeigte sie eine außergewöhnliche Reife und Frömmigkeit. Besondere Bewunderung hegte sie für die christlichen Märtyrer, die mutig ihren Glauben verteidigten und dafür in den Tod gingen.

Im Alter von 12 Jahren schlich Eulalia sich unbemerkt vom elterlichen Landgut fort, um beim Statthalter des nahe gelegenen Mérida gegen die Verfolgung ihrer Glaubensgenossen zu protestieren – sowohl mit Worten als auch mit Taten: Sie schmähte den Kaiser und zertrat ein Götzenbild, das sie von der Wand gerissen hatte. Daraufhin wurde auch sie verhaftet und zum Tode verurteilt. Man riss ihr die Kleider vom Leib, folterte sie mit Haken und Fackeln und verbrannte sie schließlich – der Legende nach in einem Backofen. Heute ist Eulalia die wohl meistverehrte Heilige in Spanien, aber auch in Nordafrika und Frankreich ist ihr Kult weit verbreitet.

Damasus I.

Status Papst
Geboren um 305
Gestorben 11. Dezember 384
Patronat Patron gegen Fieber

Über die Kindheit und Jugend von Damasus ist kaum etwas bekannt, man geht aber davon aus, dass er um das Jahr 305 in Rom geboren wurde. Nach dem Tod von Liberius, dem Damasus als Diakon diente, wurde er 366 zu dessen Nachfolger als Bischof von Rom gewählt. Allerdings wurde sein Anspruch auf das Pontifikat von seinem Gegner Ursinus bestritten, den eine Minderheit zum Gegenpapst aufgestellt hatte. Es folgte ein jahrelanges Schisma, während dem es zu zahlreichen blutigen Auseinandersetzungen

Das Pontifikat von Damasus I. war vor allem durch ein jahrelanges Schisma und den Kampf gegen diverse Irrlehren geprägt.

kam. Und auch nach der Verbannung von Ursinus machten dessen Anhänger Damasus das Leben schwer.

Abgesehen davon war Damasus' Pontifikat geprägt vom Kampf gegen Irrlehren wie den Arianismus (▶ Seite 16) und der Sicherung beziehungsweise dem Ausbau der kirchlichen Vorrangstellung Roms. Eine seiner wichtigsten

Amtshandlungen darüber hinaus war die Beauftragung von Hieronymus mit einer neuen Bibelübersetzung, der „Vulgata" (▶ Seite 185). Auch war Damasus ein großer Verehrer der ersten Märtyrer, deren Gedenkstätten er restaurieren und ausbauen ließ. Zahlreiche Kirchen und andere kirchliche Bauten gehen ebenfalls auf ihn zurück. Er starb am 11. Dezember 384 in Rom.

12. Dezember

Ida von Nivelles

Status Mystikerin
Geboren um 1190
Gestorben 12. Dezember 1231
Patronat Patronin gegen Zahnschmerzen und Qualen im Fegefeuer

Die um das Jahr 1190 im belgischen Nivelle geborene Ida floh nach dem Tod ihres Vater vor einer ungewollten Verheiratung nach Nivelle, wo sie zunächst als Begine lebte. 1206 trat sie dann

in das Zisterzienserinnenkloster Kerkom bei Löwen (Leuven) ein, das später nach Rameige verlegt wurde. Dort wurden ihr zahlreiche Visionen und andere mystische Erlebnisse zuteil. Auch werden ihr diverse Wunder zugeschrieben und es heißt, sie habe durch das Durchleiden eigener seelischer Qualen zahlreiche Seelen aus dem Fegefeuer erlöst. Darüber hinaus war Ida als Wohltäterin der Armen bekannt. Sie starb am 12. Dezember 1231 in Rameige.

13. Dezember

Luzia (Lucia)

Status Märtyrerin
Geboren um 286
Gestorben um 304
Attribute Schwert, Lampe oder Fackel, Augen auf Teller
Patronat Patronin der Blinden, kranken Kinder, reuigen Dirnen, Bauern, Glaser, Sattler, Schneider, Näherinnen, Weber, Messerschmiede, Kutscher, Schreiber, Notare, Anwälte, Polsterer, Pedelle, Türhüter, Dienerinnen und Hausierer sowie der Schriftsteller (in England); Patronin gegen Augenleiden, Halsschmerzen, Infektionen, Blutfluss und die Ruhr

Zwar ist Luzia nachgewiesenermaßen eine historische Figur, doch ihre Lebensgeschichte ist größtenteils legendarisch. Es heißt, die um das Jahr 286 im italienischen Syrakus geborene Luzia hätte schon als Kind ewige Jungfräulichkeit gelobt. Doch als sie ins heiratsfähige Alter kam, wollte ihre Mutter Eutychia sie mit einem jungen Heiden aus vornehmer Familie vermählen.

Jedoch bewahrte die Erkrankung ihrer Mutter sie vor diesem Schicksal. Zu deren Genesung begaben sich Mutter und Tochter auf Wallfahrt zum Grab der Agatha in Catania, wo Eutychia tatsächlich gesundete. Von ihrer Heilung tief beeindruckt, trat diese daraufhin ebenfalls zum Christentum über und gestattete ihrer Tochter ein jungfräuliches, mildtätiges Leben. Und so löste Luzia nach ihrer Rückkehr ihre Verlobung und gründete mit ihrem Erbe eine Armen- und Krankenstation.

Gekränkt zeigte der zurückgewiesene Bräutigam Luzia daraufhin beim Statthalter als Christin an. Sie wurde verhaftet und schweren Folterungen unterzogen. Als sie trotzdem ihrem Glauben nicht abschwören wollte, sollte sie in ein Freudenhaus gebracht werden und dort als Dirne dienen. Doch weder das Ochsengespann noch 1000 Männer konnten den Karren von der Stelle bewegen, auf dem die gefesselte Luzia zur Erniedrigung durch die Straßen der Stadt gefahren werden sollte. Und da auch das siedende Öl, mit dem sie daraufhin übergossen wurde, ihr nichts anhaben konnte, befahl der Statthalter schließlich, sie mit dem Schwert zu töten. Es heißt, Luzia habe trotz des tödlichen Hiebs in den Hals noch bis zu ihrem Ende lauthals gebetet. Auch soll sie sich ihre Augen herausgerissen und sie ihrem Verlobten auf einem Teller schicken lassen haben. Als Todesjahr vermutet man das Jahr 304.

In ihrer Heimat Italien ist Luzia bis heute eine viel verehrte Heilige, deren Gedenktag mit diversen Bräuchen, Lichterumzügen und Volksfesten gefeiert wird. Aber auch in Skandinavien hat sich ein umfangreiches Luziabrauchtum erhalten, wobei die Lichtersymbolik hier besonders ausgeprägt ist. (Luzia soll auch Christen, die sich aufgrund der Verfolgung versteckt hielten, nachts mit Lebensmitteln versorgt haben. Dazu trug sie, um beide Hände zum Tragen frei zu haben, einen Lichterkranz auf dem Kopf.)

In Anlehnung an ihren Namen, der „die Lichtvolle" bedeutet, wird Luzia unter anderem als Patronin der Blinden und gegen Augenleiden verehrt.

Johannes vom Kreuz

Status Prior, Mystiker, Kirchenlehrer
Geboren 24. Juni 1542
Gestorben 14. Dezember 1591
Attribute Buch, Schreibfeder, Kreuz

Johannes wurde 1542 in Kastilien als Sohn eines Adeligen geboren. Dieser war aufgrund seiner unstandesgemäßen Heirat jedoch von seiner Familie verstoßen worden und verdiente sich seinen Lebensunterhalt seitdem als einfacher Weber. Diesen Beruf hatte er auch für Johannes vorgesehen, doch dieser zeigte wenig Geschick für das Handwerk und wurde stattdessen Krankenpfleger im Spital von Medina. 1563 trat Johannes den Karmeliten in Medina bei und wurde, da man seine Begabung im Orden recht schnell erkannt hatte, zum Studium der Theologie und Philosophie nach Salamanca geschickt. Im Jahr 1567 erhielt er schließlich die Priesterweihe.

Bald danach lernte er Theresia von Ávila (▶ Seite 195) kennen, die ihn für ihre Vorstellungen von einem Leben nach den ursprünglichen Regeln des heiligen Albert begeistern konnte und so den ebenfalls unzufriedenen Johannes

von seinem Entschluss abbrachte, den Orden zu verlassen. Stattdessen beteiligte er sich an der Reformbewegung (deren Anhänger die Unbeschuhten genannt wurden) und wurde – nach einigen anderen Ämtern – 1572 Beichtvater im Karmel von der Menschwerdung in Ávila. Er stand auch zu seinen und Teresas Idealen, als sich heftiger Widerstand gegen den Zweigorden der Reformierten regte und es zu erbitterten Auseinandersetzungen kam, in deren Rahmen Johannes 1577 festgenommen und im Ordensgefängnis des Klosters in Toledo inhaftiert wurde. Dort wurde er als „hartnäckiger Rebell" in eine dunkle Einzelzelle gesperrt und musste zahlreiche Misshandlungen über sich ergehen lassen, bis ihm 1578 die Flucht ins Kloster Calvario gelang. Von dort aus wirkte er als Seelsorger und verfasste zahlreiche seiner Werke.

Nach der Trennung der Unbeschuhten vom Stammorden bekleidete Johannes bei den Reformierten verschiedene hohe Ämter, bis er sich innerhalb des jungen Ordens abermals schweren Angriffen aufgrund seiner Haltung in Richtungsstreitigkeiten ausgesetzt sah. Daraufhin zog sich der gesundheitlich mittlerweile schwer angeschlagene Ordensmann in das andalusische Kloster Carmelitas Descalzos zurück, wo er am 14. Dezember 1591 starb. Er hinterließ ein umfassendes, auf eigenen Erlebnissen und Erfahrungen beruhendes Werk, das ihn zu einem der bedeutendsten Mystiker der neueren Zeit macht. Zu seinen wichtigsten Schriften gehören „Aufstieg zum Berg Karmel", „Dunkle Nacht der Seele", „Geistlicher Gesang" und „Lebendige Liebesflamme". Seine Heiligsprechung erfolgte 1726 durch Papst Benedikt XIII., 1926 wurde er von Papst Pius XI. zum Kirchenlehrer erhoben.

Papst Pius XI. bezeichnete den großen Mystiker Johannes vom Kreuz einst als einen „Lehrer der Heiligkeit und Frömmigkeit".

15. Dezember

Lukas Etlin

Status Mönch
Geboren 25. Februar 1864
Gestorben 15. Dezember 1927

August Alfred Etlin, so der Geburtsname, wurde 1864 im schweizerischen Sarnen geboren. Nach dem Besuch des Gymnasiums trat er in den Benediktinerorden ein und ging noch als Novize in das Kloster Conception in den USA. Von hier aus organisierte Lukas, den Papst Pius XI. als den „größten Wohltäter seiner Zeit" bezeichnet hat, ab 1918 seine weltumspannende karitative Tätigkeit. Eine besondere Kraftquelle für ihn war dabei stets die Eucharistie, weshalb ihm die Amerikaner auch den Beinamen „Apostel der Eucharistie" gegeben haben. Für sein Wirken überbrachte ihm der Münchner Kardinal von Faulhaber bei einem Besuch in Clyde persönlich den Dank der europäischen Bischöfe. Der Seligsprechungsprozess ist eingeleitet.

16. Dezember

Adelheid

Status Kaiserin
Geboren 931
Gestorben 16. Dezember 999

Kaiserin Adelheid – hier eine Figur im Dom zu Meißen – wurde neben Deutschland und Lothringen auch in Frankreich und der Schweiz sehr verehrt.

Adelheid war die Tochter von König Rudolf II. von Burgund. Bereits als junges Mädchen wurde sie mit Lothar von Italien verlobt, den sie im Alter von 16 Jahren heiratete. Doch die Ehe war nur von kurzer Dauer, da Lothar von Markgraf Berengar von Ivrea 950 vergiftet wurde. Dieser riss die Herrschaft an sich und wollte seinen Sohn mit Adelheid verheiraten, um seine Macht zu festigen. Da diese sich jedoch weigerte, ließ Berengar sie gefangen setzen. Dank ihres Kaplans gelang ihr zusammen mit Töchterchen Emma aber die Flucht nach Canossa, wo ihr der deutsche König und spätere Kaiser Otto I. zu Hilfe kam. Er besiegte Berengar bei Pavia und nahm Adelheid 951 zur Frau.

Nach dem Tod von Otto I. übernahm sie die Regentschaft für ihren Sohn Otto II. und nach dessen frühem Tod gemeinsam mit ihrer

Schwiegertochter Theophanu auch die Regentschaft für ihren Enkel Otto III. Als dieser 994 die Regierungsgeschäfte übernahm, zog sie sich in ihre Heimat Burgund zurück, wo sie am 16. Dezember 999 starb. Adelheid war zeit ihres Lebens um das Wohl der Armen bemüht und für ihre Mildtätigkeit bekannt. Darüber hinaus war sie eine bedeutende Förderin des Kirchenwesens in Deutschland. Sie gründete zahlreiche Klöster, unter anderem das Kloster Sell im Elsass, in dem sie ihre letzten Lebensjahre verbrachte, setzte sich für die Reformen von Cluny ein und unterstützte zahlreiche kirchliche Einrichtungen. Ihre Heiligsprechung erfolgte 1097 durch Papst Urban II.

Johannes von Matha

Status Ordensgründer
Geboren 23. Juni 1160
Gestorben 17. Dezember 1213
Attribute zerbrochene Ketten
Patronat Patron der Trinitarier

Johannes erblickte 1160 im französischen Faucon das Licht der Welt. Nach seinem Theologiestudium in Paris und dem Erwerb der Doktorwürde empfing er um das Jahr 1185 die Priesterweihe. Dabei hatte er eine Vision der Dreifaltigkeit Gottes, die er als Zeichen für die Gründung des Ordens der Brüder der Heiligsten Dreieinigkeit, der Trinitarier, ansah. Ihr Anliegen war es, christliche Sklaven aus den Händen von Ungläubigen zu befreien, sie wirkten aber auch seelsorgerisch in Krankenhäusern sowie Gefängnissen und nahmen an den Kreuzzügen teil. Die von Johannes verfasste Ordensregel wurde 1198 von Papst Innozenz III. bestätigt, die erste Klostergründung erfolgte in Cerfroid. Danach verbreiteten sich die „Engel der Sklaven", wie die Trinitarier auch genannt wurden, schnell in ganz Frankreich, Spanien, Italien, Deutschland, Portugal und England.

Johannes starb am 17. Dezember 1213 in Rom. Seine Verehrung wurde 1665 von Papst Alexander VII. approbiert und mit der Heiligsprechung 1694 durch Papst Innozenz XII. auf die ganze Kirche ausgedehnt.

Wunibald

Status Abt
Geboren 701
Gestorben 18. Dezember 761
Patronat Patron der Brauleute und Bauarbeiter

Der 701 in Wessex geborene Wunibald war der Bruder von Willibald (▶ Seite 131) und Walburga (▶ Seite 46). Im Jahr 720 unternahm er mit seinem Vater und Willibald eine Pilgerreise nach Rom, wo er eine theologische Ausbildung absolvierte und Mönch wurde. Auf Bitten von Bonifatius, seinem Onkel, wurden er und sein Bruder Willibald 738 zur Missionsarbeit nach Bayern und Thüringen entsandt. Ab 747 wirkte Wunibald dann in Mainz, ehe er 751/752 mit Unterstützung von Willibald – der inzwischen zum Bischof von Eichstätt geweiht worden war – das bekannte Benediktinerkloster

Nicht nur Wunibald (hier rechts im Bild), sondern auch zahlreiche andere Mitglieder seiner Familie sind unter den Heiligen zu finden.

in Heidenheim gründete, dem er in den folgenden zehn Jahren als Abt vorstand. Nach seinem Tod am 18. Dezember 761 wurde das Kloster von seiner Schwester Walburga weitergeführt.

Urban V.

Status Papst
Geboren um 1310
Gestorben 19. Dezember 1370

Guillaume Grimoard, so der Taufname, wurde 1310 auf der Burg Grizac bei Le Pont-de-Montvert in Frankreich als Sohn einer Adelsfamilie geboren. Nach seinen Studien des Rechts wirkte er in mehreren kirchlichen Ämtern – zuletzt als Abt des Klosters St-Victor in Marseille sowie Administrator des Bistums Marseille –, bis er 1362 zum Papst gewählt wurde. Als solcher wandte er sich vor allem gegen den Sittenverfall innerhalb des Klerus, insbesondere gegen den Kauf von Ämtern (Simonie) und Vetternwirtschaft (Nepotismus). Zudem versuchte er, das Exil der Päpste in Avignon zu beenden. Zwar gelang ihm am 16. Oktober 1367 unter dem großen Jubel der Bevölkerung die Rückkehr nach Rom, doch schon bald darauf zwangen ihn erneute Unruhen und Streitigkeiten im Klerus zur Rückkehr nach Avignon, wo er drei Monate später, am 19. Dezember 1370, starb.

VRBANVS·V·PAPA GALLVS

Als einer der „Avignoner Päpste" wird Urban V. – hier ein Kupferstich aus dem 14. Jahrhundert – vor allem in der Provence verehrt.

Dominikus von Silos

Status Abt
Geboren um 1010
Gestorben 20. Dezember 1073
Patronat Patron der Hirten und Gefangenen

Dominikus wurde um das Jahr 1010 im spanischen Cañas geboren. Als Sohn eines wohlhabenden Landbesitzers verbrachte er seine Jugend mit dem Hüten der elterlichen Herden. Mit 26 Jahren empfing er die Priesterweihe und trat kurz darauf in das Benediktinerkloster San Millián de la Cogolla ein. Auf Anordnung seines Abtes übernahm er um das Jahr 1030 die Leitung des vollkommen heruntergekommenen Klosters von Cañas, das er innerhalb von nur vier Jahren zu neuer Blüte führte. Danach kehrte er in sein Mutterkloster zurück, zu dessen Prior er 1038 ernannt wurde. Als solcher geriet Dominikus bald mit König García I.

von Navarra in Streit über Besitzungen des Klosters, auf die der Herrscher Anspruch erhob, und musste ins benachbarte Kastilien fliehen. Dort übertrug ihm König Ferdinand I. 1041 die Abtei Silos, die sich damals ebenfalls in einem erbärmlichen Zustand befand. Aber auch sie entwickelte sich unter Dominikus' Leitung überaus positiv und wurde in den folgenden Jahren zu einem der bedeutendsten Klöster des Landes sowie einem wichtigen kulturellen und wissenschaftlichen Zentrum. Der von ihm noch vor seinem Tod in Auftrag gegebene Kreuzgang gehört heute zu den größten Sehenswürdigkeiten Spaniens. Neben dieser Aufgabe setzte sich Dominikus zeitlebens für die Befreiung von Christen aus maurischer Gefangenschaft ein. Er starb am 20. Dezember 1073 in Silos, das heute ihm zu Ehren Santo Domingo de Silos heißt.

Petrus Canisius

Status Priester, Ordensprovinzial, Kirchenlehrer
Geboren 8. Mai 1521
Gestorben 21. Dezember 1597
Attribute Kruzifix, Katechismus, IHS-Zeichen, Kinder, Totenkopf
Patronat Patron der Diözese Innsbruck sowie der katholischen Schulorganisation

Peter de Hondt – später verwendete er die latinisierte Form – wurde 1521 in Nijmwegen (das damals zum deutschen Geldern gehörte) als Sohn des Bürgermeisters geboren. Nach seinem Philosophie- und Theologiestudium in Köln trat an seinem 22. Geburtstag als erster Deutscher in den wenige Jahre zuvor gegründeten Jesuitenorden ein, dessen erster deutscher Ordensprovinzial er in der Zeit von 1556 bis 1569 war. Als Sprecher der katholischen Bürgerschaft in Köln wurde er 1545 zum Reichstag in Worms entsandt, wo er den Augsburger Bischof, Kardinal Otto Truchsess von Waldburg, kennenlernte, den Petrus als Berater auf das Konzil von Trient begleitete. Von dort beorderte der Ordensgründer Ignatius (▶ Seite 144 f.) ihn 1549 nach Deutschland zurück, wo er in der Folge als Ratgeber des Kaisers und der katholischen Fürsten der geistliche und politische Führer der Gegenreform wurde.

Darüber hinaus wirkte Petrus als Prediger in Deutschland, Österreich, Böhmen und der Schweiz, war Professor und Rektor der Universität Ingolstadt sowie Administrator der Diözese

Der Gegenreformator Peter (Petrus) Canisius gilt in der katholischen Kirche nach Bonifatius als zweiter Apostel Deutschlands.

Wien. Auf ihn gehen die ersten katholischen Katechismen zurück, aber auch – zumindest zu einem wesentlichen Teil – das Wiederaufflammen der Hexenverfolgung in Mitteleuropa. In seinen letzten Lebensjahren zog er sich nach Auseinandersetzungen mit seinem Nachfolger als Ordensprovinzial in das schweizerische Freiburg zurück und gründete dort das Kollegium Sankt Michael. Er starb am 21. Dezember 1597. Seine Heiligsprechung erfolgte 1925 durch Papst Pius XI., der ihn auch zum Kirchenlehrer erhob.

Jutta von Disibodenberg

Status Reklusin
Geboren um 1090
Gestorben 22. Dezember 1136
Attribute Engel, Lampe

Die aus dem Geschlecht der Grafen von Spanheim stammende Jutta wurde um das Jahr 1090 auf dem Familiensitz westlich von Bad Kreuznach geboren. Der Überlieferung zufolge erkrankte sie im Alter von 12 Jahren so schwer, dass sie nach ihrer Genesung versprach, ihr Leben Gott zu weihen. 1106 bezog Jutta eine Klause auf dem Disibodenberg, wo sie sich der Erziehung junger Mädchen widmete. Schon bald war sie eine so gefragte Ratgeberin und Lehrerin, dass neben ihrer Klause ein benediktinischer Frauenkonvent entstand, den sie leitete und der das nahe gelegene Benediktinerkloster zu einem Doppelkloster erweiterte. Ihre berühmteste Schülerin war Hildegard

Dieses Bild zeigt die Ruine des Klosters Disiboden-berg, das neben der Klause der heiligen Jutta stand. Dort erhielt auch die heilige Hildegard von Bingen ihre klösterliche Ausbildung und verfasste ihr erstes Werk.

von Bingen (► Seite 177 f.), die später auch ihre Nachfolgerin als Äbtissin wurde.

Jutta starb am 22. Dezember 1136 in ihrer Klause. Ihr Grab auf dem Disibodenberg war lange Zeit eine viel besuchte Wallfahrtsstätte, an der sich den Aufzeichnungen Hildegards von Bingen zufolge zahlreiche Wunder ereignet haben.

23. Dezember ⊕ Anne Dubourg

Status Professor, Märtyrer
Geboren um 1520
Gestorben 23. Dezember 1559

Der um das Jahr 1520 in der Auvergne gebo-rene Anne Dubourg entstammte einer der an-gesehensten Familien Frankreichs. Er studier-te an der Universität Orléans, wo er später auch als Professor Zivilrecht lehrte. 1557 wurde er als geistlicher Rat ins Pariser Parlament beru-fen und beschäftigte sich in der Folge intensiv mit theologischen Fragen, was ihn auch den Hu-genotten näherbrachte. Als im Juni 1559 König Heinrich II. gegen eine Abstimmung über die Duldung der Hugenotten intervenierte, protes-tierte Dubourg und verurteilte das königliche Vorgehen gegen die „sogenannten Ketzer" scharf. Daraufhin wurde er noch während der Parla-mentssitzung festgenommen und seiner Ämter enthoben. Trotz der Fürsprache einflussreicher Persönlichkeiten wurde Dubourg schließlich als Ketzer verurteilt und am 23. Dezember 1559 auf

dem Grèveplatz in Paris erhängt und verbrannt. Seine letzten Worte waren: „Meine Freunde, ich stehe hier nicht als Dieb oder Mörder, sondern zur Verteidigung des Evangeliums."

Der französische Professor für Zivilrecht Anne Du-bourg starb als der erste protestantische Märtyrer aus den höheren Ständen.

24. Dezember ⊕ Charbel Makhlouf

Status Priester, Mönch, Einsiedler
Geboren 8. Mai 1828
Gestorben 24. Dezember 1898

Joseph, so sein Taufname, kam 1828 im Nor-den des Libanon als Sohn einer christlichen Bauernfamilie auf die Welt. Da er schon als

Kind sehr fromm war, trat er 1851 in das maro-nitische Kloster Notre Dame de Mayfouk ein. Im Jahr 1853 legte er im Kloster St. Maroun in Annaya seine Gelübde ab und nahm den Or-densnamen Charbel an.

Danach studierte er acht Jahre lang im Kloster Kfifan, empfing 1858 die Priesterweihe

und kehrte nach Annaya zurück, wo er ein außergewöhnlich strenges Büßerleben führte. 1875 siedelte er in die oberhalb des Klosters liegende Einsiedelei um, wo er sich ganz dem Gebet und der Kontemplation hingab. Dort starb Charbel am 24. Dezember 1898 an den Folgen eines Schlaganfalls, den er während der

Heiligen Messe erlitten hatte. Ihm werden sowohl zu Lebzeiten als auch nach dem Tod zahlreiche Wunder zugeschrieben, weshalb Papst Paul VI. – der Charbel 1977 heiligsprach – ihn als einen der größten Wundertäter des 20. Jahrhunderts bezeichnete. Charbel wird auch von den Muslimen verehrt.

Anastasia von Sirmium

25. Dezember

Status Jungfrau, Märtyrerin
Geboren im 3. Jahrhundert
Gestorben um 304
Attribute Schere, Salbgefäß, auf Scheiterhaufen oder an Pfahl gebunden
Patronat Patronin gegen Kopfkrankheiten und Brustleiden

Anastasia wurde im 3. Jahrhundert in Rom als Tochter eines Heiden und einer Christin geboren, manche Überlieferungen bezeichnen sie auch als Schwester von Kaiser Konstantin I. (▸ Seite 101). Nach dem frühen Tod ihres brutalen Ehemannes, mit dem sie gegen ihren Willen verheiratet worden war, widmete sie sich ganz ihren eingekerkerten Glaubensgenossen, indem sie sich mit dem Geld aus ihrer Witwenschaft Zutritt zu ihnen erkaufte. Als man ihren Seelenführer Chrysogonus verhaftete und zum Tode verurteilte, folgte sie ihm zur Hinrichtungsstätte in Aquileja, wo sie selbst gefangen genommen und nach Sirmium gebracht wurde. Dort wurde sie nach zahlreichen Martern gefesselt auf ein Schiffswrack geschafft, das man auf dem Fluss treiben ließ. Doch das Wrack sank nicht, woraufhin Anastasia schließlich verbrannt wurde. Im Mittelalter

war sie eine der am meisten verehrten Heiligen der katholischen Kirche. Eine ihrer Reliquien wird in der Benediktinerklosterkirche in Benediktbeuern aufbewahrt.

Ein wichtiger Ort der Anastasia-Verehrung – hier zusammen mit der heiligen Paraskewa – in Deutschland ist Benediktbeuern, wo das Kopfreliquiar der Heiligen aufbewahrt wird.

Stephan (Stephanus)

26. Dezember

Status Archidiakon, Erzmärtyrer
Geboren um Christi Geburt
Gestorben vermutlich 40
Attribute Steine
Patronat Patron der Pferde, Pferdeknechte und Kutscher sowie der Maurer, Steinhauer, Zimmerleute, Böttcher, Küfer, Schneider und Weber; Patron gegen Kopfschmerzen, Steinleiden, Seitenstechen, Besessenheit und für einen guten Tod

Stephan, der ursprünglich griechischer Jude war, trat wahrscheinlich kurz nach der Kreuzigung Jesu zum christlichen Glauben über. Der

Stephan gehört zu den in der Kunst meistdargestellten Heiligengestalten, vor allem sein Martyrium hat es den Künstlern besonders angetan.

Überlieferung zufolge war er der erste von sieben Diakonen, die von den Aposteln durch Handauflegen geweiht worden waren. Sie unterstützten diese bei der Glaubensverkündigung und kümmerten sich auch um die sozialen Belange der Gemeinde.

Eines Tages brachte Stephan mit einer seiner flammenden Reden die hellenistischen Juden in Jerusalem derart gegen sich auf, dass er wegen „frevelhafter Reden gegen Tempel und Gesetz" vor Gericht gestellt wurde. Auch hier hielt er eine beeindruckende Rede zu seiner Verteidigung, an deren Ende er aber Jesus mit dem im Tanach verheißenen Menschensohn gleichsetzte, woraufhin er ohne weitere Verhandlung als Gotteslästerer zum Tode verurteilt und gesteinigt wurde. Stephan gilt somit als erster Märtyrer der Christenheit, als Erzmärtyrer.

---

27. Dezember ⊕ ## Johannes

Status Apostel, Evangelist
Geboren im 1. Jahrhundert
Gestorben um 101
Attribute Adler, Kelch mit Schlange, Ölkessel
Patronat Patron der Theologen, Beamten, Notare, Schreiber, Schriftsteller, Buchhändler, Buchdrucker, Buchbinder, Papierfabrikanten, Bildhauer, Maler, Glaser, Spiegelmacher, Graveure, Kerzenzieher, Korbmacher, Winzer und Metzger; Patron gegen Vergiftungen, Brandwunden, Fußleiden, Epilepsie und Hagel sowie für eine gute Ernte und die Freundschaft

Der Bibel zufolge war Johannes der Sohn von Zebedäus und Salome sowie der Bruder von Jakobus dem Älteren (▶ Seite 141 f.). Er arbeitete als Fischer am See Genezareth, bis ihn Jesus – nach Petrus, Andreas und seinem Bruder – als Jünger berief. Damit gehörte er zum engsten Kreis der Jünger und wird sogar als Lieblingsjünger Jesu bezeichnet, dem er während dessen gesamten Wirken nicht von der Seite wich. Er war zudem der erste Jünger, der den auferstandenen

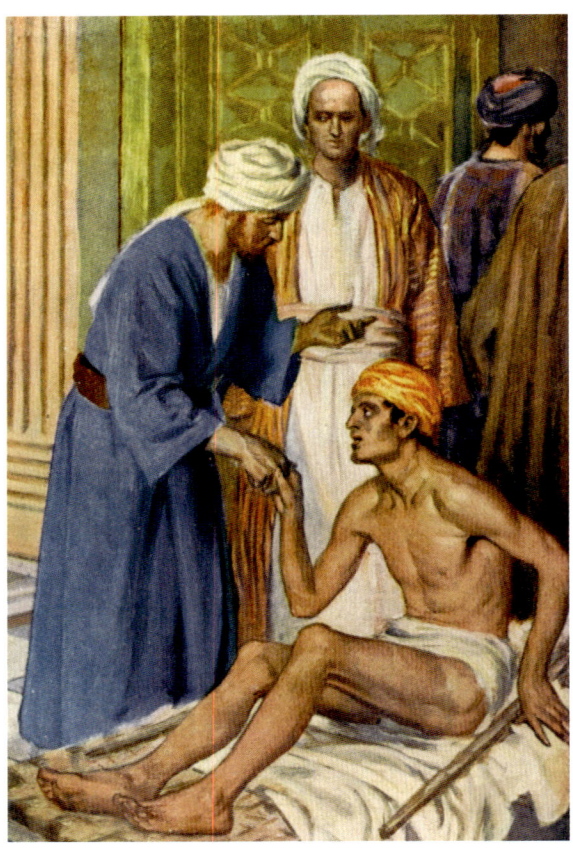

Dieses Bild zeigt die Apostel Petrus und Johannes bei der Heilung eines Gelähmten vor der Schönen Pforte des Tempels in Jerusalem.

Jesus bei dessen Erscheinung am See Genezareth wiedererkannte. Mit Petrus (▶ Seite 124 f.) verband Johannes ebenfalls eine tiefe Freundschaft.

Nach Pfingsten waren er und Petrus diejenigen, welche die Jerusalemer Urgemeinde prägten. Sie bewirkten die erste Heilung und predigten im Tempel, woraufhin sie beide verhaftet wurden. Gemeinsam unternahmen sie auch eine Missionsreise nach Samaria. Später war Johannes vor allem in Ephesos tätig. In der Legende heißt es, dass Kaiser Domitian, ein grausamer Christenverfolger, ihn verhaften und in einen Kessel mit siedendem Öl werfen ließ.

Als Johannes diesem jedoch unbeschadet und sogar gestärkt entstieg, soll Domitian ihn auf die Insel Patmos verbannt haben. Hier schrieb er seine berühmte „Apokalypse", ehe er nach dem Tod Domitians nach Ephesos zurückkehrte, wo er sein Evangelium verfasste und um das Jahr 101 schließlich starb. Allerdings wird heute bezweifelt, dass der Apostel Johannes und der Verfasser des Johannesevangeliums sowie der drei Briefe ein und dieselbe Person sind. Weiter geht man davon aus, dass auch der Verfasser der „Apokalypse" nicht identisch mit dem Verfasser des Evangeliums ist.

Kaspar del Bufalo

Status Priester, Ordensgründer
Geboren 6. Januar 1786
Gestorben 28. Dezember 1837

Kaspar wurde 1786 in Rom als Sohn eines Kochs geboren. Er erhielt eine christliche Erziehung und verbrachte schon als Kind viel Zeit in Kirchen, wo sein Wunsch, Missionar zu werden, reifte. Entsprechend besuchte er nach seiner Schulzeit das römische Kolleg und begann nach dem Empfang der niederen Weihen, auf Plätzen und vor Kirchen zu predigen – mit großem Erfolg, denn kaum jemand vermochte sich der Leidenschaft seiner einfachen, klaren Worte zu entziehen, sodass sich während seiner Predigten schon bald immer größere Menschentrauben um ihn bildeten.

Doch 1808, kurz nachdem Kaspar die Priesterweihe empfangen hatte, besetzte Napoleon die Stadt Rom und forderte von allen Priestern einen Treueeid, worauf Kaspar

Folgendes entgegnete: „Ich kann nicht, ich will nicht, ich darf nicht!" Diese Weigerung bedeutete vier Jahre Haft in den Kerkern von Bologna, Imola und Korsika für ihn. Aber auch nach der Befreiung durfte Kaspar seinem großen Vorbild Franz Xaver (▶ Seite 231) nicht nacheifern, denn aufgrund seines außerordentlichen Redetalents setzte ihn Papst Pius VII. in der Volksmission in Italien ein.

Um diesem Auftrag besser gerecht werden zu können, gründete er 1815 die Ordensgemeinschaft der Missionare vom kostbaren Blut – auch Bufalini oder Sanguinisten genannt –, deren Mitglieder sich der Volksmission, der Seelsorge, dem Unterricht und den Exerzitien widmeten. 1834 folgte auch ein weiblicher Zweig, die Schwestern von der Anbetung des kostbaren Blutes, den Kaspar zusammen mit Maria de Mattias gründete. Er starb am 28. Dezember 1837 während einer Choleraepidemie in Rom. Seine Heiligsprechung erfolgte 1954 durch Papst Pius XII.

Thomas Becket

Status Erzbischof, Märtyrer
Geboren 1118
Gestorben 29. Dezember 1170

Thomas wurde 1118 als Sohn eines wohlhabenden Kaufmanns in London geboren. Er erhielt eine hervorragende Ausbildung und studierte in

London, Paris, Bologna und Auxerre. 1154 ernannte ihn Erzbischof Theobald von Canterbury, in dessen Diensten Thomas seit 1141 stand, zum Archidiakon. Ein Jahr später machte der junge König Heinrich II. Thomas zu seinem Berater und Lordkanzler, wobei sich zwischen den beiden eine enge Freundschaft entwickelte.

Die Vorderseite dieses Reliquiars aus dem 12. Jahrhundert zeigt, wie der vor dem Altar stehende Thomas Becket von Vertrauten des Königs Heinrich II. in der Kathedrale von Canterbury getötet wird.

Als im Jahr 1161 der bisherige Erzbischof verstarb, setzte Heinrich II. Thomas als dessen Nachfolger durch. Er hoffte, so mehr Einfluss auf die Kirchenpolitik zu gewinnen, doch die Rechnung ging nicht auf. Nachdem Thomas im Juni 1162 erst die Priesterweihe und kurz darauf die Bischofsweihe empfangen hatte, widmete er sich ganz seiner neuen Aufgabe als Primas von England. Dabei legte er nicht nur – gegen den Willen des Königs – das Amt des Lordkanzlers nieder, sondern entsagte auch dem luxuriösen Lebenswandel, den er als solcher bisher geführt hatte. Und entgegen der Annahme Heinrichs, dass Thomas ihn wie bisher in allen Belangen uneingeschränkt unterstützen würde, setzte sich dieser nun vehement für die Interessen der Kirche ein, zu denen auch die Freiheit gegenüber dem Herrscher gehörte. Der Konflikt zwischen den beiden Freunden war damit unausweichlich.

Zum endgültigen Bruch kam es schließlich 1164, als es um die Frage der gerichtlichen Zuständigkeit für kriminelle Kleriker ging, die beide für sich beanspruchten. In der Folge wurde Thomas wegen Meineids und Hochverrats angeklagt und verurteilt, weshalb er nach Frankreich floh. In Sens traf er mit Papst Alexander III. zusammen, den er um seinen Rücktritt bat. Da dieser jedoch ablehnte, führte Thomas seinen Kampf für die Freiheit der Kirche die nächsten sechs Jahre von seinem französischen Exil aus fort, wobei er die an der Krönung des Thronfolgers zum Mitkönig beteiligten Bischöfe exkommunizierte, was für weitere Verstimmung sorgte. Trotzdem kehrte Thomas 1170, auf ein Friedensangebot Heinrichs eingehend, nach Canterbury zurück.

Doch schon bald begann der Streit aufs Neue, woraufhin Thomas von vier Rittern des Königs – Reginald Fritzurse, Hugh de Moreville, William de Tracy und Richard Broto – in der Kathedrale von Canterbury angegriffen und umgebracht wurde.

Nach seinem aufsehenerregenden Tod entwickelte sich das Grab von Thomas schnell zu einem viel besuchten Wallfahrtsort, den auch Heinrich II. ein Jahr nach der Heiligsprechung Thomas', die 1173 stattfand, besuchte, um Buße zu tun.

30. Dezember

Sabinus von Spoleto

Status Bischof, Märtyrer
Geboren im 3. Jahrhundert
Gestorben um 303
Patronat Patron von Siena, Assisi, Spoleto und Fermo

Über das Leben von Sabinus von Spoleto gibt es kaum geschichtlich gesicherte Fakten. Die Überlieferungen dazu sind zum größten Teil legendarisch.

Zwar war der im 3. Jahrhundert in Italien geborene Sabinus im Mittelalter einer der beliebtesten Heiligen und sein Grab eine wichtige Wallfahrtsstätte, trotzdem ist nur wenig über ihn und sein Wirken bekannt. Den verschiedenen Überlieferungen zufolge erlitt Sabinus während der Christenverfolgung unter Maximianus in Spoleto den Märtyrertod. Dabei heißt es oftmals, er wäre Bischof gewesen – entweder von Spoleto, Fermo, Farenzo oder Assisi. Doch geschichtlich lässt sich das nicht belegen.

Dieser Architrav aus der 2. Hälfte des 12. Jahrhunderts zeigt Episoden aus der Silvesterlegende (die Taufe Konstantinus' und die damit verbundene Schenkung), die jedoch nicht den geschichtlichen Tatsachen entspricht.

Silvester I.

 31. Dezember

Status Papst
Geboren im 3. Jahrhundert
Gestorben 31. Dezember 335
Patronat Patron der Haustiere, für eine gute Futtererente, für „ein gutes neues Jahr"

Der wohl noch vor dem Beginn der diokletianischen Christenverfolgung zum Priester geweihte Silvester wurde 314 zum Bischof von Rom gewählt, also ein Jahr nachdem die römischen Kaiser Konstantin der Große (▶ Seite 101) und Licinus mit der Mailänder Vereinbarung eine neue Epoche ohne Angst und Gräueltaten für die Christen eingeläutet hatten. Und genau dieser glückliche Neuanfang begründet Silvesters Bedeutung, während sein Wirken als Papst – von einigen später entstandenen Legenden abgesehen – wenig Erinnerungswürdiges hervorbrachte.

So ist die Behauptung, Silvester habe Konstantin getauft, geschichtlich nicht haltbar. Und auch die darauf basierende „Konstantinische Schenkung", gemäß welcher der Kaiser Silvester aus Dankbarkeit die Stadt Rom und das gesamte Abendland geschenkt und ihm das Tragen der kaiserlichen Insignien gestattet haben soll, ist zweifelsfrei eine Legende. Trotzdem bleibt er als Namensgeber für einen der wichtigsten Tage im Jahr seit Generationen unvergessen.

Regionalkalender
für das deutsche Sprachgebiet

Dieser Regionalkalender ist die deutsche Erweiterung des katholischen liturgischen Kalenders. Er enthält neben den Festen des Generalkalenders zahlreiche Gedenktage von Heiligen, die regional gewirkt haben, und gilt für Deutschland, Österreich und die Schweiz sowie für die Bistümer Luxemburg, Lüttich, Metz, Straßburg und Bozen-Brixen. Den liturgischen Rang des jeweiligen Festes/Gedenktags finden Sie in der Klammer dahinter, wobei gilt: **H** = Hochfest, **F** = Fest, **G** = gebotener Gedenktag, **nG** = nichtgebotener Gedenktag. Bewegliche Feiertage sind mit einem * gekennzeichnet.

Januar

1. Hochfest der Gottesmutter Maria (H)
2. Basilius der Große und Gregor von Nazianz, Bischöfe, Kirchenlehrer (G)
3. Heiligster Name Jesus (nG)
5. Johannes Nepomuk Neumann, Bischof, Glaubensbote in den Vereinigten Staaten (nG)
6. Erscheinung des Herrn (H)
7. Raimund von Peñafort, Ordensgründer (nG)
   Valentin von Rätien, Bischof von Rätien (nG)
8. Severin von Norikum, Mönch in Norikum (nG)
13. Hilarius, Bischof von Poitiers, Kirchenlehrer (nG)
17. Antonius, Mönchsvater in Ägypten (G)
20. Fabian, Papst, Märtyrer (nG)
    Sebastian, Märtyrer (nG)
21. Agnes, Jungfrau, Märtyrin in Rom (G)
    Meinrad, Mönch auf der Reichenau, Einsiedler, Märtyrer (nG)
22. Vinzenz, Diakon, Märtyrer in Spanien (nG)
23. Heinrich Seuse, Ordenspriester, Mystiker (nG)
24. Franz von Sales, Bischof von Genf, Ordensgründer, Kirchenlehrer (G)
25. Bekehrung des Apostels Paulus (F)
26. Timotheus und Titus, Bischöfe, Apostelschüler (G)
27. Angela Merici, Jungfrau, Ordensgründerin (nG)
28. Thomas von Aquin, Ordenspriester, Kirchenlehrer (G)
31. Johannes Bosco, Priester, Ordensgründer (G)

Februar

2. Darstellung des Herrn (F)
3. Ansgar, Bischof von Hamburg-Bremen, Glaubensbote in Skandinavien (nG)
   Blasius von Sebaste, Bischof von Sebaste in Armenien, Märtyrer (nG)
4. Rabanus Maurus, Erzbischof von Mainz (nG)
5. Agatha, Jungfrau, Märtyrin in Catania (G)
6. Paul Miki und Gefährten, Märtyrer in Nagasaki (G)
8. Hieronymus Ämiliani, Ordensgründer (nG)
   Josefine Bakhita, Ordensfrau (nG)
10. Scholastika, Jungfrau (G)
11. Unsere Liebe Frau in Lourdes (nG)
14. Cyrill, Mönch, und Methodius, Bischof, Glaubensboten bei den Slawen (F)

17. Die Sieben heiligen Gründer des Servitenordens (nG)
21. Petrus Damiani, Bischof, Kirchenlehrer (nG)
22. Kathedra Petri (F)
23. Polykarp, Bischof von Smyrna, Märtyrer (G)
24. Matthias, Apostel (F)
25. Walburga, Äbtissin von Heidenheim in Franken (nG)

März

4. Kasimir, Königssohn (nG)
6. Fridolin von Säckingen, Mönch, Glaubensbote (nG)
7. Perpetua und Felicitas, Märtyrinnen in Karthago (G)
8. Johannes von Gott, Ordensgründer (nG)
   Franziska, Witwe, Ordensgründerin in Rom (nG)
9. Bruno von Querfurt, Bischof von Magdeburg, Glaubensbote bei den Preußen, Märtyrer (nG)
14. Mathilde, Gemahlin König Heinrichs I. (nG)
15. Klemens Maria Hofbauer, Ordenspriester (nG)
17. Patrick, Bischof, Glaubensbote in Irland (nG)
    Gertrud, Äbtissin von Nivelles (nG)
18. Cyrill, Bischof von Jerusalem, Kirchenlehrer (nG)
19. Josef, Bräutigam der Gottesmutter Maria (H)
23. Turibio von Mongrovejo, Bischof von Lima (nG)
25. Verkündigung des Herrn (H)
26. Liudger, Bischof von Münster, Glaubensbote (nG)
* Auferstehung des Herrn (Ostern), am ersten Sonntag nach dem Frühlingsvollmond (H)

April

* Weißer Sonntag, am ersten Sonntag nach Ostern (F)
2. Franz von Paola, Einsiedler, Ordensgründer (nG)
4. Isidor, Bischof von Sevilla, Kirchenlehrer (nG)
5. Vinzenz Ferrer, Ordenspriester, Bußprediger (nG)
7. Jean Baptiste de La Salle, Priester, Ordensgründer (G)
11. Stanislaus, Bischof von Krakau, Märtyrer (G)
13. Martin I., Papst, Märtyrer (nG)
19. Leo IX., Papst (nG)
    Marcello Callo, Märtyrer (nG)
21. Anselm, Bischof von Canterbury, Kirchenlehrer (nG)
    Konrad von Parzham, Ordensbruder in Altötting (nG)

23. Georg, Märtyrer in Kappadozien (nG)
Adalbert, Bischof von Prag, Glaubensbote bei den Preußen, Märtyrer (nG)

24. Fidelis von Sigmaringen, Ordenspriester, Märtyrer (nG)

25. Markus, Evangelist (F)

27. Petrus Kanisius, Ordenspriester, Kirchenlehrer (nG)

28. Pierre Chanel, Priester, erster Märtyrer in Ozeanien (nG)
Ludwig Maria Grignion de Montfort, Priester (nG)

29. Katharina von Siena, Ordensfrau, Kirchenlehrerin (F)

30. Pius V., Papst (nG)

* Christi Himmelfahrt, am sechsten Donnerstag nach Ostern (H)

Mai

1. Josef der Arbeiter (nG)

2. Athanasius, Bischof von Alexandrien, Kirchenlehrer (G)

3. Philippus und Jakobus, Apostel (F)

4. Florian und die Märtyrer von Lorch (nG)

5. Godehard, Bischof von Hildesheim (nG)

* Pfingsten, sieben Wochen nach Ostern (H)

12. Nereus und Achilleus, Märtyrer (nG)
Pankratius, Märtyrer (nG)

13. Unsere Liebe Frau in Fátima (nG)

16. Johannes Nepomuk, Priester, Märtyrer (nG)

18. Johannes I., Papst, Märtyrer (nG)

20. Bernhardin von Siena, Ordenspriester, Volksprediger (nG)

21. Christophorus Magallanes, Priester, und Gefährten, Märtyrer (nG)
Hermann Josef, Ordenspriester, Mystiker (nG)
Franz Jägerstätter, Märtyrer (nG)

22. Rita von Cascia, Ordensfrau (nG)

* Allerheiligste Dreifaltigkeit (Trinitatis), acht Wochen nach Ostern (H)

25. Beda der Ehrwürdige, Ordenspriester, Kirchenlehrer (nG)
Gregor VII., Papst (nG)
Maria Magdalena de Pazzi, Ordensfrau (nG)

26. Philipp Neri, Priester, Gründer des Oratoriums (G)

27. Augustinus, Bischof von Canterbury, Glaubensbote in England (nG)

* Leib und Blut des Herrn (Fronleichnam), am neunten Donnerstag nach Ostern (H)

Juni

1. Justin, Philosoph, Märtyrer (G)

2. Marcellinus und Petrus, Märtyrer in Rom (nG)

3. Karl Lwanga und Gefährten, Märtyrer in Uganda (G)

5. Bonifatius, Bischof, Glaubensbote in Deutschland, Märtyrer (G)

6. Norbert von Xanten, Ordensgründer, Bischof von Magdeburg (nG)

* Heiligstes Herz Jesu, am zehnten Freitag nach Ostern (H)

* Unbeflecktes Herz Mariä, am zehnten Samstag nach Ostern (G)

9. Ephräm der Syrer, Diakon, Kirchenlehrer (nG)

11. Barnabas, Apostel (G)

13. Antonius von Padua, Ordenspriester, Kirchenlehrer (G)

15. Vitus (Veit), Märtyrer in Sizilien (nG)

16. Benno, Bischof von Meißen (nG)

19. Romuald, Abt, Ordensgründer (nG)

21. Aloisius von Gonzaga, Ordensmann (G)

22. Paulinus, Bischof von Nola (nG)
John Fisher, Bischof von Rochester, und Thomas Morus, Lordkanzler, Märtyrer (nG)

24. Geburt des Johannes des Täufers (H)

27. Cyrill, Bischof von Alexandrien, Kirchenlehrer (nG)
Hemma von Gurk, Stifterin von Gurk und Admont (nG)

28. Irenäus, Bischof von Lyon, Märtyrer (G)

29. Petrus und Paulus, Apostel (H)

30. Die ersten Märtyrer der Stadt Rom (nG)
Otto, Bischof von Bamberg, Glaubensbote in Pommern (nG)

Juli

2. Mariä Heimsuchung (F)

3. Thomas, Apostel (F)

4. Elisabeth, Königin von Portugal (nG)
Ulrich, Bischof von Augsburg (nG)

5. Antonius Maria Zaccaria, Priester, Ordensgründer (nG)

6. Maria Goretti, Jungfrau, Märtyrin (nG)

7. Willibald, Bischof von Eichstätt, Glaubensbote (nG)

8. Kilian, Bischof von Würzburg, und Gefährten, Glaubensboten, Märtyrer (nG)

9. Augustinus Zhao Rong, Priester, und Gefährten, Märtyrer in China (nG)

10. Knud, König von Dänemark, Märtyrer, Erich, König von Schweden, Märtyrer, und Olaf, König von Norwegen (nG)

11. Benedikt von Nursia, Vater des abendländischen Mönchtums, Schutzpatron Europas (F)

13. Heinrich II. und Kunigunde, Kaiserpaar (nG)

14. Kamillus von Lellis, Priester, Ordensgründer (nG)

15. Bonaventura, Ordensmann, Bischof, Kirchenlehrer (G)

16. Unsere Liebe Frau auf dem Berge Karmel (nG)

20. Apollinaris, Bischof, Märtyrer (nG)
Margareta, Jungfrau, Märtyrin in Antiochien (nG)

21. Laurentius von Brindisi, Ordenspriester, Kirchenlehrer (nG)

22. Maria Magdalena (G)

23. Birgitta von Schweden, Ordensgründerin (F)

24. Scharbel Mahluf, Ordenspriester (nG)
Christophorus, Märtyrer in Kleinasien (nG)

25. Jakobus, Apostel (F)

26. Joachim und Anna, Eltern der Gottesmutter Maria (G)

29. Marta von Betanien (G)

30. Petrus Chrysologus, Bischof von Ravenna, Kirchenlehrer (nG)

31. Ignatius von Loyola, Priester, Ordensgründer (G)

August

1. Alfons Maria von Liguori, Ordensgründer, Bischof, Kirchenlehrer (G)

2. Eusebius, Bischof von Vercelli, Märtyrer (nG)
Pierre-Julien Eymard, Priester (nG)

4. Johannes Maria Vianney, Pfarrer von Ars (G)

5. Weihetag der Basilika Santa Maria Maggiore in Rom (nG)

6. Verklärung des Herrn (F)

7. Xystus II., Papst, und Gefährten, Märtyrer (nG)
Kajetan von Thiene, Priester, Ordensgründer (nG)

8. Dominikus, Priester, Ordensgründer (G)

9. Theresia Benedicta vom Kreuz (Edith Stein), Märtyrin und Ordensfrau (F)

10. Laurentius, Diakon, Märtyrer in Rom (F)

11. Klara von Assisi, Jungfrau, Ordensgründerin (G)

12. Johanna Franziska von Chantal, Ordensgründerin (nG)

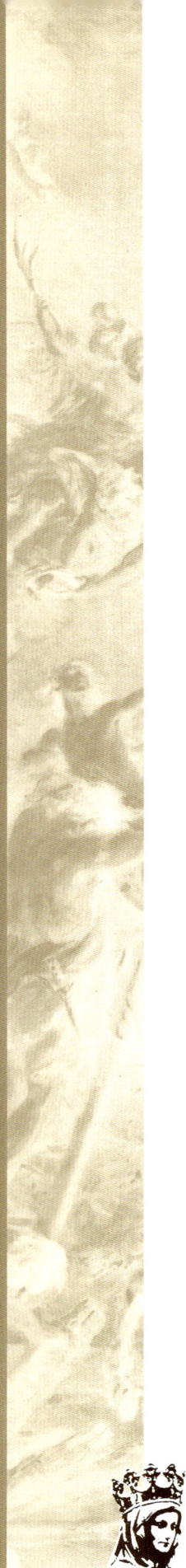

13. Pontianus, Papst, und Hippolyt, Priester, Märtyrer (nG)

14. Maximilian Kolbe, Ordenspriester, Märtyrer (G)

15. Mariä Aufnahme in den Himmel (H)

16. Stephan, König von Ungarn (nG)

19. Johannes Eudes, Priester, Ordensgründer (nG)

20. Bernhard von Clairvaux, Abt, Kirchenlehrer (G)

21. Pius X., Papst (G)

22. Maria Königin (G)

23. Rosa von Lima, Jungfrau (nG)

24. Bartholomäus, Apostel (F)

25. Ludwig, König von Frankreich (nG)
Josef von Calasanza, Priester, Ordensgründer (nG)

27. Monika, Mutter des Augustinus (G)

28. Augustinus, Bischof von Hippo, Kirchenlehrer (G)

29. Enthauptung des Johannes des Täufers (G)

31. Paulinus, Bischof von Trier, Märtyrer (nG)

September

3. Gregor der Große, Papst, Kirchenlehrer (G)

8. Mariä Geburt (F)

9. Petrus Claver, Priester und Missionar (nG)

12. Mariä Namen (nG)

13. Johannes Chrysostomus, Bischof von Konstantinopel, Kirchenlehrer (G)

14. Kreuzerhöhung (F)

15. Gedächtnis der Schmerzen Mariens (G)

16. Kornelius, Papst, und Cyprian, Bischof von Karthago, Märtyrer (G)

17. Robert Bellarmin, Ordenspriester, Bischof von Capua, Kirchenlehrer (nG)
Hildegard von Bingen, Äbtissin, Mystikerin, Gründerin von Rupertsberg und Eibingen (nG)

18. Lambertus, Bischof von Maastricht (Tongern), Glaubensbote in Brabant, Märtyrer (nG)

19. Januarius, Bischof von Neapel, Märtyrer (nG)

20. Andreas Kim Tae-gŏn, Priester, und Paul Chŏng Ha-sang und Gefährten, Märtyrer in Korea (G)

21. Matthäus, Apostel und Evangelist (F)

22. Mauritius und Gefährten, Märtyrer der Thebäischen Legion (nG)

23. Pio da Pietrelcina (Padre Pio), Ordenspriester (G)

24. Rupert und Virgil, Bischöfe von Salzburg, Glaubensboten (nG)

25. Niklaus von Flüe, Einsiedler, Friedensstifter (G, in der Schweiz H)

26. Kosmas und Damian, Ärzte, Märtyrer in Kleinasien (nG)

27. Vinzenz von Paul, Priester, Ordensgründer (G)

28. Wenzel, Herzog von Böhmen, Märtyrer (nG)
Lorenzo Ruiz und Gefährten, Märtyrer (nG)
Lioba, Äbtissin von Tauberbischofsheim (nG)

29. Michael, Gabriel und Raphael, Erzengel (F)

30. Hieronymus, Priester, Kirchenlehrer (G)

Oktober

1. Theresia vom Kinde Jesus, Ordensfrau (G)

2. Hll. Schutzengel (G)

4. Franz von Assisi, Ordensgründer G)

6. Bruno, Mönch, Einsiedler, Ordensgründer (nG)

7. Unsere Liebe Frau vom Rosenkranz (G)

9. Dionysius, Bischof von Paris, und Gefährten, Märtyrer (nG)
Johannes Leonardi, Priester, Ordensgründer (nG)

14. Kallistus I., Papst, Märtyrer (nG)

15. Theresa von Ávila, Ordensfrau, Kirchenlehrerin (G)

16. Hedwig von Andechs, Herzogin von Schlesien (nG)
Margareta Maria Alacoque, Ordensfrau (nG)
Gallus, Mönch, Einsiedler, Glaubensbote am Bodensee (nG)

17. Ignatius, Bischof von Antiochien, Märtyrer (G)

18. Lukas, Evangelist (F)

19. Johannes de Brébeuf, Isaak Jogues, Priester, und Gefährten, Märtyrer in Nordamerika (nG)

19. Paul vom Kreuz, Priester, Ordensgründer (nG)

20. Wendelin, Einsiedler im Saarland (nG)

21. Ursula und Gefährtinnen, Jungfrauen und Märtyrinnen in Köln (nG)

21. Karl I. (Österreich-Ungarn), Kaiser von Österreich, König von Ungarn (nG)

23. Johannes von Capestrano, Ordenspriester, Wanderprediger in Süddeutschland und Österreich (nG)

24. Antonius Maria Claret, Bischof von Santiago in Kuba, Ordensgründer (nG)

28. Simon und Judas, Apostel (F)

31. Wolfgang, Bischof von Regensburg (nG)

November

1. Allerheiligen (H)

2. Allerseelen (H)

3. Martin von Porres, Ordensmann (nG)
Hubert, Bischof von Lüttich (nG)
Rupert Mayer, Ordenspriester (nG)
Pirmin, Abtbischof, Glaubensbote am Oberrhein (nG)

4. Karl Borromäus, Bischof von Mailand (G)

6. Leonhard, Einsiedler von Limoges (nG)

7. Willibrord, Bischof von Utrecht, Glaubensbote bei den Friesen (nG)

9. Weihetag der Lateranbasilika (F)

10. Leo der Große, Papst, Kirchenlehrer (G)

11. Martin, Bischof von Tours (G)

12. Josaphat, Bischof von Polozk in Weißrussland, Märtyrer (G)

15. Albert der Große, Ordensmann, Kirchenlehrer, Bischof von Regensburg (nG)
Leopold Markgraf von Österreich (nG)

16. Margareta, Königin von Schottland (nG)

17. Gertrud von Helfta, Ordensfrau, Mystikerin (nG)

18. Weihetag der Basiliken St. Peter und St. Paul zu Rom (nG)

19. Elisabeth, Landgräfin von Thüringen (G)

20. Korbinian, Missionar, Bischof von Freising (nG)

* Christkönig, am letzten Sonntag vor oder am 26. November (H)

21. Gedenktag Unserer Lieben Frau in Jerusalem (G)

22. Cäcilia, Jungfrau, Märtyrin in Rom (G)

23. Klemens von Rom, Papst, Märtyrer (nG)
Kolumban, Abt von Luxeuil und von Bobbio, Glaubensbote im Frankenreich (nG)

24. Andreas Dung-Lac, Priester, und Gefährten, Märtyrer in Vietnam (G)

25. Katharina von Alexandrien, Märtyrin (nG)

26. Konrad und Gebhard, Bischöfe von Konstanz (nG)

30. Andreas, Apostel (F)

Dezember

2. Luzius, Bischof von Chur, Märtyrer (nG)

3. Franz Xaver, Ordenspriester, Glaubensbote in Indien und Ostasien (G)

4. Johannes von Damaskus, Priester, Kirchenlehrer (nG)
Barbara, Jungfrau, Märtyrin in Nikomedien (nG)
Adolph Kolping, Priester (nG)

5. Anno, Bischof von Köln, Reichskanzler (nG)

6. Nikolaus, Bischof von Myra (rG)

7. Ambrosius, Bischof von Mailand, Kirchenlehrer (G)

8. Ohne Erbsünde empfangene Jungfrau und Gottesmutter Maria (H)

9. Juan Diego Cuauhtlatoatzin, Laienapostel (nG)

11. Damasus I., Papst (nG)

12. Unsere Liebe Frau in Guadalupe (nG)

13. Luzia, Jungfrau, Märtyrin in Syrakus (nG)
Odilia, Äbtissin, Gründerin von Odilienberg und Niedermünster
im Elsaß (nG)

14. Johannes vom Kreuz, Ordenspriester, Kirchenlehrer (G)

21. Petrus Kanisius, Ordenspriester, Kirchenlehrer (nG)

23. Johannes von Krakau, Priester (nG)

25. Geburt des Herrn (Weihnachten) (H)

26. Stephanus, erster Märtyrer (F)

27. Johannes, Apostel und Evangelist (F)

28. Unschuldige Kinder (F)

29. Thomas Becket, Bischof von Canterbury, Märtyrer (nG)

31. Silvester I., Papst (nG)

Der evangelische Namenkalender

Der evangelische Namenkalender lehnt sich an den Regionalkalender für das deutsche Sprachgebiet an, konnte sich aber im kirchlichen Leben nie durchsetzen. Auch ist der Begriff „Heilige" hier entsprechend der evangelischen Definition zu verstehen (▶ Seite 8).

Januar

1. Neujahrstag, Beschneidung des Herrn

2. Basilius der Große, Wilhelm Löhe

3. Gordinus

4. Fritz von Bodelschwingh

5. Theophan Goworow (Feofan)

6. Walther Paucker

7. Märtyrer der heiligen Bücher, Jakob Andreä

8. Severin

9. Johann Laski

10. Karpus und Papylus

11. Ernst der Bekenner

12. Remigius von Reims

13. Hillarius von Poitiers

14. George Fox

15. Traugott Hahn

16. Georg Spalatin

17. Antonius der Große

18. Ludwig Steil

19. Johann Michael Hahn

20. Sebastian

21. Matthias Claudius

22. Vincentius

23. Menno Simons

24. Erich Sack

25. Heinrich Seuse

26. Timotheus und Titus, Johann Matthäus Meyfart

27. Paavo Ruotsalainen

28. Karl der Große

29. Theophil Wurm

30. Xaver Marnitz

31. Charles Spurgeon

Februar

1. Klaus Harms

2. Darstellung des Herrn im Tempel (Lichtmess), Burkhard von Würzburg

3. Ansgar, Matthias Desubas

4. Rabanus Maurus

5. Philipp Jakob Spener

6. Amandus

7. Adolf Stoecker

8. Georg Wagner

9. John Hooper

10. Friedrich Christoph Ötinger

11. Hugo von St. Victor, Benjamin Schmolck

12. Valentin Ernst Löscher, Friedrich Schleiermacher

13. Christian Friedrich Schwartz

14. Cyrillus und Methodius, Johann Daniel Falk

15. Georg Maus

16. Wilhelm Schmidt

17. Johann Heermann

18. Martin Luthers Tod

19. Peter Brullius

20. Friedrich Weißler

21. Lars Levi Lästadius

22. Bartholomäus Ziegenbalg

23. Polykarpus

24. Apostel Matthias, Johann Christoph Blumhardt

25. Walburga

26. Mechthild von Magdeburg

27. Patrick Hamilton

28. Martin Butzer (Bucer)

29. Suitbert

März

1. Martin Moller

2. John Wesley

3. Johann Friedrich der Großmütige

4. Elsa Brandström

5. Hermann Friedrich Kohlbrügge

6. Chrodegang von Metz

7. Perpetua und Felicitas

8. Thomas von Aquin

9. Pusei, Bruno von Querfurt
10. Die 40 Ritter von Sebaste
11. Pionius
12. Gregor der Große
13. Georg von Ghese
14. Mathilde, Friedrich Gottlieb Klopstock
15. Kaspar Olevianus
16. Heribert von Köln
17. Patrick von Irland
18. Cyrillus von Jerusalem, Marie Schliep
19. Josef von Nazareth, Michael Weiße
20. Albrecht von Preußen
21. Nikolaus von Flüe
22. August Schreiber
23. Wolfgang zu Anhalt
24. Veit Dietrich
25. Mariä Verkündigung, Ernst der Fromme
26. Liudger, Karl Schlau
27. Meister Eckhart
28. Rupert
29. Hans Nielsen Hauge
30. Johannes Evangelista Goßner
31. Akazius Agathangelos (Akazius von Melitene)

April

1. Amalie Sieveking
2. Friedrich von Bodelschwingh
3. Gerhard Tersteegen
4. Ambrosius von Mailand, Martin Luther King
5. Christian Scriver, Pandita Ramabai
6. Notker der Stammler
7. Albrecht Dürer, Johann Hinrich Wichern
8. Martin Chemnitz
9. Dietrich Bonhoeffer
10. Thomas von Westen
11. Matthäus Apelles von Löwenstern
12. Petrus Waldus
13. Konrad Hubert
14. Simon Dach
15. Karolina Fliedner
16. Sundar Singh
17. Ludwig von Berquin, Max Josef Metzger
18. Apollonius
19. Philipp Melanchthon
20. Johannes Bugenhagen
21. Anselm von Canterbury
22. Friedrich Justus Perels
23. Adalbert von Prag, Georg
24. Johann Walter, Toyohiko Kagawa
25. Evangelist Markus, Philipp Friedrich Hiller
26. Tertullian
27. Origines
28. Johann Gramann

29. Katharina von Siena
30. David Livingstone

Mai

1. Nikolaus Herman
2. Athanasius
3. Apostel Jakobus und Philippus
4. Michael Schirmer
5. Godehard
6. Friedrich der Weise
7. Otto der Große
8. Gregor von Nazianz
9. Nikolaus Graf von Zinzendorf
10. Johann Hüglin
11. Johann Arndt
12. Pankratius
13. Hans Ernst von Kottwitz
14. Nikolaus von Amsdorf
15. Pachomius
16. Fünf Märtyrer von Lyon
17. Valerius Herberger
18. Christian Heinrich Zeller
19. Alkuin
20. Samuel Hebich
21. Konstantin der Große
22. Marion von Klot
23. Girolamo Savonarola, Ludwig Nommensen
24. Nikolaus Selnecker
25. Beda der Ehrwürdige
26. Augustin von Canterbury
27. Johannes Calvin, Paul Gerhardt
28. Karl Mez
29. Hieronymus von Prag
30. Gottfried Arnold
31. Joachim Neander, Johann Friedrich Flattich

Juni

1. Justin der Philosoph
2. Johann Friedrich Oberlin, Blandina und die Märtyrer von Lyon
3. Hudson Taylor
4. Morandus
5. Bonifatius (Winfried)
6. Norbert von Xanten, Heinrich Schröder
7. Ludwig Ihmels
8. August Hermann Francke, Hermann Bezzel
9. Ephräm der Syrer
10. Friedrich August Tholuck
11. Barnabas
12. Isaak Le Febvre
13. Antoine Court
14. Gottschalk der Wende

15. Georg Israel
16. Johannes Tauler
17. August Hermann Werner
18. Albert Knapp
19. Ludwig Richter
20. Johann Georg Hamann
21. Eva von Tiele-Winkler
22. Paulinus von Nola
23. Argula von Grumbach
24. Johannes der Täufer
25. Prosper von Aquitanien, Gedenken an die Augsburgische Konfession
26. Vigilius von Trient
27. Johann Valentin Andreä
28. Irenäus
29. Apostel Petrus und Paulus
30. Otto von Bamberg

Juli

1. Hinrich Vies, Jan van Esch, Lampertus Thorn
2. Mariä Heimsuchung
3. Apostel Thomas, Antonio Paleario
4. Ulrich von Augsburg
5. Johann Andreas Rothe
6. Johannes Hus
7. Tilman Riemenschneider
8. Kilian
9. Georg Neumark
10. Wilhelm von Oranien
11. Renata von Ferrara, Benedikt von Nursia
12. Natan Söderblom
13. Heinrich II. und Kunigunde
14. Karolina Utriainen
15. Johannes Bonaventura
16. Anna Askew
17. Märtyrer von Scili
18. Paul Schneider
19. Johann Marteilhe
20. Margaretha von Antiochien
21. John Eliot
22. Moritz Bräuninger, Maria Magdalena
23. Birgitta von Schweden
24. Christophorus, Johann Heinrich Volkening
25. Apostel Jakobus der Ältere, Thomas von Kempen
26. Luise Scheppler
27. Angelus Merula, Gustav Knak
28. Johann Sebastian Bach
29. Olaf der Heilige
30. Wilhelm Penn, August Vilmar
31. Bartolome Las Casas

August

1. Gustav Werner

2. Christoph Blumhardt
3. Josua Stegmann
4. Johannes Maria Vianney
5. Franz Härter
6. Die evangelische Salzburger
7. Afra
8. Jean Vallière
9. Adam Reusner, Edith Stein
10. Laurentius
11. Klara von Assisi
12. Paul Speratus
13. Radegundis, Paul Richter
14. Georg Balthasar, Florence Nightingale
15. Hermann zu Wied
16. Johann der Beständige, Leonhard Kaiser
17. Johann Gerhard
18. Erdmann Neumeister
19. Blaise Pascal
20. Bernhard von Clairvaux
21. Geert Groote
22. Symphorian
23. Gaspard de Coligny
24. Apostel Bartholomäus
25. Gregor von Utrecht
26. Wulfila, Werner Sylten
27. Cäsarius von Arles
28. Augustinus
29. Martin Boos
30. Mathis Gothard Nidhart
31. John Bunyan, Ludwig Zimmermann

September

1. Sixt Karl Kapff
2. Nikolaj Frederik Severin Grundtvig
3. Oliver Cromwell
4. Giovanni Mollio
5. Katharina Zell
6. Matthias Waibel
7. Lazarus Spengler, Martin Kähler
8. Korbinian
9. Luigi Pasquali
10. Leonhard Lechner
11. Johannes Brenz
12. Matthäus Ulicky
13. Johannes Chrysostomus
14. Cyprian
15. Jan van Woerden
16. Kaspar Tauber
17. Hildegard von Bingen, Heinrich Bullinger
18. Gottlieb August Spangenberg Lambert
19. Thomas John Barnardo
20. Carl Heinrich Rappard
21. Apostel und Evangelist Matthäus
22. Mauritius, Johann Peter Hebel

23. Maria de Bohorques
24. Hermann der Lahme
25. Paul Rabaut
26. Antonio Herrezuelo und Leonor de Cisnere
27. Vinzenz von Paul
28. Lioba, Adolf Clarenbach
29. Erzengel Michael und alle Engel
30. Hieronymus

Oktober

1. Petrus Herbert
2. Pietro Carnesecchi
3. Franz von Assisi
4. Rembrandt van Rijn
5. Theodor Fliedner
6. William Tindale, Pierre Leclerc
7. Heinrich Melchior Mühlenberg
8. Johannes Mathesius
9. Justus Jonas
10. Bruno von Köln
11. Huldreich Zwingli
12. Elisabeth Fry
13. Theodor Beza
14. Jakob der Notar
15. Hedwig von Schlesien
16. Gallus, Lucas Cranach
17. Nicholas Ridley, Ignatius
18. Evangelist Lukas
19. Ludwig Schneller
20. Karl Segebrock und Ewald Ovir
21. Elias Schrenk
22. Jeremias Gotthelf
23. Johannes Zwick
24. Leonid
25. Philipp Nicolai
26. Frumentius
27. Olaus und Lorenz Peterson
28. Marcellus und Cassius
29. Henri Dunant
30. Gottschalk, Jakob Sturm
31. Gedenktag der Reformation

November

1. Erhard Schnepff, Gedenktag der Heiligen
2. Johann Albrecht Bengel
3. Pirmin
4. Claude Brousson
5. Hans Egede
6. Gustav Adolf, Heinrich Schütz
7. Willibrod
8. Willehad
9. Emil Frommel
10. Leo der Große, Karl Friedrich Stellbrink
11. Martin von Tours

12. Christian Gottlob Barth
13. Ludwig Harms
14. Gottfried Wilhelm Leibniz
15. Albert der Große, Johannes Kepler
16. Amos Comenius
17. Jakob Böhme, David Zeisberger
18. Ludwig Hofacker
19. Elisabeth von Thüringen
20. Bernward von Hildesheim
21. Wolfgang Capito
22. Cäcilia
23. Kolumban, Clemens von Rom
24. Johannes Oekolampad, John Knox
25. Katharina von Alexandria
26. Konrad von Konstanz
27. Vigilius von Salzburg
28. Margaretha Blarer
29. Sarturninus
30. Apostel Andreas, Alexander Roussel

Dezember

1. Eligius
2. Jan van Ruysbroek
3. Ämilie Juliane von Schwarzburg-Rudolstadt
4. Barbara
5. Aloys Henhöfer
6. Nikolaus, Ambrosius Blarer
7. Opfer des Thorner Blutgerichts
8. Martin Rinckart
9. Richard Baxter
10. Heinrich Züphten
11. Lars Olsen Skrefsrud
12. Vicelin
13. Odilia, Christian Fürchtegott Gellert
14. Berthold von Regensburg, John Oldcastle
15. Gerhard Uhlhorn
16. Adelheid
17. Sturm von Fulda
18. Wunibald und Willibald
19. Paul Blau
20. Katharina von Bora
21. Apostel Thomas
22. Dwight Liman Moody
23. Anne Dubourg
24. Matilda Wrede
25. Tag der Geburt des Herrn
26. Erzmärtyrer Stephanus
27. Apostel und Evangelist Johannes
28. Die unschuldigen Kinder, Reinhard Hedinger
29. Martin Schalling
30. Thomas Becket
31. John Wyclif

Register

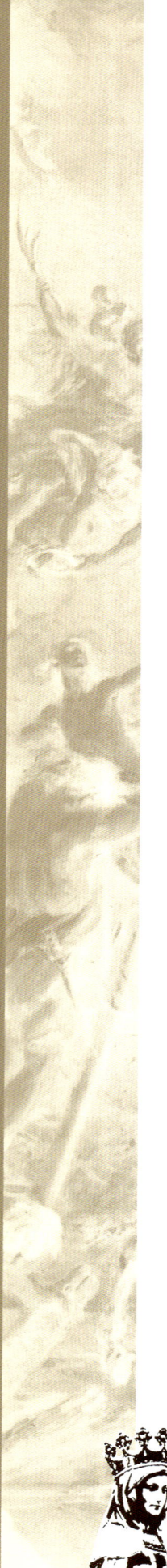

©2013 design cat GmbH

Genehmigte Lizenzausgabe
tosa GmbH
Fränkisch-Crumbach 2013
www.tosa-verlag.de

Layout, Satz und Umschlaggestaltung:
design cat GmbH

ISBN 978-3-86313-322-1